Jaron Lanier

Wem gehört die Zukunft?

Du bist nicht der Kunde
der Internet-Konzerne,
du bist ihr Produkt

Aus dem
amerikanischen
Englisch

von
Dagmar Mallett
und Heike
Schlatterer

Hoffmann und Campe

Die Originalausgabe erschien 2013 unter dem Titel
Who Owns the Future? bei Simon & Schuster, New York.

3. Auflage 2014
Copyright © 2013 by Jaron Lanier
Für die deutschsprachige Ausgabe
Copyright © 2014 by Hoffmann und Campe Verlag, Hamburg
www.hoca.de
Satz: Dörlemann Satz, Lemförde
Gesetzt aus der Minion und ITC Avant Garde Gothic
Druck und Bindung: GGP Media GmbH, Pößneck
Printed in Germany
ISBN 978-3-455-50318-0

HOFFMANN
UND CAMPE

Ein Unternehmen der
GANSKE VERLAGSGRUPPE

Für alle Menschen, die meine Tochter später
einmal kennenlernen wird.
Ich hoffe, dass sie ihren Platz in einer Welt
erfinden wird, in der es normal ist, Erfolg zu
haben und Erfüllung zu finden.

Inhalt

TEIL 3
Zwei Perspektiven, wie sich dieses Jahrhundert
entwickeln könnte

Das Problem mit der Magie • Das Spiel beginnt • Der Kickstart • Die Natur
unserer Verwirrung • Elitäre Naivität

Überlegungen, wohin die Diskussion geht • Neun düstere Temperamente
des Futurismus und ein hoffnungsvolles • Sinn als Nostalgie • Haben wir
unsere eigene Macht im Griff? • Der erste Hightech-Autor • Der Sinn im
Kampf • Praktischer Optimismus

TEIL 4
Märkte, Energielandschaften und Narzissmus

Die Technologie des Umgebungsbetrugs • Imaginäre Landschaften in
den Wolken • Märkte als Landschaften • Experimentierfreudigkeit und
öffentliche Meinung • Keynes als Big-Data-Pionier

Der Wahnsinn des Local-Global-Flip • Sirenenserver glauben, die Welt
drehe sich nur um sie

Die endlose Diskussion über das Herzkartell • Es ist lebensgefährlich, kein
Gestaltwandler zu sein • Meine erste musikalische »Nullbegrenzung« •
»Nullbegrenzungen« ohne Ende

TEIL 5
Wer ist am meisten meta?

Nicht alles ist Chaos • Der freie Wille

Belohnende und bestrafende Netzwerkeffekte • Kein Zuckerbrot ohne
Peitsche • Verweigerung der Dienstleistung • Erpressung auf Distanz •
Wer ist hier der Kunde, und wer sind all die anderen Leute?

Vorwort

Bereits als Teenager in den siebziger Jahren wurde ich zum digitalen Idealisten. Schuld daran ist eine Anekdote aus der Musikgeschichte: Afroamerikanischen Sklaven war es lange Zeit verboten, Trommeln zu spielen, weil Trommeln als Kommunikationsmittel genutzt wurden. Die Sklavenbesitzer fürchteten, dass die Trommeln dazu verwendet werden könnten, Revolten zu organisieren.

In der Menschheitsgeschichte war der Mensch schon immer sich selbst der ärgste Feind, und wann immer jemand andere unterdrückt, versucht er auch, die Kontrolle über die Kommunikationsmittel zu erlangen. Digitale Netzwerke erschienen mir und meinen Mitstreitern damals, als sie aufkamen, als neue Wendung in einem alten Spiel. Ein digitales Netzwerk passt sich Fehlern und Schwachstellen ständig an, indem es sie einfach umgeht. Das entspricht seiner »Natur«. Daher wäre es schwierig, so unsere damalige Meinung, ein digitales Netzwerk zu dominieren. Die digitalen Netzwerke könnten als Trommeln fungieren, die nie zum Schweigen gebracht werden!

Das war die Idee, die ganz am Anfang stand, vor langer Zeit, als das Internet noch gar nicht existierte. Für mich klingt sie immer noch richtig, und irgendeine Version dieser richtigen Idee muss auch machbar sein, doch das spezielle, seltsame Netzwerkdesign, das wir bislang aufgebaut haben, hat sich als Bumerang erwiesen.

Derzeit lernen wir, mit den Netzwerken zu leben, die wir bislang geschaffen haben. Wenn man das verstanden hat, ergeben aktuelle Ereignisse, die scheinbar gar nichts miteinander zu tun haben (und womöglich sogar sinnlos erscheinen), plötzlich einen Sinn. So schienen zwei gigantische Fehlfunktionen, die zwischen dem Erscheinen meines Buches in den USA und der deutschen Ausgabe auftraten, auf den ersten Blick gar nichts miteinander zu tun zu haben. Aber wenn man ein bisschen genauer hinsieht, begreift man sie als Spiegelbilder.

Die erste Fehlfunktion war der heftige Streit um »Obamacare« – die von Präsident Barack Obama eingeführte allgemeine Krankenversicherung, die die amerikanische Bevölkerung tief spaltet. Beim Streit zwischen Regierung und Kongress wurden staatliche Einrichtungen geschlossen, und das Land stand kurz vor der Zahlungsunfähigkeit. Es gibt sicher zahlreiche interessante Interpretationen des Konflikts um »Obamacare« (eine Fortsetzung des Bürgerkriegs?), man sollte jedoch nicht vergessen, worum es eigentlich geht.

Im Grunde stritten wir uns darüber, wie die Gesellschaft »Big Data« integriert.* Wie ich in diesem Buch erkläre, änderte sich mit dem Aufkommen der Big Data die Motivation der Versicherungsunternehmen. Bevor Rechnerleistung unglaublich günstig wurde und alle Rechner miteinander vernetzt waren, konnte ein Versicherer seine Gewinne in erster Linie dadurch erhöhen, dass er immer mehr Kunden versicherte. Nach dem Aufkommen der Big Data kehrte sich diese Motivation ins Gegenteil: Jetzt machte ein Unternehmen vor allem dann Gewinn, wenn es nur diejenigen versicherte, die laut Algorithmenberechnungen die Versicherung am wenigsten in Anspruch nehmen würden.

---

* »Big Data« ist der allgegenwärtige Begriff, mit dem die enormen Datenmengen bezeichnet werden, die auf jede erdenkliche Art über alles und jeden gesammelt werden, damit die Algorithmen, die man auch als »künstliche Intelligenz« bezeichnet, scheinbar von allein funktionieren können. Doch allein die Tatsache, dass man Big Data braucht, zeigt, dass die Algorithmen nur eine andere Form menschlicher Tätigkeit sind – eine anonyme Form menschlicher Tätigkeit, bei der die tätigen Menschen nicht gewürdigt oder bezahlt werden. Big Data und die künstliche Intelligenz sind wirtschaftliche und politische Konstruktionen, die die meisten Menschen entrechten.

Diese strategische Kehrtwende sorgte dafür, dass viele Amerikaner nicht versichert waren. Da die Amerikaner ein mitfühlendes Volk sind, starben die Menschen deshalb nicht gleich massenweise draußen auf der Straße, weil ihnen die Aufnahme im Krankenhaus verweigert wurde. Stattdessen bezahlten die Bürger für sie auf die teuerste Weise: Die Kranken wurden nur im Notfall behandelt. Das wiederum belastete die Wirtschaft, führte zu einer Einschränkung der persönlichen Freiheit (weil man, um seine Krankenversicherung zu behalten, auch einen ungeliebten Job behielt) und hemmte das Wirtschaftswachstum und die Innovationsfähigkeit. Außerdem verschlechterte sich der allgemeine Gesundheitszustand der Bevölkerung.*

Mit »Obamacare« soll die Kehrtwende rückgängig gemacht werden, was bedeutet, dass sich viel mehr Amerikaner versichern müssen und die Versicherer ähnlich wie früher, vor dem Zeitalter der Big Data, um Kunden konkurrieren sollen.

Niemand bestreitet, dass Big Data in der Medizin und im Gesundheitswesen eine wichtige Rolle spielen. Informationen sind per Definition das Rohmaterial für Feedback und damit für Innovationen. Doch für die Integration der Big Data in die Gesellschaft gibt es nicht nur diesen einen Entwurf. Da die digitale Technologie immer noch relativ neu ist, kann man leicht der Illusion verfallen, es gäbe nur ein mögliches Design. Aber wäre es nicht auch vorstellbar, dass man Big Data zum Vorteil der Wirtschaft *und* der Menschen nutzt? Mit dieser Frage beschäftige ich mich in meinem Buch.

Die zweite Fehlfunktion platzte wie eine Bombe und betrifft die Enthüllungen von Edward Snowden. Er machte publik, dass die National Security Administration (NSA) ihre Befugnisse weit überschritten hat und jeden ausspioniert, ob Freund oder Feind, dass sie Verschlüsselungen knackt, die unsere Transaktionen schützen, und die Welt der »kostenlosen« Internetdienste in ein Orwell'sches Monster verwandelt.

Die NSA sah sich genötigt, zu belegen, dass das allgemeine Ausspionieren mit Hilfe von Algorithmen spezielle Vorteile hat. Alt-

---

* http://www.iom.edu/Activities/HealthServices/InsuranceStatus.aspx.

modische Geheimdienstarbeit vor Ort erbringt immer wieder handfeste Resultate, etwa das Aufspüren von Osama bin Laden, doch die Hoffnung auf eine automatische Sicherheit durch die auf Big Data angewandten Algorithmen hat sich schlicht und einfach nicht bewahrheitet: Die Bombenanschläge beim Boston-Marathon erfolgten genau in der Woche, als mein Buch in den USA erschien, und konnten weder durch versteckte Serverfarmen verhindert werden, die so groß wie ganze Städte sind, noch durch Metadaten-Analysten oder Überwachungskameras.

Tatsächlich erhöhte die irrsinnige Datensammelwut der NSA ihren Bedarf an Technologiespezialisten dermaßen, dass dadurch die eigene Disziplin geschwächt wurde und das Auftauchen eines Snowden unvermeidlich war. Ganz abgesehen von der Frage, ob man die Strategien der NSA im Zeitalter von Big Data befürwortet oder mit Entsetzen betrachtet, muss man feststellen, dass die NSA dadurch an Kompetenz eingebüßt hat.

Die NSA und die amerikanischen Krankenversicherer erlagen derselben Schwäche, einer Form der institutionellen Abhängigkeit. Sie wurden abhängig von einem, wie ich es nenne, »Sirenenserver«. Hinter einem »Sirenenserver« verbergen sich enorme Rechnerleistungen, die alle anderen Rechner im Netzwerk übertreffen und ihren Eigentümern auf den ersten Blick einen garantierten Weg zu unbegrenztem Erfolg bieten. Doch diese Vorteile sind reine Illusion und führen über kurz oder lang zu einem massiven Scheitern.

Von Edward Snowdens Enthüllungen fühlen sich Menschen auf der ganzen Welt betroffen. Wir wissen nicht, ob jemand unsere privaten E-Mails gelesen hat. Das ist ein unangenehmes Gefühl, und falls wir uns je daran gewöhnen sollten, wäre es noch schlimmer.

Gleichzeitig muss man aber auch fragen, warum jedermann auf der ganzen Welt seine Informationen Rechnern anvertraut, die großen Konzernen gehören. Die NSA hat sich den Zugang zu diesen privaten Rechnern heimlich verschafft, aber warum glaubten alle, dass die fast einhellige Unterstützung einer Überwachungsindustrie durch die Verbraucher folgenlos bleiben würde? Früher oder später muss sie zu einem Überwachungsstaat führen.

Die entscheidende Frage unserer Zeit lautet, ob wir – und damit meine ich uns alle, nicht nur diejenigen, die sich um die »Sirenenserver« kümmern – lernen werden, dem Lockruf der »Sirenenserver« zu widerstehen. Das ist die Klammer, die ansonsten gegensätzliche Entwicklungen zusammenhält. Die eine Entwicklung sieht so aus: Computernetzwerke, so heißt es, könnten eine zentralisierte Macht stürzen und die Macht dem Einzelnen geben. Kunden können Konzerne in die Knie zwingen, indem sie massiv Beschwerden tweeten. Eine kleine Organisation wie WikiLeaks kann große Mächte in Unruhe versetzen und benötigt dazu nur einen Netzzugang und Verschlüsselungstechniken. Junge Ägypter konnten mit ihren Mobiltelefonen und dem Internet fast aus dem Stegreif eine Revolution organisieren.

Es gibt aber auch die gegenläufige Entwicklung: In den reichen Ländern weltweit, nicht nur in den USA, wächst die Ungleichheit bei der Einkommensverteilung. Das Geld der Reichen, die nur das oberste eine Prozent der Bevölkerung ausmachen, überschwemmt unsere Politik. Der Arbeitsmarkt in den USA ist ausgehöhlt. Unbezahlte Praktika sind gang und gäbe, und »Einstiegsgehälter« werden über das ganze Berufsleben hinweg gezahlt, während Spitzenmanager und -technologen Fantasiegehälter beziehen. Der Einzelne scheint angesichts dieser Ausblicke machtlos.

Die Zerrüttung und Dezentralisierung von Macht fällt mit einer intensiven und scheinbar unbegrenzten Konzentration von Macht zusammen. Was auf den ersten Blick wie ein Widerspruch wirkt, erscheint völlig logisch, wenn man erst einmal die Natur moderner Machtkonzentration verstanden hat.

Egal welches neue Machtzentrum Sie genauer unter die Lupe nehmen, Sie werden feststellen, dass ihm immer ein »Sirenenserver« zugrunde liegt. Wir frühen digitalen Idealisten sind an dieser Entwicklung weiß Gott nicht ganz unschuldig, wenn wir auch in bester Absicht gehandelt haben. Wir dachten, wir könnten die Welt verbessern, wenn alle so viele Informationen wie möglich austauschen, befreit von kommerziellen Zwängen. Eigentlich eine völlig vernünftige Idee. Wir haben Trommeln gebaut, die man nicht zum Schweigen bringen konnte. Die Möglichkeit, Öffentlichkeit zu schaffen, damit man nicht mehr die Augen vor Ungerechtigkeit und Gewalt verschließen konnte, würde doch sicher für mehr Gerechtigkeit und Frieden sorgen?

Warum ist die Idee des freien Informationsaustauschs gescheitert? Weil sie die Natur der Informationstechnologie ignorierte. Auch im Zeitalter vor der Computerisierung konnte es Probleme geben, wenn eine Gruppe Menschen alles offen miteinander teilte – wie verschiedene sozialistische Experimente zeigen. Aber andererseits war ihr Scheitern, zumindest unter gewissen Umständen, nicht unbedingt vorprogrammiert.

Wenn dieselben Leute aber über ein Computernetzwerk verfügen, dann steht von vornherein fest, dass derjenige, der den leistungsstärksten Computer hat, auch die Informationshoheit erlangen wird. Alle Menschen sind gleich, Computer aber nicht. Ein Spitzencomputer kann seinem glücklichen Besitzer grenzenlosen Reichtum und Einfluss bringen, für alle anderen jedoch bedeutet das Unsicherheit, Sparpolitik und Arbeitslosigkeit.

Früher erlangte man Macht und Einfluss, indem man die Kontrolle über das erlangte, was die Menschen benötigten, etwa Öl oder Verkehrswege. Heute kann man Macht in Form von Informationshoheit erlangen, die vom effektivsten Rechner in einem Netzwerk geschaffen wird. In den meisten Fällen ist das der größte Rechner mit der besten Vernetzung, allerdings genügt manchmal auch ein kleiner, effektiv genutzter Rechner, wie der Fall WikiLeaks zeigt. Diese Beispiele sind jedoch selten, daher sollten wir nicht der Illusion verfallen, dass Computer, wie einst die Schusswaffen im Wilden Westen, die großen Gleichmacher sind.

Bei dem, was ich »Sirenenserver« nenne, handelt es sich in der Regel um gigantische Rechenzentren an entlegenen Orten mit einer eigenen Energieversorgung und einem speziellen, natürlichen Standortvorteil, etwa einem abgelegenen Fluss, dessen Wasser man zur Kühlung verwenden kann, da riesige Mengen an Abwärme entstehen.

Diese neue Klasse der ultra-einflussreichen Computer tritt in vielen Formen auf. Manche werden im Finanzsektor genutzt, etwa für den Hochfrequenzhandel, andere im Versicherungswesen. Manche berechnen Wahlergebnisse, andere betreiben riesige Online-Stores. Manche betreiben soziale Netzwerke oder Suchmaschinen, wieder andere dienen nationalen Geheimdiensten. Die Unterschiede sind nur minimal.

Die Motivation für den allgegenwärtigen Einsatz der »Sirenenserver« besteht darin, dass man damit marginal effektive Verhaltensmodelle ableiten kann, sowohl für das menschliche Verhalten als auch für Ereignisse, etwa die Entwicklungen auf dem Finanzmarkt. Diese Modelle sind alles andere als perfekt, sondern reichen gerade aus, um das menschliche Verhalten einigermaßen vorherzusagen und uns nach und nach zu manipulieren und unseren Geschmack und unser Konsumverhalten effektiver und hinterhältiger zu beeinflussen, als es der klassischen Werbung und der »Schleichwerbung« möglich ist. Ein leichter Vorteil akkumuliert und verstärkt sich wie ein stetig wachsender Zinseszins.

Die Manipulation kann in Form bezahlter Links bei kostenlosen Online-Diensten auftreten, in Form einer automatisch personalisierten Vorstellung eines Kandidaten bei einer Wahl oder eines perfekt zugeschnittenen Kreditangebots. Die Menschen sind selten gezwungen, den Einfluss der »Sirenenserver« in einem bestimmten Fall zu akzeptieren, doch auf einer breiten statistischen Grundlage ist es einer Bevölkerung schier unmöglich, etwas anderes zu tun, als sich mit der Zeit zu fügen. Deshalb sind Unternehmen wie Google so »werthaltig«. Es gibt bei Google keine bestimmte Anzeige, die garantiert funktioniert, doch das gesamte Reklamekonzept von Google muss aufgrund der Gesetze der Statistik funktionieren. Dank seiner überlegenen Rechnerleistung profitiert ein »Sirenenserver« davon, dass er andere zuverlässig manipulieren kann, ohne jemanden zu zwingen.

Seit Netzwerke und Rechnerleistung so günstig sind, ist der Finanzsektor im Verhältnis zur übrigen Wirtschaft enorm gewachsen, allerdings hat er damit das Risiko für die Gesamtwirtschaft massiv erhöht. Das geschieht ganz automatisch, ohne böse Absicht, wenn man in einem offenen Netzwerk einen effektiveren Rechner besitzt als alle anderen. Die überlegene Rechnerleistung ermöglicht es Ihnen, die risikoärmsten Optionen für sich selbst zu wählen und die riskanteren Varianten den anderen zu überlassen.

Ein »Sirenenserver« gewinnt Einfluss durch Zurückhaltung. Das hat etwas Zen-Mäßiges. Finanzunternehmen sind dann am erfolgreichsten, wenn die Beteiligten keine Ahnung haben, was sie finanzieren. Es geht einfach darum, andere dazu zu bringen, die Risiken zu tragen, und Wissen bedeutet Risiko. Die neue Idee ist also, dass man keine Ahnung hat, ob das geschnürte Wertpapierpaket faul ist oder nicht.

Wenn man dieses Prinzip verstanden hat, bleibt von dem scheinbaren Widerspruch – dass Macht gleichzeitig mehr und weniger konzentriert wird – nichts mehr übrig. Altmodische Machtausübung wie die Zensur sozialer Netzwerke würde die neue Art Macht reduzieren – die darin besteht, dass die Nutzer sozialer Netzwerke durch einen privaten Spionagedienst ausspioniert werden.

Wir müssen lernen, den Gesamtzusammenhang zu betrachten, nicht nur die »Gratis«-Verlockungen vor unseren Augen. Unsere schicken Gadgets, unsere Smartphones und Tablet-Computer, haben uns einen neuen Zugang zur Welt verschafft. Wir kommunizieren regelmäßig mit Menschen, von deren Existenz wir vor dem Netzwerkzeitalter nicht einmal gewusst hätten. Wir können jederzeit Informationen zu fast jedem Thema finden. Aber wir haben auch erfahren, dass unsere Geräte und die aus idealistischen Motiven entstandenen digitalen Netzwerke von ultra-mächtigen, fernen Organisationen genutzt werden, um uns auszuspionieren. Wir werden stärker analysiert, als wir analysieren.

In den Anfangszeiten der privat genutzten Computer wurden wir von dem Ideal geleitet, dass Computer Werkzeuge seien, um die menschliche Intelligenz und seine Produktivität auf ein höheres Niveau zu heben. Ich erinnere mich an frühe Werbebroschüren von Apple, in denen Computer als »Fahrräder des Verstandes« bezeichnet wurden. Solche Ideen beflügelten die frühen Pioniere wie Alan Kay, der vor einem halben Jahrhundert bereits in Zeichnungen veranschaulichte, wie Kinder eines Tages Tablet-Computer nutzen würden.

Doch ein Tablet-Computer ist nicht mehr einfach nur ein Gerät, sondern zwingt uns eine neue Machtstruktur auf. Auf einem »Tablet« laufen im Gegensatz zum »Computer« nur Programme, die von einer einzelnen zentralen kommerziellen Autorität genehmigt wurden. Dass er so leicht ist und einen Touchscreen hat, ist gar nicht so wichtig, viel wichtiger ist die Tatsache, dass der Besitzer weniger Freiheiten hat als die Besitzer früherer Generationen digitaler Geräte.

Ein Tablet bietet uns nicht wirklich die Möglichkeit, unsere Angelegenheiten zu unseren eigenen Bedingungen zu regeln. Ein PC ist darauf ausgerichtet, dass uns unsere eigenen Daten gehören. PCs ermöglichten es Millionen Menschen, ihre eigenen Angelegenheiten selbst zu regeln. Der PC stärkte die Mittelschicht. Tablet-Computer sind stattdessen auf Unterhaltung ausgerichtet. Das eigentliche Problem ist aber, dass Sie einen Tablet-Computer nicht nutzen können, ohne die Informationshoheit abzugeben. In den meisten Fällen können Sie einen Tablet-Computer nicht einmal einschalten, ohne persönliche Informationen preiszugeben.

Als sich Tablet-Computer auf dem Markt durchsetzten, verkündete Steve Jobs, dass PCs »Lastwagen« seien. Fortbewegungsmittel, die mit was auch immer beladen waren, für Arbeitertypen in T-Shirts und Schirmmützen. Die meisten Verbraucher würden jedoch gewiss ein Auto bevorzugen. Ein schickes Auto. Diese Formulierung deutet an, dass die wirklich attraktiven Kunden den oberflächlichen Glanz von Status und Entertainment der Möglichkeit, Einfluss zu nehmen oder Selbstbestimmung zu erlangen, offensichtlich vorziehen. Das Problem ist nicht Apple. Das Problem ist typisch für die ganze Branche. Früher einmal betrachtete sich Microsoft als eine Art Werkzeughersteller. Doch das Herz der Verbraucher gewann Microsoft mit der Xbox, die im Grunde nur ein Unterhaltungssystem ist.

Der Sieg der Passivität über die aktive Mitbestimmung ist erschütternd. Anscheinend wollen die Verbraucher derzeit gar nicht so klug sein, wie sie – also wir alle – sein könnten. Aber die Verbraucher geben nicht nur der Oberflächlichkeit und Passivität den Vorzug, sondern sie haben auch stillschweigend eingewilligt, sich rund um die Uhr ausspionieren zu lassen. Tatsächlich sind die beiden Trends im Grunde einer.

Damit der Mensch den Verlust der Freiheit widerspruchslos akzeptiert, muss man diesen Verlust anfangs wie ein Schnäppchen wirken lassen. Den Verbrauchern werden »kostenlose« Dienste angeboten (etwa Suchmaschinen und soziale Netzwerke), wenn sie sich dafür ausspionieren lassen. Die einzige »Macht«, die der Verbraucher hat, besteht darin, nach einem besseren Angebot Ausschau zu halten.

Die einzige Möglichkeit, nein zu dieser Pseudo-Alternative zu sagen, besteht darin, die Rolle des Verbrauchers abzustreifen, über sie hinauszuwachsen.

Frei sein bedeutet, eine Privatsphäre zu haben, in der Sie Ihren eigenen Gedanken nachhängen und Ihre eigenen Erfahrungen machen können, bevor Sie diese der Welt draußen präsentieren. Wenn Sie an Ihrem Körper ständig Sensoren tragen – etwa das GPS und die Kamera an Ihrem Smartphone – und ständig Daten an einen Mega-Computer senden, der einem Konzern gehört, der von »Werbekunden« dafür bezahlt wird, dass er die Ihnen direkt zur Verfügung stehenden Optionen manipuliert, werden Sie mit der Zeit Ihre Freiheit verlieren.

Es ist nicht nur so, dass Sie wildfremde Menschen reich machen, ohne selbst dabei reich zu werden, sondern Sie akzeptieren einen Angriff auf Ihren eigenen freien Willen, Bit für Bit. Damit aus der Technik eine Möglichkeit wird, die uns mehr Selbstbestimmung bietet, müssen wir bereit sein, so zu handeln, als ob wir in der Lage wären, mit Macht umzugehen.

Wenn wir jetzt »kostenlose« Dienstleistungen verlangen, müssen wir uns darüber im Klaren sein, dass wir eines Tages dafür bezahlen werden. Wir müssen eine Informationsökonomie für uns verlangen, in der mit der Flut alle Boote nach oben gehoben werden, weil die Alternative eine grenzenlose Machtkonzentration ist. Eine Überwachungsökonomie ist weder nachhaltig noch demokratisch.

Das Internet wird oft mit dem Wilden Westen verglichen, mit seinen Pionieren und Banditen und dem Versprechen von kostenlosem Land (das in erster Linie natürlich nur über eine monopolisierte Eisenbahngesellschaft erreichbar war). Wir haben uns schon früher von dieser Schnäppchenmentalität gelöst und können das wieder tun.

Angesichts unserer wachsenden technischen Möglichkeiten müssen wir über unsere weitere Entwicklung entscheiden. Wann werden wir stolz genug sein, um es mit unseren eigenen Erfindungen aufzunehmen?

Teil 1

Erste Runde

KAPITEL 1

Motivation

Das Problem

Wir sind daran gewöhnt, Informationen als »kostenlos« zu betrachten,* aber das funktioniert nur, solange der Großteil der Wirtschaft *nicht* auf Informationen basiert, ansonsten würden wir für diese Illusion einen hohen Preis bezahlen. Heute können wir uns Informationen immer noch als immateriellen Grundstoff vorstellen, der Kommunikation, Medien und Software erst möglich macht. Doch es wird nicht mehr lange dauern, da werden sich die Menschen wundern, wie naiv und kurzsichtig die Vorstellung von der Natur der Informationen einst gewesen waren. Unser derzeitiger Informationsbegriff ist deshalb so eng gefasst, weil Bereiche wie Industrie, Energie, Gesundheitswesen und Verkehr noch nicht stark automatisiert oder netzwerkzentriert sind. Aber irgendwann *wird* der Großteil der Produktivität »softwarevermittelt« ablaufen. Software könnte die letzte industrielle Revolution sein. Sie könnte alle kommenden Revolutionen zusammenfassen. Ein Anfang wäre beispielsweise, dass Autos und Lastwagen nicht mehr von Menschen gesteuert werden, sondern von einer Software, dass 3D-Drucker wie von Zauberhand Güter ausspucken, die früher in Fabriken aus Einzelteilen zusammengebaut wurden, dass automatisierte Baumaschinen Rohstoffe finden und abbauen und Roboter bei der Pflege von Senioren eingesetzt werden. (Auf diese und an-

---

* Wie etwa die kostenlosen Internetdienste für Verbraucher oder die Daten, die Finanzdienstleister oft sammeln und nutzen können, ohne dafür zu bezahlen.

dere Beispiele werden wir später noch genauer eingehen.) Die digitale Technologie wird vielleicht noch nicht in diesem Jahrhundert die Wirtschaft dominieren, aber früher oder später wird es dazu kommen.

Möglicherweise wird die Erfüllung der alltäglichen Bedürfnisse dank der Technologie so günstig, dass es praktisch nichts mehr kostet, gut zu leben, und sich niemand mehr Gedanken um Geld, Arbeit, die ungleiche Verteilung von Vermögen oder die Altersvorsorge machen muss. Allerdings bezweifle ich stark, dass dieser schöne Traum Wirklichkeit werden wird.

Denn wenn wir so weitermachen wie bisher, erwartet uns wahrscheinlich eine Zeit massiver Arbeitslosigkeit mitsamt den damit verbundenen politischen und wirtschaftlichen Unruhen. Der Ausgang dieser Entwicklung lässt sich nicht vorhersagen, doch wir sollten diesen Ansatz bei der Gestaltung unserer Zukunft ohnehin verwerfen.

Stattdessen wäre es klüger, im Voraus zu überlegen, wie wir langfristig mit einem hohen Maß an Automatisierung leben können.

Sich damit abfinden oder die Klappe halten

Seit Jahren kritisiere ich das Verhältnis zwischen digitaler Technologie und Mensch. Ich liebe die digitale Technologie, und die Menschen liebe ich sogar noch mehr, allerdings ist das Verhältnis aus dem Gleichgewicht geraten. Natürlich werde ich oft gefragt: »Was würden Sie denn stattdessen tun?« Wenn sich die Frage auf Privates bezieht, also etwa »Soll ich mich bei Facebook abmelden?«, dann ist die Antwort einfach: Das müssen Sie für sich entscheiden. Ich will mich nicht als Guru aufspielen.*

Doch auf wirtschaftlicher Ebene sollte ich eine Antwort parat haben. Dass sich die Menschen bis zur Selbstaufgabe einem digitalen Phänomen hingeben, das deutliche Züge eines überirdischen

---

* … allerdings werde ich am Ende des Buchs einige Vorschläge machen.

Wesens hat, hat seinen kulturellen, intellektuellen und spirituellen Preis. Es gibt aber auch materielle Kosten.

Die Menschen machen sich ärmer, als sie sein müssten. Wir schaffen eine Situation, in der eine immer ausgereiftere Technologie langfristig eine immer höhere Arbeitslosigkeit und eine Zunahme der sozialen Missstände bedeutet. Stattdessen sollten wir eine Zukunft anstreben, in der es immer mehr Menschen gutgeht, selbst wenn die Technologie voranschreitet wie bisher.

Gängige digitale Konzepte behandeln Menschen nicht als *etwas Besonderes*. Wir werden vielmehr als kleine Rädchen in einer gigantischen Informationsmaschine betrachtet. Dabei sind wir die *einzigen* Lieferanten der Informationen und gleichzeitig ihr Bestimmungsort, das heißt, wir geben der Maschine überhaupt erst ihren Sinn. Ich möchte eine alternative Zukunft aufzeigen, in der Menschen angemessen berücksichtigt und als etwas Besonderes betrachtet werden.

Wie das gehen soll? Man muss die Menschen für die Informationen bezahlen, die man über sie sammelt, falls sich diese Informationen als wertvoll erweisen. Wenn die Überwachung von Personen Daten ergibt, die es einem Roboter ermöglichen, wie ein natürlicher Gesprächspartner zu wirken, oder man Informationen erhält, die bei einem Wahlkampf dafür sorgen, den Wählern die richtigen Botschaften zu übermitteln, dann sollte die Nutzung dieser wertvollen Daten den Urhebern – also Ihnen – auch Geld einbringen. Schließlich gäbe es diese Daten ohne Sie gar nicht.

Die Vorstellung, dass die Informationen der Menschheit kostenlos sein sollten, ist idealistisch und verständlicherweise auch populär, aber wenn niemand verarmen soll, muss man für Informationen bezahlen. Angesichts der zunehmenden Bedeutung von Software und Netzwerken können wir entweder weiterhin an kostenlosen Informationen festhalten, was jedoch mit finanzieller Unsicherheit für fast alle verbunden wäre, oder aber für Informationen bezahlen und auf diese Weise die Mittelschicht stärken. Die erste Möglichkeit mag vielen als ein Ideal erscheinen, das man ungern aufgibt, doch die zweite bietet eine realistische Aussicht auf eine beständige Demokratie und ein Leben in Würde.

Eine erstaunliche Anzahl Menschen produziert über Netzwerke eine erstaunliche Menge an Wert. Doch der Löwenanteil des Vermögens geht heute an diejenigen, die diese Daten sammeln und kanalisieren, anstatt an jene, die den »Rohstoff« liefern. Wenn wir uns von der Vorstellung der »kostenlosen Informationen« verabschieden und stattdessen ein universales System der Mikrozahlungen aufbauen, könnten eine neue Form der Mittelschicht und eine ehrlichere Informationsökonomie entstehen. Womöglich wären wir sogar in der Lage, die Freiheit des Einzelnen und die Selbstbestimmung zu stärken, auch wenn die Maschinen immer besser werden.

In diesem Buch geht es um futuristische Wirtschaftsformen, im Grunde aber darum, wie wir Menschen bleiben können, wenn unsere Maschinen so hochentwickelt sind, dass sie quasi autonom werden. Dieses Buch ist damit gewissermaßen Science-Fiction in Form eines Sachbuchs. Man könnte es auch eine Art spekulative Streitschrift nennen. Ich werde argumentieren, dass die Art, wie wir unsere Welt bisher um digitale Netzwerke herum organisiert haben, nicht nachhaltig ist und dass es mindestens eine nachhaltigere Alternative dazu gibt.

Das Moore'sche Gesetz verändert die Bewertung der Menschen

Unter den Technologen ist das Denken über die Zukunft seit der Jahrtausendwende hauptsächlich von der Erfahrung mit digitalen Netzwerken beeinflusst, die mit Hilfe der Unterhaltungselektronik genutzt werden. Ein junger Mensch muss heute nur noch ein paar Jahre und nicht mehr ein ganzes Leben lang warten, bis sich Veränderungen im Sinne des Moore'schen Gesetzes vollziehen.

Das Moore'sche Gesetz ist das Leitprinzip und wahre Grundgesetz des Silicon Valley. Es besagt, dass die Leistungsfähigkeit von Computerchips immer schneller wächst. Diese Verbesserungen türmen sich nicht einfach auf wie bei einem Steinhaufen, der immer höher wird, wenn man mehr Steine hinzufügt. Anstatt sich zu summieren, *vervielfachen* sich die Verbesserungen. Offensichtlich verdoppelt sich die Leistung der Technologie etwa alle zwei Jahre. Das bedeutet, dass die Leistung von Mikroprozessoren nach vierzig Jahren um das *Millionenfache* gesteigert wurde. Niemand weiß, wie lange sich dieser Prozess fortsetzen lässt. Auch darüber, warum das Moore'sche Gesetz und ähnliche Muster existieren, ist man sich nicht einig. Handelt es sich um eine sich selbst erfüllende Prophezeiung, also quasi um Autosuggestion, oder um eine unvermeidliche, wesentliche Eigenschaft der Technologie? Was auch immer da vor sich geht, der Rausch des sich beschleunigenden Wandels ruft in manchen einflussreichen Technologiekreisen geradezu religiöse Ehrfurcht hervor.

Das Moore'sche Gesetz bedeutet, dass man immer mehr kostenlos erledigen könnte, wenn da nicht die Leute wären, die bezahlt werden wollen. Der Mensch ist beim Moore'schen Gesetz quasi der Haken an der Sache. Wenn der Betrieb von Maschinen unglaublich billig wird, wirken Menschen vergleichsweise teuer. Früher waren Druckmaschinen teuer, daher schien es ganz selbstverständlich, Journalisten angemessen dafür zu bezahlen, dass sie die Zeitung füllten. Erst als die ersten Gratiszeitungen auftauchten, schien es mit einem Mal unvernünftig, Leute überhaupt noch zu bezahlen. Durch das Moore'sche Gesetz können Löhne und Gehälter – ebenso wie das soziale Netz – plötzlich wie ungerechtfertigter Luxus wirken.

Unsere direkte Erfahrung mit dem Moore'schen Gesetz bestand bislang vor allem darin, dass es uns billige Waren bescherte. Die gestern noch unerschwingliche Kamera ist heute eine von vielen Funktionen an unserem Mobiltelefon, das wir schon bald wieder gegen ein neues austauschen. Mit der millionenfachen Leistungssteigerung in der Informationstechnologie wurden sämtliche Einsatzmöglichkeiten ebendieser Technologie immer billiger. Daher erwartet man heute, dass Online-Dienste (und nicht nur Nachrichten, sondern auch zeitgemäße Erscheinungen wie Suchdienste oder soziale Netzwerke) kostenlos sind, wobei »kostenlos« in dem Fall bedeutet, dass wir im Gegenzug stillschweigend einwilligen, uns ausspionieren zu lassen.

Unverzichtbar, aber wertlos

Während Sie dies lesen, sind Tausende Computer irgendwo auf der Welt damit beschäftigt, heimlich erstellte Datenmodelle von Ihnen zu verfeinern. Was ist so interessant an Ihnen, dass man sich die Mühe macht, Sie auszuspionieren?

Die Cloud wird von Statistiken gesteuert, und selbst die unwissendsten, langweiligsten, trägsten und unbedeutendsten Personen liefern der Cloud heutzutage Informationen. Diese Daten könnte man als echten Mehrwert betrachten, aber das stimmt nicht. Stattdessen führen unsere Blindheit und die Art, wie wir diesen Wert berechnen, zum allmählichen Zusammenbruch des Kapitalismus.

Bei diesem System gibt es langfristig betrachtet keinen Unterschied zwischen einem schlecht ausgebildeten und einem gut ausgebildeten Menschen. Im Moment führen viele gut ausgebildete Menschen noch ein angenehmes Leben in unserer softwarevermittelten Welt, doch wenn sich nichts ändert, werden diejenigen, denen die besten Rechner und größten Rechenzentren gehören, mit der Zeit als die einzige Elite übrig bleiben. Um das zu verstehen, werfen wir einen Blick auf die Chirurgie, weil die technologische Entwicklung bei den Operationstechniken ähnliche Folgen haben könnte wie die Digitalisierung etwa in der Musikindustrie.

Die Aufnahme von Musik war früher ein mechanischer Vorgang, doch heute läuft alles digital, weshalb Musik zu einer Netzwerkdienstleistung wurde. Früher wurden in den Presswerken Schallplatten oder CDs produziert und von Lastwagen an die Läden ausgeliefert, wo sie dann vom Verkaufspersonal verkauft wurden. Dieses System wurde zwar nicht völlig zerstört, dennoch ist es heute üblich, dass man Musik einfach sofort über ein Netzwerk bezieht. Ein beträchtlicher Anteil der Mittelschicht lebte früher von der Musikindustrie, aber das ist vorbei. Die Nutznießer des digitalen Musikgeschäfts sind in erster Linie die Betreiber der Netzwerkdienste, die Musik im Austausch gegen Daten kostenlos zur Verfügung stellen, um ihre Dossiers und Datenmodelle über jeden einzelnen Nutzer zu vervollständigen.

Eine ähnliche Entwicklung könnte sich in der Chirurgie vollziehen. Nanoroboter und die holografische Endoskopie oder einfach Roboter, die heute noch Endoskope steuern, könnten eines Tages eine Herzoperation durchführen. Diese Geräte hätten wirtschaftlich ähnliche Auswirkungen wie die MP3-Player und Smartphones für den Musikkonsum. Unabhängig von den Details würde man die Chirurgie als Informationsdienst betrachten. Allerdings ist die Rolle der menschlichen Chirurgen in diesem Fall nicht von vornherein festgelegt. Sie werden *unverzichtbar* bleiben, weil sich die Technologie auf Daten stützt, die von Menschen kommen, aber noch ist nicht entschieden, ob ihre Arbeit dann noch in dem Maße *geschätzt* wird, dass sie auch gut bezahlt wird.

Allgemeinärzte in den USA klagen über eine neue Form von Konkurrenz, weil sie nicht an den Netzwerken partizipieren, die zur Vermittlung von medizinischen Leistungen entstanden sind. Versicherungen und Pharmakonzerne, Klinikketten und verschiedene andere clevere Netzwerkprofiteure waren da klüger. Niemand, nicht einmal ein Herzchirurg, sollte so tun, als ob er völlig immun gegen diese Entwicklung wäre.

Es wird immer Menschen geben, viele Menschen, die Daten liefern, um eine beliebige Technologie im Netzwerk umzusetzen oder sie besser und billiger zu gestalten. Ich schlage ein alternatives, nachhaltiges System vor, das die Menschen weiterhin berücksichtigt und belohnt, unabhängig vom technologischen Fortschritt. Wenn wir den derzeitigen Weg fortsetzen, werden die Vorteile hauptsächlich den Hütern der Computer zukommen, die medizinische Daten kanalisieren und sammeln, indem sie Ärzte und Patienten ausspionieren.

Der Strand am Rand des Moore'schen Gesetzes

Es gibt in der Silicon-Valley-Religion, wenn man so will, eine Art paradiesische Vorstellung: Wir erwarten von der Mechanisierung Unsterblichkeit. In der utopischen Technologiekultur geistert die Idee herum, dass Menschen (nun ja, vielleicht nicht alle) irgendwann in diesem Jahrhundert – vielleicht schon in ein, zwei Jahrzehnten – in Computerserver in der Cloud* hochgeladen und in der virtuellen Realität unsterblich werden. Oder dass wir, falls wir unsere Körper noch eine Weile erhalten können, von einer Welt umgeben sein werden, in der Roboter als dienstbare Geister umherschwirren und uns immer zur Verfügung stehen. Wie ein genusssüchtiger Magier schweben wir von einem Vergnügen zum nächsten. Wir müssen gar nicht erst aussprechen, was wir uns von der Welt wünschen, denn die Computerstatistiken in den Clouds haben uns so gut modelliert, dass uns jeder Wunsch von den virtuellen Lippen abgelesen wird.

Stellen Sie sich folgende Szene vor, die sich in einigen Jahrzehnten abspielen wird: Sie sitzen an einem Strand. Eine Möwe mit neuronaler Schnittstelle hockt vor ihnen und scheint mit ihnen zu sprechen. Sie sagt Ihnen, dass es Sie vielleicht interessieren wird, dass Nanoroboter gerade Ihre Herzklappe repariert haben (wer hätte gedacht, dass Sie es mit dem Herzen haben?), der Sponsor dafür sei das Kasino oben an der Straße, das diese Vogelnachricht und auch die automatische Herz-OP durch Google finanziere – oder was für ein Unternehmen es auch immer sein mag, das in der Zukunft diese Art Vermittlungsdienste anbietet.

Wenn der Wind weht, zeigt sich, dass die treibenden Blätter in Ihrer Umgebung in Wirklichkeit geschickt durch Biotechnik gesteuerte Roboter sind, die den Wind dazu nutzen, sich als schützende Hülle um Sie zu legen. Ihre Wünsche und Bedürfnisse werden automatisch analysiert. Aus dem Sand bildet sich eine Robotermasseurin und verabreicht Ihnen eine Shiatsu-Massage, während Sie in Ihrem gerade entstandenen Blätterkokon dem Flüstern des Windes lauschen.

Es gibt endlose Variationen solcher Geschichten über die baldige allgegenwärtige Verfügbarkeit von Hightech. Manche findet man in Science-Fiction-Romanen, doch häufiger sind diese Visio-

---

* Ein »Server« ist einfach ein Computer in einem Netzwerk, der Anfragen an andere Computer weiterleitet. Desktop-Computer oder tragbare Computer sind für gewöhnlich nicht darauf ausgerichtet, Verbindungsanfragen von beliebigen Computern anzunehmen, daher sind sie keine Server. Eine »Cloud« ist eine Ansammlung von Servern, die koordiniert handeln.

nen Gegenstand ganz normaler Unterhaltungen. Sie sind omnipräsent in der Kultur des Silicon Valley und Teil der dortigen Atmosphäre. Man hört die Leute darüber reden, wie billig Rechnerleistungen einmal sein werden. Und wie viele neuartige Materialien es geben wird, und die mit ihnen verbundenen Eigenschaften haben immer etwas Übersinnliches an sich.

Dieses Schema bildet den Hintergrund Tausender Gedankenspiele und liefert die Motivation für Startup-Unternehmen, Fortbildungsseminare und Karrieren. Die Schlüsselbegriffe in diesem Zusammenhang lauten »Accelerating Change«, »Fülle« und »technologische Singularität«.

Der Preis des Paradieses

Meine Geschichte von der sprechenden Möwe erscheint mir selbst ein bisschen kitschig und gekünstelt, aber so wirkt jedes Szenario, bei dem sich Menschen vorstellen, wie das Leben ohne alle Beschränkungen aussehen könnte.

Doch den Verlust aller Beschränkungen müssen wir nicht fürchten. Utopisten gehen von einem zukünftigen Zustand der »Abundanz« (»Fülle«) aus, nicht weil man ihn sich leisten kann, sondern weil er kostenlos ist, vorausgesetzt wir akzeptieren unsere ständige Überwachung.

Anfang der achtziger Jahre begann ein ursprünglich kleiner Kreis begabter Technologen, Konzepte wie Privatsphäre, Freiheit und Macht neu zu interpretieren. Ich war schon früh an diesem Prozess beteiligt und half bei der Formulierung vieler Ideen mit, die ich nun in meinem Buch kritisiere. Aus den Ideen einer kleinen Subkultur hat sich mittlerweile die dominierende Sichtweise auf die Computerwelt und die softwarevermittelte Gesellschaft entwickelt.

Einige Mitglieder dieser sogenannten »Hacker-Kultur« vertraten die Ansicht, dass Freiheit den Schutz der Privatsphäre mittels Krypto-Technologie bedeutete. Ich erinnere mich an den Nervenkitzel, als wir etwa um das Jahr 1983 herum am Massachusetts Institute of Technology (MIT) militärische Verschlüsselungsmethoden anwandten, nur um darüber zu diskutieren, wer die Pizza bezahlen sollte.

Einige der Freunde, mit denen ich mir damals die Pizza teilte, wurden später sehr reich, weil sie gigantische Dossiers mit personenbezogenen Daten anlegten, die von Finanzinstituten, von Werbeagenturen, Versicherungsgesellschaften oder anderen Konzernen genutzt werden, die davon träumen, die Welt per Fernbedienung zu steuern.

Es ist typisch menschlich, die eigene Heuchelei oft nicht zu bemerken. Je größer die Heuchelei, desto unsichtbarer wird sie normalerweise, und wir Technikfreaks sind in dieser Disziplin besonders gut. Wir schaffen es spielend leicht, die Verschlüsselung für Technikexperten und das massive Ausspionieren der einfachen Bürger unter einen Hut zu bringen. So bekomme ich immer wieder zu hören: Auf den Schutz der Privatsphäre normaler Menschen könne man verzichten, weil sie ohnehin bald irrelevant sei.

Die Überwachung der ahnungslosen Masse durch einige Auserwählte, die über die Technologie verfügen, ist demnach hinnehmbar, weil man davon ausgeht, dass am Ende ohnehin alles für alle transparent sein wird. Netzwerkbetreiber wie Cyber-Aktivisten scheinen zu denken, dass die Netzwerkserver der Elite, die die Informationshoheit besitzen, irgendwann harmlos sein oder sich einfach in Wohlgefallen auflösen werden.

Folgt man den digitalen Utopien, in denen der Einsatz von Computern durch und durch gut und ultra-billig ist, müssen wir uns keine Sorgen über die Netzwerkunternehmen der Elite machen, die sich aus den heutigen Derivatefonds entwickelt haben oder aus Silicon-Valley-Firmen wie Google oder Facebook. In der zukünftigen Welt der Fülle ist jeder mit Begeisterung offen und großzügig.

Bizarrerweise nehmen die Endzeit-Utopien der meisten begeisterten libertären Hightech-Anhänger meist eine sozialistische Wendung. Alle Genüsse und Annehmlichkeiten des Lebens werden so günstig sein, dass wir ihnen keinen Wert mehr beimessen können, heißt es. Abundanz wird allgegenwärtig sein.

Diese Haltung teilen ganz unterschiedliche Konzerne und politische Gruppierungen, Facebook ebenso wie WikiLeaks. Irgendwann, so stellen sie sich vor, wird es keine Geheimnisse und keine Zugangsbeschränkungen mehr geben. Die ganze Welt wird offen sein, als ob die Erde eine Kristallkugel wäre. In der Zwischenzeit verschlüsseln die wahren Gläubigen ihre Server, nicht ohne zuvor noch so viele Daten zu sammeln wie möglich und den besten Weg zu finden, sie für sich einzusetzen.

Man vergisst eben leicht, dass »kostenlos« unweigerlich bedeutet, dass jemand anders darüber entscheidet, wie man leben soll.

Das Problem ist nicht die Technologie, sondern die Art, wie wir darüber denken

Bis zur Jahrtausendwende mussten wir uns keine Gedanken darüber machen, dass der technische Fortschritt die Menschen entwerten könnte, denn die neuen Technologien schufen auch neue Arbeitsplätze, selbst wenn alte vernichtet wurden. Doch seit geraumer Zeit ist das dominierende Prinzip der New Economy, der Informationsökonomie, dass man den Wert von Informationen schlicht leugnet.

Wir haben entschieden, den meisten Leuten nichts für die neuen Aufgaben zu bezahlen, die im Zusammenhang mit der aktuellen Technologie von entscheidender Bedeutung sind. Gewöhnliche Menschen »teilen« Informationen mit anderen, während ein paar elitäre Netzwerke gigantische Gewinne machen.

Ob es sich dabei um Netzwerke mit direktem Kontakt zum Verbraucher wie Google handelt oder um Transaktionen, die eher im Verborgenen stattfinden wie etwa der Hochfrequenzhandel, ist in erster Linie eine Frage der Definition. Auf jeden Fall schaffen die größten und am besten vernetzten Computer die Voraussetzungen dafür, dass aus Informationen Geld wird. Die breite Masse dagegen wird mit ein paar Almosen abgespeist, um die falsche Hoffnung zu nähren, dass diejenigen, die die notwendigen Informationen liefern, von der kommenden Informationsökonomie am Ende auch profitieren werden.

Wenn im Informationszeitalter ehrlich und umfassend abgerechnet würde, würden möglichst viele Informationen ökonomisch berücksichtigt und gewertet werden. Wenn jedoch »rohe« Informationen oder Informationen, die in den Rechenzentren noch nicht verknüpft wurden, nicht als Wert an sich gelten, kommt es zu einer massiven Entrechtung. Mit der Entstehung der Informationsökonomie erhebt sich wieder das alte Schreckgespenst, das wir aus unzähligen Science-Fiction-Geschichten und totalitaristischen Albträumen kennen, und nimmt apokalyptische Ausmaße an. Gewöhnliche Menschen werden in der neuen Wirtschaft keinen Wert haben, während diejenigen, die Zugang zu den großen Rechnern haben, Hyper-Werte scheffeln.

Die Idee der kostenlosen Informationen ist tragfähig, wenn nur eine begrenzte Zahl von Menschen entrechtet wird. Ich sage es nur höchst ungern: Wir würden es überleben, wenn wir lediglich die Mittelschicht der Musiker, Journalisten oder Fotografen vernichten. Nicht tragbar ist dagegen die zusätzliche Vernichtung der Mittelschichtberufe im Transportwesen, im Handwerk und im Energiebereich, in der Verwaltung oder im Bildungs- und Gesundheitsbereich. Doch zu dieser Vernichtung wird es kommen, wenn die vorherrschende Idee einer Informationsökonomie nicht verbessert und ergänzt wird.

Die Entwickler digitaler Technologien legen fest, wie Menschen heute leben, wie sie arbeiten, wie sie denken – und das anhand der Erwartungen, die sie aufgrund dummer utopistischer Szenarien hegen. Wir wollen selbstverständlich kostenlose Online-Dienste nutzen und nehmen dafür in Kauf, dass wir für die Informationen, die wir beständig liefern, nicht bezahlt werden. Das hat zur Folge, dass die meisten von uns, je wichtiger Informationen in unserer Wirtschaft werden, immer weniger wert sein werden.

Die Gewinner vor sich selbst schützen

Nützt die derzeitige Entwicklung überhaupt denjenigen, die die wichtigsten Server betreiben und nun dazu übergehen, unsere Welt zu organisieren? Kurzfristig betrachtet auf jeden Fall. Durch die Nutzung der Netzwerktechnologie und die Möglichkeit, Informationen und damit Reichtum und Macht zu konzentrieren, sind in jüngster Zeit riesige Vermögen entstanden.

Doch langfristig profitieren nicht einmal die reichsten und mächtigsten Beteiligten vom Einsatz der Netzwerktechnologie, denn auch sie sind für ihren Wohlstand auf eine wachsende Wirtschaft angewiesen. So zu tun, als ob die Daten vom Himmel gefallen wären und nicht von realen Personen kommen würden, hilft da nicht weiter, sondern führt nur zur Schrumpfung der Gesamtwirtschaft.

Je fortschrittlicher die Technik, desto mehr Tätigkeiten werden mit Informationswerkzeugen erledigt. Daher wird unsere Wirtschaft, je mehr sie sich zur Informationsökonomie wandelt, nur wachsen, wenn wir nicht weniger, sondern immer mehr Informationen zu Geld machen. Aber das tun wir nicht.

Selbst die erfolgreichsten Beteiligten untergraben das Fundament ihres eigenen Reichtums. Kapitalismus funktioniert nur, wenn es genügend erfolgreiche Menschen gibt, die als Verbraucher fungieren. Ein Marktsystem kann nur bestehen, wenn so gründlich abgerechnet wird, dass es den Wert widerspiegelt, auf dem es basiert, was, wie ich noch zeigen werde, nichts anderes heißt, als dass wir eine Mittelschicht des Informationszeitalters benötigen.

Fortschritt ist obligatorisch

Derzeit treffen zwei große Entwicklungen aufeinander, von denen die eine zu unseren Gunsten, die andere zu unseren Ungunsten verläuft. Als Gegengewicht zu den von uns erhofften paradiesischen Zuständen sehen wir uns mit Problemen wie dem Klimawandel oder der Frage konfrontiert, wie wir angesichts der stetig wachsenden Weltbevölkerung eine ausreichende Versorgung mit Wasser und Lebensmitteln für alle Menschen sicherstellen sollen. Mehr Menschen als je zuvor werden Wasser und Nahrung benötigen.

Die größten Probleme unserer Zeit sind von uns selbst verursacht, allerdings haben wir auch kaum eine andere Wahl. Das Menschsein ist eine sich stets wandelnde technologische Herausforderung. Durch die Lösung des einen Problems entstehen sofort mehrere neue. Das war schon immer so und ist kein besonderes Kennzeichen unserer heutigen Zeit.

Da die Bevölkerungszahlen aufgrund der verminderten Kindersterblichkeit steigen, sind neue Hungersnöte vorprogrammiert. Wir entschlüsseln die genetischen Codes der Biologie, entwickeln erstaunliche neue Medikamente und vervielfachen unsere Fähigkeiten durch digitale Netzwerke, während wir gleichzeitig unser Klima zerstören und wichtige Rohstoffe vernichten. Und doch sind wir gezwungen, immer weiterzumachen, weil sich die Geschichte nicht umkehren lässt. Außerdem müssen wir ehrlicherweise eingestehen, dass es den Menschen in Zeiten, als die Technik noch nicht so weit entwickelt war, noch schlechter ging.

Neue technologische Ansätze zur Lösung der großen Probleme unserer Zeit werden aller Wahrscheinlichkeit nach nicht in irgendwelchen Garagen entwickelt werden, sondern durch die Zusammenarbeit vieler Menschen mittels gigantischer Computernetzwerke. Die Politik und Wirtschaft dieser Netzwerke werden bestimmen, wie aus neuen Möglichkeiten neue Vorteile für ganz gewöhnliche Menschen entstehen.

Fortschritt ist nie losgelöst von der Politik

Auch die raffinierteste Technologie gibt es vielleicht eines Tages in guter Qualität und für sehr wenig Geld, während *gleichzeitig* die wichtigsten Grundlagen fürs Überleben womöglich unbezahlbar werden. Digitale Utopien und vom Menschen geschaffene Katastrophen stehen nicht im Widerspruch zueinander. Sie können koexistieren. Das ist das Thema vieler düsterer Satiren der Science-Fiction-Literatur – man denke nur an die Geschichten von Philip K. Dick.

Die Preise für grundlegende Dinge wie Wasser und Lebensmittel könnten enorm steigen, während *gleichzeitig* unglaublich komplizierte Geräte wie praktisch unsichtbare Nanoroboter für Herzoperationen uns umschwirren würden wie Staubpartikel in der Luft, gesponsert von Werbekunden.

Alles auf einmal kann man nicht kostenlos anbieten, dafür ist die reale Welt zu chaotisch. Software und Netzwerke sind chaotisch. Und die Wunder der auf Informationen basierenden Technologie, die unser Leben zunehmend bestimmen, basieren auf begrenzten Ressourcen.

Die Illusion, dass alles so billig wird, dass es praktisch umsonst ist, schafft die politischen und wirtschaftlichen Voraussetzungen für die Bildung von Kartellen, die aus allem Kapital schlagen, was nicht so günstig ist. Wenn Musik nichts kostet, dann wird eben die Handyrechnung teuer, so verrückt das auch ist. Man muss das ganze System betrachten. Egal wie klein die Schwachstelle einer Utopie sein mag, wer nach Macht strebt, wird sich genau auf diesen Punkt konzentrieren.

Zurück an den Strand

Sie sitzen am Meer – wo auch immer sich die Küste befinden mag, nachdem Miami in den Fluten versunken ist. Sie haben Durst. In jeder beliebigen Staubansammlung wimmelt es von interaktiven roboterähnlichen Geräten, seit Werbefirmen vor langer Zeit den »Smart Dust« entwickelt und auf die Welt losgelassen haben. Das heißt, dass Sie einfach nur etwas sagen müssen, irgendein Gerät wird Sie immer hören. »Ich habe Durst, ich brauche Wasser.«

Die Möwe antwortet: »Sie werden von unseren verschiedenen Sponsoren nicht als potenzieller Kunde eingestuft, daher kommen diese nicht für die Kosten Ihres Wassers auf.« Sie erklären: »Aber ich habe einen Penny.« – »Das Wasser kostet zwei Pennys.« – »Vor meiner Nase befindet sich ein ganzer Ozean. Man muss einfach nur ein bisschen Wasser für mich entsalzen!« – »Die Lizenzen für die Meerwasserentsalzung sind an Trinkwasserfirmen vergeben. Sie müssen einen Vertrag unterschreiben. Sie können sich aber jeden beliebigen Film ansehen, der jemals gedreht wurde, oder Porno-Clips oder die Simulation eines verstorbenen Familienmitglieds, mit dem Sie interagieren können, während Sie verdursten. Ihr Status als verstorben wird automatisch in Ihren sozialen Netzwerken aktualisiert.« Und schließlich: »Wollen Sie nicht Ihren letzten Penny im Kasino setzen, das gerade Ihre Herzoperation finanziert hat? Vielleicht gewinnen Sie eine hübsche Summe, die Sie dann für Wasser ausgeben können.«

KAPITEL 2

Eine einfache Idee

Heraus mit der Idee!

Wie will die Menschheit auf die Tatsache reagieren, dass wir einerseits rapide auf den Abgrund zusteuern, während wir andererseits die Möglichkeiten haben, die Welt maßgeblich zu verbessern?

Mein Buch will zeigen, dass die Entscheidungen, die wir hinsichtlich der Architektur unserer digitalen Netzwerke treffen, die gegenlaufenden Wellen von Innovation und Elend entscheidend modifizieren können.

Die digitale Technologie verändert die Art und Weise, wie Macht (oder ein Stellvertreter von Macht, also Geld oder politische Ämter) errungen, verloren, verteilt und verteidigt wird. In der vernetzten Finanzwelt haben Korruption und Wahn massiv zugenommen, und das Internet hat mehr Arbeitsplätze zerstört als geschaffen.

Wir beginnen mit der einfachen Frage, wie man digitale Netzwerke gestalten sollte, damit sie weniger Schaden anrichten und uns stattdessen helfen, die großen Probleme unserer Zeit zu bewältigen. Als Ausgangspunkt für eine Antwort könnte man formulieren: »Hinter digitalen Informationen verbergen sich immer Menschen.«

Ein Beispiel

Im Grunde erscheint es wie Zauberei, dass man einen Satz zum Beispiel auf Spanisch in den Cloud-Dienst von Unternehmen wie Google oder Microsoft hochladen kann und eine, wenn auch nicht perfekte, so doch zumeist verständliche Übersetzung in irgendeiner gewünschten Zielsprache erhält. Als ob es eine polyglotte künstliche Intelligenz gäbe, die da oben in der großen Serverfarmen-Cloud residiert.

Aber so funktionieren Cloud-Dienste nicht. Stattdessen wird eine Vielzahl von Übersetzungsbeispielen, die echte Menschen übersetzt haben, im ganzen Internet zusammengetragen. Diese werden mit dem Satz abgeglichen, den Sie zur Übersetzung losgeschickt haben. Fast immer stellt sich dabei heraus, dass sich in den zahlreichen früheren Übersetzungen realer Menschen ähnliche Passagen finden, daher ergibt eine Collage der früheren Übersetzungen ein brauchbares Ergebnis.

Ein gigantischer statistischer Vorgang ist dank des Moore'schen Gesetzes praktisch kostenlos zu haben, doch im Grunde basiert die Übersetzung auf der früheren Arbeit realer Menschen.

Leider sind die menschlichen Übersetzer anonym und tauchen in den Bilanzen der Internetdienste nicht auf. Durch den Vorgang der Übersetzung in der Cloud schrumpft die Wirtschaft, weil man so tut, als ob die Übersetzer, die die Beispiele lieferten, nicht existieren würden. Mit jeder sogenannten automatischen Übersetzung werden die Menschen, die die Daten lieferten, aus der Welt der bezahlten Arbeit und Beschäftigung gedrängt.

Am Ende funktioniert selbst die Magie der automatischen Übersetzung genau wie Facebook nach der Methode, kostenlose Beiträge von Menschen zu bekommen, sie zu verdauen und als Köder für Werbekunden oder andere wieder hochzuwürgen, die hoffen, sie könnten aus der Nähe zu einem wichtigen Server Vorteile ziehen.

In einer Welt der digitalen Würde wäre jeder einzelne Mensch der kommerzielle Eigentümer aller seiner Daten, die sich aus seiner Situation oder seinem Verhalten ermitteln lassen. (Wenn man Informationen nur als Maske betrachtet, hinter der sich echte Menschen verbergen, erkennt man, dass digitale Daten einen *beständigen* Wert haben und nicht nur einen gelegentlichen.) Wenn eine Person etwas sagt oder tut, das selbst in geringem Maße zu einer Datenbank beiträgt, die es beispielsweise einem Algorithmus für maschinelle Übersetzung oder für Marktprognosen erlaubt, eine Berechnung durchzuführen, dann würde diese Person eine Nanozahlung erhalten, und zwar proportional sowohl zum Ausmaß ihres Beitrags als auch zum daraus resultierenden Wert. Die Nanozahlungen würden sich summieren und die Grundlage bilden für einen neuen Gesellschaftsvertrag, bei dem die Menschen motiviert sind, substanzielle Beiträge zur Informationsökonomie zu leisten.

Diese Idee nimmt den Kapitalismus deutlich ernster als die bisherigen Ansätze. Bei einer Marktwirtschaft sollte es nicht nur um »Unternehmen« gehen, sondern um alle, die Wert schaffen.

Ich könnte mein Argument auch auf den Bereich »Tauschen« und »Sharing« anwenden. Wenn man Cloud-Computing dazu nutzen würde, das Tauschen effizienter, umfassender und gerechter zu machen, käme man zu einem ganz ähnlichen Entwurf, wie ich ihn für das Beispiel der Nutzung personenbezogener Daten vorschlage. Üblicherweise wird die digitale Welt sehr einseitig und unter dem Aspekt »neu gegen alt« dargestellt. So ist etwa Crowdsourcing »neu«, während Gehälter und Renten »alt« sind. Ich schlage vor, dass wir dieses »Neue« zu Ende führen, also den eingeschlagenen Weg zu Ende gehen, anstatt auf halber Strecke stehen zu bleiben. Es gibt keinen Grund, davor zurückzuschrecken.

Große Worte, ich weiß …

Ist das nun ein »Bescheidener Vorschlag« im Sinne Swifts, oder präsentiere ich hier einen ernstzunehmenden, realistischen Plan? Im Grunde ist es ein bisschen von beidem. Ich hoffe, damit das Denken über digitale Informationen und den menschlichen Fortschritt neu anzuregen. Wir brauchen frischen Wind, müssen unseren Horizont erweitern.

Vielleicht wird der hier beschriebene Ansatz für eine humanistische Informationsökonomie nach einigen weiteren Verfeinerungen tatsächlich in der realen Welt umgesetzt. Oder vielleicht findet eine Reihe neuer, besserer Ideen, die mit diesem Buch nichts zu tun haben und hier auch nicht zur Sprache kamen, leichter Gehör, weil sich die starren Konventionen durch meine Gedankenexperimente ein wenig gelockert haben.

Falls Ihnen das alles zu vollmundig klingt, müssen Sie wissen, dass diese Ausführungen in dem Kontext, in dem ich sonst auftrete, sich geradezu bescheiden ausnehmen. Im Silicon Valley behauptet jeder Jungunternehmer mit einem Startup in der Garage, er habe das Ziel, die menschliche Kultur global und nachhaltig zu verändern, und zwar innerhalb der nächsten Jahre. Über Geld mache man sich noch keine Gedanken, denn ein großes Vermögen anzuhäufen sei erst einmal nebensächlich und ergebe sich ohnehin von selbst. Und diese cleveren kleinen Angeber haben regelmäßig Erfolg. Das ist einfach die Silicon-Valley-Version von »normal«.

Unsere Ideale und Träume finden immer wieder Mittel und Wege, um sich in der realen Welt zu verwirklichen. Wenn die hier präsentierten Ideen auch nur in Teilen funktionieren, bin ich schon zufrieden. Von fundamentalistischen »Entweder ganz oder gar nicht«-Ansätzen halte ich nichts. Ich bin davon überzeugt, dass meine Ideen ganz konkret zu verstehen helfen, wie die digitale Technologie unsere Wirtschaft und Politik verändert. Ich weiß auch, dass, selbst wenn sich meine Ideen als so gut erweisen, wie ich es mir erhoffe, sie auf keinen Fall perfekt sind. Aber wer glaubt, dass sich die Dinge ohnehin nicht ändern lassen, dem würde ich empfehlen, beim Weiterlesen eine Sonnenbrille aufsetzen.

Antike Vorhersagen der technologischen Singularität

Aristoteles ist beunruhigt

Aristoteles äußerte sich ganz konkret über die Rolle des Menschen in einer hypothetisch hochtechnisierten Welt:

> Wenn jedes Werkzeug auf Befehl oder diesem zuvorkommend seine Leistung vollzöge, wie von den Bildsäulen des Dädalus die Sage geht oder von den Dreifüßen des Hephästos, die nach des Dichters Wort »aus eigenem Trieb sich in die Götterversammlung begeben«, wenn so die Webschiffe von selbst webten und die Zitherschlägel spielten, ohne dass eine Hand sie führt, dann hätten weder der Meister ein Bedürfnis nach Gesellen noch die Herren nach Sklaven.[1]

Bereits in der Antike machte sich Aristoteles Gedanken über eine zukünftige Welt. Er ging davon aus, dass das Menschsein unter anderem auch darin besteht, das tun zu müssen, was Maschinen nicht leisten können. Gleichzeitig überlegte er, zumindest ansatzweise, dass Maschinen noch mehr leisten könnten als bisher. Aus diesen beiden Überlegungen schloss er: Bessere Maschinen könnten irgendwann die Menschen befreien und auf eine neue Entwicklungsstufe heben – sogar die Sklaven.

Wenn wir Aristoteles unsere heutige Technologie zeigen könnten, was würde er wohl zum Problem der Arbeitslosigkeit sagen? Würde er die Position von Marx übernehmen, dass bessere Maschinen den Staat dazu verpflichten, sich um die Menschen zu kümmern, die nicht mehr arbeiten müssen, und ihnen ein würdevolles Dasein zu ermöglichen? Oder würde er sagen: »Werft die, die nicht benötigt werden, aus der Stadt. Der Staat, die Polis, ist nur für diejenigen, denen die Maschinen gehören oder die das tun, was die Maschinen noch nicht leisten können.«

Würde er tatenlos zusehen, wenn Athen entvölkert werden würde?

Ich möchte Aristoteles nur Gutes unterstellen und nehme daher an, er würde erkennen, dass beide Vorstellungen Humbug sind. Die angebliche Autonomie der Maschinen ist bloßes Gerede. Man darf sich Informationen nicht als eigenständige Sache vorstellen, sondern muss sie als menschliches Produkt begreifen. Ich halte es für sehr gerechtfertigt, zu betonen, dass die Menschen immer noch gebraucht werden und wertvoll sind, selbst wenn der Webstuhl ohne menschliche Muskelkraft betrieben wird. Der Webstuhl läuft immer noch nach den Vorgaben des Menschen, aufgrund seiner gedanklicher Leistung.

Aristoteles spielt in der zitierten Stelle an Homers Schilderung der Schmiedegesellen des griechischen Gottes Hephästos an. Es geht um roboterartige Diener – den Traum eines jeden Nerds: goldglänzend, weiblich und willig. Falls Aristoteles den Gedanken hatte, dass die Menschheit eines Tages wirklich Roboter erfinden würde, die Webstühle betreiben und Musik machen, so hat er das jedenfalls nicht explizit gesagt. Für mich liest sich das eher so: Die Menschen warten darauf, dass die Götter ihnen ein paar raffinierte Automaten zu Verfügung stellen, damit die Automatenbesitzer fortan nicht mehr andere für die Arbeit bezahlen müssen.

Genau das ist unsere Situation im frühen 21. Jahrhundert. Die künstliche Intelligenz in den Servern schenkt uns eine Automatisierung, sodass wir uns nicht mehr gegenseitig für unsere Arbeit bezahlen müssen.

Sollen Menschen bezahlt werden, auch wenn sie etwas gerne machen?

Aristoteles sagt gewissermaßen: Zugegeben, es ist eine Schande, dass wir Menschen versklaven, aber wir müssen das tun, denn irgendjemand muss ja die Zither spielen, denn wir brauchen Musik. Ich meine, jemand muss leiden, damit es Musik gibt. Wenn wir ohne Musik leben könnten, dann könnten wir vielleicht ein paar dieser armen Sklaven befreien, und die Sache wäre erledigt.*

Zu meinen Hobbys gehört unter anderem das Spielen heute weitgehend unbekannter archaischer Musikinstrumente, daher weiß ich aus eigener Erfahrung, dass das Spielen der Instrumente, die den alten Griechen zur Verfügung standen, sehr mühsam ist.** Auch wenn man sich das heute nur schwer vorstellen kann, für die alten Griechen war das Musizieren auf ihren Instrumenten eine Qual, die man lieber bezahlten Dienern oder Sklaven überließ.

Musik ist heute mehr als nur ein Freizeitbedürfnis. Musiker, die von ihrer Musik leben wollen, werden von einem unerbittlichen

---

* Wie vorausschauend, dass Aristoteles Musikinstrumente und Webstühle als Beispiele für Maschinen wählte, die eines Tages automatisch betrieben werden würden! Diesen beiden Maschinenformen kommt in der Vorgeschichte des Computers tatsächlich eine zentrale Rolle zu. An Jacquardwebstühlen wurden erstmals Lochkarten zur Steuerung der Muster eingesetzt. Diese Webstühle dienten als Inspiration für die Entwicklung der Rechenmaschinen. Die Musiktheorie und Notenschrift wiederum brachten das Konzept der abstrakten Berechnung voran, etwa Mozarts algorithmische Kompositionen und die sogenannten »musikalischen Würfelspiele« (»Anleitung zum Komponieren von Walzern vermittels zweier Würfel«). Beide Entwicklungen fanden gegen Ende des 18. Jahrhunderts und zu Beginn des 19. Jahrhunderts statt.

** Dafür zu sorgen, dass sich die Saiten einer Lyra nicht verstimmen, ist nicht nur schwierig, sondern auch schmerzhaft. Man muss sie ständig drehen und drücken. Das geht manchmal so weit, dass die Finger bluten. Eine wahre Tortur. Die Rohrblätter bei einem Aulos (Blasinstrument) waren sicher auch ein Ärgernis, ständig waren sie entweder zu nass oder zu trocken, zu geschlossen oder zu offen. Man müht sich mit den Rohrblättern, bis sie kaputtgehen, dann macht man neue, die aber meistens auch nicht funktionieren.

Markt dazu gedrängt, zu Symbolen einer Kultur zu werden. Wer sich dem verweigert, wird zwangsläufig zum *Symbol* einer Gegenkultur (und damit unschädlich gemacht). Die Musiker der Gegenkultur wirken zumeist ein bisschen angeschlagen, verletzt, wild, gefährlich oder verstörend. Musik ist heute nicht mehr ein Unterhaltungsangebot unter anderen, sondern hat etwas Mystisches, in ihr verschmelzen Sinn und Identität. In Musik verwirklicht sich der Fluss des Lebens.

Unzählige Musiker wünschen sich nichts so sehr, als von ihrer Musik leben zu können. Das wissen wir, weil wir ihre Bemühungen in dieser Richtung online verfolgen können. Unablässig wird die Lüge herumposaunt, dass eine neue Klasse von Musikern entstanden sei, die sich dank der Publicity im Internet finanziell über Wasser halten könne. Es gibt diese Leute, aber es sind nur sehr wenige.

Allerdings macht eine beträchtliche Anzahl über das Internet auf sich aufmerksam und kann sich eine Fangemeinde aufbauen. Ich stelle mir vor, dass solche Leute eines Tages von dem, was sie machen, leben können. Wenn man das Design der Informationsnetzwerke verbessert, könnte sich mit der zunehmenden Verbesserung der Maschinen das Leben aller verbessern.

Der Plan

Aristoteles scheut offenbar davor zurück, Angestellte beschäftigen und angemessen entlohnen zu müssen. Seine Äußerung über automatische Webstühle und selbstmusizierende Saiteninstrumente kann als der Wunsch interpretiert werden, dass uns eine bessere Technologie davon befreien möge, auf unsere Mitmenschen angewiesen zu sein.

Es war ja auch nicht so, dass bei der Entstehung der ersten Städte alle von dem Wunsch beseelt waren, einander näher zu sein. Athen war in erster Linie eine Notwendigkeit und erst in zweiter Linie ein Luxus. Jeder mag Freunde, in einer großen Stadt hat man es aber zwangsläufig vor allem mit Fremden zu tun. Wir leben in einer Gemeinschaft, weil das überzeugende materielle Vorteile hat.

Eine Gruppe bietet Sicherheit und Bequemlichkeit. Landwirtschaft und Militär funktionierten damals dank der wachsenden Größe der Gemeinschaften besser, und die Städte wurden mit einer Stadtmauer geschützt.

Doch Aristoteles' Worte bieten auch einen Vorgeschmack darauf, wie belastend das Zusammenleben sein kann. Mit dem Entstehen der Polis ging etwas verloren, und wir träumen immer noch davon, es wiederzufinden.

Ein römischer General erhielt zur Belohnung, wenn er sich nach jahrelangem Militärdienst zur Ruhe setzte, ein Stück Land, das er selbst bewirtschaften konnte. Auf sich gestellt zu sein, die Möglichkeit zu haben, von seinem eigenen Land zu leben, ohne eine Polis, die einen störte, das war damals der Traum. Der amerikanische Westen bot diesen Traum erneut, dort bereut man es immer noch, dass man ihn aufgegeben hat. Der amerikanische Richter Louis Brandeis definierte den Begriff »Privatsphäre« mit den berühmten Worten als »das Recht, in Ruhe gelassen zu werden«.

Doch der Wunsch nach Fülle, nach Sicherheit und Bequemlichkeit, *ohne* Politik war eine Illusion, die nur in begrenzten Zeiträumen mit militärischer Unterstützung gewahrt werden konnte. Diejenigen, die am meisten von der Zivilisation profitieren, nutzen ihre Macht, um eine temporäre Illusion der Freiheit von Politik zu schaffen. Die Reichen leben hinter Zäunen und Mauern, nicht nur um sich zu schützen, sondern auch um so zu tun, als ob sie die anderen nicht bräuchten. Im Zitat von Aristoteles scheint bereits die Hoffnung auf, dass der technische Fortschritt ebenfalls eine schützende, isolierende Hülle um Personen schaffen und so die territorialen Eroberungen ersetzen könnte.

Der Menschen strebt von Natur aus nach den Vorteilen der Gemeinschaft, die eben auch den Umgang mit Fremden umfasst. Der Fremde muss nicht mein Freund sein. Er will nur das gleiche Recht auf Schutz und Sicherheit in Anspruch nehmen wie ich.

Das ist die etwas klischeehafte Kritik an der derzeitigen Online-Kultur. Man hat Tausende »Freunde« und starrt doch, wenn man mit anderen zusammen ist, lieber auf einen kleinen Bildschirm. Wie damals in Athen, so heute im Internet.

Der kybernetische Sturm

Teil 2

KAPITEL 3

Geld aus der Sicht eines Informatikers

Geld, Gott und die alte Technik des Vergessens

Selbst wenn man Gott für eine bloße Erfindung der Menschen hält, muss man zugeben, dass sie ziemlich wirkungsvoll war. Aber es gibt noch ein anderes uraltes Konzept, das wir Menschen erfunden haben und das kaum weniger einflussreich war: Ich meine natürlich das Geld.

Geld nahm seinen Anfang vielleicht als Gedächtnisstütze für Werte, die man nicht ständig vor Augen hatte, etwa weit verstreut herumlaufende Schafe. Ein Stein pro Schaf, dann wusste der Schäfer, dass alle nach einem Tag auf der Weide wieder beisammen waren. Anders ausgedrückt: Artefakte fungierten als Informationsspeicher.*

Frühe Hochkulturen in Mesopotamien und anderswo behielten mit Kerben in Hölzern und Tontafeln den Überblick über Handel und Schulden. Ein Schuldenverzeichnis erfordert eine höhere Komplexität als eine einfache Zählung von Schafen. Es muss eine Verbindung zwischen den bloßen Zahlen, den Personen und Absichten hergestellt werden, daher ist irgendeine Form der Markierung nötig.

---

* Die Verwendung geht über die symbolische Bedeutung hinaus, denn die gespeicherte Information wird zunehmend unabhängig vom Symbol. Drei Muscheln bedeuten dasselbe wie drei Steine. Mit anderen Worten: Es muss damals schon eine frühe Form von Nerds gegeben haben.

Früher war es harte Arbeit, Aufzeichnungen in Holz zu kerben oder gar in Stein zu meißeln. Diese Mühe machte man sich natürlich nicht für jede beliebige Information. Die Speicherung von Informationen war speziellen Themen vorbehalten, etwa Gesetzen oder Geschichten über Könige und Götter. Auch Schulden waren von Interesse.

Geld war in der Frühzeit ein Speichermedium für Informationen, das vergangene Ereignisse festhielt. Aus Sicht vieler Forscher gab es daher in dieser Phase der Menschheitsgeschichte noch kein »Geld«, sondern nur eine ausgeklügelte Form der Abrechnung und Buchhaltung. Man könnte sagen, dieser Prototyp des Geldes war ausschließlich an der Vergangenheit orientiert.

Dieses vergangenheitsorientierte Geld, das der Abrechnung dient, ist konkret und damit auf natürliche Art leicht zu verstehen. Es ist einfacher, sich eine konkrete Anzahl Schafe vorzustellen, als etwas Abstraktes wie eine Statistik, die sich mit den Aussichten eines Derivatepakets beschäftigt.*

Moderne, an der Zukunft orientierte Konzepte von Geld ergeben nur Sinn in einer Welt der sprichwörtlich unbegrenzten Möglichkeiten. In der Frühgeschichte, als Geld und Zahlen als Einheit entstanden, hat offenbar niemand damit gerechnet, dass sich die Welt einmal auf ein so waghalsiges Projekt wie das ihrer unablässigen Verbesserung stürzen würde. Die frühen Kosmologien sind oft zyklisch angelegt, oder sie gehen davon aus, dass das ganze Unternehmen irgendwann gegen die Wand fahren wird, eine Art Harmagedon oder Ragnarök. Wenn alles, was man je wissen wird, bereits bekannt ist, dann müssen Informationssysteme nur die Vergangenheit und Gegenwart berücksichtigen.

Das Geld hat sich mit der Technologie verändert, die es repräsentiert. Sie sind wahrscheinlich froh, dass es das moderne Geld gibt, aber es hat einen Vorteil, den Sie vermutlich nicht ausrei-

---

* Der Ethnologe David Graeber vertritt in seinem Buch *Schulden: Die ersten 5000 Jahre* die These, dass Schulden so alt wie die Zivilisation sind. Dennoch repräsentieren einfache Schulden vergangene Ereignisse und nicht die Erwartung eines zukünftigen Wertzuwachses. Diese Erwartung ist das, was wir als »Finanzierung« bezeichnen.

chend wertschätzen: Man muss nicht wissen, woher das Geld kommt.

Geld vergisst. Anders als die frühen Kerben auf Tontäfelchen hat das massenhaft produzierte Geld keine Erinnerung an die Geschichte seiner ursprünglichen Entstehung. Wenn wir die Geschichte jedes einzelnen Dollars kennen würden, wäre die Welt noch mehr von Kriegen zerrissen, als sie es ohnehin schon ist, weil der Mensch dem Stammesdenken noch mehr anhängt als der Gier. Geld ermöglicht Todfeinden die Zusammenarbeit. Wenn Geld von einer Hand in die andere geht, denken wir zumindest einen Moment lang nicht daran, wie es zu einem bestimmten Konflikt gekommen ist und wie wir uns rächen könnten.

Geld vergisst, aber »Gott« erinnert sich an alles. Gott* weiß, wie Sie diesen Dollar verdient haben, und folgt einer anderen Buchführung – die sich an moralischen Aspekten orientiert und sich auf Erinnerungen stützt. Und wenn nicht Gott, dann eben das Karma oder der Weihnachtsmann.

Manche Konzepte des Göttlichen reichen offenbar ähnlich weit zurück wie die Entstehung des Geldes. Selbst heute kann man sich einige Aspekte des Göttlichen als Summe karmischer Erinnerungen vorstellen, die Münzen zu vergessen verdammt sind. Als moralische Instanz ist Gott praktisch das Gegenteil des Geldes.

Geld war die erste Anwendung der Datenverarbeitung. Im heutigen Zeitalter der Computer wird sich die Natur des Geldes erneut verändern. Leider ist durch die Kombination einer sich rücksichtslos verbessernden digitalen Technologie und fauler Ideale eine neue Ära entstanden, in der Geld manchmal nicht alles vergisst, was es vergessen sollte. Das ist keine gute Entwicklung.

In der vernetzten Welt von heute erinnert sich Geld, das auf manchen Computern gespeichert wird, nur zu genau. Das kann Probleme verursachen. Ein Problem ist die Korruption.

Lügner benötigen ein hervorragendes Gedächtnis. Eine doppelte Buchführung macht mehr Arbeit als eine einfache. Die Plage

---

* Ich spreche hier nur vom moralischen Aspekt des Göttlichen, nicht vom Göttlichen an sich.

toxischer Wertpapiere und gigantischer Schneeballsysteme wäre ebenso wie die sinnlose Aufblähung des Finanzsektors ohne gigantische Rechnerleistungen nicht möglich gewesen, nur dank gigantischer Computer konnten alle Details gespeichert und sortiert werden, die man benötigt, um andere Leute übers Ohr zu hauen. Die ungeheuerlichsten modernen Lügner nutzen die Computer nicht nur, sie lassen sich auch von ihnen inspirieren.

Erst vor kurzem wurde Rechnerleistung so günstig, dass man sie dazu verwenden konnte, faule Wertpapiere zu verstecken. Die toxischen Finanzkonstrukte der Wirtschaftskrise waren so komplex, dass die Entwirrung des Geflechts der Entschlüsselung eines komplizierten kryptografischen Codes glich. Diese Finanzprodukte waren die Geschöpfe großer Rechnerkapazitäten.

Selbst der legale Handel kann betrügerische Züge annehmen. Es gibt den Spruch:»Wer mit Glücksspiel richtig Geld verdienen will, der sollte ein Kasino eröffnen.« Er ist veraltet. Die neue Version lautet:»Wer mit dem Netz richtig Geld verdienen will, dem sollte ein Metaserver gehören.« Wenn Ihnen die schnellsten Computer mit Zugang zu Informationen über jedermann gehören, müssen Sie das Geld nur suchen, schon wird es auftauchen.

Ein Eliteserver im Verborgenen, der sich an alles erinnert, was das Geld früher vergaß, und im Zentrum menschlichen Handelns platziert ist, ähnelt, wenn man es recht bedenkt, durchaus gewissen Vorstellungen von Gott.

Die Informationstechnologie des Optimismus

Die Wirtschaftswissenschaften sind eine noch relativ junge Disziplin und oft nicht in der Lage, sich auf grundlegende Lehrsätze zu einigen oder fragwürdige Theorien definitiv zu widerlegen. So befasst sich ein Großteil meines Buchs mit der Schaffung von Vermögen, doch es gibt immer noch keine Einigung darüber, woher Vermögen eigentlich kommt.[1]

Ich behaupte nicht, ein Wirtschaftswissenschaftler zu sein. Als Informatiker beschäftige ich mich jedoch mit der Frage, wie sich

Informationssysteme entwickeln, und das könnte uns einen nützlichen Einblick in die Wirtschaftswissenschaften eröffnen. Jede Informationstechnologie, vom frühesten Geldkonzept bis zum neuesten Cloud-Computing, basiert im Grunde auf Entscheidungen darüber, was gespeichert und was vergessen werden soll. Geld ist einfach ein weiteres Informationssystem. Die grundlegenden Fragen zu Geld sind daher auch die, die man sich im Zusammenhang mit Informationssystemen stellt. Was wird gespeichert? Was wird vergessen?

Wenn die offiziellen Wissenschaften ins Schwimmen geraten, schießen populäre Theorien ins Kraut, die oft an Paranoia grenzen. So auch zum Thema Vermögen. Eine breitverteilte Entstehung von Vermögen lässt sich nur schwer von dem Begriff »Wachstum« trennen, aber »Wachstum« wird von linken Kräften manchmal als eine Art Krebsgeschwür dargestellt, das den Menschen und seine Welt befallen hat. Die politische Rechte wiederum reagiert allergisch auf den Begriff »Inflation«, die stets, allerdings oft auch nur in geringem Ausmaß, eintritt, wenn Reichtum auf breiter Ebene entsteht. Dazu kommt bei den Konservativen noch der ausgeprägte Hang zu Sparsamkeit. (Erstaunlich, wie viele Gemeinsamkeiten Gegner häufig haben.)

Die Schaffung von Vermögen bedeutet aus Sicht der Informatik einfach nur, abstrakte Informationen, die wir speichern, in Einklang zu bringen mit dem konkreten Nutzen, den wir haben könnten. Ohne diese Abstimmung werden wir nicht in den Genuss all dessen kommen, was potenziell möglich ist.

Seit einiger Zeit geht es bei dem, was das neue Geld in die Welt gebracht hat, hauptsächlich um die »Memorialisierung« von Verhaltensabsichten. Es handelt sich also mehr um eine Berechnung der Zukunft, wie wir sie planen, als der Gegenwart, wie wir sie bemessen. Moderne Vorstellungen von Geld entsprechen dem Bedürfnis nach einem Ausgleich zwischen Planung und Freiheit. Wenn wir uns nicht gegenseitig Beständigkeit versprechen würden, wäre das Leben tückisch.

Also geben wir Versprechen ab, unser Leben entsprechend zu gestalten, schaffen aber ein gewisses Maß an Freiheit, indem wir entscheiden, welche Versprechen wir machen und wie wir sie einhalten. Wenn Ihnen also eine Bank Kredit gibt, weil sie Ihnen vertraut, können Sie das Geld zurückzahlen, doch Sie verfügen auch über einen gewissen Spielraum, *wie* Sie das machen. Außerdem konkurrieren mehrere Banken miteinander, die verschiedene Methoden zur Bewertung Ihrer Kreditwürdigkeit anwenden. Was für ein interessanter Kompromiss dadurch entstanden ist, der sowohl Freiheit als auch Planung umfasst!

Das ist eins der wichtigsten Geschenke des modernen, zukunftsorientierten Geldes. Durch die abstrakte Version eines Versprechens (etwa, dass man einen Kredit zurückzahlt) minimalisieren wir das Ausmaß, mit dem wir den Erwartungen der anderen entsprechen müssen. So, wie Geld die Vergangenheit vergisst und uns dadurch unzählige blutige Fehden erspart, ist es nun zu einem Werkzeug geworden, das die Zukunft abstrahiert. Dadurch erlaubt es uns ein Mindestmaß gegenseitiger Akzeptanz, die notwendig ist, um die von uns gegebenen Versprechen zu halten.

Wenn Sie ein Haus kaufen mit einem Kredit von einer Bank, die Nutznießerin des vielgeschmähten Mindestreserve-Systems ist, dann kommt es zu folgender Situation: Ein Teil des Geldes, mit dem Sie Ihr Haus bezahlen, hätte vielleicht nie existiert, wenn Sie sich nicht zum Kauf entschlossen hätten. Es ist quasi »aus der Luft gegriffen« oder erfunden, wie die Kritiker des Systems sagen,* aufgrund Ihres bloßen Versprechens, dass Sie dieses Geld irgendwann in der Zukunft verdienen werden.

Ganz normale Menschen können also zur Schöpfung neuen Geldes beitragen, indem sie ein Versprechen machen. Man legt die Zukunft fest, indem man einen Plan erstellt und das Versprechen abgibt, sich daran zu halten. Als Reaktion darauf entsteht Geld,

---

* Sowohl Anhänger des Progressivismus wie Thom Hartmann als auch Anhänger des Libertarismus wie Ron Paul kritisieren das Mindestreserve-System. Es wird oft als »betrügerisch« bezeichnet, als Werkzeug »internationaler Banker« oder eine Form der Leibeigenschaft. Ich bin zwar ebenfalls der Meinung, dass es viele Kritikpunkte am derzeitigen System gibt, doch meiner Ansicht nach richtet sich der Hass dieser Gruppierungen gegen Prinzipien, die eine positivere Darstellung verdient hätten.

denn mit diesem Versprechen haben sie einen Wert geschaffen. Neues Geld wird geschöpft, um diesen Wert wiederzugeben.

Deshalb können Banken bankrottgehen, wenn ihre Kunden die Kredite nicht zurückzahlen. Banken verkaufen Werte, die unter anderem aus den zukünftigen Absichten der Kreditnehmer bestehen. Wenn die Kreditnehmer ihre Versprechen nicht einhalten, existieren diese Werte nicht mehr.

Eine Volkswirtschaft ist wie eine Kosmologie. Ein expandierender Markt ist wie ein sich ausdehnendes Universum charakterisiert von globalen Gesetzen und lokalspezifischen Phänomenen. Für einen gesunden Markt ist Wachstum erforderlich, das aber nicht auf Kosten der Umwelt oder anderer Werte erfolgen darf, die uns allen gehören. Wachstum ist nur ehrlich, wenn die Bedürfnisse der gewöhnlichen Menschen nicht vergessen, sondern im Gegenteil respektiert werden. Das bedeutet, dass ein gewisses Maß an Inflation – nicht zu viel – angemessen ist, weil die Leute ihre Geschäfte dann besser erledigen, nämlich so, dass auch andere davon profitieren.* Das ist eine so simple Idee, dass man sie kaum wahrnimmt.

Wenn man das Vertrauen in die Grundlagen der Entstehung von Vermögen verliert, verliert man auch das Vertrauen in den Fortschritt der Menschheit insgesamt. Wenn der gesamte Wert, den es je geben wird, bereits existiert, dann kann es bei der Marktdynamik nur um Schwankungen, Konflikte und Anhäufung gehen. Wirtschaftlicher Stillstand oder Negativwachstum führen dazu, dass die Menschen rücksichtslos und unvernünftig handeln.

In einem wachsenden Markt entstehen neue Werte und neues Vermögen. Nicht jedes neue Vermögen kommt durch bahnbrechende Veränderungen wie Erfindungen oder die Entdeckung neuer Rohstoffe zustande.** Manchmal entsteht es eben auch

---

* Ja, geschwächte Regierungen drucken bekanntermaßen Geld, um ihre eigene Haut zu retten, und stürzen den Markt damit in eine Abwärtsspirale, was nicht selten böse endet. Die Schaffung falscher Werte ist genauso verwerflich wie die Weigerung, echten Wert anzuerkennen.

** In der Vergangenheit basierte Wachstum auch auf anderen Faktoren wie Eroberungen und einer Bevölkerungszunahme, die heute nicht mehr in Betracht kommen.

dadurch, dass ganz gewöhnliche Menschen ihr Versprechen halten.

Die Psychologie des Geldes hat mit seinem Nutzen nicht Schritt gehalten. Deshalb hat der Goldstandard in der populistischen Politik der USA eine so große Anziehungskraft und taucht in libertären Kreisen immer wieder als Argument auf.* Es gibt nicht so viel Gold auf der Welt, und auf dieser Knappheit basiert sein Wert. Die Goldmenge, die bisher gefördert wurde, würde gerade einmal etwas mehr als drei Schwimmbecken mit einer Länge von fünfzig Metern und einer Breite von fünfundzwanzig Metern füllen.[2]

Wenn die Welt einen Goldstandard einführen würde, dann müsste die vorhandene Goldmenge als Speicher des globalen Computers fungieren, den die Menschheit zur Planung ihrer wirtschaftlichen Zukunft verwendet. Daher ist der Goldstandard eine ziemlich pessimistische Idee. Wenn wir unser Modell, wie wir die Zukunft gestalten wollen, auf die Speicherkapazität von etwa 50 Milliarden Feinunzen beschränken würden,** würden wir damit im Grunde sagen, dass die Zukunft keine überraschenden Werte mehr bereithält.

Geld hat nur einen Wert, wenn die Menschen ihm diesen Wert zuschreiben, daher ist es sinnlos, über den absoluten Wert des Geldes zu diskutieren. Allerdings können wir über den Informationsgehalt von Geld sprechen. Wenn wir beim Zählen dessen, was wir eventuell in der Zukunft für wertvoll erachten, nur die Bits verwenden, die bereits in der Vergangenheit gezählt wurden, betrachten wir das, was in der Zukunft entdeckt oder erfunden werden könnte, unter Wert. Wir glauben dann nicht an das Potenzial der

---

* Der Goldstandard führt uns zugegebenermaßen ein bisschen auf die falsche Spur, denn die Idee ist nicht in der breiten Bevölkerung verankert, bleibt aber ein fester Bestandteil bestimmter politischer Strömungen. Hier ist er relevant, weil die Idee, dass es eine konkrete Begrenzung der globalen Geldmenge geben sollte, auch die Diskussionen um die Schaffungen neuer Geldformen (wie Bitcoin) dominiert.

** Das Smartphone, das ich besitze (aus dem Jahr 2011) hat 32 Gigabyte Speicher, was in Bits etwa der Größenordnung der weltweiten Goldmenge in Feinunzen entspricht.

Menschen, die einander Versprechen abgeben, um etwas Neues und Großartiges zu erreichen. Und die Zukunft hat immer wieder bewiesen, dass sie großartiger ist, als sie sich irgendjemand je erträumt hätte.

Die Umwandlung von Geld in eine abstrakte Repräsentation der Zukunft (das, was wir »Finanzieren« nennen) begann vor etwa vierhundert Jahren und hat seitdem immer wieder neue Schübe erfahren, etwa in den wirtschaftlichen Boomjahren nach dem Zweiten Weltkrieg. Um zu verstehen, was aus dem Konzept Geld seit dem Auftauchen günstiger digitaler Netzwerke geworden ist, müssen wir bedenken, dass in den vorangegangenen Jahrhunderten der Wohlstand und das Wohlergehen der Bevölkerung in den Industriegesellschaften insgesamt beständig zunahmen, auch wenn es immer wieder Einbrüche und natürlich auch furchtbare Kriege gab. Doch selbst angesichts dieser vielen schrecklichen Episoden war es unmöglich, nicht an die Zukunft zu glauben.

Zusammen mit dem europäischen Zeitalter der Entdeckungen und der Aufklärung entstand eine optimistische neue Form des Gedächtnisses, die auf den Versprechungen zukünftigen Verhaltens im Gegensatz zum bereits Geschehenen basierte. Das künstliche Gedächtnis wurde notwendigerweise stärker personenzentriert. Es gab keine andere Möglichkeit, Geld in Hinblick auf die Zukunft zu definieren, oder anders ausgedrückt, sich im Bereich Finanzen zu engagieren. Nur Personen, nicht die leblosen Informationen, konnten Versprechen darüber abgeben, was sie in der Zukunft tun würden. Ein Dollar ist und bleibt ein Dollar, egal wem er gehört, und Wertpapiere können immer wieder den Besitzer wechseln. Aber ein Versprechen gehört zu einer ganz bestimmten Person, sonst ist es nichts wert.

Der kürzlich erfolgte Zusammenbruch der Finanzwelt kann als Symptom der trügerischen Hoffnung betrachtet werden, dass die Informationstechnologie eigenständig Versprechen abgeben kann, ohne dass dazu Menschen nötig sind.

KAPITEL 4

Die Ad-hoc-Konstruktion der Würde der Masse

Ist die Mittelschicht etwas Natürliches?

Zeitgleich mit dem Aufkommen der Finanzwirtschaft vor etwa vier Jahrhunderten entstanden neue Technologien, die das Leben und die Gesundheit von Millionen Menschen verbesserten. Es kam außerdem zur wundersamen Herausbildung der Mittelschicht. Im Zusammenhang mit diesem Wandel stellt sich die Frage, warum nicht mehr Menschen und vor allem nicht früher von den Vorteilen der Moderne profitieren. Wenn die Technologie immer besser wird und es so viel Wohlstand gibt, warum sollte es überhaupt noch Armut, Hunger und Elend geben?

Der technische Fortschritt weckt unweigerlich den Wunsch nach immer neuen Verbesserungen. Wir erwarten von der modernen Medizin, dass ihr keine Fehler unterlaufen, und von modernen Flugzeugen, dass sie nicht abstürzen. Dabei war es vor einem Jahrhundert noch unvorstellbar, sich so etwas auch nur zu wünschen. Auch in der modernen Finanzwelt gehen Errungenschaften mit Misserfolgen einher.

Wenn man sich die Finanzmärkte als große, weltumspannende Kapitalströme vorstellt, liegt es nahe, dass es auch Untiefen, Wasserstürze und Stromschnellen gibt. Es gibt Strudel, die wirbeln alles nach oben, andere ziehen alles in die Tiefe. Oft war es so, dass die Armen ärmer und die Reichen noch reicher wurden. Marx verwandte einen Großteil seiner Energie darauf, diese Tendenz zu beobachten, doch um sie zu bemerken, muss man kein Experte sein.

Versuche, sich gegen den Strom zu stemmen und die Finanzen völlig durch die Politik zu ersetzen, wie es die kommunistischen Staaten versucht haben, zeitigten meist noch grausamere Folgen als selbst die schlimmsten Fehlfunktionen des Kapitals. Damit bleibt die Bekämpfung der Armut in einer Welt, die von den Finanzmärkten beherrscht wird, ein Problem.

Marx wollte etwas, was die meisten Menschen, mich eingeschlossen, nicht möchten: eine Kontrollinstanz, die dafür sorgt, dass alle das bekommen, was für sie am besten ist. Verwerfen wir also das marxistische Ideal und überlegen stattdessen, ob man sich darauf verlassen kann, dass Märkte von selbst eine Mittelschicht schaffen.

Marx argumentierte, dass Finanzmärkte diktatorische Instrumente seien, dass marktwirtschaftliche Systeme stets in den alten Trott zurückfallen und zu einer Plutokratie degenerieren würden. Ein Keynesianer würde zugeben, dass es diesen Trott gibt, würde aber einwenden, dass man ihn durch entsprechende Interventionen vermeiden könne. Es gibt zwar auch anderslautende Theorien, doch bislang hat die Mittelschicht, wenn es um ihr Überleben ging, auf diese Interventionen vertraut.

Großer Reichtum hat von Natur aus eine gewisse Beständigkeit über Generationen hinweg. Das Gleiche gilt auch für große Armut. Die Zugehörigkeit zur Mittelschicht allerdings hat sich bisher nicht als sonderlich stabil erwiesen. Um diesen Status zu wahren, benötigt man oft ein wenig Hilfe. Alle bekannten Beispiele für eine langfristig stabile Mittelschicht stützen sich auf keynesianische Interventionen und auf dauerhafte Mechanismen wie soziale Sicherungssysteme, um die Auswirkungen des Marktes zu mildern.

Es ist jedoch möglich, dass digitale Netzwerke eines Tages eine bessere Alternative zu diesen Mechanismen und Interventionen bieten. Um das zu verstehen, müssen wir uns zunächst mit menschlichen Systemen an sich beschäftigen.

Zwei Verteilungskurven

Es gibt zwei bekannte Grafiken zur Darstellung gesellschaftlicher Mehrheitsverhältnisse. Die eine veranschaulicht das sogenannte »Starsystem« nach dem Prinzip »The winner takes it all«. Sie zeigt, dass es, wie zum Beispiel im Filmgeschäft oder im Sport, immer nur wenige »Stars« geben kann. Dadurch bildet sich eine Spitze, bestehend aus einer kleinen Anzahl von Topleuten, gefolgt von einem langen Ausläufer oder »Long Tail« mit all den anderen, die deutlich schlechter abschneiden. Wir haben also »Stars« und solche, die es gern wären, aber keine breite Mitte.

Das Starsystem

Die Verteilung der Ergebnisse bei den aktuellen, digital vernetzten, hypereffizienten Märkten verläuft meistens nach dem Starsystem. Das gilt beispielsweise für Startup-Unternehmen im Hightech-Bereich: Nur einige wenige haben Erfolg, wenn sie es allerdings schaffen, dann können sie ein enormes Vermögen machen. Das Prinzip gilt auch für normale User der Online-Welt: Nur extrem wenige schaffen es, tatsächlich Geld mit einer App fürs Smartphone oder mit einem Video zu verdienen, das sie bei YouTube hochgeladen haben. Die meisten träumen nur davon und scheitern.

Die andere bekannte Grafik ist die »Glockenkurve« oder die »Normalverteilung«. Sie besagt, dass das Gros der Gesellschaft aus durchschnittlichen Menschen besteht, die einen »mittleren« Berg bilden mit zwei Ausläufern links und rechts mit den von der Norm abweichenden Menschen. Glockenkurven ergeben sich aus den meisten personenbezogenen Erhebungen, denn so funktioniert nun einmal Statistik. Das trifft sogar zu, wenn die Messung manipuliert ist oder auf subjektiven Kriterien basiert. So gibt es zum Beispiel keine eindeutige Definition von »Intelligenz«, dennoch machen wir Intelligenztests, deren Resultate dann tatsächlich eine Glockenkurve ergeben.

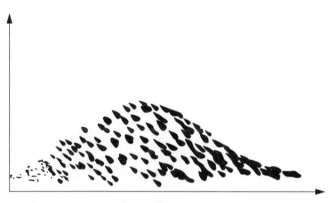

Die Glockenkurve oder »Normalverteilung«

In einer Volkswirtschaft mit einer starken Mittelschicht kann sich die Verteilung des Einkommens einer Glockenkurve annähern. Die Verteilung des Einkommens in der neuen digitalen Wirtschaft entspricht bislang aber – ähnlich wie einst im Feudalsystem oder zu Zeiten des Manchester-Kapitalismus – mehr dem »Starsystem«.

Wie kommt es zu dieser Verteilung?

Veränderungen beim Netzwerk-Design können die Ergebnisverteilung beeinflussen

Ich werde weiter unten einen vorläufigen Vorschlag präsentieren, wie man Netzwerke so organisiert, dass sie organisch zu einer Einkommensverteilung führen, die mehr einer Glockenkurve als der »Starsystem«-Verteilung ähnelt. Noch durchschauen wir nicht alle Auswirkungen bestimmter Netzwerk-Designs, aber wir wissen doch bereits genug, um den Status quo verbessern zu können.

»Starsystem«-Verteilungen entstehen, wenn man Menschen nach Spezialgebieten sortiert. Auch eine Normalverteilung bei einer Eigenschaft wie der Intelligenz führt zu einer »The winner takes it all«-Situation, wenn »Intelligenz« – wie auch immer sie einem einzelnen Test zufolge aussehen mag – das einzige Erfolgskriterium bei einem Wettbewerb ist.

Ist denn gegen die Verteilung nach dem Starsystem überhaupt etwas einzuwenden? Fördert sie nicht einfach die Besten, zum Wohle aller? Tatsächlich gibt es viele Beispiele, bei denen in gewisser Weise alle von dieser Verteilung profitieren. Für die Wissenschaft ist es natürlich förderlich, wenn es besondere Auszeichnungen wie den Nobelpreis gibt. Eine deutlich größere Wirkung haben aber breiter angelegte Formen der Förderung wie akademische Festanstellungen und Forschungsstipendien.

Leider tritt das Muster der Starsystem-Verteilung auch in anderen Bereichen unserer Gesellschaft immer häufiger auf. In den USA hat im Zeitalter der Netzwerke bekanntermaßen eine Schwächung der Mittelschicht stattgefunden, begleitet von einer massiven Ungleichverteilung beim Einkommen. Das muss nicht so sein. Wettbewerbe, bei denen es um alles oder nichts geht, sollten als besondere Auszeichnung gelten, als Tüpfelchen auf dem i. Sich ausschließlich auf sie zu stützen ist ein Fehler – nicht nur ein pragmatischer oder ethischer Fehler, sondern auch ein mathematischer.

Das Starsystem ist nur eine andere Verpackung für eine Glockenkurve. Es präsentiert dieselben Informationen, verwendet aber ein anderes Design-Prinzip. Wenn es falsch oder zu häufig verwendet wird, verstärkt das Starsystem Fehler, wodurch das vermeintlich ermittelte Ergebnis an Bedeutung verliert.

Verteilungen basieren auf Messungen, doch wie die Messung von »Intelligenz« gezeigt hat, ist die Art der Messung oft kompliziert und nicht frei von Willkürlichkeiten. Betrachten wir einmal den Aspekt des »Glücks«. Mit dem Aufkommen der neuen digitalen Wirtschaft um die Jahrtausendwende wuchs auch die Begeisterung für Casting-Shows und ähnliche Fernsehsendungen, bei denen ein Auserwählter plötzlich reich und berühmt wird. Bei diesen »The winner takes it all«-Wettbewerben sind die Zuschauer fasziniert von der Rolle, die das Glück spielt. Sicher, der Sieger oder die Siegerin in einem Gesangswettbewerb ist gut – in aller Regel so gut, dass er oder sie den Sieg verdient, doch schon eine kleine schicksalhafte Wendung kann alles so verändern, dass ein anderer Teilnehmer gewinnt. Eine andere Tönung beim Make-up kann da schon über Sieg und Niederlage entscheiden.

Und doch besteht am Ende ein enormer Unterschied zwischen Sieger und Verlierern. Manche Kritiker haben vielleicht ästhetische oder ethische Bedenken gegenüber dem Starsystem, doch es gibt auch ein mathematisches Problem, weil unerwünschte Nebeneffekte verstärkt werden. Wenn sich also eine Gesellschaft zu sehr auf das Starsystem stützt, leidet unsere Wahrnehmung. Wir verlieren die Realität aus den Augen.

Wenn eine Normalverteilung als Normalverteilung und nicht als Starsystem-Verteilung geschätzt wird, dann werden Faktoren wie Zufall, Glück und konzeptionelle Willkür nicht verstärkt. In der Statistik ist es sinnvoll, von durchschnittlicher oder überdurchschnittlicher Intelligenz zu sprechen, es ist jedoch nicht sinnvoll, den intelligentesten Menschen zu suchen.

Glockenkurven hin oder her

Starsysteme entstehen in einer Gesellschaft dann, wenn es an wirksamen Sortierprozessen mangelt. Wenn es fünf Wettbewerbe für Stars gibt, die jeweils nur Platz für fünf Stars bieten, dann kann es insgesamt nur fünfundzwanzig Stars geben.

In einem Starsystem werden die Besten extrem belohnt, während fast alle anderen – und das ist in unserer Zeit eine stets wachsende Anzahl von Konkurrenten aus allen Teilen der Welt – in die Armut gedrängt werden (aufgrund des Wettbewerbs oder auch aufgrund der Automatisierung).

Für die Entstehung einer Glockenkurve muss es eine unendliche Vielfalt von Pfaden oder Sortiervorgängen geben, die zum Erfolg führen. Das heißt, dass es viele Wege geben muss, um ein Star zu werden.

Folgt man wirtschaftswissenschaftlichen Lehrbüchern, kann eine bestimmte Person einen wirtschaftlichen Vorteil haben, weil sie sich an einem bestimmten Ort befindet oder Zugang zu einer wertvollen Information hat. Im Zeitalter vor der Cloud konnte ein Bäcker vor Ort frischeres Brot liefern und war gegenüber einer entfernten Brotfabrik im Vorteil, auch wenn deren Brot billiger war, und ein Angestellter der örtlichen Bankfiliale konnte besser als ein Analyst in der Ferne erkennen, wer seinen Kredit zurückzahlen würde und wer nicht. Jede Person, die in einer Marktwirtschaft Erfolg hatte, war ein lokaler Star.

Digitale Netzwerke wurden bislang vor allem dafür eingesetzt, diese lokalen Vorteile zu *reduzieren,* doch dieser Trend wird zu einer Implosion der Wirtschaft führen, wenn wir nichts daran ändern. Auf die Gründe gehe ich später noch ein, einstweilen möchte ich ein Szenario betrachten, das noch in diesem Jahrhundert gut möglich wäre: Wenn ein Roboter eines Tages einen anderen Roboter zu sehr niedrigen Kosten bauen oder an einem 3D-Drucker ausdrucken kann und *dieser* Roboter frisches Brot direkt in Ihrer Küche oder am Strand backen kann, dann müssen sowohl die Brotfabrik als auch der lokale Bäcker erleben, wie sich die Wege zum Erfolg drastisch reduzieren – eine Entwicklung, die in der Musikindustrie bereits stattgefunden hat. Brotrezepte für den Roboter würden im Netz wie heute Musikdateien getauscht. Den wirtschaftlichen Vorteil hätte ein ferner, riesiger Computer, der alle ausspionieren würde, die Brot essen, um sie mit Werbung zu bombardieren oder ihnen Kredite anzubieten. Brotesser könnten richtig viel Geld sparen, das stimmt, aber dieser finanzielle Vorteil wäre durch die beschränkten Aussichten mehr als gemindert.

Starsysteme hungern sich aus – Glockenkurven erneuern sich selbst

Ein hypereffizienter Markt, der optimiert wurde, um Starsysteme hervorzubringen, hat ein fatales Problem, denn bei diesem Markt wird es keine ausreichende Mittelschicht geben, die eine echte Marktdynamik unterstützt. Eine Marktwirtschaft kann nicht gedeihen, wenn es den normalen Menschen nicht gutgeht. Wir brauchen gewiss kein neues »Gilded Age«, kein »vergoldetes Zeitalter«, wie Mark Twain es spöttisch nannte. Gold schwimmt nicht. Es braucht eine Unterlage. Fabriken benötigen eine Vielzahl von Kunden. Banken sind auf zahlreiche vertrauenswürdige Kreditnehmer angewiesen.

Selbst wenn Fabriken und Banken eines Tages überflüssig werden sollten – wozu es wahrscheinlich noch in diesem Jahrhundert kommen wird –, gilt immer noch das ursprüngliche Prinzip. Das ist eine ewige Wahrheit, kein Artefakt des digitalen Zeitalters.

Auch die Reichen profitierten im vergangenen Jahrhundert davon, dass es eine funktionierende Mittelschicht gab. So konnten sie mehr Vermögen anhäufen, als es bei einer absoluten Konzentration des Reichtums möglich gewesen wäre. Eine breite wirtschaftliche Expansion ist immer lukrativer als das »The winner takes it all«-Prinzip. Manche Ultra-Reiche äußern gelegentlich Zweifel, aber selbst aus der elitärsten Perspektive gilt der Grundsatz, besser einen breiten Wohlstand zu fördern, anstatt ihn aufzuzehren, bis nichts mehr übrig bleibt. Henry Ford beispielsweise achtete darauf, dass seine ersten massengefertigten Autos so günstig waren, dass auch seine Fabrikarbeiter sie sich leisten konnten. Dieses Gleichgewicht schafft wirtschaftliches Wachstum und damit die Möglichkeit für weiteren Reichtum.

Eine künstliche Glockenkurve, die aus Deichen besteht

Vor dem Aufkommen digitaler Netzwerke wurden in Zeiten technischer Neuerungen oft Starsysteme begünstigt. Beim Bau der Eisenbahn waren es die Eisenbahnbarone, beim Öl-Boom Ölbarone, die die Ölfelder besaßen. Doch die digitalen Netzwerke müssen dieses Muster nicht übernehmen.

Bei vielen vorangegangenen wirtschaftlichen und technischen Revolutionen gab es leider keine Alternative. Man musste sich mit Situationen abfinden, die Ergebnisse nach dem Starsystem hervorbrachten. Das Kapital verhielt sich nun einmal wie eine Flüssigkeit und konnte unter diesen Umständen nicht dazu gebracht werden, sich in einer Mitte anzuhäufen. Um die Auswirkungen des Starsystems zu mildern, entstanden im Lauf der Zeit verschiedene »Deiche«, die diese ungünstige Strömungsmechanik ausgleichen und die Mittelschicht schützen sollten.

Deiche sind breite, nicht allzu hohe Begrenzungen, die den natürlichen Fluss eines Gewässers zurückhalten sollen, um etwas Wertvolles zu schützen. Eine Anhöhe mit abgestuften Deichen, die sich inmitten der Ökonomie erhebt, kann man sich wie die Reisterrassen in Südostasien vorstellen. So ein Berg, der aus dem Meer der Ökonomie herausragt, schafft eine wohlhabende Insel im Sturm des Kapitals.

Eine Ad-hoc-Erhebung aus Deichen, ähnlich wie beim Terrassenanbau, hebt die Mittelschicht aus dem Fluss des Kapitals, das sonst Extremen zuneigen und etwa einen langen Ausläufer der Armut schaffen würde (der Ozean im Bild links) sowie eine Spitze des Reichtums für die Elite (der Wasserfall/Geysir in der oberen rechten Ecke). Eine Demokratie ist darauf angewiesen, dass der Berg den Geysir übertrifft. (Zeichnung des Autors)

Deiche für die Mittelschicht haben viele Formen. Die meisten Industrieländer haben sich für Deiche auf staatlicher Grundlage entschieden, allerdings ist die Finanzierung der sozialen Sicherungssysteme in den meisten Ländern durch die staatlichen Sparmaßnahmen bedroht, die zur Bewältigung der 2008 einsetzenden Finanzkrise ergriffen wurden. Einige Deiche waren auch nur pseudo-staatlich. So wurde etwa im 20. Jahrhundert die Mittelschicht in den USA durch steuerliche Vergünstigungen ermuntert, selbst in Eigenheime und damals konservative Anlagen wie eine individuelle Altersvorsorge zu investieren.

Auch bestimmte Berufsgruppen haben ihre Deiche: akademische Festanstellungen, die Mitgliedschaft in einer Gewerkschaft, Taxi-Lizenzen, Genehmigungen für Kosmetikstudios, Urheberrechte, Patente und so weiter. Zur Absicherung der Mittelschicht entstanden auch eigene Branchen, etwa die Versicherer.

Das alles war natürlich nicht perfekt. Für sich genommen genügte keine dieser Maßnahmen. Ein erfolgreiches Leben in der Mittelschicht stützte sich normalerweise auf mehr als eine Absicherung. Doch ohne diese Ausnahmen im reißenden Strom des Kapitals hätte der Kapitalismus nicht gedeihen können.

Das unsinnige Ideal eines vollkommenen Marktes

Aufgrund der historischen Situation, in der dieses Buch verfasst wird, muss ich auf etwas Offensichtliches hinweisen. Zukünftigen Lesern in vernünftigeren Zeiten wird dies hoffentlich als unnötige Abschweifung erscheinen. (Ja, ich bin ein unverbesserlicher Optimist!)

Derzeit gibt es eine ziemlich verrückte und deprimierende globale Debatte, die Regierungen gegen Märkte ausspielt oder Politik gegen Geld. Sollten in Europa finanzielle Überlegungen der deutschen Kreditgeber die politischen Erwägungen der griechischen Kreditnehmer ausstechen? In den USA wird auf breiter Front von populistischen Ideologen, oder was man dafür hält, verkündet: »Die Regierung ist das Problem, die Märkte sind die Lösung.«

Zu alldem sage ich: Ich bin Informatiker, für mich ergibt keine der beiden Positionen einen Sinn. Technologien sind nie vollkommen. Sie müssen unaufhörlich verbessert werden.

Beispielsweise könnte man den Wunsch haben, einen Tablet-Computer zu entwickeln, der nach außen hin völlig makellos und glatt ist, keine Schalter und Tasten hat, sondern nur einen Touchscreen. Wäre er nicht vollkommener und würde dem Ideal viel besser entsprechen? Aber man schafft es nie so ganz. Ein paar zusätzliche Schalter, etwa um das Gerät überhaupt anzuschalten, sind unverzichtbar. Mit absoluten Ansprüchen ist das Scheitern für einen Technologen quasi vorprogrammiert.

Märkte sind eine Informationstechnologie. Eine Technologie ist nutzlos, wenn man sie nicht verbessern und verändern kann. Wenn die Markttechnologie nicht völlig automatisiert werden kann, sondern noch immer ein paar »Knöpfe« benötigt, hat es keinen Sinn, so zu tun, als würde es auch anders gehen. Man jagt nicht schlechtfunktionierenden Idealen hinterher, sondern man behebt Fehler.

Und es gibt immer Fehler! Wir haben gerade erlebt, wie Finanzinstitute in der vernetzten Finanzwelt mit Steuergeldern gerettet werden mussten, und anscheinend genügt nicht einmal die strengste staatliche Sparpolitik, um dafür aufzukommen. Also muss die

Technologie verändert werden. Der Wille, eine Technologie zu verbessern, zeigt, dass man sich auf sie einlässt, nicht, dass man sie ablehnt.

Wenden wir uns also wieder unserem vorliegenden Projekt zu, der Frage, ob die Netzwerktechnologie den Kapitalismus verbessern kann, anstatt ihn zu verschlechtern. Bitte tun Sie nicht so, als ob es eine Art »reine« Form des Kapitalismus gäbe, der wir treu bleiben sollten. Sie existiert nicht.

Einkommen und Vermögen

In den von der Immobilienblase geprägten ersten Jahren des neuen Jahrtausends war ein Buch mit dem Titel *Rich Dad, Poor Dad: Was die Reichen ihren Kindern über Geld beibringen* sehr populär. Darin erklärte der Autor, dass sein Vater, ein Akademiker, zwar ein ordentliches Gehalt gehabt hätte, aber nie richtig voranzukommen schien. Er blieb immer der »arme Dad«. Sein Mentor hingegen, der »reiche Dad«, legte sein Geld an, anstatt nur im Rahmen seines Gehalts zu denken. In der Folge jagten Millionen Leser diesem magischen Ding nach, das die Reichen hatten und sie nicht – einem *Vermögen* anstelle eines bloßen Einkommens. (Leider stellte sich heraus, dass der Kauf eines Hauses, eine der Hauptstrategien dieser Bewegung, eher eine Aufforderung dazu war, betrogen zu werden.)

Streng genommen sind nur sehr wenige Reiche auch Großverdiener. Es gibt ein paar im Sport und in der Unterhaltungsbranche, aber sie sind wirtschaftlich betrachtet die Ausnahme. Reiche Leute verdienen ihr Geld normalerweise durch Kapital. Sie haben in Immobilien, Aktien und dergleichen investiert und beziehen daraus ihr Geld. Die Reichen haben die Psychologie der Finanzierung verinnerlicht, während wir Normalverdiener Geld immer noch als System zur Abrechnung und Buchhaltung betrachten. Oder anders ausgedrückt: Die Reichen kommen bei den Kapitalströmen in den Genuss großer Deiche.

Auf den oberen Erhebungen des Reichtums entstehen die Deiche fast von allein. Für die meisten erfolgreichen Leute ist Vermögen wie das Meer, in das sich die Flüsse nach einem großen Sturm des kommerziellen Wandels ergießen.* Es ist einfacher, reich zu bleiben, als reich zu werden.

Ein idealer Mechanismus wäre ausreichend beweglich, um Kreativität zu belohnen und nicht zu einer dem Untergang geweihten Machtbasis für planwirtschaftliche Kontrollinstanzen zu werden. Dennoch sollte das Design so robust sein, dass es den unvermeidlichen heftigen Stürmen des Kapitalflusses widersteht, die von den in diesem Jahrhundert entwickelten neuen Technologien entfacht werden. Das Design muss lohnend und normal sein und darf nicht auf Alles-oder-nichts-Ereignisse angewiesen sein. Man könnte es sich also etwa so wie die Mitgliedschaft in einer Gewerkschaft vorstellen. Eine robuste Lösung wäre »skalierbar«, das heißt, sie würde, je mehr Menschen sie übernehmen, nicht schwächer, sondern immer stärker werden.

Weiter unten werde ich einen Vorschlag für ein derartiges Design präsentieren.

Der Geschmack der Politik

Die Mittelschicht, die bisher durch »Deiche« abgesichert wurde, wird mittlerweile von zwei Seiten bedroht. Von oben schauen die Reichen, die vom Auftrieb des Kapitalflusses profitierten, manchmal nach unten und sehen eine künstliche Blockade der Kapitalströme. So hindert möglicherweise eine Gewerkschaft einen Arbeitgeber daran, sich Mitarbeiter zu suchen, die für weniger Geld

---

* Ich entschuldige mich hiermit bei meinen Lesern dafür, dass meine Bilder und Vergleiche manchmal etwas inkonsistent wirken. In diesem Beispiel stehen die Reichen auf der untersten Stufe des Wasserkreislaufs und sammeln die Flüssigkeit, die nicht durch die Deiche zurückgehalten wird, während sie sich in anderen Beispielen ganz oben befinden, was besser zu unseren üblichen Vorstellungen und Begriffen passt. In der Mathematik tauschen wir oft oben und unten, um Ideen zu visualisieren, die durch die eine oder andere Darstellung einleuchtender wirken. Wir suchen ständig nach Möglichkeiten, Abstraktionen mit unserem beschränkten Denken besser zu verstehen.

arbeiten, eine geringere soziale Absicherung oder weniger Sicherheit am Arbeitsplatz verlangen. Was einem Arbeitnehmer als Sicherheit erscheint, kann einem Arbeitgeber oder Investor wie ein Hindernis für die korrigierenden Kräfte des Marktes vorkommen.

Von unten betrachtet lehnen diejenigen, die vielleicht nicht in den Genuss einer speziellen Schutzmaßnahme kommen, die Absicherung der anderen ab. Dann wird beispielsweise die Legitimation von Lizenzgebühren, der Mitgliedschaft in einer Gewerkschaft oder einer akademischen Festanstellung infrage gestellt, weil diese Maßnahmen als künstlich herbeigeführte Vorteile anderer wahrgenommen werden oder, noch ärgerlicher, als Hindernisse für die eigenen Kapitalströme.

Ein solches Beispiel erlebte ich in den achtziger Jahren, als ich ungewöhnliche Musikaufführungen organisierte, bei denen eine frühe Virtual-Reality-Technik zum Einsatz kam.

In Städten mit starken Gewerkschaften war eine Aufführung nahezu unmöglich. Beispielsweise wurde mir in Chicago nicht einmal erlaubt, das Equipment auf der Bühne selbst aufzubauen. Das durfte nur ein Gewerkschaftsmitglied machen. Das Dumme war nur, dass kein einziges Gewerkschaftsmitglied je mit Lichtwellenleitern mit Sensorsystem oder der Verkabelung von Magnetfeld-Generatoren zu tun gehabt hatte, die nötig waren, um die Körperbewegungen der auftretenden Künstler zu verfolgen. Die Situation war verfahren und völlig absurd. Außerdem konnten einem die Gewerkschaftler manchmal regelrecht Angst einjagen. Auf intellektueller Ebene argumentierten sie kaum, es ging vielmehr eine konkrete körperliche Bedrohung von ihnen aus. Bei dem Kompromiss, den wir schließlich aushandelten, um meine experimentelle Aufführung auf die Bühne zu bringen, ging es vor allem darum, Gewerkschaftsmitglieder sehr gut dafür zu bezahlen, einfach nur herumzusitzen, und andere dafür, dass sie bestätigten, dass die Gewerkschaftler tatsächlich da gewesen waren, auch wenn sie nur herumsaßen.

Damals schien also die Gewerkschaft nichts anderes zu sein als ein Hindernis, das sowohl die Kunst als auch den technischen

Fortschritt blockierte. Dennoch kenne ich die Entstehungsgeschichte der Gewerkschaften und weiß ihre Bedeutung zu würdigen. Die Auseinandersetzungen zur Gründung der Gewerkschaften endeten oft tödlich, manchmal erinnerten sie fast an einen Krieg. Die Mitglieder der Arbeiterbewegung nahmen große Risiken und viel Leid auf sich, damit ganz normale Menschen heute ein freies Wochenende genießen und ein abgesichertes, ruhiges Leben führen können. Die Arbeiterbewegung war natürlich nicht frei von Fehlern, aber ich respektiere sie und bin dankbar für die Verbesserungen, die sie uns gebracht hat.

Obwohl ich den Gewerkschaften also positiv gegenüberstehe, muss ich dennoch auf ein paar entscheidende Mängel hinweisen. Dabei geht es mir weniger um die Arbeiterbewegung als um die Natur der Deiche oder Absicherungen. Was man als »Deiche der Oberschicht« bezeichnen könnte, etwa exklusive Investmentfonds, hat sich bekanntermaßen oft als Schneeballsystem oder ein anderes Betrugsschema entpuppt. Und dieses Muster existiert leider bei den Sicherungsmaßnahmen auf allen Ebenen.

Die Absicherungen sind eher menschlich als algorithmisch, was nicht unbedingt gut ist. Ob sie nun für die Reichen oder die Mittelschicht gedacht sind, sie haben unweigerlich etwas Konspiratives, und eine Verschwörung zieht naturgemäß die Korruption an. Kriminelle nutzen bestimmte klassische Absicherungen der Mittelschicht aus. Es ist ja allgemein bekannt, dass die Mafia die amerikanischen Gewerkschaften unterwanderte und musikalische Nutzungsrechte zur Geldwäsche benutzte.

Absicherungen wie unsere Deiche sollen Algorithmen in die Schranken weisen und den menschlichen Willen in den Kapitalstrom einbringen. Doch die Einmischung des Menschen öffnet auch allen menschlichen Fehlern Tür und Tor. Allerdings haben die Absicherungen trotz ihrer groben und problematischen Struktur vor den Zeiten der Cloud immerhin so gut funktioniert, dass die Mittelschicht Überschwemmungen, Stürme, Erdbeben und Dürren in einer Welt überstanden hat, die von den Finanzmärkten geprägt ist. Ohne unser Deichsystem, das sich mit seinen terrassierten Hängen wie eine schimmernde glockenförmige Anhöhe erhebt, wäre der Kapitalismus wahrscheinlich zu dem von Marx gefürchteten dynamischen System verkommen, bei dem die Märkte zwangsläufig zur Plutokratie führen.

Nach uns die Sintflut

Die Deiche haben über viele Jahrzehnte allen möglichen Stürmen standgehalten. Bevor alles vernetzt war, bestand ein Kräftegleichgewicht zwischen Sicherungssystemen und Kapital, zwischen Arbeit und Management. Die Legitimation der Absicherungen für die Mittelschicht verstärkte die Legitimation der Absicherungen für die Reichen. Ein ausgeglichener Gesellschaftsvertrag zwischen Nichtgleichgestellten ermöglichte die Moderne.

Allerdings erhielten die Stürme des Kapitals eine ganz neue Wucht, als Computer in den letzten beiden Jahrzehnten des 20. Jahrhunderts so billig wurden, dass die Finanzmärkte weltweit vernetzt werden konnten. Darauf werde ich später noch genauer eingehen. Einstweilen genügt es, darauf hinzuweisen, dass mit Enron, mit Long-Term Capital Management (LTCM) und ähnlichen Unternehmen der Fluss des Kapitals im neuen Jahrtausend zum Superfluss wurde. Wie das reale Klima wurde auch das Klima in der Finanzwelt durch die moderne Technologie aufgeheizt. Extreme wurden extremer.

Schließlich brachen die Deiche der Mittelschicht. Einer nach dem anderen gab dem wachsenden Druck der Superströme aus Informationen und Kapital nach. Musiker zum Beispiel verloren viele praktische Vorteile, weil Absicherungen wie der Urheberschutz oder Kopiergebühren nicht mehr griffen. Die Gewerkschaften konnten nicht verhindern, dass Arbeitsplätze an immer billigere Produktionsstandorte weltweit verlagert wurden, so schnell, wie die Wellen des Kapitals sie trugen. Kreditnehmer waren überschuldet, Ersparnisse verloren an Wert, und Regierungen wurden zu einer strengen Sparpolitik gezwungen.

Die alten Gegner der Deiche waren zufrieden. Wall-Street-Mogule und die jungen Wähler der Piratenpartei stießen alle ins selbe

Horn. Alles muss fließen. Selbst die Opfer freuten sich oft über das Unglück von Menschen, denen es genauso erging wie ihnen.

Weil so viele Menschen von oben und unten die Absicherungen ohnehin nie gemocht hatten, wurde gejubelt, wenn ein weiterer Deich brach. Wir jubelten, als Musiker vom alten System befreit wurden, weil sie jetzt ihren Lebensunterhalt mit Livekonzerten verdienen konnten. Bis heute tanzen wir auf dem Grab der Musikindustrie und sprechen davon, dass »Musiker jetzt endlich von ihren Plattenfirmen unabhängig sind«.[1] Wir jubelten, als die Gewerkschaften der Beschäftigten im öffentlichen Dienst durch die staatlichen Sparmaßnahmen geschwächt wurden, weil die Steuerzahler von nun an nicht mehr länger für die Renten anderer Leute aufkommen mussten.

Hausbesitzer hatten das Schicksal ihrer eigenen Hypothek nicht mehr länger selbst in der Hand, weil jeder Kredit endlos weiterverkauft werden konnte. Hier wurde nach dem Motto gejubelt: Ist es nicht großartig, dass die Leute die Verantwortung dafür übernehmen müssen, dass es im Leben nicht gerecht zugeht?

Neue, ungebremste Ströme brandeten gegen die Anhöhe aus Deichen, die die Mittelschicht sichern sollten, und zerstörten sie. Die großen Ozeane des Kapitals türmten sich zu einer steilen, schmalen »The winner takes it all«-Spitze auf, gefolgt von einem unendlich langen niedrigen Ausläufer.

Kann man Musik mit Hypotheken vergleichen?

Ein unvorteilhaft gestaltetes, mächtiges digitales Netzwerk ebnet Deiche ein, indem es das Kopieren von Daten ermöglicht.* Beispielsweise kann man Spiele oder Apps, die sich nicht so leicht kopieren lassen, weil sie vielleicht in ein Hardware-Ökosystem ein-

---

* Wie wir noch feststellen werden, ist allein schon die Idee, etwas über ein Netzwerk zu kopieren, theoretisch fragwürdig, was von der ersten Generation der Netzwerkspezialisten und Informatiker auch erkannt wurde. Die Möglichkeit zum Kopieren ist eine relativ späte Ergänzung aus den Anfangszeiten der Netzwerke.

gebunden sind, online normalerweise zu einem höheren Preis verkaufen als eine Datei mit Musik, weil die sich viel einfacher kopieren lässt. Wenn das Kopieren einfach ist, gibt es im Grunde nie Knappheit, und dadurch bricht der Marktwert ein.

Es gibt endlose Debatten darüber, ob Tauschbörsen im Netz »Diebstahl« sind. Ich möchte diese Diskussion gern vermeiden, weil ich eigentlich keinen Wert darauf lege, eine moralische Position zu einer Softwarefunktion zu beziehen. Abstrakt betrachtet ist Kopieren nichtssagend und neutral.

Ich bin gegen Raubkopien von Daten, es wäre aber verfrüht, die Menschen, die das heute machen, dafür zu verurteilen. Außerdem kann man nicht verlangen, dass die Leute aufhören, Daten zu tauschen und Raubkopien zu machen, solange sie nicht für ihre Beteiligung an sehr lukrativen Netzwerken bezahlt werden. Gewöhnliche Menschen werden gnadenlos ausspioniert und nicht für die Informationen bezahlt, die sie unwissentlich liefern. Ich hätte es zwar gern, wenn irgendwann alle für Musik und Ähnliches bezahlen, ich würde das aber erst verlangen, wenn allgemein ein gegenseitiges Geben und Nehmen besteht.

Am wichtigsten ist die Frage, ob wir zu einem System beitragen, von dem wir langfristig alle profitieren. Wenn man die Musikindustrie, wie sie früher war, nie kennengelernt hat, erscheint der Verlust einer Branche, die damals massenhaft Arbeitsplätze für die Mittelschicht bot, vielleicht gar nicht so gravierend. Ich werde jedoch zeigen, dass diese Entwicklung uns allen eine Warnung sein sollte.

Kopiert man Musik, nimmt man einem Musiker die wirtschaftliche Würde. Er verliert zwar nicht zwangsläufig jedes Einkommen, ist jedoch darauf angewiesen, sein Einkommen in Echtzeit zu verdienen. Das heißt, dass er für Live-Auftritte bezahlt wird, aber nicht für die Musik, die er in der Vergangenheit aufgenommen hat. Man kann ja ab und zu durchaus für sein Abendessen singen, aber wenn man das für jede Mahlzeit machen muss, gerät man in eine wirtschaftliche Zwangslage.

Diese Zwangslage besteht darin, dass man keinen Puffer hat. Ein Musiker, der alt oder krank ist oder ein krankes Kind hat, kann nicht auftreten und verdient dann auch nichts. Einige wenige Musiker, aber wirklich eine verschwindend geringe Zahl, werden trotzdem gut leben, doch selbst die erfolgreichsten Karrieren können jäh enden, wenn sie nur auf Live-Auftritten basieren, da genügt ein bisschen Pech zur falschen Zeit. Dieses Pech lässt sich im realen Leben nicht vermeiden, daher macht fast jeder, der von der Hand in den Mund leben muss, schwere Zeiten durch.

»Spionagedienste« wie beispielsweise ein soziales Netzwerk oder Suchmaschinen ziehen dagegen ein dauerhaftes Vermögen aus den Informationen, die kopiert werden, in unserem Fall also den Musikaufnahmen. Ein Musiker, der sein Geld in Echtzeit verdienen muss und nicht mehr die üblichen Absicherungen wie Lizenz- und Kopiergebühren hat,* kann zwar durchaus bekannt werden und sogar Geld verdienen (über Live-Auftritte, den Verkauf von T-Shirts usw.), aber reich wird er damit nicht. Das große Geld verdient der zentrale Server.

Musik und Kredite sind sich sehr ähnlich. Wenn eine Hypothek weiterverkauft und durch eine dritte Partei über ein Netzwerk zusammen mit anderen zu einem komplizierten undurchschaubaren Wertpapierpaket verschnürt wird, verringern sich die Aussichten des Hausbesitzers, irgendwann einmal vermögend zu sein. Das Versprechen des Hausbesitzers, seine Schulden zurückzuzahlen, wird vielfach kopiert, wie die Musikdatei des Musikers.

Es werden so viele Kopien vom vermögenschaffenden Versprechen des Hausbesitzers gemacht, dass der Wert des Originals gemindert wird. Das Kopieren verringert die langfristigen Aussichten des Hausbesitzers auf ein Vermögen.

Anders ausgedrückt, das Versprechen des Hausbesitzers, seinen Kredit zurückzuzahlen, kann nur einmal abgegeben werden, doch *entgegengenommen* wird dieses Versprechen und damit auch das Risiko, dass der Kredit nicht zurückgezahlt wird, unzählige Male.

---

* Es gibt in den USA Gesetze, die einem Musiker eine gewisse Summe garantieren, wenn eine physikalische oder »mechanische« Kopie einer Musikaufnahme gemacht wird. Für frühere Musikergenerationen war das eine mühsam erstrittene Absicherung.

Am Ende wird der Hausbesitzer also für dieses erhöhte Risiko bezahlen. Und zwar in Form von Steuererhöhungen (weil der Staat sogenannte »systemrelevante« Finanzunternehmen rettet), durch den Wertverlust der Immobilien (weil sie durch unsinnige Hypotheken belastet sind) und erschwerte Kreditbedingungen.

Außer für diejenigen, die absolut makellose Bonitätsbewertungen vorweisen können, wird es für alle schwer werden, einen Kredit zu bekommen, wenn die zahlreichen fernen Empfänger des Rückzahlungsversprechens das Risiko vervielfachen. Selbst die reichsten Länder können Schwierigkeiten haben, das Top-Rating ihrer Kreditwürdigkeit zu halten. Die Welt der echten Menschen, in der es keine garantierte Sicherheit gibt, büßt so sehr an Ansehen ein, dass Kreditgeber irgendwann überhaupt kein Geld mehr verleihen wollen.

Wenn man das erkannt hat, ist viel gewonnen. Eine Hypothek gleicht einer Musikdatei. Und eine verbriefte Hypothek ähnelt der Raubkopie einer Musikdatei.

In beiden Fällen entstand für die Person, die früher einmal von der Sicherungsmaßnahme eines Deiches profitierte, kein *unmittelbarer* Schaden. Schließlich wurden nur ein paar Bits auf irgendeinem Computer neu geordnet. Es entstand nur eine abstrakte Kopie, eine unmerkliche kleine Veränderung, weit weg. Doch langfristig gesehen entsteht für die echten Menschen an der Quelle ein großer Schaden.

KAPITEL 5

Sirenenserver

Komplexität ohne Ambivalenz ist unmöglich

Wir wissen über anstehende komplexe Probleme wie beispielsweise den globalen Klimawandel nur Bescheid, weil es viele Daten dazu gibt. Doch die Einschätzung von Problemen, die wir aufgrund großer Datenmengen kennen, stellt uns vor besondere Herausforderungen. Es ist schwierig, einen definitiven Beleg für die Existenz eines Problems von diesen Dimensionen zu finden. Und selbst wenn man sich über dessen Existenz einig ist, ist es kompliziert, Gegenmittel auszuprobieren. Im Netzwerkzeitalter hat sich folgende Binsenweisheit entwickelt: Die bloße Existenz von Big Data heißt nicht, dass man sich auch über ihre Bedeutung einig ist.

Ich beschäftige mich mit dem Problem, dass die Art und Weise, wie wir wirtschaftliche und kulturelle Tätigkeiten digitalisieren, letztendlich zu einer schrumpfenden Wirtschaft und einer neuartigen Konzentration von Macht und Reichtum führt, die nicht nachhaltig ist. Dieser Fehler hat gravierende Folgen, die allerdings vermeidbar sind, denn die Maschinen werden in diesem Jahrhundert noch deutlich besser werden.

Manche behaupten vielleicht, dass das Problem, das mir Sorgen bereitet, in Wirklichkeit gar nicht existiert. Es ist da eine gewisse Ambivalenz im Spiel, und diese Ambivalenz ist typisch für die Art und Weise, wie sich Probleme in unserer modernen Welt der vernetzten Daten präsentieren. So könnte man beispielsweise behaupten, dass anstelle der über hunderttausend Arbeitsplätze, die durch den Untergang von Kodak und das Aufkommen von Instagram verlorengingen, nun neue Arbeitsplätze entstehen, weil man das

Foto-Sharing dazu nutzen kann, eigene Fotoarbeiten zu verkaufen. Das mag für den einen oder anderen Fall ja zutreffen, aber insgesamt ist das sicher keine Lösung.

Mein ursprüngliches Interesse wurde durch eine einfache Frage geweckt: Wenn die Netzwerktechnologie angeblich so gut für alle ist, warum geht es den Industrieländern ausgerechnet dann so schlecht, wenn sich die Technologie immer weiter verbreitet? Warum gab es genau in dem Moment so viele wirtschaftliche Probleme in den Industrieländern, als die Computernetzwerke Anfang des 21. Jahrhunderts jeden Aspekt menschlicher Tätigkeit durchdrangen? War das bloß Zufall?

Es gibt viele verschiedene Erklärungen für die Finanz- und Wirtschaftskrise. Eine Erklärung lautet, dass man an die grundlegenden Grenzen des Wachstums gestoßen ist, eine andere, dass durch den Aufstieg neuer Wirtschaftsmächte wie Indien, China und Brasilien mehr Hersteller und Verbraucher mit den entsprechenden Mitteln um dieselben Ressourcen konkurrieren. Außerdem gibt es in den meisten Industrieländern deutlich mehr alte Menschen, für deren Versorgung und Pflege mehr Geld ausgegeben werden muss als je zuvor.

Es spielt sich aber noch etwas anderes ab. Die Mechanismen der Finanzmärkte haben versagt, und unter diesem Versagen hatte fast jeder zu leiden. Wenn wir uns noch einmal die außergewöhnliche Entwicklung vor Augen führen, dass praktisch sämtliche Industrieländer auf einen Schlag hoffnungslos verschuldet waren, benötigt man eine Erklärung, die weiter reicht als der Aufstieg Chinas zur Wirtschaftsmacht oder die hohen soziale Kosten in Südeuropa oder die Deregulierung in den USA.

Und diese Erklärung ist eigentlich ganz einfach: Die Finanzmärkte sind falsch vernetzt. Die großen Rechnerkapazitäten, die andere Branchen wie die Musikindustrie »effizienter« machten (zumindest aus einem bestimmten Blickwinkel), wurden auch in der Finanzbranche genutzt, und das brach ihr das Genick. Die Finanzmärkte wurden dadurch dumm.

Betrachten wir einmal die Expansion des Finanzsektors vor der Finanzkrise. Es ist nicht so, dass der Sektor mehr leistete als je zuvor. Wenn die Aufgabe der Finanzbranche darin bestand, Risiken zu verwalten, dann hat sie eindeutig versagt. Die Branche expandierte nur aufgrund ihrer Spitzenpositionen in den Netzwerken. Der Moral-Hazard-Effekt, also die Förderung leichtfertigen Verhaltens, weil man weiß, dass die Allgemeinheit das Schadensrisiko trägt, ist mit dem Aufkommen des Netzes auf nie dagewesene Weise verstärkt worden. Je mehr der Einfluss der Netze zunimmt, desto größer wird das Potenzial für einen Moral Hazard – es sei denn, wir ändern die Netzwerkarchitektur.

Versuch einer ersten Definition

Ein Sirenenserver ist laut meiner Definition ein Elitecomputer oder eine koordinierte Ansammlung von Computern in einem Netzwerk. Typische Eigenschaften sind Narzissmus, eine unproportionale Risikoscheu und eine extreme Informationsasymmetrie. Ein Sirenenserver ist der Sieger in einem Alles-oder-nichts-Wettbewerb, und alle, die mit ihm interagieren, werden in kleinere Wettbewerbe hineingezogen, bei denen es ebenfalls um alles oder nichts geht.

Sirenenserver sammeln Daten im Netzwerk, für die sie meist nichts bezahlen müssen. Die Daten werden mit den leistungsfähigsten Computern analysiert, die von Spitzenkräften gewartet werden. Die Ergebnisse der Analysen werden geheim gehalten, aber dazu genutzt, die übrige Welt zum eigenen Vorteil zu manipulieren.

Doch dieses Prinzip wird irgendwann nach hinten losgehen, weil die übrige Welt für das erhöhte Risiko, die Kosten und den Müll auf Dauer nicht aufkommen kann. Homer warnte Seeleute eindringlich, nicht dem Ruf der Sirenen zu folgen. Doch nicht die Sirene schadet dem Seemann, sondern die Tatsache, dass er angesichts der Sirenen nicht mehr vernünftig denken kann. Und so verhält es sich auch mit uns und unseren Maschinen.

Sirenenserver sind dazu bestimmt, Illusionen zu verbreiten. Sie sind verwandt mit einem anderen fiktiven Geschöpf, dem

Maxwell'schen Dämon, benannt nach dem Physiker James Clerk Maxwell. In Maxwells Gedankenexperiment aus dem Jahr 1871 befindet sich der Dämon neben einer kleinen verschließbaren Öffnung, die zwei mit Wasser oder Luft gefüllte Behälter voneinander trennt. Der Dämon lässt die heißen Moleküle nur in die eine Richtung und die kalten Moleküle nur in die andere. Nach einer Weile wäre die eine Seite heiß und die andere kalt. Danach würde man sie sich wieder mischen lassen, was so schnell gehen würde, dass man damit einen Generator antreiben könnte. Durch die Unterscheidung zwischen heißen und kalten Molekülen könnte man unbegrenzt Energie erzeugen, weil sich der Vorgang endlos wiederholen lässt. Doch den Maxwell'schen Dämon gibt es nicht, denn für die Trennung benötigt man Energie.

Wir glauben, dass Rechnerleistung kostenlos ist, aber das ist sie nie. Der bloße Akt der Unterscheidung, ob ein Molekül heiß oder kalt ist, erfordert Energie und führt daher zu Wärmeverlusten. Dieses Prinzip ist auch als No-Free-Lunch-Theorem bekannt – »nichts ist umsonst«.

Wir versuchen dennoch, den Maxwell'schen Dämon für unsere Zwecke in Anspruch zu nehmen, wenn wir die Realität mit unseren Technologien manipulieren, aber das gelingt uns nie so ganz. Wir hinken der Entropie immer hinterher. Alle Klimaanlagen in einer Stadt geben Hitze ab, wodurch die Stadt am Ende noch stärker aufgeheizt ist. Man kann zwar etwas einsetzen, was wie ein Maxwell'scher Dämon wirkt, wenn man nicht zu genau hinschaut, doch am Ende verliert man immer mehr, als man gewinnt.

Jedes Bit in einem Computer ist eine Art Möchtegern-Dämon, der für eine Weile, und zu bestimmten Kosten, den Zustand »eins« vom Zustand »null« trennt. Auch ein Computer in einem Netzwerk kann wie ein Möchtegern-Dämon agieren, wenn er versucht, Daten von vernetzten Personen auf die eine oder andere Seite der imaginären Tür zu sortieren, und dabei so tut, als seien damit keine Kosten oder Risiken verbunden. Beispielsweise könnte ein Sirenenserver nur diejenigen durch die Türöffnung lassen, die billig zu versichern sind, um so eine unnatürlich ideale Versicherungsgesellschaft mit sehr geringem Risiko zu schaffen. Die Personen, die ein hohes Risiko aufweisen, würden in die eine Richtung sortiert, die mit geringem Risiko in die andere Richtung. Es wäre ein Pseudo-Perpetuum-mobile, angewandt auf die menschliche Gesellschaft. Allerdings würde die nicht-versicherte Welt nicht einfach aufhören zu existieren. Vielmehr würde sie die Kosten des Gesamtsystems erhöhen, zu dem auch diejenigen gehören, die den Sirenenserver betreiben. Eine kurzfristige Illusion der Risikoreduzierung würde langfristig sogar zu einem höheren Risiko führen.

Wo Sirenen locken

Zu den bekannten aktuellen Sirenenservern gehören die Hightech-Methoden der Finanzmärkte, etwa der Hochfrequenzhandel oder Derivatefonds, angesagte Unternehmen aus dem Silicon Valley wie Suchmaschinen und soziale Netzwerke, moderne Versicherungen, moderne Geheimdienste und noch viele weitere.

Die letzten Wellen der Hightech-Innovationen haben nicht in dem Maße Arbeitsplätze geschaffen wie frühere technische Neuerungen.* Neue Kult-Unternehmen wie Facebook beschäftigen deutlich weniger Mitarbeiter als die großen »klassischen« Firmen wie beispielsweise General Motors. Anders ausgedrückt, die Sirenenserver lenken einen Großteil der Produktivität gewöhnlicher Menschen in Richtung einer informellen Tausch- und Reputationswirtschaft, während sie das gewonnene altmodische Vermögen auf sich selbst konzentrieren. Jede Aktivität, die über digitale Netzwerke erfolgt, ist der Arbitrage unterworfen, das heißt, dass das Risiko dorthin geleitet wird, wo es schlechtere Rechnerleistung gibt.

---

* Das zeigt Martin Ford in seinem Buch *The Lights in the Tunnel* aus dem Jahr 2009. Seiner Meinung nach werden immer mehr Arbeitsplätze verschwinden, sodass die Menschen in der Zukunft nur noch dafür bezahlt werden, dass sie klug konsumieren, weil sie in der Produktion völlig überflüssig geworden sind. Ich halte Fords Vorstellungen für zu wirtschaftsfeindlich und für zu düster, sie bilden jedoch einen interessanten Kontrast zu meinem Vorschlag.

Ein allgemeiner Ratschlag für unsere Zeit könnte daher lauten, dass man, um ein gutes Leben zu führen, mit dem Fortschreiten der Informationstechnologie seine technischen Kenntnisse verdoppelt und lernt, unternehmerisch und anpassungsfähig zu sein, denn diese Eigenschaften ermöglichen eine Position in der Nähe eines Sirenenservers.

Kurzfristig betrachtet ist es ein guter Rat, zu versuchen, so nah wie möglich an einen Sirenenserver heranzukommen. Dort werden die großen Vermögen unserer Zeit gemacht. Aber es wird nicht genügend Positionen im Umfeld eines Sirenenservers geben, um eine ganze Gesellschaft zu versorgen, es sei denn, wir ändern ein paar Dinge.

KAPITEL 6

Das Gespenst
der perfekten Investition

Unser kostenloses Mittagessen

Im Silicon Valley geht das Gespenst der perfekten Investition um. Auch die Wall Street und andere Orte, wo digitale Netzwerke menschliche Tätigkeiten kanalisieren, werden davon heimgesucht.

Eine »perfekte Investition« in einen Sirenenserver ist schon mit einer geringen Summe möglich, jedenfalls in der Anfangszeit, die gigantische Renditen abwerfen kann, und das in kürzester Zeit. Sie erfordert zunächst bemerkenswert wenige Mitarbeiter oder Mitinvestoren, und auch die Entscheidungsgewalt muss kaum geteilt werden. Selbst wenn das Unternehmen später gigantische Ausmaße annimmt, hat es relativ wenig Mitarbeiter.

Man muss im Vorfeld nicht genau wissen, wie die perfekte Investition Geld einbringen wird, denn es geht ja um die Kanalisierung von Informationen. Informationen und Geld stecken gewissermaßen unter einer Decke, daher wird der Investor reich, ohne zu wissen, wie. (Tatsächlich geht es womöglich gar nicht ums Geld, doch selbst in dem Fall werden viele Menschen einen Teil ihrer wirtschaftlichen Perspektive aufgrund eines Sirenenservers verlieren,[*] aber ihn dennoch unterstützen und seinen Einfluss und Vorsprung weiter ausbauen.)

Die perfekte Investition hält die reale Welt auf Abstand und hat daher praktisch keine Verpflichtungen. Idealerweise macht oder

---

[*] Damit sind Wikipedia und nicht-kommerzielle Tauschbörsen gemeint.

tut sie gar nichts. Der Plan besteht einfach darin, Informationen zu kanalisieren und zu denjenigen zu leiten, die in der Welt aktiv sind. Diese Aktiven gehen die Risiken ein, nicht die perfekte Investition.*

So zählt es beispielsweise nicht zur Aufgabe von YouTube, darauf zu achten, ob ein urheberrechtlich geschütztes Video eingestellt wurde. Falsch eingestufte Wertpapiere vergifteten zur Zeit der Finanzkrise die Fonds der Finanzinstitute, die dann vom Staat gerettet wurden, doch bisher mussten die Nutznießer dafür keine Nachteile in Kauf nehmen, die negativen Folgen wurden auf Steuerzahler und Kleinanleger abgewälzt. Die Verantwortung, die Probleme zu beheben, die durch die perfekte Investition entstehen, liegt bei den bedauernswerten Geschöpfen, die im benachteiligten Umfeld, das man auch Realität nennt, leben und handeln und Risiken eingehen müssen.

Die perfekte Investition wird bald eine unangreifbare Position erlangen und von Natur aus ein Monopol über ihren Bereich ausüben. Es kann durchaus Wettbewerb im traditionellen Sinn geben, aber er wird nie mehr als eine symbolische Funktion haben. (Ich verwende den Begriff »Monopol« nicht im rein rechtlichen Sinn, sondern wie er im Silicon Valley gebräuchlich ist. So riet beispielsweise Peter Thiel, der Gründer von PayPal und einer der ersten Investoren bei Facebook, seinen Studenten in einem Seminar zu Startup-Unternehmen in Stanford, sie sollten eine Möglichkeit finden, »Monopole« zu gründen.)

Gratisverlockungen

Das Hauptgeschäft digitaler Netzwerke ist mittlerweile die Erstellung ultra-geheimer Mega-Dossiers über das Tun anderer Leute und die Nutzung dieser Informationen, um Geld und Macht zu konzentrieren. Dabei spielt es keine Rolle, ob sich diese Konzen-

---

* Das geht über die traditionelle Vorstellung der Externalisierung von Kosten hinaus. Stattdessen werden automatisch Risiken externalisiert.

tration soziales Netzwerk nennt oder Versicherungsgesellschaft, Derivatefonds, Suchmaschine oder Online-Kaufhaus. Welche Absicht auch immer ursprünglich dahintersteckte, das Ergebnis ist, dass die digitale Technologie dazu eingesetzt wird, die Zukunft der Mittelschicht zu zerstören.

Ich kenne einige Betreiber der größten und reichsten Server, bei denen sich Geld und Macht konzentrieren. Die meisten sind bemerkenswert anständig. Man könnte sich keine nettere Elite vorstellen. Aber das hilft leider nicht. Die einschlägigen Kult-Online-Imperien gelten als sakrosankt. Theoretisch darf man gern bemerken, dass die kostenlosen Online-Dienste nicht so viele Arbeitsplätze schaffen, wie sie vernichten, aber in der Realität halten wir die neumodischen Unternehmen als Beispiele dafür hoch, wie Innovationen die Wirtschaft vorantreiben.

Das Problem ist umfassend, wir alle sind ein Teil davon. Unabhängig von unserer gesellschaftlichen Stellung können wir uns diesem verlockenden System nicht entziehen, selbst wenn sich dieses System auf lange Sicht selbst zerstört. Wer lehnt schon die schnelle Selbstbestätigung im Netz ab oder ein unglaubliches Schnäppchen, das ein Online-Gutschein bietet, oder auch einen einfach zu bekommenden Kredit für eine Immobilie? Auf den ersten Blick stehen diese Versuchungen in keinem Zusammenhang, aber wenn man Informationssysteme nicht in veraltete Kategorien einordnet, sondern sie als bloße Informationen betrachtet, zeigen sie ihr wahres Gesicht.

Im Grunde wird man, ohne dass man es bemerkt, quasi erpresst, als Schachfigur im Netzwerk eines anderen zu fungieren. Eine seltsame Art der getarnten Erpressung, denn nach außen hin wirkt das Geschäft verlockend, aber man sieht eben nicht alles, was man sehen *sollte.*

Wir waren begeistert von den unglaublich günstigen Krediten, die so einfach zu bekommen waren, aber auf einer irrsinnigen Überschuldung basierten. Wir sind begeistert von der kostenlosen Musik, die durch wahnwitziges Kopieren möglich ist. Wir sind begeistert von den günstigen Preisen im Online-Handel, die von Unternehmen angeboten werden, die früher wie ein nationaler

Geheimdienst gewirkt hätten. Diese neueren Spionagedienste arbeiten nicht für unsere Sicherheit, sondern wollen herausfinden, wie man die einzelnen Glieder der Kette dazu bringen kann, möglichst wenig für ihre Informationen zu verlangen. Wir profitieren nicht von den Wohltaten eines gottähnlichen Wesens mit künstlicher, also übermenschlicher Intelligenz. Wir beuten uns nur gegenseitig aus, ohne etwas dafür zu bekommen, während diejenigen, die unsere Informationen sammeln und konzentrieren, sehr wohl etwas verdienen. Wir lieben die kleinen Geschenke, aber irgendwann werden wir feststellen, dass wir damit unseren eigenen Wert herabmindern.

Auf diese Weise wird die Wirtschaft über kurz oder lang in Schwierigkeiten geraten, obwohl es im System so viel Vermögen gibt und wir eine Zeit der zunehmenden Effizienz erleben. Große Vermögen werden durch das Schrumpfen der Wirtschaft verdient, nicht mit ihrem Wachstum. Das ist nicht das Ergebnis eines hinterhältigen Plans, sondern eine Nebenwirkung der idiotischen Vorstellung, dass die Technologie immer klüger wird und für sich selbst existieren kann, ohne die Menschen.

Strahlendes Risiko

Ein Sirenenserver kann Informationen sammeln, um das mit seinem Betrieb verbundene Risiko zu mindern, was ganz einfach bedeutet, dass man das Risiko auf die Gesellschaft allgemein abwälzt, also auf Sie und mich. Amazon bietet dafür ein gutes Beispiel.

Die üblichen Klagen über Amazon stammen von der Konkurrenz,* daher ist es ganz natürlich, sie nicht ernst zu nehmen. Doch für eine kleinere Buchhandlung ist die Lage ziemlich ernst.

---

* Autoren und Verlage schrecken mittlerweile davor zurück, Amazon zu kritisieren. Für mich sind diejenigen, die wie Amazon die großen Server betreiben, nur ein Haufen Technikfreaks wie ich, deshalb weiß ich, dass sie mit Kritik umgehen können. Doch als ich das Buch bereits geschrieben hatte, ging Microsoft, wo ich als Forscher arbeite, eine Partnerschaft mit Barnes & Noble ein, dem Rivalen von Amazon, daher gelte ich fortan wo-

Ein »Bot«-Programm in der Amazon-Cloud überwacht den Preis der Bücher, die weltweit verkauft werden, und stellt automatisch sicher, dass Amazon nie unterboten wird. Der Informationsvorsprung bei den Preisen für kleine, lokale Händler besteht nicht mehr. Das führt zu bizarren Ergebnissen, etwa dass manche Bücher bei Amazon gar nichts kosten, weil sie andernorts zu Werbewecken verschenkt werden.[1] Dadurch werden Sonderangebote für normale, kleine Händler teuer und riskant. Die Informationshoheit eines Unternehmens erzwingt eine Verhaltensänderung in der übrigen Welt.

Das Gesamtrisiko auf dem Markt bleibt vielleicht unverändert, es ist aber ungleichmäßig verteilt. Die kleinen Marktteilnehmer müssen ein hohes Risiko eingehen, während der Marktteilnehmer mit dem größten Computer ein geringeres Risiko hat. Das Risiko für Amazon wird reduziert – das Unternehmen verliert keinen Käufer, weil ein anderes Unternehmen das Produkt billiger anbietet –, während die lokalen Händler erhöhten Risiken ausgesetzt sind, wenn sie an ihrer eigenen Preisstrategie festhalten.

Das ist nur ein einfaches Beispiel, wie sich Informationsvorteile zu Geld machen lassen und man seine Machtposition damit ausbauen kann. Alle Beteiligten mit einer weniger globalen Informationsposition sind gezwungen, höhere Risiken einzugehen, während der Beteiligte mit einem besseren Informationsstand das Risiko für sich senken kann.

möglich als parteiisch. Alle, die in der unglaublich miteinander verflochtenen Technikwelt tätig sind, geraten in Interessenskonflikte, wenn sie über die großen aktuellen Probleme schreiben, es geht gar nicht anders. Ich möchte hier so deutlich wie möglich sagen: Ich bin ein Teil dessen, was ich kritisiere. Ich profitiere von Zeit zu Zeit, indem ich mich aktiv an den Modellen beteilige, die ich gerne abschaffen würde. Das ist leider ein Nebeneffekt, wenn ich das mache, was ich gern tue. Andererseits möchte ich auch kein Akademiker oder distanzierter Beobachter sein, der die Technologie nur von außen kritisiert. Ich habe mich dafür entschieden, weiter in der Technikwelt aktiv zu sein, selbst wenn das heißt, dass ich dadurch vorbelastet bin. Ich lebe mit Widersprüchen, so ist das menschliche Dasein nun einmal, aber ich tue mein Bestes, solche Absurditäten nicht aus den Augen zu verlieren. Ich kann nur anbieten, offen das zu sagen, was ich denke.

Ein Server erkennt bei Ihnen immer mehr als Sie bei ihm

Das Seltsame ist, dass sich die Buchkäufer ebenfalls Sorgen machen müssen, auch wenn das zunächst gar nicht so einleuchtend ist. Aus Sicht des Kunden sorgt Amazon ja anscheinend für niedrige Preise, was natürlich erfreulich ist. Doch die Sache ist deutlich komplizierter.

Um die Jahrtausendwende war Amazon in eine Debatte um eine »differenzierte Preisgestaltung« verstrickt. Das heißt im Grunde, dass ein Online-Anbieter von manchen Kunden mehr für eine Ware verlangt als von anderen, beispielsweise von Ihrem Nachbarn.[2] Amazon erklärte damals, das sei keine Diskriminierung, sondern ein Experiment. Man verlange von verschiedenen Menschen unterschiedliche Preise, um herauszufinden, wie viel sie bezahlen würden.

Amazon steht nicht allein da mit dieser Preisstrategie. Betrachten wir zum Beispiel die Reiseplattform Orbitz, die gegründet wurde, um die Nutzer teurer Computer zu teuren Reisen zu verleiten.[3] Wen sollte das überraschen? Es ist doch ganz natürlich, dass ein Unternehmen einen offenkundigen Vorteil ausnutzt, wenn er sich ihm bietet. Wahrscheinlich gibt es noch viele weitere Beispiele. Kunden beschleicht zwar ein unangenehmes Gefühl, wenn man ihnen diese Praktiken aufzeigt, doch sie sind meistens ganz legal.

Obwohl im Internet-Zeitalter angeblich alles so transparent und offen ist, fällt den Kunden die Preisdifferenzierung nicht unbedingt auf. Wir können auch nie wissen, in welchem Umfang sie angewandt wird. In einem realen Ladengeschäft würde man es dagegen sofort merken, wenn der Kassierer den Kunden erst einmal mustern und dann entscheiden würde, welchen Preis er zahlen soll.

Ich erwähne die Preisdifferenzierung, weil sie ein besonders krasses Beispiel ist. Selbst wenn sie nicht oft vorkommen sollte, erhalten gewöhnliche Menschen im Umgang mit Sirenenservern nicht genügend Informationen für eine fundierte Entscheidung. Wenn es nicht die Preisdifferenzierung ist, dann wird eben eine andere Masche angewandt, um das Informationsungleichgewicht auszunutzen. Dafür ist es ja schließlich da.

Warten auf Robin Hood

Schön wäre es, wenn zum Ausgleich ein Server für die Kunden aktiv werden würde. Ein solcher Server könnte beispielsweise Preisvergleiche vornehmen, um die Verbraucher auf eine Preisdifferenzierung oder andere Risiken aufmerksam zu machen.

Manchmal bringt das Internet tatsächlich einen Dienst hervor, der hilfreich ist. Ein Beispiel ist Flightfox,[4] eine Plattform, bei der gewöhnliche Menschen für andere Reisende nach den günstigsten Flügen suchen und bei der Planung schwieriger Reiserouten helfen. In dieser speziellen Nische können die großen automatisierten Reisedienste wie Orbitz nicht mithalten.[5] Ein nicht-automatisierter Nischendienst wie Flightfox kann durchaus wirtschaftlich sinnvoll sein. Das liegt daran, dass der Erfolg nicht darauf basiert, die Welt anhand der allgemeinen Informationshoheit des Servers nachzubilden. Stattdessen besteht ein spezieller, lokaler und begrenzter Vorteil. Das Wort *lokal* bezieht sich dabei nicht zwangsläufig auf den geographischen Ort. Es kann auch ein Punkt in einer »Energielandschaft« sein. In diesem Fall schafft das speziell menschliche Verständnis komplizierter Reiserouten eine Art lokalen Vorteil.

Sirenenserver bilden dagegen die Welt nach, weshalb sich ihre Funktionsweise auch nicht mit konventionellem wirtschaftlichen Denken erfassen lässt. Wenn ein großer Cloud-Dienst vorschlägt, er hätte den besten Preis für Sie gefunden, sollten Sie darüber nachdenken, was das bedeuten könnte. Sirenenserver haben Zugang zu ungeheuren Informationsmengen über Sie, über den Verkäufer und über alle anderen in der Kette. Sie bieten Ihnen das Schnäppchen nicht an, weil sie den richtigen Lieferanten kennen oder über eine bestimmte Ecke der Welt ein bisschen besser Bescheid wissen. Nein, sie können Ihnen ein so günstiges Angebot machen, weil sie bei der automatischen Sammlung von Informationen allgemeine Analysetechniken anwenden. Also, was hat dieses Angebot für Sie wirklich zu bedeuten, im Vergleich zu allen anderen auf der Welt? Ein universales Schnäppchen gibt es nicht, das ist genauso unmöglich wie die Tatsache, dass alle über dem Durchschnitt liegen.

Von der automatischen Zuordnung
zum automatischen Zusammenspiel

Große automatisierte Online-Unternehmen können gar nicht anders: Bei ihnen treten Probleme wie bei einem Monopol auf, selbst wenn kein Monopol besteht. Anders als ein altmodischer Monopolist verfolgt Amazon nicht direkt das Ziel, einen kleinen Buchhändler in den Ruin zu treiben, und auch die Preisdifferenzierung erfolgt nicht aufgrund von böswilligen Absichten. Das alles passiert automatisch und ganz selbstverständlich.

In manchen Fällen neigen Sirenenserver zum Monopol, doch darauf gehen wir später noch ein. In anderen Fällen gibt es konkurrierende Sirenenserver, die nebeneinander bestehen. Es gibt Amazon und Apple, und neben Orbitz gibt es noch Priceline, Expedia und Travelocity.

Wenn man früher ein Monopol innehatte, winkte als Preis die Informationshoheit, mehr aber auch nicht. Wenn mehrere ähnliche Sirenenserver nebeneinander bestehen und die Informationshoheit über die Kunden besitzen, zwischen ihnen aber ein Informationsgleichgewicht herrscht, dann können sie gar nicht anders, sie wirken zusammen, auch wenn sie vielleicht gar nicht die Absicht haben und auch keine entsprechenden Maßnahmen treffen.*

Bei den früheren altmodischen geheimen Absprachen richtete man illegal einen besonderen Kanal ein, um eine Informationstransparenz zu schaffen. Transparenz ist nicht so weit verbreitet, wie man meinen könnte, dennoch gibt es heute deutlich mehr davon als früher, aber eben nur für die, die die größten und am bes-

---

* Ein »Bot«-Programm (»bot« von *robot*), das Preise festlegt oder andere Marktentscheidungen trifft, ist ein interaktiver Prozess und passt seine Reaktionen aufgrund neuer Daten ständig an. Wenn es nur einen solchen Bot gibt, stammen die Daten, auf die er reagiert, aus der Welt insgesamt. Wenn es jedoch viele Bots gibt, wird ein Teil der Daten, die er erhält, von anderen Bot-Programmen beeinflusst. Dadurch kann es zur automatischen Absprache kommen. Nichtsdestoweniger gibt es den Vorwurf der altmodischen gezielten Absprachen und heimlichen Abstimmung. Siehe http://www.huffingtonpost.com/2012/08/22/travel-site-class-action-lawsuit_n_1821839.html.

ten vernetzten Computer haben. Dahinter steckt aber im Grunde keine Absicht, weil ein großer Teil der Online-Geschäfte automatisiert oder so gestaltet ist, dass er auf Abstand ausgelegt ist. Im Gesamtzusammenhang wird damit das Gegenteil dessen erreicht, was sich einem im kleinen Rahmen bietet.* Man meint, Online-Dienste würden günstige Angebote für alle bieten, doch gleichzeitig klafft die Einkommensschere immer weiter auseinander und die soziale Mobilität nimmt ab. Wenn alle bessere Möglichkeiten hätten, müsste es dann nicht auch allen bessergehen?

Zerschlagung

Der Begriff »Zerschlagung« genießt bei Technologieunternehmen fast Heiligenstatus. Für Venture-Capital-Gesellschaften ist die Formulierung üblich, man suche nach Geschäftsideen, die »Märkte schrumpfen lassen«.[6] Etwas zu zerschlagen oder zu zerstören wird als große Leistung gefeiert. Im Silicon Valley hört man ständig, dass diese oder jene Branche reif für ihre Zerschlagung sei. Wir machen uns selbst etwas vor, wir tun so, als ob Zerstörung Kreativität erfordere. Das stimmt nicht. Es ist immer die gleiche Geschichte.

In der Technologie wird die extreme Effizienz digitaler Netzwerke wiederholt auf ein bestimmtes Gebiet angewandt, bis die

---

* Das erinnert an das Modell von der »Tragik der Allmende«, entspricht ihm aber nicht ganz. Garrett Hardin erklärte in seinem berühmten Aufsatz »The Tragedy of the Commons« aus dem Jahr 1968, warum Kühe das Weideland im Gemeinbesitz vollständig abgrasen, während private Wiesen nicht überweidet werden, weil man dort auf eine langfristige Nutzung achtet. Die Kühe, die das Land überweideten, bekamen zumindest das Gras. Im Sirenenzeitalter müsste man dagegen eher von der »Tragik der Alarmiertheit« sprechen, weil dahinter eher Manie steckt statt Kurzsichtigkeit. Die Informationstechnologie kann alles so beschleunigen, dass Hektik ausbricht, eine Aufgeregtheit, die ablenkt. In unserer derzeitigen Vorstellung von einer Informationsökonomie bekommen die Kühe kein kostenloses Gras, sondern nur das Versprechen, dass ein paar wenige von ihnen berühmt werden könnten.

Quellen der Wertschöpfung in den Bilanzen kaum noch auftauchen. Dafür werden wir am Ende völlig von dem Server kontrolliert, der das Programm betreibt. Das war schon früh bei der Musik und anderen Medien der Fall, doch das Muster wiederholt sich überall.

Mit der Umwandlung der Krankenversicherer in digitale Netzwerke wurden Allgemeinärzte in den USA immer mehr an den Rand des Marktes gedrängt. Mittlerweile fungieren sie nur noch als Knoten in einem Netzwerksystem, das von statistischen Algorithmen beherrscht und von den Versicherern und in geringerem Maße auch von den Pharmakonzernen verwaltet wird. Ärzte sollten durch vernetzte Informationen gestärkt werden, aber stattdessen werden sie in ihrer Handlungsfreiheit eingeschränkt, weil sie nicht die Kontrolle über die Server besitzen, mit denen sie zu Beginn des Netzwerkzeitalters verbunden wurden. Aber warum hätten sie sich darüber Gedanken machen sollen?

Die »Zerschlagung« im Sinne der digitalen Netzwerktechnologie untergräbt die Grundidee des Marktes und des Kapitalismus. In der Wirtschaft geht es dann nicht mehr um verschiedene Beteiligte, die auf dem Markt einzigartige Positionen besetzen, sondern nur noch um eine kleine Anzahl allwissender Spionageunternehmen, was schließlich zur Schrumpfung *aller* Märkte führen wird.

KAPITEL 7

Die Pioniere unter den Sirenenservern

Mein kleines Fenster zur Welt

Als die digitale Vernetzung der Welt begann, hatte ich eine Position inne, die mir ungewöhnliche Einblicke erlaubte. In den neunziger Jahren und zu Beginn des neuen Jahrtausends war ich als Berater tätig und wurde zu allen möglichen Einrichtungen gerufen, von Staaten, Unternehmen, Kirchen, gemeinnützigen Organisationen. Ich beriet Universitäten, verschiedene Geheimdienste, jede Art von Unternehmen und jede Form von Finanzdienstleistern. Während meiner Beratertätigkeit arbeitete ich allein oder als Teil eines Teams für Wal-Mart, Fannie Mae, große Banken und Hedgefonds. Ich half auch bei der Gründung eines Startup-Unternehmens, das dann um das Jahr 2000 von Google aufgekauft wurde, und ich war in einem Labor tätig, wo sich das Planungsbüro für das Internet2-Projekt befand, ein akademisches Konsortium, das sich mit der Grundlagenforschung befasst, um das Internet größer und schneller zu machen.

Aus meinen Einblicken in diese verschiedenen Welten zog ich die Erkenntnis, dass sie alle eine bemerkenswerte Ähnlichkeit aufwiesen. Überall unterlagen die Menschen der Faszination der digitalen Netzwerke. Diejenigen, die bisher eine Schlüsselrolle spielten, erzielten durch die Netzwerke oft erstaunliche Vorteile, waren aber durch dieselbe Dynamik auch eingeschränkt, ja geradezu gefangen.

Gibt es überhaupt irgendetwas Neues unter der Sonne? Vielleicht war der Netzwerk-Wahnsinn des Finanzsektors zu Beginn des 21. Jahrhunderts nur eine Wiederholung der Entwicklung, die 1929 zum Börsenkrach und der anschließenden Weltwirtschaftskrise führte, oder eine Neuauflage der chaotischen Boomjahre Ende des 19. Jahrhunderts, des »Gilded Age«? Vielleicht gab es die Sirenenserver schon immer?

Doch ich spreche hier nicht als Historiker, sondern als Zeitzeuge, und ich überlasse den Historikern die Entscheidung, wie viel unsere jüngste Vergangenheit mit anderen historischen Epochen gemein hat.

Mich interessiert vor allem, ob es heute neue Lösungsmöglichkeiten gibt, die in anderen Zeiten noch nicht verfügbar waren.

Wal-Mart als Software

Betrachten wir ein frühes Beispiel dafür, wie Computernetzwerke eine Branche weltweit verändern. Es handelt sich dabei nicht um ein soziales Netzwerk oder eine Suchmaschine, es stammt auch nicht von Mathematikern, die im Silicon Valley oder an der Wall Street arbeiten. Nein, es geht um Wal-Mart.

Wal-Mart ist ein Einzelhandelskonzern in der realen Welt, der immer Wert auf den direkten Kundenkontakt gelegt hat, der dennoch schon früh dem Lockruf der vernetzten Information folgte. Für die Lieferkette des Konzerns wurden schon lange vor der Entstehung von Suchmaschinen und noch vor dem Boom der Dotcom-Unternehmen und der sozialen Netzwerke Echtzeitdaten und Rechnerkapazitäten genutzt.

Insgesamt hat Wal-Mart dem Verbraucher viel Gutes gebracht. In den Jahrzehnten vor der massenhaften Einfuhr chinesischer Güter hatte man in den USA große Angst davor, dass der »schlafende Riese«, wie man die Volksrepublik nannte, eines Tages erwachen würde. China war noch viel undurchschaubarer als die Sowjetunion. Ich erinnere mich an viele ernsthafte Gespräche über einen möglichen dritten Weltkrieg.

Doch stattdessen trugen die Server von Wal-Mart dazu bei, dass China zur neuen Supermacht der Fertigungsindustrie aufstieg, indem sie die Nachfrage entsprechend steuerten. Natürlich hatte man auch früher schon an eine wechselseitige wirtschaftliche Abhängigkeit gedacht, um eine neue Konfrontation zwischen Supermächten zu vermeiden, aber in den achtziger Jahren konnte man sich das nur schwer vorstellen. Und doch ist es so gekommen. Das ist sicher einer der deutlich positiven Effekte der digitalen Vernetzung in ihrer noch jungen Geschichte.*

Sirenenserver können also auch Gutes bewirken. Ich behaupte ja auch gar nicht, dass Sirenenserver immer nur Schaden anrichten. Oft erreichen sie zumindest kurzfristig viel Positives. Allerdings nutzen wir die Macht der Netzwerke zur Optimierung der völlig falschen Dinge.

Aus der Sicht der Lieferkette

Da ich in den neunziger Jahren für einen Think Tank im Silicon Valley arbeitete und gelegentlich als Berater tätig war, hatte ich Einblick in die Welt von Wal-Mart. So erlebte ich schon damals den Prototypen für ein heute bekanntes Muster.

Bei Wal-Mart erkannte man früh, dass Informationen Macht bedeuten und dass man mit einer digitalen Vernetzung seine Machtstellung konsolidieren konnte. Die ersten Server von Wal-Mart sammelten weltweit einfache, aber wertvolle Informationen: Was konnte wo und wann hergestellt werden, was konnte wann wohin transportiert werden, wer kaufte was, und wenn ja, wann und für wie viel? Früher wäre diese Datenbank nur in Teilen für einige wenige lokale Unternehmen von Bedeutung gewesen, die direkt davon betroffen waren, doch durch das Sammeln zahlreicher derartiger Informationen an zentraler Stelle entstand ein globales Gesamtbild. Die Netzwerktechnologie ermöglichte einen massiven Perspektivenwechsel. Der Konzern wurde allmählich zum Gestalter seiner eigenen Umwelt.

---

* Nur um das klarzustellen: Ich will damit nicht sagen, dass China heute über jede Kritik erhaben ist!

Wal-Mart konnte praktisch den Preis und die Liefertermine diktieren, und das mit dem reduzierten Risiko und der Präzision einer Kampfdrohne. Stellen Sie sich vor, Sie hätten in den neunziger Jahren einen Betrieb für Wartung oder Ersatzteile. Ein Unternehmen, das Produkte an Wal-Mart verkauft, benötigt bestimmte Teile von Ihnen. Sie nennen Ihren Preis, doch daraufhin sagt man Ihnen: Tut uns leid, Wal-Mart hat einen Preis für unser Produkt festgelegt, der es uns nicht erlaubt, so viel zu zahlen, wie Sie verlangen.

Wie sich herausstellt, hat Wal-Mart ziemlich genau kalkuliert, wo die Untergrenze für den Nettoprofit bei allen Beteiligten liegt. Oft müssen Sie dann feststellen, dass Sie auf die Preisvorstellung Ihres Kunden (gerade noch) eingehen können, auch wenn Sie sich eigentlich mehr vorgestellt haben.

Wal-Mart benötigte nicht über alle Beteiligten direkte Informationen. Um ein Modell zu erstellen, genügen stichprobenartige Informationen über ein System. Das heißt, dass man jemanden indirekt ausspionieren kann, ohne dass man direkte Informationen über ihn sammelt. Stattdessen liefert das Verhalten derjenigen, die mit ihm interagieren, entsprechende Hinweise, aus denen sich automatisch ein grobes Gesamtbild erstellen lässt.

Als die anderen großen Handelsketten erkannten, was Wal-Mart da gelungen war, engagierten sie ebenfalls Spezialisten und richteten ebenfalls große Rechenzentren ein. Aber es war zu spät. Wal-Mart hatte die Welt bereits umgestaltet und sich selbst eine Sonderstellung darin gegeben. Lieferanten hatten sich aufeinander abgestimmt, um die niedrigsten Preise bieten zu können, und alles war natürlich auf die speziellen Anforderungen von Wal-Mart zugeschnitten. Die Lieferkette war optimiert worden, um direkt vor die Haustür von Wal-Mart zu liefern.

Wal-Mart betrog nicht, spionierte nicht und stahl auch nicht, um an die Informationen zu kommen.* Der Konzern nutzte ein-

---

* Manche werden meine Einschätzung vielleicht als zu wohlwollend empfinden. Aber ich sehe eher einen kollektiven Fehler, keine spezielle Gruppe von Bösewichten.

fach die besten verfügbaren Computer, um mit legal verfügbaren Daten die bestmöglichen Statistiken zu erstellen.

Die Gewinnspannen aller anderen wurden auf das absolute Minimum reduziert. Das war, wie wenn man Blackjack mit jemandem spielt, der über eine Inselbegabung verfügt und gar nicht anders kann, als die Werte der Karten zu berechnen. Das ist das moralische Problem der Sirenenserver. Im Netzwerkzeitalter kann es Absprachen geben, ohne dass sich die Beteiligten wirklich absprechen, und Verschwörungen ohne Verschwörer.

Aus der Sicht des Kunden

Wal-Mart bot seinen Kunden zwei interessante Veränderungen. Die eine war, dass die Waren, die sie kaufen wollten, billiger wurden, was natürlich großartig war. Diese Neuerung wurde zuerst bekannt und sorgte für großen Jubel.

Es gab jedoch noch eine andere Veränderung, die erst allmählich ans Licht kam. Es wird oft betont, dass Wal-Mart eine entscheidende Rolle bei der Zerstörung von Arbeitsplätzen spielt und dass gerade die Menschen ihre Arbeit verlieren würden, die auch bei Wal-Mart einkaufen.[1] Wal-Mart hat die Welt in einem bestimmten Sinn effizienter gemacht. Die Produktion wurde an jeden beliebigen Ort der Welt verlagert, je nachdem wo die Produktionskosten am niedrigsten waren, und Lieferanten, die zu maximalen Einsparungen bereit waren, wurden belohnt.

Die Verteidiger von Wal-Mart räumen vielleicht eine gewisse Fluktuation am Arbeitsmarkt ein, erklären aber, die effizientere Marktgestaltung habe zwar einige Arbeitsplätze gekostet, doch weitaus mehr Menschen hätten dank der niedrigen Preise viel Geld gespart. Langfristig profitiere jeder von der gestiegenen Effizienz.

Man kann von einer effizienteren Gestaltung der wirtschaftlichen Prozesse durchaus erwarten, dass sich langfristig die Chancen für alle verbessern.* Trotzdem darf man die beiden Seiten der

---

* Wie ich noch erklären werde, teile ich diese Ansicht, aber nur, wenn wir dafür nicht massiv Werte aus unseren Bilanzen streichen müssen.

Gleichung, die niedrigen Preise einerseits und die schlechten Aussichten auf dem Arbeitsmarkt andererseits, nicht zueinander ins Verhältnis setzen.

Das ist so offensichtlich, dass es seltsam ist, eigens darauf hinzuweisen, aber ich habe festgestellt, dass man Menschen, die wohlhabend sind, dieses Argument nur schwer vermitteln kann. Also: Wenn man mehr als genug zum Leben hat, ist es ein angenehmer Vorteil, beim Einkaufen Geld zu sparen. Aber wenn das Geld ohnehin nicht reicht, dann kann man Sparen nicht mit einem angenehmen »Schnäppchen« vergleichen, denn das Sparen ist bereits ein fester Bestandteil des Alltags, weil man jeden Tag gerade so durchkommt, wenn man scharf kalkuliert. Man kann nie genug sparen, um aus der Misere herauszukommen, wenn man keine ausreichenden Jobaussichten hat.

Für mich ist das ein falscher Vergleich, der in den neunziger Jahren jedoch oft zu hören war und eine Vorahnung auf das bot, was man uns heute über kostenlose Angebote im Internet erzählt. Technologieunternehmen argumentieren ähnlich, aber auch ihre Begründungen erweisen sich bei genauerem Hinsehen als fadenscheinig. »Sicher gibt es weniger Arbeitsplätze, aber heutzutage ist so vieles kostenlos. Heute kann man auf Reisen auf der Couch von Fremden übernachten und muss nicht mehr ins Hotel!« Der Vergleich ist heute so falsch wie damals. Kostensenkungen sind kein Ersatz für finanzielle Sicherheit, wenn es gleichzeitig immer weniger gute Jobs gibt.

Die Botschaft der Sirenenserver ist stets zweischneidig, wie das Beispiel Wal-Mart zeigt. Erst heißt es: »Gute Nachrichten! Aktuelle Angebote warten auf Sie! Informationssysteme machen die Welt für Sie effizienter.«

Doch ein bisschen später wird dann verkündet: »Aber wie sich gezeigt hat, sind Sie, Ihre Bedürfnisse und Erwartungen von der erhabenen Warte unseres Servers aus betrachtet nicht ausreichend effizient. Deshalb formen wir die Welt neu, und Ihre Aussichten werden sich langfristig gesehen verschlechtern.«

Die anfänglichen Vorteile können die langfristigen Verluste bei weitem nicht wettmachen. Anfangs kommen Sie durch kurzfristige Börsenspekulationen vielleicht zu etwas Geld, erhalten einen irrsinnig günstigen Kredit, sparen Geld dank »Couchsurfing« oder indem Sie Gutscheine von einer Website einlösen, aber dann verlieren Sie Ihren Job, danach kommt die Zwangsräumung und dann ist die Hälfte Ihrer Ersparnisse futsch, weil die Aktienkurse eingebrochen sind. Oder Sie haben sich begeistert kostenlos Musik heruntergeladen, aber dann gemerkt, dass Sie selbst leider nicht mit Musik Ihr Geld verdienen können, weil es in der Musikindustrie (oder dem, was noch von ihr übrig ist) kaum noch sichere Jobs für die Mittelschicht gibt. Vielleicht fanden Sie auch die supergünstigen Preise in Ihrem Lieblingssupermarkt toll, aber dann mussten Sie feststellen, dass die Fabrik, für die Sie später einmal arbeiten wollten, für immer dichtgemacht hat.

Sirenenserver in der Finanzbranche

Die Welt der Finanzserver und Quant-Fonds ist noch geheimnisvoller als die Konzernimperien von Wal-Mart oder Google. Auch in diese Welt habe ich einen Einblick, allerdings lässt sich nur schwer abschätzen, wie viel ich von dem sehe, was tatsächlich abläuft.

In der Anfangsphase, die ich größtenteils verpasst habe, verstärkte die digitale Vernetzung das Interesse an dem, was bislang zu den Randbereichen der Finanzwelt gezählt hatte. Die Vernetzung der Finanzbranche begann in den achtziger Jahren, kam aber erst in den neunziger Jahren zur vollen Blüte. Zum ersten Mal waren Verfahren in der Lage, die prädigitalen Grenzen des menschlichen Reaktionsvermögens zu überschreiten.

Die Vernetzung der Finanzbranche erfolgte unabhängig und vor der Verbreitung des eigentlichen Internets, mit anderen technischen Protokollen und einer anderen Infrastruktur, auch wenn ähnliche Prinzipien angewandt wurden.

Erste Etappen bei der Entwicklung einer digital vernetzten Finanzbranche waren der Schwarze Montag 1987 (ein Börsencrash, der durch den automatisierten Aktienhandel ausgelöst wurde),

Long-Term Capital Management (LTCM) und Enron. Ich will auf diese Geschichten nicht näher eingehen, die meisten werden Sie kennen. Man kann wohl sagen, dass die Vorfälle von damals bereits alle unsere globalen Probleme von heute vorweggenommen haben.

In allen Fällen war ein Hightech-Netzwerk beteiligt, das Vermögen zu konzentrieren schien, gleichzeitig jedoch für Kursschwankungen und für verheerende Folgen vor allem für die Steuerzahler sorgte, die am Ende die Rettung der Finanzinstitute bezahlen mussten.

Eine wichtige Rolle spielte auch die Deregulierung der Finanzbranche. Es wird noch darüber debattiert, ob die Schwächung der Regulierungen Ursache für die Krise war oder ob die Regulierungen geschwächt wurden, weil die Versuchung, sich über sie hinwegzusetzen, aufgrund der neuen Technologien so groß war, dass die Finanzindustrie verstärkt ihren politischen Einfluss geltend machte.

Doch wie man es auch dreht und wendet, interessant ist in diesem Zusammenhang vor allem, dass viele Regulierungsvorschriften aus einer Zeit stammten, in der die Märkte schon einmal zusammengebrochen waren, vor allem während der Weltwirtschaftskrise in den dreißiger Jahren. Das soll nicht heißen, dass die Gefahren, die mit der Vernetzung der Finanzmärkte entstanden, dieselben waren wie vor der Regulierung. Das würde sonst womöglich bedeuten, dass sich die Regulierungsbehörden nur an der Vergangenheit orientieren.

Ich kenne ein paar Leute, die mit LTCM zu tun hatten, und ich nahm bei einem Startup-Unternehmen die Anrufe von Enron entgegen, als der Energiekonzern die Firma kaufen wollte, die am Ende aber an Google ging. Dabei lernte ich hauptsächlich Sirenenserver der Finanzwelt der zweiten oder dritten Generation kennen.

Ich habe viele Freunde, die als quantitative Analysten arbeiteten, und habe auch einige sehr erfolgreiche Finanzmanager an der Spitze der nach außen abgeschotteten Unternehmen kennengelernt. Ende der neunziger und Anfang der nuller Jahre konnte ich mehrere Schaltstellen der Finanzwelt besuchen und führte lange Gespräche über Statistiken und Netzwerkarchitektur.

Normalerweise gab es ein unauffälliges Technologiezentrum in einem der Bundesstaaten rund um New York City, manchmal auch etwas weiter weg. Dort starrte eine schläfrige Schar Mathematiker und Computerspezialisten, die oft direkt vom MIT oder aus Stanford kamen, auf Bildschirme und nippte an ihrem Espresso.

Die Systeme wiesen eine bemerkenswerte Ähnlichkeit mit den Designs im Silicon Valley auf. Manche nahmen als Input alles, was sie im Internet und anderen, geschützten Netzwerken aufgabeln konnten. Wie in den Rechenzentren von Google brüteten erstaunliche Algorithmen in einer Nacht über den gesamten Daten des Internets und suchten nach Korrelationen. Vielleicht sorgte ein plötzlicher Anstieg bei den Kommentaren über Moskitostiche für eine automatische Investition in ein Unternehmen, das Mückenschutzlotionen verkaufte. Tatsächlich ist das ein erfundenes Beispiel. Die echten Beispiele ergeben für einen Menschen keinen Sinn. Aber damit wurde Geld verdient, und das ziemlich zuverlässig.

In den meisten Fällen stammte der Input nicht aus dem gesamten Netz, sondern bestand aus numerischen Finanzdaten. Signalverarbeitende Algorithmen versuchten, subtile, aber vorhersagbare Schwankungen zu erkennen, die noch nie zuvor bemerkt worden waren. Vielleicht wackelte eine Zahl nur ein bisschen, aber eben nicht völlig zufällig. Indem man rhythmisch auf und gegen die Zahl setzte, ergab sich ein kleiner Gewinn. Wenn das eine Million Mal simultan gemacht wurde, war das eine hübsche Summe.*

Andere Systeme stützten sich weniger auf raffinierte analytische Mathematik, sondern mehr auf die spektakulären logistischen Fähigkeiten digitaler Netzwerke. Zum Beispiel gleichen Banken die Konten zu bestimmten Zeiten am Tag ab. Mit einem ausreichend entwickelten Netzwerk kann Geld zu einem ganz kon-

---

* Wenn nur ein Sirenenserver eine bestimmte Schwankung auf diese Art melkt, könnte man durchaus behaupten, dass das einen Nutzen hat, weil die Schwankung auf Ineffizienz hinweist, die der Sirenenserver ausgleicht. Wenn aber viele Sirenenserver dieselbe Schwankung ausnutzen, entsteht ein Rückkopplungssystem, bei dem sie ungewollt zusammenarbeiten, um sinnlos die übrige Welt zu melken.

kreten Zeitpunkt automatisch auf Konten transferiert und wieder abgezogen werden. Dadurch entstehen komplizierte Kreisläufe perfekt getimter Transaktionen, die durch viele Länder gehen. Am Ende jedes Kreislaufs wurde zuverlässig Geld verdient, und zwar nicht, indem man auf die unvorhersehbaren Ereignisse in der Welt wettete, sondern indem man mit Hilfe einer minutiösen Planung die Eigenarten lokaler Regeln weltweit ausnutzte. So konnte beispielsweise dasselbe Geld bei zwei verschiedenen Banken auf entgegengesetzten Seiten der Erdkugel gleichzeitig Zinsen bringen. Und keine der beteiligten Banken ahnte etwas davon.

Dann gab es noch die speziell positionierten Systeme. Besonders berüchtigt sind die Server für den Hochfrequenzhandel. Sie zapfen direkt die Zentren des Börsenhandels an und machen Gewinne, bevor jemand anders auch nur einen Kaufantrag platzieren kann. Dieser Hochfrequenzhandel nahm gerade seinen Anfang, als ich mich von Manhattan verabschiedete. (Meine Wohnung wurde bei den Anschlägen von 2001 beschädigt, daher zog ich ins verrückte Berkeley.)

Soweit ich weiß, war jede Methode, der ich begegnete, völlig legal. Natürlich bleiben Fragen zur Legalität einiger Transaktionen bei den bekanntesten Wall-Street-Firmen offen – ebenjenen Unternehmen, die nach der Finanzkrise 2008 auf Kosten der Steuerzahler gerettet werden mussten.

In der stillen Welt der Finanz-Sirenenserver wurden Summen eingefahren, die man durchaus mit den Gewinnen großer Konzerne vergleichen konnte. Einige Finanzunternehmen überstanden die Rezession sogar sehr gut, andere dagegen nicht.

Die erfolgreichsten Betreiber dieser Sirenenserver waren oft unkonventionelle Typen, oder zumindest erklärten sich die unkonventionellen bereit, sich mit mir zu unterhalten. Einen sah ich nur in Seidengewändern, wenn er im Wellnessbereich seines gigantischen Luxuslofts in Tribeca, in Manhattan, entspannte. Von vielen dieser »Masters of the Universe«, wie sich die Finanzspekulanten gern nennen, hörte ich die immer gleiche Geschichte: Im Grunde geht es darum, einen speziellen Zugang, eine spezielle Verbindung oder spezielle Informationen zu bekommen. Man musste die richtigen Leute kennen, um an die richtigen Daten zu kommen, oder einen speziellen Zugang in die Computer der Finanzmärkte haben oder die Erlaubnis, dass die eigenen Algorithmen automatisch Transaktionen an weit entfernten Orten durchführen dürfen, wo so etwas noch nicht vorgekommen war.

Eigentlich handelte es sich um ganz altmodische Seilschaften, die sich unter dem Kabelgewirr der neumodischen digitalen Netzwerke versteckten.

Es gibt zwar nie so etwas wie absolute Sicherheit, doch manche Methoden, die in den höheren Regionen der Finanzbranche praktiziert werden, sind fast perfekt. Früher haftete der perfekten Investition in aller Regel der Ruch von Korruption an, oder sie war auf ein Schlupfloch im Gesetz angewiesen. Es gibt sicher auch heute noch solche Manöver, ich denke etwa an die Steuerschlupflöcher für Hedgefondsmanager. Doch der Kern dieser gewinnbringenden Geschäfte ist heute oft »organischer«, »sauberer« als früher, wenn man auf ein »todsicheres Geschäft« setzte. Wenn man mit komplizierter Mathematik Geld machen kann, dann kann das Gesetz nicht Schritt halten, selbst wenn man es versuchen würde.

Als ich mein Buch fertig hatte, kamen in Europa Überlegungen zur Regulierung des Hochfrequenzhandels auf. Ich hoffe, den Gesetzgebern ist klar, vor welcher Herausforderung sie stehen. Für einen Algorithmus ist eine Sicherung oder ein Zeitlimit nur eine weitere Eigenschaft, die analysiert und genutzt werden muss. Algorithmen werden »lernen«, in genau der richtigen Millisekunde eine Sicherung zu umgehen, um Gewinn zu machen. Wenn die Frequenz des Handels beschränkt wird, wird ein anderer Parameter, etwa der Zeitraum oder der relative Zeitpunkt der Transaktion, automatisch verfeinert, um einen Vorteil zu finden. Dieses Katz-und-Maus-Spiel kann sich endlos fortsetzen. Der einzige Weg zurück zu einer aufrichtigeren Form des Kapitalismus besteht darin, die Struktur der Sirenenserver aufzubrechen.

Computer haben in einigen Fällen offenbar Folgendes ermöglicht: einen neuen Weg zu einem »todsicheren Geschäft«, der das frühere lästige Umwerben von Politikern überflüssig macht.

Unerlässlich für einen Sirenenserver in der Finanzbranche ist seine Informationsüberlegenheit. Wenn alle wüssten, was Sie tun, könnte man *Sie* zur Absicherung verbriefen. Wenn jeder Wertpapiere nach einer mathematischen Methode kaufen könnte, die als »todsichere Sache« gilt, würde man die Vorteile kopieren wie eine Musikdatei und überall verteilen, bis der Vorteil nichtig wäre. Also kann in der heutigen Welt Ihr Kredit verbrieft werden – im Geheimbunker eines anderen. Aber von dem Bunker wissen *Sie* nichts, also können Sie *ihn* nicht verbriefen. Wenn es diesen Unterschied nicht gäbe, würde diese neue Form des »todsicheren Geschäfts« nicht existieren.

Wenn dir das Leben EULA gibt, mach Limonade draus

Die Informationsökonomie, die wir derzeit aufbauen, scheint mir weniger dem Kapitalismus angemessen zu sein als einer neuen Form des Feudalismus. Wir schaffen online nicht genügend Chancen für ausreichend viele Menschen. Die allgemeine Verbreitung der Netzwerktechnologie sollte einen Vermögensboom bei der Mittelschicht auslösen, ähnlich wie damals, als der Ausbau des Interstate-Highway-Netzes in den USA neue Arbeitsplätze im Transportwesen und im Tourismus schuf und allgemein die Bedingungen für den Handel verbesserte. Stattdessen erleben wir Rezession, Arbeitslosigkeit und staatliche Sparmaßnahmen.

Ein kleines Gedankenspiel könnte vielleicht hilfreich sein. Ein bekannter Slogan der Republikaner im Jahr 2012 lautete: »We built it.« Er war eine Reaktion auf eine aus dem Zusammenhang gerissene Aussage von Barack Obama. »You didn't build that« (»Sie haben das nicht gebaut«), hatte der Präsident in einer Rede verkündet, womit er sich auf die Infrastruktur, vor allem den Straßenbau, bezog. Die Replik der Republikaner sollte wohl zum Ausdruck bringen, dass Unternehmer die wahren wirtschaftlichen Aktivitäten vorantrieben und einen eigenen geschlossenen Kreislauf bilden könnten. Dass die Wirtschaft mehr Probleme lösen könnte, wenn man sie einfach sich selbst überlassen würde. Dass das Problem nur die Steuern und Regulierungen wären. Und wenn man sie abschaffen würde, hätte man die Lösung. Wer braucht schon Infrastruktur? Unternehmen könnten ihre eigenen Straßen bauen, wenn der Staat sie einfach machen lassen würde.

Der konservative Nachrichtensender Fox präsentierte zwei kleine Mädchen, vier und sieben Jahre alt, die einen Limonadenstand betrieben, und fragten sie, ob sie ihr Unternehmen selbst aufgebaut oder ob die Regierung das getan hätte.[1] Ich wünschte, Kinder könnten heute lernen, wie man im Internet sein eigenes Geld verdient, aber das ist viel schwieriger, als einen Limonadenstand zu betreiben.

Können wir das Internet mit der Straße vergleichen, an der sich der Limonadenstand befindet und die man braucht, damit überhaupt Kunden vorbeikommen? Der Staat hat die Straße gebaut. Der Zweck einer öffentlichen Straße ist der, Wirtschaft und Handel zu fördern.

Anstelle des einen Internets, wie wir es heute kennen, hätte es ohne den Staat aller Wahrscheinlichkeit nach mehrere inkompatible digitale Netzwerke gegeben,* die meisten in privater Hand.[2]

Ohne eine öffentliche Straße und den völlig freien Zugang würde der Limonadenstand eines Kindes am Straßenrand nie Geld einbringen. Die einzige Geschäftsmöglichkeit bestünde darin, die Straßen anderer Leute zu privatisieren.

Entsprechend wäre ohne ein offenes, einheitliches Netzwerk die Idee einer Unternehmenstätigkeit im Internet von Anfang an feudal gewesen. Stattdessen nahm das Netz erst zu Beginn des neuen Jahrhunderts eine feudale Wendung. Heutzutage programmiert man keine Websites mehr im offenen Internet, sondern entwickelt kommerzielle Apps oder gestaltet Profile für soziale Medien, die sich ebenfalls im Besitz eines Unternehmens befinden.

Ich habe schon häufig hitzige Debatten mit Liberalisten im Silicon Valley geführt, die der Meinung sind, dass Straßen privatisiert werden sollten. Hier ist die Endbenutzer-Lizenzvereinbarung (End User Licence Agreement, kurz EULA),[3] die in dem Utopia, das sie erstreben, niemand lesen würde:

---

* Als Senator setzte sich Al Gore sehr für diese Vereinheitlichung ein. Er trat damit in die Fußstapfen seines Vaters, der das nationale System der Interstate Highways mit ermöglicht hatte.

Liebe(r) Eltern/Erziehungsberechtigte(r) von _____,
wie Sie vielleicht wissen, ist Ihre Tochter eins von ___ Kindern in Ihrer Nachbarschaft, die sich vor kurzem um eine gemeinsam betriebene StreetApp® der Kategorie »Limonadenstand« beworben haben.

Als Eigentümer/Betreiber der Straße, in der Sie leben und in der die genannte App zum Einsatz kommen würde, ist StreetBook gesetzlich verpflichtet, die Genehmigung der Eltern einzuholen. Wenn Sie das Feld »Ja« am Ende des Fensters anklicken, bestätigen Sie, dass Sie der/die Erziehungsberechtige von _____ sind, und stimmen außerdem den folgenden Bedingungen zu:

1. Ein Anteil von bis zu 30 Prozent der Einnahmen wird von StreetBook einbehalten. *[Diese Klausel entspricht dem Erlösmodell in App Stores.]*
2. Die Limonadenrezepte, die Gestaltung des Stands und die Kleidung, die beim Verkauf getragen wird, müssen von StreetBook genehmigt werden. StreetBook kann den Stand jederzeit entfernen lassen, wenn unseren Vorstellungen nicht entsprochen wird. *[Auch diese Klausel ist von den Praktiken der App Stores inspiriert.]*
3. Jede Gewerbetätigkeit, die nicht auf den Verkauf von Limonade beschränkt ist, wird über StreetBook durchgeführt. Kunden müssen einen Account bei StreetBook haben, selbst wenn sie in einer Straße leben, die einem Mitbewerber von StreetBook gehört oder von ihm betrieben wird. StreetBook verwaltet die gesamten Einnahmen treuhänderisch, um die Zinsen einzuziehen, und behält sie möglicherweise auch länger ein, falls eine Partei Betrugsvorwürfe erhebt oder gegen dieses Abkommen oder andere Abkommen zur Anwohnernutzung verstößt. *[Diese Bestimmung orientiert sich an den Geschäftsbedingungen der Online-Bezahldienste.]*
4. Es wird eine Jahresgebühr in Höhe von 100 Dollar erhoben. *[Auch hier folge ich dem erfolgreichen Beispiel der App Stores.]*

5. Ein eingeschränkter freier Zugang zum Gehweg vor Ihrem Haus ist möglich, wenn Sie bereit sind, Ihren Körper und Ihr Grundstück für Werbung zur Verfügung zu stellen. Die Schilder an Ihrem Limonadenstand, die Pappbecher und die Kleidung, die von Ihren Kindern getragen wird, müssen Reklame aufweisen, die ausschließlich von StreetBook ausgesucht wird. *[Nach dem Beispiel der sozialen Netzwerke und Suchmaschinen.]*

6. Wenn Sie sich für den begrenzten freien Zugang zum Gehweg vor Ihrem Haus entscheiden, müssen Sie StreetBook eine aktuelle Inventarliste sämtlicher Haushaltsgegenstände in Ihrem Haus zukommen lassen und erlauben, dass StreetBook die Bewegungen und Gespräche einzelner Personen in Ihrem Haus aufzeichnet. *[Hier folge ich dem Geschäftsmodell der Suchmaschinen, sozialen Netzwerke und anderer scheinbar kostenloser Online-Dienste.]*

7. Mit der Zustimmung zu dieser Lizenzvereinbarung erklären Sie sich damit einverstanden, für sämtliche Unfälle oder anderen Vorfälle in der Umgebung Ihrer StreetApp® zu haften. Die Verantwortung liegt allein bei Ihnen und anderen Beteiligten. Wir bieten Ihnen die Möglichkeit, sich mit anderen zusammenzuschließen, und profitieren davon, aber Sie tragen das gesamte Risiko. *[Zu dieser Klausel inspirierte mich der Tenor der üblichen End-User Licence Agreements, kurz EULA.]*

8. Die internen StreetBook-Maßnahmen zur Sicherheit und zum Schutz der Privatsphäre können nicht berücksichtigen, dass Kriminelle oder Witzbolde unsere Systeme ausnutzen und Informationen kombinieren, die wir kostenlos zusammen mit anderen Daten herausgeben, die von anderen Unternehmen kostenlos herausgegeben werden, etwa die privatisierten Versorgungsbetriebe, bei denen Sie Kunde sind. Sie stimmen zu, dass Sie lernen müssen, wie ein Hacker zu denken, wenn Sie die Kontrolle über Ihre Konten haben wollen. *[Der Reporter Mat Honan vom Magazin* Wired *wurde gehackt, weil die Hacker Informationen von verschiede-*

nen Sirenenservern nutzten und so genügend Daten sammeln konnten, um seine Identität zu stehlen. Aber natürlich konnte man einem einzelnen Server nicht die Schuld daran geben.]
9. Für eine zusätzliche Gebühr können Sie die »Premium-Adress-Dienste« von StreetBook in Anspruch nehmen. Die Dienste ermöglichen es Ihnen, für Hausierer weniger sichtbar zu sein oder für Lieferdienste von Lebensmitteln und für Handwerker, die Sie beauftragt haben, deutlicher in Erscheinung zu treten. Mit der Zustimmung zu dieser Vereinbarung erklären Sie sich einverstanden, telefonisch oder über andere Wege über unsere Premiumdienste informiert zu werden. *[Diese Klausel orientiert sich an den Praktiken bestimmter sozialer Netzwerke und Online-Bewertungsdienste.]*
10. Teile Ihrer kommunalen, bundesstaatlichen und Bundessteuern werden für die staatlichen Rettungsmaßnahmen von StreetBook genutzt, da es als Unternehmen natürlich »systemrelevant« ist. Sie haben dabei kein Mitspracherecht, diese Klausel dient nur dazu, Ihnen das noch einmal unter die Nase zu reiben. *[Zu dieser Klausel inspirierte mich der Erfolg der Hightech-Finanzbranche.]*

Bitte klicken Sie »weiter«, um Seite 2 von insgesamt noch 37 weiteren Seiten mit Bestimmungen zu lesen.

Klicken Sie <u>hier</u> für Ihre Zustimmung.

StreetBook ist stolz, eine neue Generation von Unternehmern zu unterstützen.

STREETBOOK KANN SÄMTLICHE KLAUSELN DIESER VEREINBARUNG JEDERZEIT ERGÄNZEN ODER ÄNDERN. STREETBOOK ÜBERNIMMT KEINERLEI HAFTUNG.

Zwei Perspektiven, wie sich dieses Jahrhundert entwickeln könnte

Teil 3

KAPITEL 8

Von unten – Massenarbeitslosigkeit

Wird es in der Produktion noch Arbeitsplätze geben?

Die ausschlaggebende Frage lautet nicht: »Wie viel wird automatisiert?« Sondern es geht darum, wie wir das wahrnehmen, was wir in einem bestimmten Zeitraum *nicht* automatisieren können. Selbst wenn es eine Nachfrage nach Arbeitskräften geben sollte, die neue Aufgaben zur Unterstützung von Prozessen erfüllen, die wir als automatisiert betrachten – je nachdem, welche Maßstäbe wir ansetzen, werden wir diese neuen Aufgaben vielleicht nicht als »richtige Arbeit« betrachten. Vielleicht wird man stattdessen von vielen Leuten erwarten, dass sie »teilen« sollen. Die richtige Frage lautet daher: »Wie viele Arbeitsplätze könnten durch die Automatisierung verlorengehen, wenn wir eine falsche Vorstellung von der Automatisierung haben?«

Einer der seltsamen, tragischen Aspekte unserer derzeitigen technologischen Entwicklung besteht darin, dass die beliebtesten Informationsgeräte, unsere Smartphones und Tablet-Computer, von Hand in gigantischen Fabriken in Südchina gefertigt werden, und das von Menschen, die unglaublich hart und unter gesundheitsschädlichen Bedingungen arbeiten. Angesichts der jüngsten Fortschritte in der Robotertechnik und der automatisierten Herstellung stellt sich die Frage, wann die Arbeit dieser neuen potenziellen Maschinenstürmer mit einem Mal überflüssig sein wird.

Ich vermute, dass die Politik, wenn die Technologie irgendwann so weit sein sollte, den Prozess hinauszögern wird. Man kann sich nur schwer vorstellen, dass China tatenlos zusieht, wie der Großteil der eigenen Bevölkerung in die Arbeitslosigkeit gestürzt wird. China ist in weiten Teilen immer noch eine planwirtschaftlich gelenkte Gesellschaft. Auch bei anderen asiatischen Staaten kann man sich das nur schwer ausmalen. Wird Japan mit seiner überalterten Gesellschaft seine Fabriken automatisieren, um China preislich zu unterbieten? Das wäre doch ziemlich riskant.

Aber irgendwo wird es schon jemand wagen. Vielleicht macht man sich in einem Staat am Persischen Golf, wo die Einwohnerzahl niedrig ist, es jedoch reichlich Kapital gibt, Gedanken über die Zukunft nach dem Öl und finanziert gigantische automatisierte Fabriken, die China bei der Produktion von Unterhaltungselektronik Konkurrenz machen. Das könnte sogar in den USA passieren, wo die Zahl der Arbeitsplätze in der Produktion ohnehin stetig schrumpft.

Wie sähe diese Automatisierung der Produktion aus? Tja, mir fällt dazu als Erstes das Wort *vorübergehend* ein. Der Grund ist der, dass eine stärker automatisierte Produktion einen Schritt in Richtung einer »softwarevermittelten« Technologie bedeutet. Wenn eine Technologie softwarevermittelt wird, ist die Struktur der Software wichtiger als alle anderen Eigenschaften der Technologie, denn sie bestimmt, wer vom Einsatz der Technologie profitiert. Wenn man die Produktion softwarevermittelt gestaltet, leitet man eine Entwicklung ein, die Fabriken im klassischen Sinn überflüssig macht.

Um das zu verstehen, überlegen wir einmal, wie sich die automatisierte Fertigung weiterentwickeln könnte. Automatisierte Fräsmaschinen und ähnliche Geräte sind zur Formung von Werkstücken bereits überall im Einsatz. Roboterarme bei der Montage sind noch nicht ganz so weit verbreitet, aber in bestimmten Bereichen durchaus üblich, etwa bei der Montage von Autos oder großer Fernseher. Die Detailarbeit (etwa Touchscreens in den Rahmen eines Tablet-Computers einzusetzen) erfolgt immer noch überwiegend von Hand, aber das könnte sich bald ändern. Zunächst werden Fertigungsroboter noch teuer sein, und es wird viele gutbezahlte Arbeitsplätze für die Fachkräfte geben, die sie betreiben, aber mit der Zeit werden die Roboter immer günstiger, und die Daten, die man für ihren Betrieb benötigt, werden per Crowdsourcing ermittelt, wodurch die Produktion dieselbe Entwicklung nehmen wird wie die Musikindustrie.

Ein derzeitiger Trend bei Akademikern und Bastlern sind die »3D-Drucker«. Ein 3D-Drucker sieht ein bisschen aus wie eine Mikrowelle. Durch die Glastür kann man zusehen, wie computergesteuerte Düsen geschäftig verschiedene Materialien zu einem dreidimensionalen Werkstück aufbauen. Man lädt sich ein Design wie eine Filmdatei aus dem Netz herunter, schickt es an den 3D-Drucker und lässt ihn machen. Wenn man nach einer Weile nachsieht, ist wie von Zauberhand ein physikalisches Objekt entstanden, das man aus der Ferne »heruntergeladen« hat. Noch stecken die Versuche, mit den 3D-Druckern beispielsweise funktionierende elektronische Teile zu gießen, in den Anfängen. Ein Chip ist ja im Grunde nur ein Muster, das von einer Art Druckvorgang festgelegt wird. Er ist also flach – wie ein flaches Display. Theoretisch sollte es daher in nicht allzu ferner Zukunft möglich sein, ein funktionierendes Smartphone oder einen Tablet-Computer »auszudrucken«.

Aber noch wissen wir nicht, *wie* gut das 3D-Drucken einmal funktionieren wird oder wie schnell die Entwicklung ablaufen wird. Fehlentwicklungen und Ärgernisse aller Art, die bei jeder technologischen Erneuerung auftreten, lassen sich nicht vorhersehen und können den Zeitpunkt eines technologischen Wandels um Jahrzehnte hinauszögern. Aber es ist durchaus wahrscheinlich, dass die 3D-Drucker die verschiedenen Probleme überwinden und sich noch in diesem Jahrhundert zu einer ziemlich ausgereiften Technologie entwickeln werden.

Man sollte jedoch bedenken, dass ein 3D-Drucker, wenn er erst einmal so weit ist, dass er in einer Fabrik eingesetzt wird, auch direkt dort platziert werden kann, wo das Produkt gebraucht wird.

Etwas direkt vor Ort herzustellen könnte unsere CO_2-Bilanz deutlich verbessern, weil wir dann viel weniger Waren und Güter transportieren müssten. Während derzeit noch ganze Containerschiffflotten jede Menge Schnickschnack aus China in unseren Hafenstädten anlanden, könnten wir in Zukunft alles, was wir wollen, bei uns zu Hause ausdrucken oder vielleicht im Copyshop an der Ecke.

Anstelle der Endprodukte muss aber die Ausgangsmasse für die Drucker transportiert werden, die aus den Düsen quillt. Derzeit arbeiten die 3D-Drucker mit etwa hundert Werkstoffen. So gibt es beispielsweise einen Kunststoff als Ausgangsmasse, der zu widerstandsfähigem Plastik aushärtet und dann für die Innenausstattung von Autos verwendet werden kann.

Noch ist es zu früh, um sagen zu können, welche Werkstoffe in Zukunft zum Einsatz kommen. Wir wissen auch nicht, wie viele verschiedene Werkstoffe benötigt werden. Vielleicht gibt es eines Tages eine einzige »Supermasse«, aber das wird sicher noch dauern. Vielleicht lässt sich ein graphénhaltiges Stoffgemisch zu verschiedenen Komponenten konfigurieren, etwa digitalen Schaltkreisen aus Nanoröhren, Batterieschichten und Außenhüllen aus strapazierfähigen Karbonfasern.

Wird die Ausgangsmasse für die 3D-Drucker irgendwann per Rohrleitung in sämtliche Häuser geliefert? Oder bringen Lastwagen einmal die Woche Nachschub für die Drucker ins Haus? Werden Nachfüllpackungen bei Amazon verkauft und dann per Paket verschickt? Werden kleine Luftschiffe auf unseren Dächern landen und den Drucker befüllen? Wir wissen es nicht. Auf jeden Fall wird eine neue Infrastruktur erforderlich sein, um die Ausgangsmasse zu den Druckern zu bringen. Sie können schon einmal damit rechnen, dass die Ausgangsmasse so überteuert sein wird wie die Tinte für unsere Fotodrucker heute.[*]

Die eigentliche Magie der 3D-Drucker könnte beim Recycling zum Tragen kommen. Wenn wir derzeit etwas wegwerfen, ist keine Information enthalten, wie der betreffende Gegenstand am besten in seine Einzelteile zerlegt werden könnte, um diese wiederzuverwenden. Das ist ein deutlicher Schwachpunkt.

---

[*] Falls sich herausstellen sollte, dass sich die Ausgangsmasse günstig zu Hause (oder wo immer sie gebraucht wird) herstellen lässt, wird sich eine andere Unzulänglichkeit oder Unvollkommenheit finden, die einen Vorwand für eine Kartellbildung und künstlich erhöhte Kosten liefert.

Wir vertrauen auf menschliche Arbeitskraft, um abzuschätzen, was wir wegwerfen und was wir recyceln. Das ist beispielsweise der Fall, wenn wir zu Hause Müll trennen oder wenn arme Leute in Abfalleimern nach Verwertbarem suchen.

Wenn es üblich wird, dass 3D-Drucker Dinge herstellen, wird sich die Art des Recyclings komplett verändern. Jedes ausgedruckte Objekt ist in der Cloud gespeichert. Es wird Negativ-Drucker, »Deprinter«, geben, die Objekte entgegennehmen, wenn sie nicht mehr benötigt werden, etwa den Tablet-Computer vom letzten Jahr. Unter Bezug auf die ursprüngliche Druckanleitung, die stets über das Netz verfügbar ist, wird es möglich sein, den Werkstoff, aus dem das Objekt gedruckt wurde, genau aufzuschlüsseln. Anstatt alles einzuschmelzen, wird jede Schicht, die aus einer anderen Ausgangsmasse besteht, mit speziellen Lösungsmitteln und Schneidewerkzeugen abgetragen. Der Vorgang wird zwar nicht ganz perfekt sein, weil man die Gesetze der Thermodynamik nicht umkehren kann, aber *deutlich* effizienter als das, was wir bisher machen.

Doch 3D-Drucker würden nicht nur Lieferungen überflüssig machen und die Genauigkeit beim Recycling erheblich verbessern, sondern könnten das Leben auch deutlich angenehmer und unterhaltsamer gestalten, während sie gleichzeitig unsere CO_2-Bilanz verbessern und den Abbau nicht-erneuerbarer Ressourcen verringern würden. Das alles natürlich unter Vorbehalt, weil wir die mit jeder neuen Technik verbundenen Tücken noch nicht kennen.

Aber angenommen, es kommt dazu – in dieser oder ähnlicher Form –: Dann wäre es doch dumm, sich diesem Fortschritt in den Weg zu stellen! Was könnte ein umweltbewusster Mensch gegen eine reduzierte CO_2-Bilanz haben? Wie könnte ein Konservativer Effizienz ablehnen? Und die Technikfans wären ohnehin begeistert.

Allerdings wird der technologische Wandel eine massive Welle der Arbeitslosigkeit nach sich ziehen. Wird China dadurch destabilisiert? Und wie die Raubkopien in der Musik- und Unterhaltungsindustrie gezeigt haben, kann es ganz schnell dazu kommen, dass plötzlich keine CDs und DVDs mehr verkauft, sondern nur noch Dateien getauscht werden und die Produktion einbricht.

Wenn ich Leuten dieses Szenario vorstelle, sagt man mir oft: »Aber jemand muss ja noch die Drucker herstellen.« Wir können uns nur schwer eine Welt vorstellen, in der sich die Drucker selbst produzieren. Doch Sie werden in Zukunft Ihren 3D-Drucker nicht bei Wal-Mart kaufen. Ihr Nachbar wird Ihnen Ihren ersten Drucker ausdrucken. Die Drucker werden sich »viral« verbreiten, wie man so schön sagt. Wal-Mart wird wahrscheinlich ziemlich schnell Konkurs anmelden.

Sowohl für den Einzelnen wie auch für die ganze Welt wird diese Entwicklung enorme Vorteile bringen, doch gleichzeitig wird der Mensch in diesem Produktionsprozess immer weniger gebraucht. Das heißt: scheinbar – denn natürlich werden all die Dateien mit den Anleitungen für den Ausdruck der gewünschten Objekte ja irgendwo herkommen müssen.

In einer Welt der effizienten 3D-Ausdrucke wird es wahrscheinlich einen viel schnelleren Warenumschlag geben, als wir es uns heute vorstellen können. Vielleicht druckt sich ein Gitarrist vor jedem Auftritt eine neue Gitarre aus. Snobs werden vielleicht kritisieren, dass der ständige Designwechsel dumm und sinnlos sei, ähnlich wie Kritiker heute die sozialen Netzwerke verunglimpfen. Aber wenn sich die Leute dafür interessieren, die neueste coole Gitarre zu finden, die man sich an dem Tag ausdrucken kann, dann muss es auch einen Designer geben, der diese coole Gitarre gestaltet und dafür bezahlt wird.

Die radikalste Veränderung im Alltag könnte mit Kleidung und Mode zu tun haben. Ein 3D-Drucker für zu Hause wird maßgeschneiderte Kleidung ausdrucken, die auf Entwürfen aus dem Internet basiert. Das Gerät scannt den Körper dreidimensional ein, ähnlich wie es heute bereits Kinect von Microsoft macht.* Man kann ein Kleidungsstück am eigenen Körper betrachten, bevor es

---

* Kinect ist eine Kamera, die einen Körper dreidimensional erfasst und diese Daten dazu nutzt, die Körperbewegungen der Personen im Sichtfeld abzuschätzen, wodurch die Software die Personen als Avatare darstellen kann. Kinect war bei seiner Markteinführung das bestverkaufte Produkt der Unterhaltungsindustrie.

überhaupt entsteht. Jeder wird sich ganz individuell kleiden, weil jedes Kleidungsstück maßgeschneidert sein wird.

Wäsche waschen? Völlig unnötig. Am Abend werfen Sie Ihre schmutzige Kleidung in Ihr Recyclinggerät. Ein Kleidungsstück wird nie zweimal getragen. (Allerdings wird es bestimmt einen Gegentrend geben, bei dem Secondhand-Kleidung und Selbstgemachtes im Vordergrund stehen. Das wird wahrscheinlich ähnlich sein wie mit den Vinyl-Schallplatten nach dem Download-Boom in der Musikindustrie.)

Heute halten Trendscouts in verarmten Vierteln unserer Großstädte Ausschau nach den neuesten Modetrends. In Zukunft werden die Jugendlichen in diesen Vierteln als Modetrendsetter Geld verdienen.

Die Entmachtung der Autofahrer

Der Mensch ist von Haus aus ein schlechter Autofahrer. Durch Autounfälle sterben mehr Menschen als durch Kriege oder Terroranschläge. Die Todesrate bei Autounfällen ist eine der höchsten überhaupt und sorgt tagtäglich für großes Leid.

Mitarbeiter von Google und Forscher der Stanford University haben in einem berühmten Experiment gezeigt, dass sich Autos durchaus selbst steuern können. Das Forscherteam steht damit nicht allein – ähnliche Experimente gibt es weltweit. Die Motivation für die Entwicklung autonomer Fahrzeuge ist groß. Bislang ergaben die Experimente, dass Roboter nie so schlecht fahren werden wie Menschen. Was könnte überzeugender sein?

Es gibt noch mehr Argumente. Ampeln wären überflüssig. Die Fahrzeuge würden einfach wissen, ob ein anderes Auto kommt oder ob ein Fußgänger die Straße überqueren will, und könnten ansonsten einfach weiterfahren, ohne grundlos anhalten zu müssen. Das würde einen großen Vorteil hinsichtlich der Energieeffizienz bedeuten, da die Fahrzeuge nicht so oft abbremsen und beschleunigen müssten. Das Autofahren in der Stadt wäre fast so effizient wie auf der Landstraße.

Wenn sich Autos untereinander abstimmen könnten, gäbe es womöglich keine Staus mehr. Anstatt dass sich die Fahrer Kleinkriege beim Spurwechsel liefern, wodurch nur noch größere Verkehrsbehinderungen entstehen, würden die autonomen Fahrzeuge den Spurwechsel vorhersehen, sich sauber einfädeln und alle Fahrspuren optimal nutzen.

Auch hier wird es wie bei den 3D-Druckern technische Probleme geben, die man lösen muss. Noch können wir nicht wissen, wie diese Probleme aussehen werden. Gut möglich, dass die Sache in einer Frühphase immer wieder mal *richtig* schiefläuft. Wenn aufgrund eines unerwarteten Problems mehrere hundert Autos auf der Autobahn ineinanderrasen, dann wäre das kein Verkehrsunfall, an dem nur ein paar wenige Menschen beteiligt sind, sondern eine Katastrophe in der Größenordnung eines Flugzeugabsturzes. Das wäre vorstellbar, wenn viele Autos virtuell miteinander verbunden wären und sich schnell innerhalb eines vernetzten Softwaresystems fortbewegen würden. Wenn die Zahl der Verkehrstoten insgesamt deutlich zurückgehen würde, es aber zu so furchtbaren Unfällen kommt, wie würden wir darauf reagieren?

Das bringt uns zu der existenziellen/emotionalen Frage, wie wir damit umgehen würden, die Freiheit zu verlieren, die man mit dem Autofahren in Verbindung bringt.

Vielleicht werden wir vollautomatisierte Fahrzeuge nicht akzeptieren, selbst wenn die Sicherheitsstatistik dafürspricht. Ein Szenario könnte so aussehen, dass der Fahrer das Auto nach wie vor steuert, aber in untergeordneter Position. Man könnte sein Auto noch selbst fahren, wenn niemand sonst auf der Straße ist und man keinen Unfall verursachen kann. An einer Kreuzung, an der sich andere Fahrzeuge nähern, in einem Stau oder bei einer unmittelbar drohenden Kollision wäre der Autopilot zur Stelle und würde übernehmen.

Wie werden sich autonome Fahrzeuge auf die Wirtschaft auswirken? Die Folgen könnten katastrophal sein.

Ein großer Teil der Mittelschicht weltweit verdient sein Geld am Steuer eines Fahrzeugs. Viele haben als Taxifahrer oder Fernfahrer den Aufstieg in die Mittelschicht geschafft. Man kann sich eine Welt ohne Berufskraftfahrer nur schwer vorstellen. In großen Städten wie New York ginge damit für viele Einwanderer ein traditionelles Sprungbrett in die wirtschaftliche Eigenständigkeit verloren. In New York haben sich Einwanderer schon immer als Taxifahrer betätigt. Und ich stelle mir gerade vor, wie man den Mitgliedern der Transportarbeitergewerkschaft klarmachen will, dass ihre Dienste in Zukunft nicht mehr benötigt werden.

Taxifahrer und Fernfahrer haben sich im Lauf der Zeit Absicherungen erkämpft, die rechtlich durchaus Gewicht haben. Sie können den Wandel hinauszögern, aber nicht lange. Sobald ein Unbeteiligter bei einem Verkehrsunfall mit einem Taxi oder Lastwagen ums Leben käme, wäre die öffentliche Empörung darüber groß, dass durch menschliches Versagen immer noch Menschen sterben müssen, obwohl es doch mittlerweile längst autonome Fahrzeuge gäbe. Vielleicht einigt man sich zunächst auf einen Kompromiss, bei dem ein Lkw-Fahrer oder Taxifahrer passiv mitfährt, um eventuell einen Notschalter bedienen zu können, falls das System versagt. Aber die jungen Leute werden sich nicht darauf verlassen, dass es dabei bleibt, und sich für andere Berufe entscheiden. Innerhalb einer Generation würde es keine Berufskraftfahrer mehr geben.

Man kann Autos nicht zu hundert Prozent autonom machen. Wenn die Menschen weiter Menschen bleiben, muss jemand dem Auto mitteilen, wo es hinfahren soll, und auch in gewisser Weise, wie, außerdem muss es die bereits erwähnte Notfallsicherung geben. Der Mensch muss weiter verantwortlich bleiben – wennschon nicht die Person im Fahrzeug, dann zumindest jemand über das Netzwerk.

Ist diese verbleibende Aufgabe zum Vorteil der Mittelschicht oder nur zum Vorteil der Sirenenserver? Wenn nur der Sirenenserver profitiert, können Sie sich vorstellen, dass Sie, wenn Sie in zehn Jahren zum Flughafen wollen, von einem Robotertaxi abgeholt werden. Allerdings ist die gewählte Route dann vielleicht etwas sonderbar. Womöglich fährt das Taxi an den Reklametafeln besonders langsam vorbei oder hält nur vor einem ganz bestimmten Laden, wenn Sie noch etwas brauchen, oder was für eine Masche auch immer angewandt wird, wenn das Auto von einem Sirenenserver gesteuert wird.

Eines können wir auch schon zu diesem frühen Zeitpunkt mit Sicherheit sagen: Die autonomen Fahrzeuge sind auf Cloud-Daten über Straßen, Fußgänger und alles andere angewiesen, was sich auf die Route auswirken könnte. Diese Informationen werden ständig aktualisiert, bei jeder Fahrt. Erhält der Passagier etwas dafür, dass er hilft, diese Informationen zu beschaffen – und zwar mehr als eine kostenlose Fahrt? Wenn nicht, käme das in einer humanen Informationsökonomie einem Betrug gleich.

Leuchttürme ohne Licht

Die Gruppen der Mittelschicht, die bereits ihre Absicherung verloren und ihre wirtschaftliche Würde an die Sirenenserver abgegeben haben, werden manchmal auch »Kreative« genannt. Zu ihnen gehören Musiker, Journalisten und Fotografen. Es gab noch eine größere Gruppe, die das Umfeld der Kreativen bildete, etwa Studiomusiker und Redakteure, die »gute Jobs« (sichere Arbeitsplätze mit Zusatzleistungen) hatten. Wer im Netzwerkzeitalter groß geworden ist, versteht vielleicht gar nicht mehr, welche Chancen damit verlorengingen.

Die Gründe derer, die uns weismachen wollen, dass wir das Schicksal der Kreativen gefälligst zu akzeptieren haben, sind sattsam bekannt. Ich habe darüber in meinem vorangegangenen Buch geschrieben. Das ist zwar eine wichtige Debatte, doch noch dringender müssen wir uns mit der Frage beschäftigen, ob der Kahlschlag bei den kreativen Berufen eine Ausnahme oder eine frühe Warnung war, weil in einigen Jahrzehnten noch viele weitere Berufe der Mittelschicht dasselbe Schicksal erleiden werden.

Man kann hier ein bestimmtes Muster beobachten, bei dem gerade Akademiker den Niedergang der Kreativen und die Zerstörung ihrer Absicherungen akzeptieren oder sogar bejubeln. Das empfinde ich als ironischen Witz oder als Ausdruck ängstlichen Verleugnens.

Höhere Bildung könnte innerhalb weniger Jahre »napsterisiert« werden und sich in Luft auflösen. In der Welt des neuen Netzwerkvermögens sind Altschulden aus Studienzeiten eine weitere Bedrohung für die Mittelschicht.

Warum bemühen wir uns im Netzwerkzeitalter überhaupt noch um höhere Bildung? Wir haben doch Wikipedia und zahlreiche andere Hilfsmittel. Man kann sich selbst weiterbilden, ohne für ein Studium zu bezahlen. Man braucht nur Selbstdisziplin. Durch die Studiengebühren ist man ein bisschen strukturierter, genießt ein paar zusätzliche Jahre die Unterstützung der Eltern, lebt bequem von Pizza und Bier und hat am Schluss ein Diplom. Außerdem lernt man einflussreiche Leute kennen. Wer an einer renommierten Uni aufgenommen wird, genießt ein gewisses Ansehen, ob er sein Examen macht oder nicht.

All diese Vorzüge könnte man auch günstiger bekommen, so die Erkenntnis, die mit jedem Tag mehr zutrifft. Wissenserwerb ist schon längst nicht mehr auf die Universitäten beschränkt. Man braucht nur einen Internetzugang, dann bekommt man so ziemlich alle Informationen, die an einer Universität präsentiert werden. Zweifellos wird es irgendwann eine Art pädagogischen Webdienst oder ein Fantasyspiel geben, das zu mehr Selbstdisziplin bei der eigenen Weiterbildung verhilft. Und was das Diplom angeht, das ja nur ein Stück Papier ist, werden die Internetstatistiken den altmodischen Erwerb von Diplomen ohnehin bald überflüssig machen. Warum sollte man sich mit Noten zufriedengeben, wenn man ein detailliertes Dossier über jeden potenziellen Bewerber bekommen kann?

Und in Bezug auf die finanzielle Unterstützung durch die Eltern wird sich herausstellen, dass in unserer schönen neuen Wirtschaftswelt immer mehr Kinder auch nach ihrem Universitätsabschluss weiter daheim wohnen müssen. Warum also Unsummen Geld ausgeben, um den Kindern vier Jahre lang das College zu finanzieren, wenn man sie für den gleichen Betrag irgendwo anders billiger und länger unterbringen kann?

Und das Bier? Leider ist ein Alkoholrausch auch durch das Internet nicht kostenlos geworden, aber das kann ja noch kommen.

Wäre es also nicht effizienter, wenn wir die höhere Bildung abschaffen würden?

Im Silicon Valley pflegt man eine Art Hassliebe zu den Universitäten. Es bedeutet schon etwas, wenn man einen Doktor an einem Institut wie dem Massachusetts Institute of Technology (MIT) gemacht hat. Wir Technologen lieben diese Institute! Dort gibt es legendäre Professoren, und wir bemühen uns, ihre Studenten gleich nach dem Abschluss zu rekrutieren.

Aber es gilt auch als besonders hip, wenn man auf ein traditionelles Diplom verzichtet und sich auf andere Art beweist. Die Liste der Studienabbrecher unter den Unternehmenschefs spricht für sich: Bill Gates, Steve Jobs, Steve Wozniak und Mark Zuckerberg, um nur einige zu nennen. Peter Thiel, berühmt durch Facebook und PayPal, hat einen Fonds ins Leben gerufen, der Spitzenleute dafür bezahlt, ihr Studium abzubrechen, da der Aufbau von Startup-Unternehmen im Hightech-Bereich auf keinen Fall hinausgeschoben werden sollte.

Mea culpa. Ich habe nie einen richtigen Abschluss gemacht (allerdings habe ich ein paar Titel ehrenhalber erhalten). In meinem Fall spielte wie bei so vielen anderen das fehlende Geld eine Rolle. Doch auch die Vorstellung, der Arbeitsweise von jemand anderem folgen zu müssen, um eine abstrakte Auszeichnung zu erhalten, erschien mir inakzeptabel, rückwärtsgerichtet und überflüssig.

Ich muss zugeben, dass ich ausgerechnet von den Institutionen, die ich ablehnte, unterstützt wurde, denn obwohl ich nicht studierte, lernte ich dort inspirierende Menschen und Mentoren kennen. Ohne das MIT oder das Caltech (das California Institute of Technology) wären Größen wie Marvin Minsky oder Richard Feynman wahrscheinlich irgendwo in den Bunkern von Los Alamos verschwunden oder hätten für Bell Labs gearbeitet – Orte also, wo man sicher nicht so großzügig gewesen wären, einen etwas schrägen Jugendlichen, der ohne offizielle Zulassung auf den Gängen herumschlich, bei sich zu dulden.

In der Hightech-Welt werden Universitäten sehr geschätzt. Dennoch machen wir uns freudig daran, die Deiche einzureißen, die sie schützen, genauso wie wir mit der Musikindustrie, dem Journalismus und der Fotografie verfahren sind. Wird das Ergebnis dieses Mal anders ausfallen?

Viele vernetzte Leuchtfeuer

Die Khan Academy ist derzeit vermutlich die renommierteste Einrichtung, die kostenlose Bildung für jeden im Internet ermöglichen will. Es gibt dort Lehrvideos zu jedem gängigen Thema, und die Lektionen wurden schon Hunderte Millionen Mal abgefragt.

Sebastian Thrun, ein Stanford-Professor und Google-Forscher, wurde von der Khan Academy dazu inspiriert, online ein Graduiertenkolleg zum Thema Künstliche Intelligenz (KI) anzubieten, das bereits Zehntausende absolviert haben. Solche Angebote werden allgemein als neuer Weg gefeiert, mit Hilfe des Internets überall den Bildungsstand zu verbessern.

Das könnte viel Gutes bewirken. Ich habe jedoch Bedenken hinsichtlich der Art und Weise, wie sich diese Bemühungen entwickeln. Nicht nur, weil es wieder (wie im Fall Wikipedia) auf eine Monokultur hinauszulaufen scheint und weil es nie gut ist, wenn alle Aspekte einer Neuerung ausschließlich als *technische* Aspekte behandelt werden. Nein, die eigentliche Frage, die sich mir stellt, ist, ob durch derartige Online-Unternehmen, selbst wenn diese gemeinnützig sind, Sirenenserver entstehen könnten, die am Ende die finanzielle Situation und die Absicherung von Akademikern gefährden.

Das ist ein unbequemes Thema. *Selbstverständlich* weiß ich es zu schätzen, dass man Lernwilligen, die vorher vielleicht keinen Zugang zu Bildung hatten, erstklassige Lehrmaterialien zur Verfügung stellt. Ich war selbst für solche Unternehmen tätig. Aber das beseitigt noch nicht das systemische Problem, das, wie ich befürchte, durch diese Bemühungen noch verstärkt wird. Ich sage nicht, dass es falsch ist, Bildungsangebote ins Netz zu stellen, ich sage nur, dass das System nicht nachhaltig ist. Oder, um es konstruktiver zu formulieren: Was wir bislang gemacht haben, genügt nicht.

Hier kommt mein Verbesserungsvorschlag: Studenten an Colleges, die weniger Ansehen genießen als Stanford, könnten sich in die Seminare in Stanford einklinken. Mit der Zeit würden sie sich wahrscheinlich fragen, warum sie überhaupt für ihre lokalen, schlechter bewerteten Universitäten bezahlen. Wenn die lokalen Bildungseinrichtungen ihren Wert auch dann bewahren wollen, wenn über das Internet ein globalisiertes Starsystem entstanden ist, können sie das nur, indem sie Präsenz zeigen und interaktiv sind.

Aber auch Online-Experten können virtuell präsent und interaktiv sein. Vielleicht werden Tutoren per Skype mit ihren Studenten an den günstigsten Orten in Verbindung treten. Wozu brauchen wir überhaupt noch Menschen? Mit künstlicher Intelligenz kann man einen Tutor simulieren. Denken Sie an Siri, aber in Form eines digitalen sprechenden Kopfes mit dem in sich gekehrten Blick und dem korrekt unmodischen Äußeren einer wissenschaftlichen Hilfskraft im Mathematikkurs.

Warum sollten wir weiter Colleges finanzieren? Warum für all die Absicherungen bezahlen, die einer privilegierten Klasse der Mittelschicht zugutekommen? All die Pensionen, Kranken- und Zusatzversicherungen, die steigenden Ausgaben, die einem Land zu schaffen machen, das unter der Last seiner Studentenverschuldung ächzt?

Abstrakte Bildung genügt nicht

Ich erinnere mich, wie ich die Bilder von all den fröhlichen jungen Menschen auf dem Tahrir-Platz in Kairo sah, nachdem sie gerade einen Diktator gestürzt hatten. Eine nach vorn blickende, junge, kluge neue Hightech-Generation. Wie werden diese jungen Leute Arbeit finden? Sicher werden einige von Ihnen in zehn Jahren an ägyptischen Universitäten unterrichten. Wird das Internet es einfacher oder schwieriger machen, solche Arbeitsplätze zu bekommen?

Dieses Muster wird sich kontinuierlich wiederholen, wenn Menschen mit Netzwerkservern interagieren. Zunächst erhält man supergünstige Angebote, etwa einen hohen Kredit ohne Eigen-kapitalanteil, unglaublich billige Waren oder kostenlose Online-Tools oder Musikdateien, aber langfristig droht ein vermindertes Arbeitsplatzangebot. In unserem Fall heißt das, man bekommt ein kostenloses Online-Studium, aber langfristig verlieren immer mehr Akademiker ihren Arbeitsplatz.

Wir müssen einen Weg finden, Bildung leichter verfügbar zu machen *und* die Berufsaussichten für Akademiker zu erhalten.

Heute, da die Absicherungen schwinden und strenge Sparmaß-nahmen greifen, sind geltende Verträge und Abkommen nicht mehr unantastbar. Gewerkschaftsmitglieder und die Inhaber von Urheberrechten haben bereits diese Erfahrung gemacht. Wie wird es den Akademikern im weiteren Verlauf unseres Jahrhunderts der digitalen Vernetzung ergehen? Sie werden wie so viele andere zu-vor in der Falle sitzen, sich an ihren altmodischen Absicherungen festklammern, die seit Jahrhunderten bestehen, an dem Brimbo-rium der Abschlussfeiern, an ihren Beschäftigungsverträgen und der geregelten akademischen Laufbahn. Aber all das ist bedroht.

Das Problem liegt nicht bei den Immobilien- oder Grund-stückspreisen für Universitätsgebäude und den Campus. Es ist im-mer möglich, Millionen Dollar für ein neues Gebäude aufzutrei-ben, selbst in Zeiten, in denen Doktoranden so wenig verdienen, dass sie sich ein Leben lang verschulden, nur um über die Runden zu kommen. Gebäude sind Vermögen, und Vermögen zeugt weite-res Vermögen. Doktoranden nicht.

Wie konnte man sich Bildung je leisten? Die Gesellschaft kann nicht für das Risiko der hohen Schuldenlast aufkommen, die Stu-denten auf sich nehmen. Die Sparpolitik erzwingt Kürzungen bei der staatlichen Unterstützung für den Bildungsbereich, und zwar überall auf der Welt.

Ist es ein Zufall, dass die bisherige Bildung mit einem Mal un-möglich und astronomisch teuer wird, und zwar genau jetzt, da die informelle Bildung kostenlos wird? Nein, sicher nicht. Es ist ein weiteres Symptom dafür, dass wir unsere Netzwerkinformations-systeme falsch gestaltet haben. Die beiden Trends sind *ein einziger* Trend.

Wenn wir doch nur kostenlos leben könnten! Wenn wir alles bekommen könnten, was wir uns wünschen, ohne uns Sorgen um die Politik machen zu müssen, ohne zu befürchten, dass sich Kartelle bilden in Bereichen, die nicht vollkommen frei oder automatisiert sind … Wenn wir doch nur sorglos zusehen könnten, wie unsere Deiche abgebaut werden! Wenn wir uns doch nur sorglos in die Arme von Utopia werfen könnten!

Ich denke mir, dass sich die Akademiker an den renommierten technischen Universitäten keine Sorgen machen müssen. Ehrlich, Silicon Valley würde nie zulassen, dass das MIT untergeht. Das MIT wäre auch gar nicht in Gefahr, weil die besten technischen Institute mit Technologie Geld verdienen. Manchmal wirkt Stanford schon wie eine Firma aus dem Silicon Valley.

Aber was ist mit den liberalen Kunstprofessoren an staatlichen Colleges? Manche Akademiker werden durchhalten, aber die Aussichten sind schlecht, wenn die Bildung vom Gesang der Sirenen verführt wird. Wenn sich nichts ändert, wird sich der Bildungssektor in ein oder zwei Jahrzehnten in einem ähnlichen Zustand befinden wie die Musikindustrie heute. Die Musikindustrie schrumpfte auf ein Viertel ihrer einstigen Wirtschaftskraft, weil ein prädigitales System durch den Einsatz eines digitalen Netzwerks effizient gemacht wurde. Die Branche wird weiter schrumpfen, vielleicht auf ein Zehntel ihrer einstigen Größe, wenn die älteren Generationen, die an ihren alten Gewohnheiten festhalten, nach und nach wegsterben. Das ist keine Frage der »Obsoleszenz«. Musik verschwindet nicht irgendwann wie beispielsweise Kutscherpeitschen, und ebenso wenig wird das Bedürfnis nach Bildung schwinden. Doch das Vermögen wird sich im Umfeld der Sirenenserver konzentrieren, da ein Großteil der realen Werte, die in der realen Welt immer noch vorkommen, konkret vor Ort, neu bewertet wird und nicht mehr in den offiziellen Bilanzen erscheint.

Der Lockruf des »Kostenlosen« wird anhalten. Ein kostenloses Studium! Doch wer es absolviert, sollte nicht damit rechnen, später eine Stelle als Lehrkraft zu finden.

Bettpfannenroboter

Wenn es um die zukünftigen Aussichten auf dem Arbeitsmarkt geht, werden die Pflegeberufe gern als Lichtblick für die Mittelschicht dargestellt. Gewiss werden wir Millionen zusätzliche Pflegekräfte für die Versorgung der alternden Baby-Boomer-Generation benötigen. Pflegekräfte werden eine große neue Gruppe der Mittelschicht stellen. In Bezug auf die soziale Mobilität bedeutet das auch einen großen Vermögenstransfer von einer Generation auf die nachfolgende, der sich nicht zwangsläufig innerhalb der Familien vollzieht. Die Altenpflege gilt für viele als ein Beispiel für neue Aufstiegschancen der Mittelschicht in den USA.

Dass sich diese Hoffnung als trügerisch erweisen könnte, legt das Beispiel Japan nahe. Das Land steht vor einem der massivsten Bevölkerungsrückgänge weltweit. Zwischen 2025 und 2030 muss Japan mit einem erheblichen Absinken der arbeitsfähigen Bevölkerung und einem gigantisch wachsenden Anteil älterer Menschen rechnen. In Japan gibt es keine Tradition der Einwanderung, Nicht-Japaner sind nicht willkommen. Und das Land ist führend in Sachen Roboterforschung und -entwicklung.

Daher gibt es Überlegungen, eines Tages Roboter mit der Altenpflege zu betrauen. Aus technischer Sicht ist das durchaus plausibel. Roboter können bereits heute diffizile Aufgaben übernehmen, etwa bei chirurgischen Eingriffen, und sind mittlerweile so zuverlässig, dass sie in bestimmten Situationen ein geringeres Risiko darstellen als der Mensch, beispielsweise beim Autofahren.

Wäre ein Roboter als Pflegekraft auch in emotionaler Hinsicht akzeptabel? Die japanische Kultur hat offenbar den anstehenden demographischen Engpass vorhergesehen. Roboter gelten in Japan seit Jahrzehnten als »niedlich«. Vertrauenswürdige fiktive Roboter wie die Transformers oder die Tamagotchis sind der kulturelle Exportschlager Japans. Wie bei jedem technologischen Wandel kann man nur schwer vorhersagen, wann die unvermeidlichen Kinderkrankheiten und Entwicklungsfehler kuriert sind. Doch in diesem Fall ist die Motivation so groß, dass ich schätze, dass bereits im Jahr 2020 Roboter in japanischen Pflegeheimen zum Einsatz kommen.

Ohne Roboter müssten wohl massenhaft Immigranten im kommenden Jahrzehnt amerikanische Pflegeschulen besuchen, um sich auf die zunehmende Pflegebedürftigkeit der Bevölkerung vorzubereiten. Ihre Kinder würden bei Eltern aufwachsen, die einen Beruf haben, und später selbst ins Berufsleben einsteigen. Dadurch würde eine ganz neue Generation zukünftiger Collegestudenten entstehen, und neue Familien würden in die Mittelschicht aufsteigen und so den amerikanischen Traum fortführen.

Doch die importierten Roboter wären natürlich eine große Versuchung. Wenn man etwas Zeit in einer Einrichtung der Altenpflege, etwa in einem Pflegeheim, verbringt, wird einem so einiges klar. Zum einen ist es selbst den professionellsten und aufmerksamsten Mitarbeitern unmöglich, allen Heimbewohnern so schnell und umfassend zu helfen, wie dies wünschenswert wäre. Eine Hilfe, die rund um die Uhr jederzeit zur Verfügung steht, ist einfach nicht denkbar.

Zum anderen ist die Altenpflege, wenn man sich gut um die Betreuten kümmern will, eine sehr harte und aufreibende Arbeit. Selbst die besten Einrichtungen können nicht garantieren, dass jeder Mitarbeiter immer sein Bestmögliches gibt. Alte Menschen sind ähnlich wie kleine Kinder leichte Opfer. Gelegenheitsdiebstähle und Grobheiten sind nicht ungewöhnlich.

Die Ökonomie der Altenpflege spiegelt wie jeder andere Wirtschaftssektor die Zerstörung der sozialen Absicherung der Mittelschicht und den Aufstieg der Sirenenserver wider. Die Motivation, Pflegekräfte ohne Sozialversicherungsleistungen einzustellen, ist enorm, denn für die Krankenversicherung anderer aufzukommen ist eine große finanzielle Belastung, wenn die Versicherung von einem Sirenenserver betrieben wird (worauf ich weiter unten noch genauer eingehen werde).

Außerdem muss man stets fürchten, verklagt zu werden. Im Netzwerkzeitalter lassen sich Prozesse mit Netzwerkeffekten organisieren. Kläger können sich online zu einem Schwarm organisieren. Dass schafft ein ungutes Gefühl von Paranoia. Ich bin oft auf Probleme gestoßen, wenn es darum ging, ein Seniorenheim mit einem Internetzugang auszustatten, weil man befürchtete, dass von einer Webcam ein Verstoß übertragen werden könnte, aus dem sich dann eine aufgeblähte Klage entwickeln könnte. Vielleicht rutscht jemand auf einem nassen Fußboden aus, und dann müssen Hunderttausende Dollar an Anwalts- und Gerichtskosten gezahlt werden.

Wenn man ein einigermaßen anständig geführtes Altenheim besucht, profitiert dort fast jeder Bewohner von irgendeiner Form der Absicherung. So gut wie niemand hat ausreichend Geld für seine Altersvorsorge zurückgelegt. Es gibt fast immer eine Rente oder Pension oder ein staatliches Programm wie Medicaid. Auf jeden Fall wird die Institution, die diese Leistungen gewährt, von den Verpflichtungen schier erdrückt.

Besuchen Sie doch einmal ein Heim, dessen Bewohner nicht von irgendwelchen Absicherungen profitieren. Das ist nicht schön. Die Einrichtungen für diejenigen, die auf der Strecke geblieben sind, wirken armseliger und heruntergekommener, als man in einem reichen Land erwarten würde (und das gilt gewiss nicht nur für die USA).

Dabei ist es nicht so, dass Roboter unbedingt günstiger sind, zumindest nicht in der Anschaffung. Der Werkstoff, aus dem sie in einem 3D-Drucker hergestellt werden würden, falls es dazu kommt, wäre vermutlich sehr teuer, und auch ihre konventionelle Herstellung und Wartung wäre nicht unbedingt billig. Doch die Kosten lassen sich besser berechnen, und das ist der große Unterschied.

Die Beschäftigung einer Pflegekraft aus Fleisch und Blut bedeutet, dass man auch für ihre Krankenversicherung aufkommen muss und für unvorhersehbare finanzielle Verpflichtungen, falls die Pflegekraft einen Fehler macht, etwa, dass sie einen Fußboden nass wischt, und jemand rutscht darauf aus. Beide Posten werden in der Buchhaltung durch Netzwerkeffekte noch vergrößert, das ist ähnlich wie bei den Kreditrisiken.

Versicherungsgesellschaften werden Computer dazu nutzen, sich vor ihren Verpflichtungen zu drücken *und* noch höhere Beiträge zu verlangen. Sämtliche Anwälte der Welt werden im Internet aktiv sein. Die Verpflichtungen, die ein Arbeitgeber gegenüber einem Mitarbeiter hat, werden über ein Netzwerk kopiert und vervielfältigt, wie die Raubkopie eines Songs oder eine verbriefte Hypothek. Irgendwann wird es weniger riskant sein, einen Roboter anzuschaffen. Wenn man tätiges Handeln in eine Software umwandelt, kann niemand für das verantwortlich gemacht werden, was passiert.

Menschen werden immer die Arbeiten übernehmen, die ein Roboter nicht leisten kann. Vielleicht stellt sich heraus, dass Roboter Patienten massieren können, aber versagen, wenn es darum geht, Besucher an der Tür zu empfangen. Vielleicht werden die Roboter gut darin sein, Patienten zu erkennen, die nur so tun, als ob sie ihre Medikamente genommen hätten, es aber nicht schaffen, Patienten zu beruhigen, damit sie ihre Tabletten freiwillig nehmen. Diese Arbeiten sind deshalb nicht weniger wert, weil sie bloß »übrig bleiben« für den Menschen.

Der Hauptgrund dafür, dass man nicht zugibt, dass es echte Qualifikationen erfordert, das zu tun, was ein Roboter nicht leisten kann, ist nicht bei den unmittelbaren Personalkosten zu suchen. Es geht vielmehr darum, sich vor den neuen und wachsenden Verpflichtungen des Netzwerkzeitalters zu drücken. Es wird daher zahlreiche Gelegenheitsjobs ohne Aufstiegschancen und ohne Sicherheit und Sozialversicherung geben.* Und das trotz der Tatsache, dass Menschen in der Pflege absolut notwendig für das Wohlergehen der Patienten sind.

Die Programmierung der Pflegeroboter wird völlig auf die Cloud-Software angewiesen sein, die sich wiederum auf die Beobachtung von Millionen von Situationen und Resultaten stützt. Wenn eine Pflegerin, die besonders gut Bettpfannen wechseln kann, Daten dazu in die Cloud einspeist – etwa in Form eines Videos, das mit einer Verbesserung in Beziehung gesetzt werden kann, selbst wenn die Pflegerin nie von dieser Korrelation erfährt –,

---

* Ich habe diesen Abschnitt vor der Wahl 2012 in den USA geschrieben. Möglicherweise wird sich Obamas Pflegeversicherung durchsetzen, doch unabhängig davon bleibt das hier beschriebene Grundmuster bestehen, es sei denn, man geht es grundlegender an als mit einer Reform zur Finanzierung der Gesundheitsfürsorge und Pflege.

können diese Daten für eine zukünftige Generation von Pflegerobotern verwendet werden, sodass alle Patienten überall davon profitieren. Aber wird die Pflegerin dafür bezahlt werden?

Wenn die derzeitigen Online-Strukturen weiter bestehen, bekommt die Pflegerin nichts, denn man wird von ihr erwarten, dass sie ihr Fachwissen mit anderen »teilt« und auf eine angemessene Bezahlung verzichtet.

Eine Pharmafabel, die sich noch in diesem Jahrhundert abspielen könnte

Die bisher genannten Beispiele bewegen sich im Rahmen der üblichen, im Silicon Valley vorherrschenden Erwartungen. Das Grundmuster lässt sich auf fast jede Branche übertragen, die noch nicht so stark softwarevermittelt ist wie die Tonträgerindustrie. Die folgende Geschichte ist etwas spekulativer angelegt, aber sie zeigt, wie dieses Muster in der Pharmabranche verwirklicht werden könnte. Wir schreiben das Jahr 2025 …

Alles nahm im Zimmer eines Studentenwohnheims der Stanford University seinen Anfang. Bei einer Party warf jemand eine Flasche mit Vitaminen auf den Boden, die sofort zerbrach. »Mann! Meine Vitamine!« Niemand hatte ein Auto, und die nächste Drogerie war meilenweit entfernt.

»Hey, was ist mit diesen Reaktions-Chips, die wir in Chemie verwenden?«

Reaktions-Chips waren winzige Versuchsstationen auf einem Chip. Hauchdünne Schichten formverändernder Oberflächen wurden durch Transistorladungen in der obersten Schicht eines ein Zoll großen Chips gekräuselt und schufen so jede gewünschte Architektur von Kammern. Die Kammern konnten so verändert werden, dass sie kleine Pumpen bildeten, Druckkammern oder sogar winzige Zentrifugen. Der Inhalt einer kurzlebigen Mikrokammer konnte gemischt, erhitzt, abgekühlt oder unter Druck gesetzt werden. Auf der Oberfläche des Chips waren alle möglichen Sensoren verteilt. An jeder Stelle auf dem Chip wurden Temperatur, Farbe, Leitfähigkeit und viele andere Eigenschaften gemessen.

In einer Chip-Füllstation auf dem Schreibtisch wurden Chemikalien in winzigen Tropfen von einem Roboter über eine Pipette in Eintrittsöffnungen an der Oberfläche des Chips gegeben. Anstatt stundenlang die notwendigen Schritte durchzuführen, um eine Chemikalie am Labortisch zu synthetisieren, konnte man alles einem Chip überlassen. Man selbst konnte sich unterdessen um sein eigenes Leben kümmern. Und man konnte sogar Tausende Chips nutzen, die parallel verschiedene Variationen eines Synthese-Experiments durchführten. Die Chemie fusionierte mit Big Data. Bei einem einzelnen Projekt wurden eine Million Synthese-Sequenzen getestet oder Dutzende Variationen eines experimentellen Materials.

Besonders lustig war es, einen Chip unter dem Mikroskop zu beobachten, während er eine chemische Synthese durchführte. Es sah aus wie eine winzige Rube-Goldberg-Maschine, die drückte, rührte und köchelte und schließlich kleinste Mengen der experimentellen Substanzen ausspuckte. YouTube-Videos von Chips in Aktion genossen Kultstatus bei ihren Fans. Besonders beliebt waren Videos, in denen ein Chip explodierte. In Chemielabors weltweit trug man gern T-Shirts mit der Aufschrift CHIP-VERSAGEN.

Doch zurück zum Studentenwohnheim. Ein Student meinte: »Lass doch einfach einen Chip deine Vitamine herstellen. Ist doch bescheuert, dafür Geld im Laden auszugeben.«

Und so kam es, dass in jener Nacht einige Chips aus dem Labor verschwanden.

Wie sich herausstellte, war es ziemlich mühsam, die Chips in einer Kommodenschublade im Zimmer zu verstecken. Der erste Chip, der Vitamine herstellte, ging in einem Stapel Unterwäsche verloren. Doch ein Mitbewohner meinte: »Hey, Kumpel, du solltest im Labor für Wearable Computing vorbeischauen. Man könnte die Chips doch am Körper tragen.«

Und wo sollte man sie tragen? Zunächst tauchten sie in Tattoos auf, wie die Goldakzente auf den Gemälden von Klimt.

Erstaunlicherweise dauerte es Monate, bis die Universitätsverwaltung das Verschwinden der Chips bemerkte. Zuerst gab es eine Standpauke, dann folgte umgehend ein Besuch beim Patentanwalt von Stanford, um das Patent aufzusetzen.

Die üblichen Verdächtigen aus dem Silicon Valley fungierten als Investoren für das Startup-Unternehmen, das VitaBop genannt wurde. Die Bilder, die beim ersten Investorentreffen zu sehen waren, zeigten Skifahrer und die Gewinnerin eines Tanzwettbewerbs mit VitaBop-Tattoos. Ein Olympiasieger im Sprint kam auf die Bühne und präsentierte sein Bop-Tattoo. Alle Träger eines Bop-Tattoos strahlten Gesundheit und Vitalität aus. Und natürlich waren sie alle gerade einmal zweiundzwanzig.

VitaBop entwickelte eine »Auffüllstation«, wo man den Chip einfach gegen die Station drückte, um die Ausgangs-Chemikalien nachzufüllen. Außerdem bekamen die Chips eine Zusatzfunktion zur Überwachung der Blut- und Vitalwerte.

Bald gab es in jedem Café in Palo Alto eine VitaBop-Station. Dort konnte man die üblichen Ausgangs-Chemikalien nachfüllen, zusätzlich bot das Café aber auch etwas Exotisches zu Werbezwecken an. Für zehn Dollar konnte man an einem »Bop-athon« teilnehmen, bei dem jeder die Chemikalie des Tages auf sich wirken ließ. Trotz des ganzen Hypes erwies sich die aktive Substanz am Ende immer als Koffein.

Kulturexperten bemerkten, dass sich die Teilnehmer an einem Bop-athon zumindest ansahen und nicht nur auf die Displays ihrer Geräte starrten, weil natürlich jeder neugierig war, wie die Mischung auf den anderen wirkte. Auf eine seltsame Art nahmen die Bopper einander körperlich stärker wahr als Nicht-Bopper. Die Chips wurden zu einem sozialen Zugangscode. Wer keinen hatte, war für die Chipträger praktisch unsichtbar.

Die Firma wuchs wie verrückt. Die Chips wurden praktisch verschenkt. Die zahlreichen Tätowierstudios, die ein bisschen aus der Mode gekommen waren, stellten sich bereitwillig als Verteiler für die VitaBop-Implantate zur Verfügung. Das Startup-Unternehmen legte einen reibungslosen Start auf dem fliegenden Teppich hin.

Und der Businessplan? Es gab einen »Rezept-Shop«, wo man Zusammensetzungen kaufte, die der Bop mischte. Geschäfte und

Lokale konnten gegen Bezahlung VitaBop-Stationen mit speziellen Rezepturen anbieten, um Kunden anzulocken. Werbekunden, Versicherungsunternehmen und alle möglichen Firmen bezahlten für den Zugang zur enormen Datenbank, die VitaBop über die Vorgänge im Körper der VitaBop-Konsumenten aufbaute. Datenschützer waren besorgt, doch das Unternehmen versicherte, es stünden nur »aggregierte Daten« zur Verfügung.

Die Einnahmen strömten, doch es war nur ein Rinnsal im Vergleich zu den Einnahmen der Branchen, die VitaBop bedrohte. Viele freuten sich insgeheim, dass es die Pharmaunternehmen nun mit der Angst zu tun bekamen, andererseits war es traurig, den Niedergang der Kaffeeunternehmen zu beobachten. Manche Cafés überlebten als Bopper-Treffs, doch es gab herzzerreißende Geschichten über den Bankrott der Fair-Trade-Kaffeeplantagen in den Entwicklungsländern, die einst so mühsam aufgebaut worden waren.

Im Silicon Valley hingegen lief alles bestens. Man hatte damit gerechnet, dass der Niedergang der alten Branchen ein größeres Ausmaß annehmen würde als die Expansion der neuen. Schließlich ging es bei der Digitalisierung stets um Effizienz.

Chemiker und Pharmakologen waren dagegen überrascht. Viele verloren ihre Arbeit. Sicher, wer einen Job direkt bei VitaBob hatte, vor allem zu einem frühen Zeitpunkt, dem ging es glänzend. Doch die frischgebackenen Chemiker und Biologen, die an anderen Universitäten als in Stanford studiert hatten, merkten schnell, dass es immer weniger Jobangebote gab. An einer Universität in Idaho tröstete der Leiter der Journalistenschule den Leiter der Chemischen Fakultät: »Das habe ich auch schon durchgemacht, mein Freund.«

Es dauerte fast ein Jahr, bis nach dem irrsinnigen, ultra-schnellen Börsengang des Unternehmens die ersten Kontroversen um VitaBop entbrannten. Theoretisch sollte es ein Aufsichtsgremium aus Ärzten und Medizinern geben, die jedes Programm genehmigten, bevor man es im VitaBop-Shop erwerben konnte.

Allerdings wurde von einer Hackerwebsite in Neuseeland schon bald eine Methode veröffentlicht, wie man die VitaBops rooten oder per Jailbreak »knacken« konnte, um sich Zugang zu sämtlichen Funktionen zu verschaffen, die weit über das hinausgingen, was der Hersteller freigegeben hatte. Von da an konnten die Träger jedes gewünschte Programm in einen VitaBob eingeben. Abtreibungsgegner waren entsetzt über die Vorstellung, dass eine Frau die »Pille danach« herstellen konnte, ohne dass jemand etwas davon wusste. Die Sportmedizin versank im Chaos. Versuche, VitaBops an Universitäten und im Profisport zu verbieten, kamen nur stockend in Gang und scheiterten schon bald.

Wenn man über den Luxus verfügte, Zehntausende Prozesse programmieren zu können, ließ sich aus gewöhnlichen Ausgangsmaterialien eine ganze Menge synthetisieren, unter anderem auch bewusstseinserweiternde Drogen. VitaBops hatten die interessante Eigenschaft, dass man deutlich weniger Stoff benötigte als beim herkömmlichen Drogenkonsum. Man konnte mittels Dosisanpassung (Titration) bestimmte Mengen direkt ins Blut geben, die genau darauf abgestimmt waren, wie der Körper in dem Moment darauf reagierte. Und anfangs wusste die Polizei nicht, wie sie einem VitaBopper nachweisen sollte, dass er eine illegale Substanz einprogrammiert hatte.

Bopper argumentierten, mit einem Bop gebe es keine Überdosis. Schließlich maß ein VitaBop Millisekunde für Millisekunde, was gerade im Körper vorging. Das sei nicht mit dem früheren Drogenkonsum vergleichbar, als man einfach »einwarf« und abwartete, was passierte.

Aber irgendwie war die Gesellschaft noch nicht bereit für dieses Argument.

Bei der Jugendkultur, die sich um die gerooteten* Bops entwickelte, ging es um Freizeitdrogen. Doch die VitaBops konnten auch Medikamente abgeben. Es dauerte nur einen Monat, bis nach

---

* Ein »gerootetes« Gerät ist meist ein Smartphone oder Tablet-Computer, bei dem herstellereigene Nutzungsbeschränkungen vom Besitzer aufgehoben wurden. Es wird also nicht mehr von dem Unternehmen verwaltet, das es verkauft hat, sondern von seinem Besitzer, der es gekauft hat. So kann ein Smartphone nach einem Jailbreak zum Beispiel nicht-zugelassene Apps herunterladen.

einer riesigen VitaBop-Party an der University of California in Berkeley eine Organisation namens Granny Boppers Rezepte über die gleichen Tauschbörsen im Internet verbreitete, die bis vor kurzem als Umschlagplatz für Raubkopien von Filmen und Fernsehsendungen gedient hatten. Der legale Verkauf von Medikamenten gegen Diabetes, Bluthochdruck, Migräne und Erektionsstörungen brach abrupt ein.

Die Zeit der Klagen und Gerichtsverfahren war gekommen. Sämtliche Pharmakonzerne und Hersteller medizinischer Geräte verbündeten sich gegen VitaBop.

VitaBop argumentierte vor dem Obersten Gerichtshof der USA, man habe sich nichts zuschulden kommen lassen. Es handle sich bei dem Chip nur um einen neutralen Kanal, über den seine Benutzer frei verfügen könnten, außerdem habe man absolut keine rechtliche Möglichkeit, in die körperlichen Vorgänge der VitaBop-Nutzer einzugreifen. Allein der Versuch, Bopper auszuspionieren oder in ihrem Tun zu beeinflussen, verstoße gegen den Datenschutz bei gesundheitsbezogenen Informationen.

VitaBop überstand die juristische Überprüfung größtenteils unbeschadet. Den Verbrauchern gefiel die Möglichkeit, die Vorgänge im eigenen Körper besser zu kontrollieren. Doch gleichzeitig schrumpfte die Wirtschaft. Frischgebackene Mediziner und Chemiker waren erstaunlicherweise oft weiter auf die Unterstützung ihrer Eltern angewiesen (die natürlich auch den neuesten VitaBop für die Kinder spendierten).

Die VitaBops gab es weiterhin sehr günstig oder sogar kostenlos, doch die Nutzungskosten stiegen immer mehr. Man konnte versuchen, die Ausgangs-Chemikalien als No-Name-Produkte zu kaufen, aber sie funktionierten nie so richtig. Irgendetwas an der Preisgestaltung der offiziellen Chemikalien war verdächtig. Sie wurden völlig grundlos immer teurer. Die Kartellbehörden hatten Schwierigkeiten, VitaBop etwas nachzuweisen. Schließlich gab es auch noch traditionelle Medikamente. VitaBop argumentierte, man agiere auf einem wettbewerbsorientierten, dynamischen Markt. Außerdem sollten sich die Behörden lieber Gedanken um den illegalen Handel bei gerooteten VitaBops machen.

Wenn man einen Bop rootete, passierte etwas Seltsames. Ein gigantisches Unternehmen namens Booty baute aus den Informationen über die Vorgänge in den Körpern der Träger gerooteter Bops eine eigene Datenbank auf. Woher hatte Booty die Daten? Millionen Menschen nutzten Piraten-Websites für Bopper, die Booty »abgrasen« konnte. Um an kostenlose Rezepturen zu kommen, akzeptierten Millionen Nutzer mehr oder weniger freiwillig die Nutzungsbedingungen chemischer sozialer Netzwerke, auch wenn sie das Kleingedruckte nie lasen. Damit gewährten sie dem Booty-Konkurrenten Bodybook Einblick in ihren Körper.

Die Firma Booty verdiente daran, dass sie nicht direkt von den VitaBop-Nutzern Geld verlangte, sondern von Dritten, die dafür bezahlten, dass einem Bopper bestimmte Informationen online präsentiert wurden. So bekam beispielsweise ein Bopper in ausgezeichneter körperlicher Verfassung ein Angebot über eine kostenlose Auffüllmöglichkeit in einem Rekrutierungsbüro der US Army. Wie sich herausstellte, funktionierte diese Form der indirekten Manipulation so gut, dass Booty Milliarden Dollar damit verdiente.

Booty, Bodybook und VitaBop bestanden in feindlicher Koexistenz. Jedes Unternehmen legte umfangreiche Dossiers über den Stoffwechsel der VitaBop-Nutzer an, doch kein Unternehmen hatte Einblick in die Datenverwaltung der anderen. Booty hortete den Schatz der gerooteten, offenen Welt, während VitaBop die Daten seiner offiziellen Nutzer hütete und Bodybook die Informationen aus den Tauschbörsen. Booty warf VitaBob vor, sich abzuschotten, obwohl doch biologische Informationen ein öffentliches Gut seien. VitaBop beschuldigte Booty, die Privatsphäre der Menschen zu verletzen und gegen ihre Würde zu verstoßen. Experten befanden, VitaBop sei ein bisschen wie Apple, während Booty eher mit Google oder einem Hedgefonds vergleichbar wäre. Und Bodybook wäre … na ja, das haben Sie ja schon erraten.

Alle zusammen bewirkten sie jedoch, dass die Wirtschaft schrumpfte und damit auch die beruflichen Aussichten für jeden.

KAPITEL 9

Von oben – Der Missbrauch der Big Data, um sich lächerlich zu machen

Drei Nerds kommen in eine Bar …

Ich war einmal tätig für ein Gremium an der University of California, das fiktive Geschäftsideen beurteilte. Eingereicht wurden Arbeiten von Absolventen der Ingenieurswissenschaften, die an einem Unternehmensgründerprogramm teilgenommen hatten. Drei Studenten präsentierten den folgenden Entwurf:

> Angenommen, Sie sind an einem Samstagabend in den Bars und Kneipen von San Francisco unterwegs und hätten gern Gesellschaft. Sie landen in einer Bar, wo sich zahlreiche gutaussehende junge Frauen ohne Partner aufhalten, die offensichtlich darum bemüht sind, die Aufmerksamkeit auf sich zu lenken. Sie zücken also sofort Ihr Mobiltelefon und alarmieren das Netzwerk. »Hier sind die Mädels!« Viele junge Männer wie Sie wissen nun, wohin sie gehen sollen. Der Dienst würde mit Werbung Geld verdienen, vermutlich mit Werbung für Bars und alkoholische Getränke.

Ich sah mir dieses Trio an. Die Kerle meinten es tatsächlich ernst, und ich stellte ihnen die naheliegende Frage: Wird es jemals auch nur die geringste Chance geben, dass dieser Dienst auch nur eine einzige korrekte Information liefert? Es gab eine angespannte Pause. War das wieder einmal so ein Fall von technischer Intelligenz, gepaart mit einem erschreckenden Defizit in Sachen sozialer Interaktion (wie beim Asperger-Syndrom)?

Doch die drei antworteten schließlich: Nein, natürlich nicht. Es wird nie gute Daten geben. Das ganze Projekt basiert auf Hoffnung.

Ich gab ihnen die wohlwollendste Beurteilung, die mir möglich war – nicht um sie zu ermutigen, ihre Energie weiterhin mit unproduktiven Geschäftsideen zu verschwenden, sondern um zu honorieren, dass sie offensichtlich begriffen hatten, wie vernetzte Informationen wirklich funktionieren, wenn es um Menschen geht.*

Ihr Verlust der Privatsphäre macht andere reich

Gelegentlich begeistern sich die Reichen für ein neues Statussymbol und treiben seinen Wert in die Höhe. Der Kunstmarkt ist dafür ein gutes Beispiel. Teure Kunst ist im Grunde eine Art private Währung, die unter den Superreichen kursiert. Je besser ein Künstler darin ist, Kunst herzustellen, die in diesem System funktioniert, desto wertvoller werden seine Werke. Andy Warhol wird oft mit diesem Trick in Verbindung gebracht, doch auch schon Pablo Picasso und andere beherrschten dieses Spiel. Die Kunst muss einen klaren, eigenständigen Stil haben und darf nur in kleinen Serien verfügbar sein. So wird sie zu einer privaten Form des Geldes, mit einem ähnlich hohen Wiedererkennungswert wie ein Hundert-Dollar-Schein.

Ein ähnlicher Trend unserer Zeit sind die Dossiers über das Privatleben und die inneren Befindlichkeiten gewöhnlicher Menschen, die über digitale Netzwerke gesammelt und zu einer neuen privaten Währung für die Elite zusammengefasst werden. Die Informationen in diesen Schatzkammern müssen nicht einmal stim-

---

* Silicon Valley setzt sich immer durch. Ein Jahr nachdem ich diesen Absatz geschrieben hatte, feierte eine App zum Aufspüren von Mädchen ihr Debüt in den Bars von San Francisco. »SceneTap« nutzt Kameras und maschinelles Sehen anstelle der Informationen Freiwilliger. Nein, ich habe nicht nachgeforscht, ob das Startup-Unternehmen von denselben Studenten gegründet wurde.

men. Tatsächlich ist es vielleicht sogar besser, wenn sie nicht zutreffen, denn echtes Wissen schafft Verpflichtungen.

Die Vorstellung, dass wir ein Bündel von Informationen über die Geheimnisse anderer Leute besitzen, funktioniert wie teure moderne Kunst. Eine neue Form von Wertpapieren, mit denen die Reichen handeln und deren Wert dadurch in die Höhe getrieben wird. Ein gigantischer Schutzdeich, der für normale Menschen unüberwindbar ist.

Nur wenigen Menschen ist bewusst, in welchem Ausmaß sie verfolgt und ausspioniert werden – denn das ist der einzige Weg, um an das Ausgangsmaterial für diese neue Währung heranzukommen. Es gibt zu dem Thema eine umfassende Literatur,[1] und es gibt Organisationen,[2] die sich gegen das Ausspionieren wehren, daher möchte ich das Thema möglichst kurz abhandeln und zusätzliche Informationen in den Fußnoten liefern.

Selbst der unschuldige Besuch auf der Website einer renommierten großen Tageszeitung wie der *New York Times* ruft über ein Dutzend konkurrierender Tracking-Dienste auf den Plan, die sämtliche Informationen über Sie zusammenstellen und bestrebt sind, zum dominierenden Datensammler zu werden. Ghostery, ein Plug-in, das solche Spionageprogramme verhindern soll, hat im Juni 2012 mehr als *tausend* derartiger Tracking-Dienste identifiziert.[3] Die genaue Zahl ist allerdings unbekannt.

Es gibt kein definitives Verzeichnis der Spionagedienste im Netz. Die Verbindungen und Aufgaben sind vielgestaltig und komplex.[4] Niemand kennt den genauen Stand, allerdings gibt es die weitverbreitete Meinung, dass Google[5] historisch betrachtet an der Spitze der Dienste steht, die Spionagedaten über Sie im offenen Internet zusammentragen,[6] während Facebook einen Weg gefunden hat, Nutzer unter einem eigenen exklusiven Mikroskop zu versammeln.[7] Abgesehen davon gibt es jedoch noch andere Unternehmen, von denen Sie wahrscheinlich nie gehört haben, etwa Acxiom[8] und eBureau,[9] die sich ebenfalls der Aufgabe verschrieben haben, Dossiers über Sie anzulegen.

Weil das Ausspionieren der Internetnutzer derzeit offiziell das Primärgeschäft der Informationsökonomie ist, kommt jeder Versuch, sich dagegen zu wehren, etwa durch die Verwendung von Ghostery,[10] einem Angriff auf das grundlegende Konzept des Internets gleich.[11]

Big Data in der Wissenschaft

Die scheinbare Magie bei der Nutzung von Daten über ein Netzwerk wird in der Welt der Wissenschaft und der Welt der Wirtschaft unterschiedlich angewandt. In beiden Bereichen werden die meisten Vorgänge in zunehmendem Maße mit Hilfe von Tools durchgeführt, die sich kaum voneinander unterscheiden, allerdings folgt man dabei unterschiedlichen Regeln. In der Wissenschaft sind möglichst exakte, verifizierbare Daten von entscheidender Bedeutung, in der Wirtschaft und im kulturellen Bereich eher nicht.

Wissenschaftler nutzen neue Technologien, um in unerforschte Bereiche der Natur vorzudringen. Da sie es dabei mit Unmengen von Daten zu tun haben, wäre es sinnlos, dies ohne große Computer und Netzwerke auch nur zu versuchen. Die Genomforschung beispielsweise ist ebenso Teil der Informatik wie der Biologie. Das gilt auch für die Grenzbereiche in der Werkstofftechnik und Energiewissenschaft.

In der Wissenschaft bedeutet eine neue Quelle mit Big Data harte Arbeit für die Forscher, unabhängig davon, welche Technologie ihnen für die Bearbeitung zur Verfügung steht.* In der Medizin kommt es häufig vor, dass neue große Datenmengen die bisherigen Methoden zur Behandlung einer Krankheit verändern. Dennoch benötigt die Entwicklung neuer Behandlungsmethoden Jahre. In der Wissenschaft sind Big Data Magie, aber eine *schwierige* Form der Magie. Wir haben unsere Mühe mit ihr und rechnen damit, dass wir anfangs in die Irre geführt werden. Die Mittel, um

---

* Im Sommer 2011 sah es so aus, als würde sich in einem gigantischen Datenmeer des Genfer CERN eine ungeheuerliche Entdeckung verbergen: Neutrinos, die sich mit Überlichtgeschwindigkeit bewegen. Die überzeugende Täuschung überstand eine Reihe von Tests, bis sie einige Monate später widerlegt wurde.

die Datenmengen in den Griff zu bekommen und zu entschlüsseln, werden gerade erst entwickelt.

In der Wissenschaft hält niemand Big Data für eine Wunderwaffe. Die Medizin liefert das einleuchtendste Beispiel. Sie wird immer besser, aber die Verbesserungen brauchen erschreckend viel Zeit. Auch die Wettervorhersagen sind besser als früher und verbessern sich weiter. Satelliten speisen Daten, die wir früher gar nicht hatten, in Computermodelle ein, die enorme Datenmengen verarbeiten können, und das Resultat sind bessere Prognosen für das Wetter in der kommenden Woche, ja sogar für das Wetter im kommenden Jahr. Aber trotzdem überrascht uns das Wetter immer wieder. Durch die Nutzung der Big Data verbessern wir schrittweise unsere Fähigkeiten, doch die Datenmengen garantieren uns nicht Allwissenheit. Beim modernen Cloud-Computing geht es im Grunde darum, einer dynamischen, immer besseren, aber niemals perfekten Statistik hinterherzujagen. Man muss die großen Datenmengen bewältigen, nur dann kann man sie nutzen. Sie sind kein automatisches Füllhorn und auch kein Ersatz für Erkenntnis.

Die Ausbreitung einer Grippe-Epidemie lässt sich online schneller verfolgen als über das traditionelle medizinische System.[12] Ein Forschungsprojekt von Google kam zu dem Ergebnis, dass sich der Ausbruch der Krankheit anhand entsprechender Suchanfragen in verschiedenen geographischen Regionen gut verfolgen lässt. Wenn plötzlich an einem bestimmten Ort die Suchabfrage nach Grippesymptomen massiv steigt, grassiert dort wahrscheinlich die Grippe. Das Signal lässt sich sogar schon beobachten, bevor Ärzte die ersten Beschwerden bei ihren Patienten registrieren.

Eine Grippe online zu verfolgen ist Naturwissenschaft. Das heißt, die Schlussfolgerung ergibt sich nicht automatisch. Wissenschaftler müssen die Analyse eingehend prüfen. Vielleicht steht der Anstieg der Suchanfragen zu Grippe auch in Verbindung mit einem populären Film, in dem der Hauptdarsteller eine schlimme Grippe hat. Ohne eine genaue Überprüfung darf man den Daten nicht trauen.

Doch selbst in der Welt der wissenschaftlich überprüften großen Datenmengen gibt es Resultate, die sich wie durch ein Wunder einstellen, noch bevor man sie versteht. Big Data können gelegentlich die Reihenfolge auf den Kopf stellen und die Anreize durcheinanderbringen, die Wissenschaft und Wirtschaft schon immer angetrieben haben.

Ein spektakuläres aktuelles Beispiel sind die ersten Ansätze fürs »Gedankenlesen«. Im ersten Jahrzehnt des neuen Jahrtausends gab es eine Reihe beeindruckender Beispiele für »Brain Reading«, also das Ablesen der Gehirnaktivitäten. Dazu gehört beispielsweise, dass der Mensch lernt, einen Roboterarm über direkte Gehirnmessungen zu steuern. Aber wäre es auch möglich, im Gehirn das zu messen, was ein Mensch sieht oder sich vorstellt? Das könnte man dann wirklich als »Gedankenlesen« bezeichnen.

Seit ein paar Jahren liegen nun erste Resultate vor. Der Neuropsychologe Jack Gallant und andere Forscher an der University of California in Berkeley zeigten, dass sie ungefähr bestimmen konnten, was eine Person sah, indem sie deren Gehirnaktivität analysierten. Das wirkt, als ob die Computer hellsehen könnten, allerdings versteht man ihre Leistung besser, wenn man weiß, dass dahinter die wissenschaftliche Analyse großer Datenmengen steckt.

In Gallants Experiment wurde ein Film von dem erstellt, was eine Versuchsperson sah, basierend auf nichts anderem als der funktionellen Magnetresonanztomografie (fMRI),* die aktivierte Hirnareale aufzeigt. Die Bilder wirkten verschwommen und wie aus einer anderen Welt, passten aber zu dem, was tatsächlich gesehen wurde.

Das Ganze funktionierte ungefähr so: Jeder Versuchsperson wurden verschiedene Filmausschnitte gezeigt, wobei jedes Mal das Aktivierungsmuster ihres Gehirns aufgezeichnet wurde. Als der Versuchsperson ein neuer, noch nicht gesehener Ausschnitt gezeigt

---

* Die fMRI ist eine leistungsstärkere Version der bekannten Magnetresonanztomografie. Die fMRI wird meist zur Darstellung der Durchblutung von Hirnarealen verwendet, die zeigt, welche Bereiche des Gehirns im Moment besonders aktiv sind.

wurde, wurden die Aktivierungsmuster erneut aufgenommen. Dann wurden die ursprünglichen Ausschnitte anteilig zu einem neuen Ausschnitt zusammengemischt, je nachdem, wie ähnlich das Aktivierungsmuster zum neuen Ausschnitt dem jeweiligen ursprünglichen Ausschnitt war. Wenn ausreichend viele bereits gesehene Ausschnitte zusammengemischt werden, entsteht ein unscharfer neuer Ausschnitt, der aussieht wie das, was die Versuchsperson gerade anschaut.

Das war ein spektakuläres Ergebnis. Der Versuch erbrachte ein wichtiges Resultat, nämlich dass es möglich ist, die Aktivitäten in der Gehirnregion zu messen, die für ein spezielles visuelles Denken zuständig sind. Und es zeigt sich, dass ähnliche Techniken auch für das Hören, Sprechen und andere Bereiche des Erfahrens und Handelns funktionieren. Das Zeitalter des Gedankenlesens mit Hilfe von Hightech war angebrochen.

Aber, und das betont nicht zuletzt Jack Gallant selbst, so spektakulär das Ergebnis auch ist, es ist nur ein erster Schritt. Die eigentliche Arbeit hat gerade erst begonnen.

Eine noch unfertige Methode

Man weiß nie, wie lange es dauert, bis sich wissenschaftliche Schlussfolgerungen aus großen Informationsmengen ergeben. Die Wissenschaft liefert die besten Pointen überhaupt, aber ihr Timing ist denkbar unzuverlässig.

Die Verwendung großer Datenmengen aus der Wirtschaft erfolgt schnell, so schnell, wie man sie aufnehmen kann, meist sogar noch schneller. Schnellere Rückkopplungsschleifen verhelfen den Daten zu noch größerer Wirksamkeit. Wir haben uns angewöhnt, die Datensammlungen als legitim zu betrachten, auch wenn das aufgrund ihrer Sonderstellung in einem Netzwerk vielleicht nur so scheint. Aufgrund der Mehrdeutigkeit der Daten können wir ihre Aussagekraft und Wirkung noch gar nicht richtig abschätzen.

Die Wissenschaft verlangt einen anderen Ansatz im Umgang mit großen Datenmengen. Die wissenschaftlichen Methoden für

Big Data sind noch nicht komplett festgelegt. Wenn sich erst einmal Praktiken etabliert haben, wird es eindeutige Antworten auf folgende Fragen geben:

- Welcher Standard muss erfüllt sein, um die Veröffentlichung der Nachbildung eines Ergebnisses zu erlauben? In welchem Maße muss die Wiederholbarkeit das Sammeln unterschiedlicher, aber ähnlicher Big Data verlangen, anstatt dass man einfach noch einmal dieselben Daten mit anderen Algorithmen verwendet?
- Was heißt Veröffentlichung? Ist damit nur die Beschreibung des verwendeten Codes gemeint? Die Veröffentlichung des Codes an sich? Des Codes in einer standardisierten Form oder in einem Standardrahmen, damit er weiterverwendet und verändert werden kann?
- Muss die Analyse so durchgeführt werden, dass sie die Standardpraktiken der Meta-Analyse einbezieht?
- Welche Dokumentationsform wählt man als Standard für die Beweiskette der Daten?
- Müssen neue Praktiken eingeführt werden, à la Doppelblindstudien und Placebos, um zu verhindern, dass sich Wissenschaftler im Umgang mit Big Data selbst hinters Licht führen? Sollte es verschiedene Gruppen geben, die völlig isoliert voneinander Codes zur Datenanalyse entwickeln, um unabhängige Resultate zu erzielen?

Früher oder später wird es Antworten auf diese Fragen geben, doch einstweilen variieren die Vorgehensweisen. Die Details müssen zwar noch reifen, doch alle Wissenschaftler eint die grundlegende Verpflichtung, ihre Hypothesen zu verifizieren, seien die Datenmengen nun groß oder klein.

Klug oder gefürchtet?

In der Wirtschaft werden Big Data oft unabhängig davon genutzt, ob sie stimmen oder nicht. Menschen bezahlen für Online-Partnervermittlungen, obwohl die Algorithmen, die angeblich den perfekten Partner auswählen, bei genauerer Betrachtung wahrscheinlich gar nicht funktionieren. Die Wissenschaftlichkeit ist egal, solange die Kunden dafür bezahlen, und das tun sie.

Daher wird nicht überprüft, ob die Statistik von sich aus und im wissenschaftlichen Sinn stichhaltig ist oder ob sie erst durch zwischenmenschliche Beeinflussung, also Social Engineering, validiert wird. Ein Beispiel für Social Engineering wäre es, wenn sich zwei Menschen durch eine Partnerbörse im Internet kennenlernen und treffen, weil beide *erwarten*, dass die Algorithmen funktionieren. Menschen passen sich Informationssystemen an, ob bewusst oder unbewusst, und auch unabhängig davon, ob das Informationssystem so funktioniert wie erwartet oder nicht. Die Wissenschaftlichkeit ist irrelevant. Hier begegnet uns die moderne Version eines alten Rätsels: Man kann nur schwer sagen, ob ein König klug ist oder ob er nur gefürchtet wird. Jede Eigenschaft genügt als Erklärung für Situationen, in denen der König etwas vorhersagt, was dann auch eintrifft.

Nehmen wir an, ein Buchhändler preist ein eBook auf einem Tablet-Computer an und der Nutzer klickt es an und bezahlt dafür. Das könnte daran liegen, dass der Verkäufer über eine Cloud-Software mit einem wissenschaftlich stichhaltigen Prognose-Algorithmus verfügt, der den Nutzer korrekt abbildet. Oder aber der Nutzer hat schon gehört, dass diese Algorithmen sehr clever sind, und glaubt deshalb der Empfehlung. Oder die Auswahlmöglichkeiten des Nutzers sind von vornherein eingeschränkt, weil der Tablet-Computer nur bestimmte eBooks zulässt. Vielleicht wäre der Nutzer auch bereit gewesen, ganz andere Bücher zu kaufen. Es ist schwer zu sagen, welcher Grund den Ausschlag gab.

Ingenieure würden natürlich zu der Ansicht neigen, dass es an der cleveren Software liegt, denn Ingenieure sind richtig gut darin, sich selbst etwas vorzumachen und zu glauben, dass es immer an der Software liegt. In meinem letzten Buch habe ich beschrieben, dass es empirisch schwierig ist, zwischen dem »klugen Verhalten« von künstlicher Intelligenz und den Handlungen von Menschen zu unterscheiden, die sich anpassen, damit ein Programm »klug« wirkt.

Wenn die Betreiber eines Sirenenservers überzeugt davon sind, dass sie einen wissenschaftlich fundierten Dienst anbieten – das heißt, dass ihre Software Ereignisse analysiert und vorhersagt, die der Welt nützen und die Menschen weiterbringen –, sich aber herausstellt, dass sie in Wirklichkeit einfach nur Macht anhäufen, dann wurde nichts Sinnvolles erreicht.

Gelegentlich enthüllt ein objektiver Test der von Unternehmen gesammelten Daten, dass die Luftschlösser nie real waren. Wenn zum Beispiel ein soziales Netzwerk Werbung verkaufen will, wird den Kunden das Blaue vom Himmel versprochen. Angeblich könne man den Verbraucher so akkurat und gezielt bespitzeln, als ob sie Taliban im Fadenkreuz einer militärischen Drohne wären. Aber gleichzeitig ist ein und derselbe Dienst anscheinend nicht in der Lage, festzustellen, ob ein Nutzer noch minderjährig ist.

Dennoch hält sich hartnäckig die Vorstellung von präzisen Informationen. In dem leidenschaftlichen Augenblick, in dem man einen Sirenenserver gründet, spürt man einen wunderbaren Machtzuwachs. Dank des Horchpostens im Internet wird man über die Informationshoheit verfügen. Das ist eine der großen Illusionen unserer Zeit: dass man etwas missbrauchen kann, ohne selbst missbraucht zu werden.

Die Natur der Big Data trotzt der Intuition

Vereinfacht ausgedrückt, gibt es zwei Versionen von Ihnen auf Facebook: die Version, die Sie eifrig und vielleicht offen und ehrlich pflegen – und das streng gehütete, größte Geheimnis der Welt: die Daten über Sie, die dazu benutzt werden, den Zugang zu Ihnen an Dritte wie beispielsweise Werbekunden zu verkaufen. Diese zweite Version der Daten bekommen Sie nie zu Gesicht.

Aber es ist nicht so, dass diese geheime Version zur Überprüfung an Sie geschickt werden könnte. Sie würde für sich genommen gar keinen Sinn ergeben. Sie lässt sich nicht von den übrigen globalen Daten trennen, die Facebook sammelt. Angesichts der Art und Weise, wie wir heute leben, sind die kostbarsten und bestgeschützten Daten statistische Korrelationen, die von Algorithmen verwendet werden, aber von den Menschen selten gesehen oder verstanden werden.

Es könnte sein, dass Leute mit buschigen Augenbrauen, die im Herbst lila Giftpilze mögen, dazu neigen, im Frühjahr eine scharfe Soße zu ihrem Kartoffelbrei auszuprobieren. Das könnte sogar von kommerziellem Wert sein, aber es wird nie einen Grund geben, die hier gefundene Korrelation ausführlich zu erklären. Stattdessen wird der Hersteller einer scharfen Soße automatisch einen Link vor die Nase der Leute mit buschigen Augenbrauen setzen und so die Chance erhöhen, dass der Angesprochene tatsächlich darauf reagiert, und niemand muss je den Grund dafür erfahren.

Die kommerziellen Korrelationen der Big Data bleiben fast immer verborgen. Sie sind nichts anderes als winzige Atome der Mathematik in Programmen, die für bestimmte, cloud-basierte Konzerne Gewinne abwerfen oder deren Macht erhöhen. Wenn man eine besonders unerwartete Korrelation isolieren, formulieren und aufdecken würde, was hätte das für einen Nutzen? Anders als wissenschaftliche Daten haben solche kommerziellen Korrelationen keinen klar definierten Rahmen und ergeben daher für sich genommen überhaupt keinen Sinn.

Das Problem mit der Magie

In dem Maße, wie Big Data wie Magie wirken, können sie auch heillos in die Irre führen. Verständlicherweise. Magie wahrzunehmen ist dasselbe wie die Grenzen des eigenen Begreifens zu erkennen.

Wenn eine Korrelation irrtümlich mit Verstehen gleichgesetzt wird, zahlen wir dafür einen hohen Preis. Ein Beispiel für ein derartiges Versagen war die Kette der Finanzkrisen zu Beginn des 21. Jahrhunderts, bei denen aufgrund von Korrelationen gigantische Investmentpakete geschnürt wurden, die zusammengenommen nur Schrott waren. Die Folgen waren eine hohe Verschuldung und strenge staatliche Sparmaßnahmen. Doch nur wenige Finanzmanager wurden zur Verantwortung gezogen, was zum Teil auch daran lag, dass das Finanzgeschäft sehr komplex und in hohem Maß automatisiert ist.

Natürlich stellt sich die Frage, warum die Big Data der Wirtschaft immer noch so vorbehaltlos verwendet werden. Nun, die Antwort ist klar: weil man mit ihrer Hilfe superschnell enorme Vermögen anhäufen und großen Einfluss gewinnen kann.

Das Spiel beginnt

Warum sind die Big Data der Wirtschaft oft fehlerhaft? Die Unzuverlässigkeit der Daten beruht auf einem kollektiven Projekt, an dem wir alle beteiligt sind. Das Schwarmdenken ist schuld.

Ein angehender Sirenenserver hat zunächst vielleicht ehrlichen Zugang zu den Daten, als ob er ein unsichtbarer Beobachter wäre, aber wenn er genug Erfolg hat und zum echten Sirenenserver wird, ändert sich alles. Es folgt eine Welle der Manipulation, bis die gesammelten Daten zweifelhaft sind.

Wenn der Server auf Kritiken basiert, sind mit einem Mal viele Beurteilungen gefälscht. Wenn er darauf basiert, dass Leute gern populär sein möchten, dann wird es plötzlich unzählige fiktive Schmeichler geben, die die Illusion der Popularität nähren. Wenn sich der Server darauf verlegt hat, besonders kreditwürdige Personen zu finden oder Partnerschaften zu vermitteln, sind die meisten Profile gefälscht. Derartige Illusionen werden eventuell von cleveren Dritten geschaffen, die etwas vom großen Kuchen abhaben wollen, oder von Einzelpersonen, die einen kleinen persönlichen Vorteil aus der Online-Welt ziehen wollen.

Wenn der Sirenenserver durch gefälschte Daten in die Irre geführt wird, beginnt das eigentliche Spiel. Der Serverbetreiber stellt

Mathematiker und Experten für künstliche Intelligenz ein, die mit reiner Logik aus der Distanz versuchen, die Lügen herauszufiltern. Aber wer lügt, ist nicht unbedingt dumm. Es kommt zu einem Wettrüsten, bei dem die Fälscher mit Hilfe des Schwarmdenkens versuchen, ein paar kluge Programmierer auszutricksen, weshalb sich das Kräfteverhältnis tagtäglich verschiebt.

Bemerkenswert ist daran nicht, dass es immer wieder dieselben Spielchen sind, auf die sich die Menschen schon früher eingelassen haben und die nun eben online ausgetragen werden, sondern dass intelligente Unternehmer weiterhin auf die Illusion hereinfallen, dass sie dieses Mal die Einzigen sein werden, die dieses Spiel spielen, während alle anderen passiv zusehen und akzeptieren, dass sie von einem fernen Beobachter unter die Lupe genommen werden, der damit dann Gewinn macht. So einfach ist es nie.

Der Kickstart

Da ich mir schon lange Gedanken darüber mache, dass das Internet mehr Arbeitsplätze vernichtet als schafft, interessiere ich mich sehr für Projekte, die diesen Trend umkehren könnten. Die Internetplattform Kickstarter ist dafür in dieser Hinsicht ein gutes Beispiel. Das ursprüngliche Anliegen von Kickstarter war es, das Prinzip »Fundraising« effizienter zu gestalten und auf diese Weise Unternehmensneugründungen die Finanzierung zu erleichtern. Das funktioniert etwa so: Angehende Unternehmer bekommen von verschiedenen Leuten Geld, weil sie versprechen, ein bestimmtes Vorhaben umzusetzen, doch das erfolgt in einer Weise, die traditionelle Finanzierungsvorstellungen umgeht.* Frühe Unterstützer bekommen keine Anteile, sondern meist etwas Konkre-

---

* Kickstarter ist nur ein Beispiel von vielen. Die Idee ist gerade sehr angesagt und wird in den USA durch eine entsprechende Gesetzgebung gefördert, etwa den Jumpstart Our Business Startups Act (abgekürzt JOBS) von 2012. Siehe http://www.forbes.com/sites/work-in-progress/2012/09/21/the-jobs-act-what-startups-and-small-businesses-need-to-know-infographic/.

tes, beispielsweise die »erste Edition« eines neuen Produkts. Ist das nicht ein hervorragendes Beispiel, wie das Internet unkonventionellen innovativen Unternehmern auf eine neue Art und Weise Kapital zur Verfügung stellen kann? Was soll man daran *nicht* mögen?

Tatsächlich mag ich die Idee, und vor allem gefällt mir, dass mein Freund Keith McMillen mit Hilfe von Kickstarter einen innovativen Musik-Controller entwickeln konnte. Keith entwickelt seit Jahren erfolgreich Musikelektronik und hatte die Idee für einen neuen MIDI-Controller namens QuNeo. Anstatt den üblichen Weg einzuschlagen und sich Investoren zu suchen, nutzte Keith Kickstarter, um seine zukünftigen Kunden direkt anzusprechen. Ihnen gefiel die Idee, und sein QuNeo-Controller wurde zu einem der ersten Erfolgsprojekte bei Kickstarter. Die Interessenten standen regelrecht Schlange und bezahlten im Voraus für ein Gerät, das noch gar nicht existierte, wodurch sie nicht nur Kunden, sondern gleichzeitig auch Investoren waren.

Kickstarter ist als Finanzierungsinstrument für die Entwicklung von Produkten noch nicht perfekt. Noch besser wäre es, wenn die Plattform die Bildung von Risiko-Pools für verschiedene Projekte unterstützen und eine Versicherung oder ein Risikomanagement-System für die Kunden einrichten würde. Sirenenserver leiden unter der Täuschung, dass jemand anders immer das gesamte Risiko übernehmen kann und dass das verleugnete Risiko nie sie selbst treffen wird. Dennoch ist Kickstarter ein schönes Beispiel dafür, dass der Kapitalismus durch das Internet bereichert wird.

Aber es gibt noch ein paar mehr Probleme. Im selben Monat, in dem die ersten QuNeo-Geräte an die ersten Unterstützer geliefert wurden, verkündete der Tech-Blog Gizmodo, man werde über die Vorschläge bei Kickstarter nicht mehr berichten und sie sogar boykottieren. Der Grund war der, dass die Plattform von unzähligen schlechten Vorschlägen überschwemmt wurde und man bei den vielen unausgegorenen Projekten und Spinnern völlig den Überblick verlor.

Das ist ein Beispiel dafür, wie ein klassisches Problem der Märkte, das noch aus prädigitaler Zeit stammt, durch digitale Projekte gelöst werden sollte. Die vermeintliche Transparenz erwies sich bei der derzeitigen Struktur unserer Informationsökonomie jedoch als unwirksam.

Das Problem, das ich anspreche, wird auch als »Zitronen-Problem« bezeichnet, benannt nach dem berühmten Aufsatz »The Market for Lemons«, der seinem Autor George Akerlof den Nobelpreis für Wirtschaftswissenschaften einbrachte.[13] Die im Aufsatz genannten Zitronen haben nichts mit unserem Limonadenstand zu tun, über den wir vorhin gesprochen haben, sondern beziehen sich auf schlechte Autos auf dem Gebrauchtwagenmarkt (sogenannte »lemons«). Akerlof zeigte, dass das Vorhandensein schlechter Gebrauchtwagen im Zusammenwirken mit einer Informationsasymmetrie den Markt verzerrt. Ein potenzieller Käufer argwöhnt, dass der Verkäufer mehr über den Zustand des Gebrauchtwagens weiß, als er zugibt. Er kalkuliert diese Unsicherheit ein und wird daher nur weniger zahlen. Das stellt eine durchgängige Belastung für den Markt dar, hemmt ihn und macht ihn weniger effizient. Eine wirklich transparente Form des digitalen Marktes könnte vielleicht dafür sorgen, dass dieser negative Effekt seltener auftritt. Zumindest hoffte man das damals in den ersten Jahren der Netzwerkforschung, vor dem Aufkommen der Sirenenserver.

Tatsächlich haben digitale Netzwerke dazu beigetragen, die Angst vor den »Zitronen« auf dem Gebrauchtwagenmarkt zu mindern. Heute findet man beispielsweise sofort unabhängige Gutachten zu den Wagen.[14] Doch solche Maßnahmen werden von Sirenenservern gemieden. Sie leben schließlich von der Informationsasymmetrie. Dank ihnen ist das Zitronenproblem aktueller denn je.

Jeder erfolgreiche QuNeo führt in seinem Fahrwasser zahlreiche lausige Projekte mit sich, die mit der Zeit das Vertrauen in das nächste vielversprechende Projekt zerstören. Was passiert, wenn ein Projekt nicht abgeschlossen wird? Was, wenn ein Unterstützer nie das Gerät erhält, das eigentlich produziert werden sollte? Gibt es Regressansprüche? Kann eine Innovationsplattform wirklich alle Risiken von sich weisen?

Kickstarter hat mit Regeländerungen experimentiert, um die Risiken für die Unterstützer der Projekte zu senken. Beispielsweise durften Erfinder eine Zeitlang keine realistischen 3D-Simulationen des möglichen Endprodukts mehr zeigen. Angeblich sollte diese Vorschrift das Risiko minimieren, dass ein Unterstützer das Projekt näher an der Fertigstellung wähnte, als es war. Aber es ist natürlich absurd, Erfindern zu verbieten, Bilder ihrer Erfindungen zu zeigen. Doch Sirenenserver müssen auf solche Strategien zurückgreifen, weil sie selbst kein Risiko auf sich nehmen und alles auf Armeslänge von sich fernhalten wollen. Auf der Kickstarter-Website wird das so erklärt:

> Woher weiß Kickstarter, dass es sich nicht um eine Simulation oder gerenderte Darstellung [anstelle eines Fotos des bereits existierenden Prototyps] handelt?
> Das können wir nicht immer wissen. Wir führen nur eine kurze Überprüfung durch, um sicherzustellen, dass ein Projekt unseren Richtlinien entspricht.

Mir würde es gut gefallen, wenn Kickstarter größer als Amazon werden würde, weil die Plattform einen grundlegenderen Mechanismus des gesamtwirtschaftlichen Wachstums verkörpert. Anstatt die Preise nach unten zu drücken, macht Kickstarter den Verbraucher zum Förderer von Innovationen. Doch wenn Kickstarter so groß wie Amazon wäre, gäbe es zwangsläufig auch mehr Betrüger, Fälscher und Spinner, mit denen man fertigwerden müsste.

Kickstarter bringt weiterhin wundervolle Erfolge hervor und nach wie vor eine Flut wirrer oder zum Scheitern verurteilter Projekte. Vielleicht wird die Plattform, wenn sie weiter wächst, von Betrügern und Spinnern überschwemmt und dadurch irgendwann bedeutungslos. Oder sie führt Auswahlverfahren durch Crowdsourcing oder automatische Filter ein, um den Schrott fernzuhalten, nur um dann festzustellen, dass die Spinner clever sind und sich fröhlich Schlupflöcher suchen. Oder Kickstarter wird teurer und dadurch auch weniger naiv »demokratisch«, weil Redakteure eingestellt werden, die sinnlose Vorschläge aussortieren.

Vielleicht wird die Plattform auch lernen, zumindest ein kleines Risiko einzugehen und nicht nur die Vorteile für sich zu beanspruchen. Was auch immer passiert, der Erfolg wird davon abhängen, ob man einen zwar unvollkommenen, aber immerhin tragbaren Kompromiss findet.

Die Natur unserer Verwirrung

Erfolgreiche, in der Öffentlichkeit bekannte Netzwerkunternehmen werden unvermeidlich irgendwann von Heerscharen von Betrügern heimgesucht. Skrupellose »Content-Lieferanten« geben irgendwelches Geschwätz von sich und verlinken sich, in dem Versuch, möglichst weit oben auf der Trefferliste der Google-Suchergebnisse zu landen, und Blogger, die unter dem Dach großer Medienunternehmen aktiv sind, werden ermuntert, ihre Äußerungen mit Schlüsselwörtern und -sätzen aufzupeppen. Damit sollen sie nicht die Aufmerksamkeit menschlicher Leser auf sich ziehen, sondern die Algorithmen von Google in Gang setzen.

Zur Ehrenrettung von Google muss man sagen, dass sich das Unternehmen gegen diese Übergriffe zur Wehr setzt, wenn auch der Kampf nie ausgestanden sein wird. Wenn Google Menschen bewertet und bemisst und das Ergebnis etwas damit zu tun hat, wer reich und mächtig wird, kann man nicht erwarten, dass die Leute untätig herumsitzen wie Patienten im Wartezimmer und auf ihre Diagnose warten. Stattdessen spielen sie das Spiel einfach mit.

Auf Bewertungsplattformen wimmelt es von gefälschten Beurteilungen. Und wenn der Bildungsbereich von Big Data gelenkt wird, bereiten Lehrer ihre Schüler nur noch auf die Prüfungen vor oder verraten ihnen gleich die Ergebnisse.

Seltsamerweise sind Informatiker und Technologieunternehmer immer wieder schockiert über diese Entwicklung. Wir Geeks und Technikfreaks hätten es gern, dass die Welt passiv abwartet, bis wir die Herrschaft übernehmen, obwohl es nie so weit kommen wird.

Wir geben uns der Illusion hin, dass Big Data eine Art Substanz sind, wie ein natürlicher Rohstoff, der nur darauf wartet, abgebaut zu werden. Wir verwenden regelmäßig Begriffe wie *datamining*, »Datenabbau«, um diese Illusion zu verstärken. Tatsächlich kann man manche Daten mit einem Rohstoff vergleichen. Die Big Data der Wissenschaft, etwa Daten über Galaxienbildung, Wetter oder Grippe-Epidemien, lassen sich erfassen und weiterverarbeiten, ähnlich wie Gold, vorausgesetzt man ist bereit, hart zu schuften.

Aber Big Data über Menschen sind anders. Sie warten nicht passiv ab, sondern können sich gegen uns wenden. Das ist nicht mit einem Blick durchs Mikroskop zu vergleichen, sondern ähnelt mehr einer Schachpartie.

Eine klassische optische Täuschung illustriert das vielleicht am besten:

Das ist die berühmte »Rubin'sche Vase«, eine Figur-Grund-Wahrnehmung, die durch den dänischen Psychologen Edgar Rubin 1915 bekannt wurde. Ein Umriss kann als goldener Becher oder als zwei Gesichter wahrgenommen werden. Keine Interpretation ist korrekter als die andere. (Für unser Beispiel habe ich das Gesicht von Adam Smith verwendet.)

Entsprechend können von Menschen erzeugte Cloud-Informationen entweder als wertvolle Ressource betrachtet werden, die man wie die goldene Vase zu Geld machen kann, oder als Wellen menschlichen Verhaltens, das sich größtenteils gegen uns selbst richtet. Von einer neutralen Warte aus betrachtet sind beide Wahrnehmungen legitim.

Wenn man jedoch selbst beteiligt ist, liegt es im eigenen Interesse, zuallererst die beiden Gesichter wahrzunehmen.

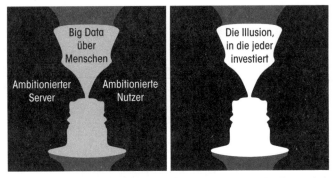

Darin kommt eine Grundidee meines Buches zum Ausdruck, nämlich dass sich hinter Daten immer Menschen verbergen. Und Menschen führen normalerweise etwas im Schilde.

Elitäre Naivität

Aufmerksamen Lesern wird ein fortgesetzter Perspektivenwechsel aufgefallen sein, wenn ich von den Illusionen sprechen, die wir uns von den Big Data machen. Manchmal schreibe ich, als ob ich mich als gewöhnlicher User darüber beklagen würde, analysiert und als Schachfigur im großen Spiel der Big Data benutzt zu werden. Und an anderer Stelle klingt es, als würde ich selbst beim großen Datenspiel mitmachen und mich ärgern, dass mein Spiel nicht aufgeht, weil so viele andere gegen mich spielen.

In der Anfangszeit wusste niemand, wie digitale Netzwerke und die Wirtschaft interagieren würden. Für mich handelt es sich nicht um eine Geschichte mit lauter Schurken, sondern um eine Geschichte von Technologen und Unternehmern, die Pioniere waren und uns vor die Herausforderung stellten, aus ihren Erfahrungen zu lernen.

Ich vertrete weniger den Standpunkt, dass wir »die Mächtigen bekämpfen« sollten, sondern dass wir die Informationstechnologie anders gestalten und begreifen müssen, weil dieser Ansatz besser für die meisten Menschen wäre, *einschließlich* der Ehrgeizigen, die große Taten vollbringen wollen. Daher argumentiere ich *sowohl* aus der Perspektive der großen Macher *als auch* aus der Perspektive des gewöhnlichen Users, weil jede Lösung eine Lösung für beide Seiten sein muss.

Die Big Data über Menschen, die vasenförmige Lücke zwischen den Köpfen, entscheiden in der heutigen Zeit über Einfluss und Macht. In der Finanzbranche treffen Banker nicht mehr von Fall zu Fall ihr Urteil, sondern bemühen sich, die besten Wissenschaftler und Big-Data-Experten mit Exklusivverträgen an sich zu binden. Politiker nutzen beim Kampf um Wähler die gleichen Algorithmen, die man auch zur Bewertung von Personen bei einem Kreditunternehmen oder bei Versicherungen verwendet. Und die Liste ließe sich beliebig fortführen.

Mit der Weiterentwicklung der Technik werden Sirenenserver noch stärker zum Objekt im Kampf um Reichtum und Macht, weil sie die einzigen Glieder in der Kette sind, die nicht standardisiert werden können. Wenn die derzeitige Entwicklung anhält, wird man immer nach Informationshoheit streben, so wie einst Adlige um die Vorherrschaft über Ländereien oder Bodenschätze gekämpft haben. Aufgrund eines neuen Energiekreislaufs wird Öl in der Geopolitik eines Tages an Bedeutung verlieren, doch das Informationssystem, das diese neue Energieform verwaltet, könnte leicht zu einer uneinnehmbaren Burg werden. Die illusorische goldene Vase wird immer wertvoller.

Modernität konzipiert die Zukunft

Überlegungen, wohin die Diskussion geht

Seit Aristoteles wird in regelmäßigen Abständen das Ende der Menschheit prognostiziert. Nun, da die Technologie ungeahnte Höhen der Effizienz erreicht hat, müssen wir uns mit einer etwas merkwürdig wirkenden Frage befassen: Welche Rolle sollen »überzählige« Menschen spielen, wenn nicht mehr alle zur Produktion der lebensnotwendigen Güter gebraucht werden? Werden die »Überzähligen« verhungern? Oder ein angenehmes Leben führen? Wer entscheidet das? Und wie?

Was wird aus den Menschen, wenn sich die Technologie immer rasanter weiterentwickelt? Mit jedem Jahr, das vergeht, erweitern sich dank des technischen Fortschritts die Möglichkeiten, unsere Ideen in die Tat umzusetzen. Ideen spielen eine immer größere Rolle. Die uralte Diskussion über den Sinn des menschlichen Lebens wird auch heute noch geführt, allerdings haben unsere heutigen Antworten viel weitreichendere Folgen.

Nehmen wir an, Maschinen werden irgendwann so gut funktionieren, dass viele Menschen keine Aufgabe mehr haben. Das könnte im Pflegebereich, in der Pharmazie, im Transportwesen, in der Herstellung oder bei jeder anderen Tätigkeit der Fall sein.

Die Frage, die man dann stellen sollte, lautet nicht, was man mit den Menschen machen soll, die früher die Aufgaben der Maschinen erledigten. Wenn man diese Frage stellt, hat man bereits einen konzeptuellen Fehler begangen.

Stattdessen sollte man darauf hinweisen, dass der Mensch nie überflüssig sein wird, es sei denn, man ist ein notorischer Pessimist. Auch die Daten für die »Automatisierung« müssen von Menschen kommen, in Form der »Big Data«. Automatisierung kann immer als eine Art kunstvolles Marionettenspiel verstanden werden.

Entscheidend bei unserer Reaktion auf hocheffiziente Maschinen, künstliche Intelligenz und so weiter ist die Frage, wie wir die Tätigkeiten einstufen, die Maschinen nicht übernehmen können, ob wir diese Aufgaben als echte Berufe für Menschen erachten oder nicht. Früher stellten wir uns vor, dass spezialisierte Ingenieure die einzigen Puppenspieler der Maschinen wären. Nun hat sich gezeigt, dass man Daten von zahlreichen Personen benötigt, damit die Maschinen tatsächlich »automatisiert« sind. Werden die Puppenspieler noch bezahlt werden, wenn auch das gesamte Publikum seinen Beitrag zur Aufführung leistet?

Neun düstere Temperamente des Futurismus und ein hoffnungsvolles

Die folgenden zehn Überbegriffe, die ich als »Temperamente«* bezeichne, stellen komprimierte Statements zu der Frage dar, wie menschliche Identität, Technologie und Gesellschaftsstruktur zusammenpassen. Jedes Temperament ist wie ein Kleeblatt, das Politik, Geld und Technologie zur Natur des Menschen ins Verhältnis setzt:

Theokratie: Politik ist das Mittel für übernatürliche Unsterblichkeit.
Das ist das älteste und immer noch häufigste Temperament, das besagt, dass die natürliche Welt nur ein politisches

---

* Antike Ärzte wie Hippokrates verstanden die ursprünglichen Temperamente als Kräfte oder Säfte, die den menschlichen Körper durchflossen. Sie standen sowohl für Flüssigkeiten (schwarze Galle, gelbe Galle, Schleim und Blut) als auch für Elemente (Luft, Feuer, Wasser, Erde) sowie einen bestimmten Persönlichkeitstypus. So wurde schwarze Galle beispielsweise mit dem Melancholiker in Verbindung gebracht.

Theater ist, das als Fernbedienung für eine bedeutungsvollere übernatürliche Welt fungiert. Politik dient als Schnittstelle zu dieser anderen Welt.*

Acht der anderen hier gesammelten Temperamente sind naturalistisch. Entrückung, der Messias oder eine andere übernatürliche Diskontinuität in der Zukunft war per Definition bis vor kurzem nicht Teil der Diskussion über die *natürliche* Zukunft, das änderte sich erst mit dem Aufkommen der Idee von der technologischen Singularität. Jetzt müssen wir die alte Religion mit einbeziehen, um die neue Religion richtig einzuordnen.

Abundanz: Technologie ist das Mittel, um der Politik zu entkommen und materielle Unsterblichkeit zu erlangen.

Die Technologie wird eines Tages so gut sein, dass jeder alles hat und es keinen Bedarf mehr für Politik gibt. »Abundanz« ist ein in Silicon Valley vorherrschendes Temperament, Vorreiter war allerdings das antike Griechenland. Das Konzept ist futuristisch und antik zugleich.

Dieses Temperament wirkt oft arrogant und soll weniger technisch begabte Menschen mit ihren naiven Anschauungen in Verlegenheit bringen.**

---

* Das ist natürlich keine allgemeine Definition von Religion oder Spiritualität an sich. Ich weise andererseits auch immer darauf hin, dass der Materialismus in Sachen Grausamkeit und Verrücktheit mühelos mit der Religion mithalten kann. Ein Stalin muss sich hinter keiner Inquisition verstecken. Dennoch muss man einen Namen für dieses globale antike politische Phänomen finden.

** Es stimmt, dass der Mensch den technologischen Wandel in gewisser Weise ständig unterschätzt. Die Geräte der Informationstechnologie, die man sich beispielsweise in den sechziger und siebziger Jahren für *Raumschiff Enterprise* ausdachte (also Technik, die in ferner Zukunft genutzt werden würde), wirkt heute ziemlich antiquiert. Der Mensch kann das Ausmaß und die Bedeutung des technischen Fortschritts selbst zu seinen eigenen Lebzeiten nicht abschätzen. Andererseits gibt es immer noch kein fliegendes Auto für jedermann, und daran wird sich auch langfristig nichts ändern. Der technologische Wandel wird also genauso häufig über- wie unterschätzt.

Malthus: Politik ist das Mittel zum materiellen Untergang. Unser Erfolg wird unser Verderben sein. Wenn wir uns der Abundanz nähern, wird die Bevölkerung zu stark wachsen, es kommt zur Überbevölkerung, wir verbrauchen zu viele Ressourcen, oder es kommt sonst wie zur Katastrophe. Das malthusianische Temperament geht von einer fatalen, deterministischen Unfähigkeit der Politik aus.

Rousseau: Die Technologie ist das Mittel zur spirituellen Misere.
Wenn wir uns der Abundanz nähern, wird unsere Existenz unglaubwürdig und absurd.

Die unsichtbare Hand: Die Informationstechnologie sollte die Politik subsumieren.
Von Adam Smith stammt die Metapher von der »unsichtbaren Hand«. Ein Begriff, mit dem man auch die Politik im Griff der Informationstechnologie beschreiben kann. An die Stelle der politischen Erwägungen des Menschen treten die Entscheidungen der Märkte (oder aktuell der grundlegend ähnlichen Algorithmen). Dieses Temperament ignoriert die Abundanz oder lehnt sie ab, denn Märkte sind überflüssig, wenn das Angebot fast unbegrenzt ist.

Marx: Die Politik sollte die Informationstechnologie subsumieren.
Der Marxismus geht von Abundanz aus, verabsolutiert aber die Politik. Wenn Maschinen erst mal sämtliche Arbeiten erledigen, wird die Politik entscheiden, was am besten für die Menschen ist, damit alle von den Früchten der Maschinenarbeit profitieren.

H. G. Wells: Das Leben der Menschen erhält wieder einen Sinn, weil wie im vortechnischen Zeitalter ursprüngliche kriegerische Auseinandersetzungen wieder aufleben, wenn wir entweder von unseren eigenen Maschinen oder von Außerirdischen herausgefordert werden. Die Technologie ist also sinnstiftend, aber nicht weil sie »Fülle« schafft, sondern weil sie uns vor Herausforderungen stellt.

Science-Fiction als literarisches Genre entstand als Ausdruck eines bestimmten Temperaments, das die Möglichkeit in Erwägung zieht, dass die Zukunft nicht unbedingt vom Menschen geprägt sein muss. In einer Welt, die entweder von unseren eigenen zukünftigen Maschinen oder von überlegenen Außerirdischen dominiert wird, könnte der Mensch völlig irrelevant sein. Dennoch findet man in der Science-Fiction immer wieder das Thema, wie sich am Ende die Bedeutung des Menschen gegen alle Widerstände durchsetzt.

Andererseits nehmen viele Science-Fiction-Erzählungen ein schlechtes Ende und dienen so entweder als Warnung oder als faszinierende Darstellung des Nihilismus. Auf jeden Fall deutet die Erwartung eines Kampfes um Bedeutung auf einen neuen Lebenszweck oder eine natürliche Mission für die Menschheit hin, die sich gegen eine richtig gute Technologie durchsetzen muss. Dieses Temperament wird zu Ehren von H. G. Wells' Roman *Die Zeitmaschine*, einem frühen und herausragenden Beispiel für diese Haltung, als »Wells'sches Temperament« bezeichnet.

Die sieben Temperamente fassen bis zum Ende des Zweiten Weltkriegs die Diskussionen über die Zukunft des Menschen zusammen. Das 20. Jahrhundert rückte zwei weitere Temperamente in den Vordergrund und brachte ein drittes hervor, obwohl dieses letzte noch nicht die Bekanntheit genießt, die ihm zukommen sollte.

Dr. Seltsam: Wenn es die Technologie ermöglicht, wird ein Mensch uns alle vernichten. Die menschliche Natur plus gute Technologie ergibt unsere Vernichtung.

Mit der Atombombe kam die Möglichkeit des kollektiven Selbstmords der Spezies Mensch. Dieses Konzept ist düsterer als Malthus, weil es eine unbeabsichtigte Selbstzerstörung durch die unmittelbare, entschlossene Vernichtung ersetzt, die durch das einfache Drücken eines Knopfes möglich wird.

Turing: Politik und Menschen werden nicht mehr existieren. Wenn die Technologie gut genug ist, wird es nur noch sie geben, was bedeutet, dass sie mit dem Übernatürlichen gleichzusetzen ist.

Schon bald nach Hiroshima entwickelte Alan Turing die Idee, dass der Mensch eine Nachfolgerealität in Form von Informationen schaffen würde. Offensichtlich hat Turing mit seiner Idee maßgeblich die Science-Fiction beeinflusst, aber sein Konzept selber ist keine Science-Fiction, weil es die Möglichkeit einer neuen Metaphysik birgt. Die Menschen könnten zu Informationen werden, anstatt durch sie ersetzt zu werden. Deshalb kann Ray Kurzweil darauf warten, dass er in einen virtuellen Himmel hochgeladen wird. Turing brachte die Metaphysik in die moderne Diskussion über die natürliche Zukunft ein.

Turings Konzept bietet außerdem ein Ziel oder eine Eschatologie, die der unsichtbaren Hand fehlen. Turings Algorithmen konnten die Welt in einer Art beerben, wie es die unsichtbare Hand nicht konnte. Das liegt daran, dass wir uns Software so vorstellen, dass sie ohne menschlichen Betreiber funktioniert, was meiner Meinung nach falsch ist, selbst im Zeitalter der Abundanz, wenn es kaum mehr Menschen gibt. Abundanz macht die unsichtbare Hand überflüssig, aber nicht Turings Geister.

Nelson: Eine entsprechend gestaltete Informationstechnologie könnte dazu beitragen, dass der Mensch Mensch bleibt, ohne sich in eine extreme Politik flüchten zu müssen, falls eins der anderen eschatologischen Konzepte wahr zu werden droht.

Ted Nelson führte 1960 ein ganz neues, immer noch im Entstehen begriffenes Temperament ein, das Information als eine Möglichkeit zur Vermeidung der Exzesse in der Politik betrachtet, selbst wenn wir uns einem unvermeidlich unvollkommenen Zustand der Abundanz nähern. Im Grunde schlägt das Konzept die Kombination der unsichtbaren Hand mit der Abundanz vor. Dieses Konzept möchte ich mit meinem Buch fördern.

Jedes Temperament beinhaltet eine eigene Hypothese zum Zusammenspiel von Politik, Mensch und Technologie. Alle befassen sich mit der Rolle der Politik und des menschlichen Willens oder der Intentionalität in einer immer stärker von Hightech geprägten Zukunft. Wird die Politik überflüssig oder absolut werden? Werden die Menschen bedeutungslos, oder werden wir über uns hinauswachsen?

Die Temperamente umkreisen sich gegenseitig. Man kann den technikbegeisterten Triumphator spielen und die forschesten Unternehmer des Augenblicks feiern, sich am Ende aber ein seltsam sozialistisches Utopia für die Zukunft ausmalen. Das ist eine der häufigsten Kehrtwendungen, über die ich immer wieder staune. »Die kostenlosen Google-Tools und Gratis-Twitter-Dienste führen zu einer Welt, in der alles kostenlos ist, weil die Menschen alles teilen und austauschen, aber ist es nicht toll, dass wir Milliarden Dollar anhäufen können, indem wir Daten sammeln, die niemand sonst hat?« Wenn alles kostenlos sein wird, warum versuchen wir dann überhaupt, irgendetwas anzuhäufen? Sind unsere Vermögen nur vorübergehender Natur? Werden sie überflüssig, wenn wir mit Sammeln fertig sind?

Das ist nicht die einzige Verdrehung dieser Art. Wenn man auf das Motto »Zurück zur Natur« setzt, landet man in einem künstlichen Spiel und jagt der Authentizität hinterher, ohne dass man die Richtung kennt oder sonst eine Bestätigung hat, auf dem richtigen Weg zu sein. »Bei dieser Musiksoftware geht es darum, in Kontakt mit den echten Emotionen und der wahren Botschaft der Musik zu kommen, was in diesem Fall heißt, dass man die Tonhöhe von Personen anpasst, die Töne nicht richtig treffen, damit sie perfekt zweistimmig singen. Mehrstimmiger Gesang ist Ausdruck einer echten musikalischen Verbindung. Aber Moment – vielleicht wäre es authentischer, wenn der Gesang *nicht* perfekt wäre. Das wirkt sonst zu roboterhaft. Wie groß darf der Anteil an Perfektion sein, damit etwas immer noch authentisch wirkt? Zehn Prozent? Fünfzehn Prozent?« Hier hätten wir ein Beispiel für einen Querschläger zwischen den Temperamenten »Abundanz« und »Rousseau«.

Ich habe es fast jeden Tag mit Variationen dieser Haltungen zu tun. Die allgegenwärtigen Diskussionen der Technikfreaks folgen dem Verlauf älterer Diskussionen – mitunter sehr alten Diskussionen.

Sinn als Nostalgie

Selbst Technologen neigen zu romantischen Anflügen à la Jean-Jacques Rousseau. Gelegentlich träumen wir von einer Form von Trost, von Authentizität und Heiligkeit, die tief in einer Vergangenheit wurzelt, wie sie so nie existierte.

Die naheliegende Leitfigur dafür ist Rousseau, doch auch E. M. Forster könnte mit seiner Kurzgeschichte »Die Maschine versagt« als kultureller Repräsentant einer nostalgischen Technikphobie dienen. Die 1909 erschienene Erzählung liefert eine bemerkenswert genaue Beschreibung des Internets – Jahrzehnte bevor es überhaupt Computer gab. Zum Entsetzen ganzer Generationen von Informatikern wurde die wundersame Technik, die sie später entwickelten, in Form einer Dystopie präsentiert.

In der Kurzgeschichte wird das, was wir heute Internet nennen, als »die Maschine« bezeichnet. Die Weltbevölkerung, die komplett in unterirdischen Städten lebt, sitzt Tag für Tag wie gebannt vor den Bildschirmen der Maschine, unablässig mit sozialen Netzwerken, mit Surfen, Skypen und so weiter beschäftigt. Interessanterweise war Forster nicht so zynisch, dass er die zentrale Bedeutung der Werbung in einer derartigen Situation vorhergesehen hätte. Am Ende der Geschichte versagt die Maschine tatsächlich. Furcht und Schrecken sind die Folge, ähnlich dem, was wir heute bei einem hypothetischen Cyberangriff erwarten. Die gesamte Welt der Menschen gerät aus den Fugen, die Versorgung bricht zusammen. Die Überlebenden verlassen die unterirdischen Städte, begeben sich an die Erdoberfläche und bestaunen die Authentizität der Realität. »Die Sonne!«, rufen sie, verwundert über deren Schönheit, von der sie sich keinen Begriff machen konnten. Das Versagen der Maschine entpuppt sich als Segen für die Menschen.

Dieses Thema findet sich häufig in der Populärkultur. Eine aktuellere Version kommt in den *Matrix*-Filmen zum Ausdruck, in denen Menschen in einer simulierten virtuellen Realität leben. In den Filmen sind diejenigen, die sich ihrer Situation bewusst werden und sich dagegen wehren, vitaler, kräftiger und sehen cooler aus als die anderen. Für das Happy End von *Minority Report,* an dem ich mitgearbeitet habe, wurden die Geräte, die das Bild in allen früheren dystopischen Szenen füllten, vom Set verbannt. In *Gattaca* ist der »invalide« (»wertlose«) Bruder, der auf natürlichem Weg und ohne Genmanipulation gezeugt wurde, vitaler und echter als sein genetisch selektierter Bruder. Außerdem ist er für Optimismusbeschwörungen zugänglich, die der »valide«, genetisch selektierte Bruder nicht nachvollziehen kann.

Das Rousseau-Konzept ist ironisch und manchmal sogar komisch. Ein Beispiel für sein humoristisches Potenzial bietet Woody Allens *Der Schläfer.* Ich bezeichne das Konzept als ironisch, weil wir feststellen müssen, dass wir einer Technologie zum Opfer fallen, für die wir uns selbst entschieden haben. Die Ironie ist doppelbödig, da oft nicht klar ist, ob wir wirklich eine Wahl hatten oder nicht.

Die Personen in Forsters Erzählung waren selbst schuld daran, dass sie von der Maschine derart in Bann gezogen wurden, schließlich hatten sie sie gebaut. Man könnte die Maschine doch laufen lassen und trotzdem für eine Weile nach draußen gehen! Das ist die Ironie.

Andererseits könnte die Maschine das Einzige sein, was die Figuren in der Geschichte vor einem kurzen, von Krankheit gezeichneten Leben draußen in der realen Welt bewahrt. Allerdings wäre es vielleicht auch möglich gewesen, eine Maschine zu bauen, die

die Menschen weniger von ihrer Umwelt entfremdet, aber genauso viel Sicherheit geboten hätte. Das ist der Doppelsinn.

Und wenn die Welt, wie ich behaupte, in Zukunft auf eine gewisse Künstlichkeit angewiesen sein wird, um das Überleben der Menschen zu gewährleisten, muss dann die Erfahrung, die durch die Maschine ermöglicht wird, im Vergleich zum wahren Leben wirklich für immer unecht, steril und wie eine bloße Fassade wirken?

Die im Rousseau-Konzept beschriebene Reaktion auf die Technologie kommt genauso häufig vor wie die anderen Temperamente und hat auch einen genauso großen Einfluss. Die Häufigkeit basiert auf einem grundsätzlichen Problem: Wenn sich die Grundregeln des Lebens ändern, verfügt man nicht mehr über die Fähigkeit, das zu verstehen, was man in einem früheren Lebensabschnitt erlebt hat, weil man es gar nicht mehr nachvollziehen kann. Kein Erwachsener weiß wirklich, was beim Prozess des Heranwachsens verlorenging, weil das erwachsene Gehirn nicht mehr über die Mentalität verfügt, in der Kindheitserlebnisse einen Sinn ergaben. Mit diesem Wandel geht eine Art Tod auf Raten einher.

Der Übergang von der Kindheit zum Erwachsensein ist ein natürliches Beispiel, doch der technologische Fortschritt hat dafür gesorgt, dass auch aufeinanderfolgende Generationen von Erwachsenen ähnlich intensiven Zerreißproben unterworfen sind.

Es ist uns heute unmöglich, mental in die prähistorische Welt der Jäger und Sammler einzutauchen und wirklich zu fühlen, was die Menschen damals gefühlt haben. Es ist uns im Grunde auch schon unmöglich, das Leben vor der Elektrizität wirklich zu begreifen. Wir können nicht verstehen, was wir verloren haben, als unser Leben immer technischer wurde. Daher hegen wir ständig Zweifel bezüglich unserer Authentizität und Vitalität. Das ist ein notwendiger Nebeneffekt unseres Überlebens.

Zu den aktuellen Beispielen für das nostalgische Rousseau-Temperament zählen die Dekonstruktivismus-Schule in der Philosophie, die verschiedenen Formen der Alternativmedizin, die Slowfood-Bewegung sowie der wachsende Zulauf zu den angeblich traditionellen, fundamentalistischen Versionen der Weltreligionen. Wir verwenden neugeschaffene Ideen der Authentizität beim Versuch, uns an etwas zu klammern, was wir nicht wirklich artikulieren können, das aber vermutlich im Lauf der Modernisierung verlorenging.

Ich möchte hier nicht das Rousseau'sche Temperament in Frage stellen. Wie ich bereits erklärt habe, ist sein Grundprinzip nicht nur legitim, sondern auch unvermeidlich.

Gleichzeitig darf man nicht vergessen, dass die Sehnsucht nach den guten alten Zeiten mit weniger Technik auf falschen Erinnerungen basiert. Das gilt im kleineren Maßstab der Jahrhunderte ebenso wie im riesigen Maßstab des Lebens an sich. Jede kleine genetische Eigenschaft, die Sie haben, von der Lidform bis zu der Art, wie Sie sich bewegen, wenn Sie Musik hören, wurde von den Negativräumen geprägt und geformt, die durch den Tod Ihrer potenziellen Vorfahren (die starben, bevor sie sich fortpflanzen konnten) über Hunderte Millionen Jahre hinterlassen wurden. Sie sind das Gegenstück zu Epochen voller Leid und Grausamkeit. Ihre potenziellen Vorfahren in ihren vielen Arten, die bis zum phylogenetischen Baum zurückreichen, wurden gefressen, von Krankheiten dahingerafft oder sexuell verschmäht, bevor sie ihre Gene an Sie weiterreichen konnten. Der genetische, natürliche Teil von Ihnen ist die Summe der Überreste aus Milliarden Jahren extremer Gewalt und Armut. Die Moderne ist der Weg, durch den wir als Individuen aus den Verheerungen der evolutionären Selektion hervorgingen.

Leider kann das Rousseau-Temperament manchmal in einem unangenehmen Verhalten münden. In seiner Extremform ist es zerstörerisch, und oft findet man zumindest Spuren dieser Nostalgie bei terroristischen Ideologien jeder Herkunft, von dschihaddistischen Selbstmordattentätern bis zu den Fanatikern, die Abtreibungskliniken und Forschungslabore angreifen, in denen Tierversuche gemacht werden.

Doch das Konzept muss nicht gewalttätig sein. Ich greife es gern auf und praktiziere es selbst in einer abgemilderten Version, die man als homöopathisch bezeichnen könnte. So ziemlich jeder Technikfreak, den ich kenne, hegt heimlich Rousseau'sche Gedanken. Der gleiche Typ, der an »Augmented Wilderness«-Programmen arbeitet (ein virtuelles Gegenstück zur »Augmented Reality«-Technologie), besucht Veranstaltungen wie den »Burning Man«, bei denen die wilde, primitivistische Seite des Silicon Valley zum Vorschein kommt. Das Zimmer, in dem ich mein Buch schreibe, ist voller seltener archaischer, akustischer Musikinstrumente, die ich zu spielen gelernt habe. Ich finde, dass den digitalen Formen des Musikmachens etwas fehlt, und will meine alten Instrumente nicht missen. Das ist völlig akzeptabel.

Haben akustische Instrumente wirklich etwas Wesentliches an sich, das ein Computer nicht hat? Es geht wohl um eine weitere Form der Pascal'schen Wette. Ich weiß es wirklich nicht, aber die Kosten dafür, an meiner Sichtweise festzuhalten, sind erträglich, während der Preis enorm sein könnte, wenn ich darauf verzichten würde, selbst wenn das einsetzende Vergessen den Verlust irgendwann mildern würde.

Haben wir unsere eigene Macht im Griff?

Thomas Malthus brachte die Angst vor einer Apokalypse in naturalistischem Rahmen zum Ausdruck, die den Platz der bekannten Apokalypse durch übernatürliche Kräfte einnahm. Die Zukunft, die er aus Sicht des 18. Jahrhunderts fürchtete, war die, dass unsere eigenen Erfolge uns Geschenke bescheren würden, die wir nicht verkraften könnten und die uns daher in die Katastrophe führen würden.

In einem typischen Malthus'schen Szenario ermöglichen die Fortschritte in der Landwirtschaft, im Gesundheitswesen, in der Medizin und Industrialisierung eine Bevölkerungsexplosion, die schließlich in einer katastrophalen Hungersnot mündet. Und auch heute noch verführen uns unsere geliebten technologischen Errungenschaften, obwohl sie unseren Untergang bedeuten.

Seit Malthus wird das Motiv der »Bevölkerungsbombe« (»Population Bomb«), wie es in Paul Ehrlichs 1968 erschienenem gleichnamigem Buch hieß, immer wieder angeführt. Im Dokumentarfilm *Surviving Progress – Endstation Fortschritt*,[1] der auf dem Buch *Eine kurze Geschichte des Fortschritts (A Short History of Progress)*[2] basiert, wird das so formuliert: »Wir erreichen nun einen Punkt, an dem der technologische Fortschritt die bloße Existenz der Menschheit bedroht.«

Gedanklich sind wir nie allzu weit von zahlreichen Möglichkeiten des Scheiterns in der Tradition des Ikarus entfernt. Der globale Klimawandel ist dafür das derzeit dominierende Beispiel. Ein anderes Beispiel sind Massenvernichtungswaffen, die in die Hand von Terroristen geraten. Man könnte auch Viren erwähnen, die durch den gestiegenen Luftverkehr verbreitet werden, oder die Aussicht, dass wir alle radioaktiver Strahlung ausgesetzt sein werden, wenn das Öl zur Neige geht.

Malthusianische Szenarien sind nicht nur erschreckend, sondern verfügen oft auch über eine grausame Ironie. Für die gutausgebildete Bevölkerung in den Industrieländern ist heutzutage nicht das Bevölkerungswachstum, sondern der Bevölkerungsrückgang eine tickende Zeitbombe: eine negative Spirale der sinkenden Geburtenraten. Das heißt, dass nicht genügend Kinder geboren werden, um die Belastung durch die Überalterung der Bevölkerung auszugleichen. Auf die Situation in Japan habe ich bereits hingewiesen. Auch Korea, Deutschland, Italien und viele andere Länder haben mit sinkenden Geburtenraten zu kämpfen. Die Bevölkerungsexplosion findet heute in den »weniger modernen« Teilen der Welt statt.

Die Bedrohung durch den Klimawandel, Terrorismus und weitere Probleme ist real, sie kann uns im Grunde aber nicht überraschen. Es ist völlig natürlich, dass wir Menschen, je mehr Einfluss wir über unser Schicksal erlangen, auch die Möglichkeit zum effektiven Massenselbstmord erlangen.

Das ist ähnlich wie bei jemandem, der gerade Auto fahren lernt. Jeder, der sich hinter das Steuer eines Wagens setzt, hat die Macht, sich jederzeit selbst zu töten. Viele tun das sogar. Dennoch gehen wir das Risiko ein und übernehmen die Verantwortung beim Fahren, meistens genießen wir sogar die Geschwindigkeit und den Spaß, den uns ein Auto bietet.

Global betrachtet liegt unser Schicksal aufgrund des technischen Fortschritts zunehmend in unseren eigenen Händen. Der Klimawandel ist meiner Meinung nach real und beängstigend, aber auch ein unvermeidlicher Übergangsritus für die gesamte Menschheit.* Das ist nur eine von vielen Herausforderungen, denen wir mit Wissen und Klugheit begegnen müssen und vielleicht auch gelegentlich mit einer Prise Optimismus, um uns selbst etwas vorzumachen.

Solche Aussagen fallen nicht leicht, deshalb hört man sie auch selten. Wir können die Welt durch unsere fortgeschrittenen Kenntnisse nicht verbessern, ohne gleichzeitig mehr und mehr Mittel der Zerstörung zu schaffen.

Das heißt aber nicht, dass der Erwerb von mehr Wissen automatisch selbstzerstörerisch ist! Es ist notwendig, einen möglichst großen Einfluss auf unser Schicksal zu haben. Es bedeutet einfach, dass wir uns auf uns selbst verlassen müssen. Erwachsen werden ist gut. Man gewinnt dabei mehr, als man verliert. Es ist verführerisch, aber absurd, zu glauben, dass die Menschen früher ein sicheres und angenehmes Leben führten, bis dann der technische Fortschritt kam und alles kaputt machte. Die Technikexperten wissen, dass dem nicht so war.

Der einzige Grund, warum man sich eine weniger technisch geprägte Welt als »sicherer« vorstellen kann, ist der, dass man Kindersterblichkeit und andere Tragödien früher als eine konstante, »natürliche« Katastrophe betrachtete. Die Zahl der Todesopfer war normalerweise so hoch, dass die Gefahr einer malthusianischen Bevölkerungsexplosion nicht bestand. Dass sich die Menschheit von dieser konstanten Katastrophe löste, ist untrennbar mit der Zunahme ihrer technischen Fähigkeiten verbunden.

Wie gesagt, die Vorteile der Technologie haben auch immer einen Haken. Bis heute hatte jeder technische Fortschritt seine unangenehmen Nebenwirkungen. Jedes Medikament ist auch ein Gift, und jede neue Lebensmittelquelle ist eine Hungersnot in

---

* Wenn wir zu den Lösungsvorschlägen kommen, werden wir überlegen, wie wir die Netzwerkarchitektur verändern könnten, um Probleme wie den Klimawandel besser zu bewältigen.

Wartestellung. Der Mensch hat schon immer seine Fähigkeit unter Beweis gestellt, frühere Innovationen in der Landwirtschaft, bei den Brennstoffen und in der Architektur zur Entwaldung ganzer Gebiete und zur Zerstörung seines lokalen Umfelds zu nutzen. Jared Diamond und viele andere haben dokumentiert, wie Kulturen wiederholt ihre eigene Lebensgrundlage zerstörten. Seit wir Menschen sind, mussten wir immer wieder etwas erfinden, um einen Ausweg aus dem Schlamassel zu schaffen, den unsere vorangegangenen Erfindungen angerichtet hatten. Das macht unsere Identität als Mensch aus.

Die Antwort auf den Klimawandel kann nicht lauten, dass wir Ereignisse aufhalten oder umkehren. Die Erde ist kein lineares System, sie ist kein Videoclip, den man vor- oder zurückspulen kann. Wenn wir gelernt haben, wie man den Klimawandel überlebt, wird sich die Erde massiv verändert haben. Sie wird künstlicher und stärker gelenkt sein.

Das ist nichts Neues. Das ist nur ein weiterer Abschnitt in einem Abenteuer, das begann, als Eva in den Apfel biss, den wir uns auch als Newtons Apfel vorstellen können. (Ganz zu schweigen von Turings »Apple«).

Aber das will niemand hören. Es ist nicht gerade angenehm, das Maß an Verantwortung zu akzeptieren, das unsere Spezies übernehmen muss, um in der Zukunft zu überleben. Aber wir haben uns schon vor langer Zeit auf das Spiel eingelassen und keine andere Wahl – wir müssen mitmachen.

Der erste Hightech-Autor

Es kann einem etwas den Wind aus den Segeln nehmen, wenn man feststellt, dass ein Großteil der aktuellen Diskussion über Wirtschaftssysteme, Technologie und Menschsein bereits im vorletzten Jahrhundert geführt wurde. »The Ballad of John Henry« war im 19. Jahrhundert in den USA ein allseits bekanntes Lied. John Henry war ein historisch nicht belegter Eisenbahnarbeiter, der sich, als er durch eine Maschine ersetzt werden sollte, auf einen

Wettstreit mit ihr einließ und sogar gewann, danach fiel er allerdings vor Erschöpfung tot um. Die Produktivität erwies sich als fatal. Bereits im späten 19. Jahrhundert gab es Ängste, dass der Mensch eines Tages überflüssig werden könnte.

John Henry ist ein würdiger Nachfahre von Ned Ludd. Dessen Anhänger, die »Ludditen«, die auch als Maschinenstürmer bezeichnet werden, waren Textilarbeiter im frühen 19. Jahrhundert in England, die befürchteten, dass sie durch verbesserte Webstühle ihre Arbeit verlieren würden. Genau wie es Aristoteles vorhergesehen hatte! Ihre Geschichte ist nicht schön. Sie schlossen sich zusammen und lieferten sich blutige Kämpfe mit dem Militär, die meisten von ihnen wurden öffentlich hingerichtet.

Materiell betrachtet war das Leben eines Fabrikarbeiters besser als das eines Kleinbauern. Daher ging es den Ludditen oft besser als ihren Vorfahren. Und doch war ihr Glück stets bedroht. Der Kontrollverlust durch die Arbeit in der Fabrik verstärkte die Ängste der Ludditen vielleicht noch zusätzlich, ähnlich wie wir manchmal mehr Angst davor haben, in einem Flugzeug zu sitzen, als in einem Auto selbst das Steuer zu ergreifen, obwohl Autofahren bekanntermaßen gefährlicher ist. Irgendetwas an dem Gedanken, Teil einer Maschine zu sein, die man nicht selbst steuert, löst bei uns tief liegende Ängste aus.

Diese Ängste haben wir nie überwunden. Während der Weltwirtschaftskrise in den dreißiger Jahren des 20. Jahrhunderts verbreitete die Presse das Klischee, Roboter würden jeden Job übernehmen, der sich irgendwann auftun würde. Es gab populäre Geschichten über Roboter, die angeblich ihre Konstrukteure töteten, und über Roboter, die gegen Menschen beim Boxen antraten.[3] Diese alten Ängste gräbt man heute wieder aus, um zu argumentieren, man müsse sich keine Sorgen machen. »Seht ihr, früher hatte man Angst, die Technik würde die Menschen überflüssig machen, aber das ist nicht passiert. Ähnliche Ängste heute sind genauso dumm wie damals.«

Dazu sage ich: »Ich stimme vollkommen zu, dass die Ängste, gemessen an der Wirklichkeit, damals wie heute fehl am Platz waren und sind. Der Mensch wird immer gebraucht, daran wird sich auch in Zukunft nichts ändern. Die entscheidende Frage für mich ist eine Frage der Buchführung: Wenn wir offen und ehrlich abrechnen, muss auch der menschliche Aspekt seinen angemessenen Stellenwert haben. Falls je die Vorstellung dominiert, dass der Mensch überflüssig ist, dann handelt es sich in Wirklichkeit um einen massiven Abrechnungsbetrug. Und derzeit leiten wir alles für diesen Betrug in die Wege. Damit müssen wir aufhören.«

Doch damals im 19. Jahrhundert stellten sich die Menschen die Welt noch nicht als Information vor, und die Roboter in ihrer Fantasie waren stark und hatten es auf harte Knochenjobs abgesehen. In der Angst vor den Robotern vereinigten sich zwei kulturelle Strömungen und Argumentationslinien, die auch heute noch vielen Diskussionen zugrunde liegen: das »linke« Denken und Science-Fiction.

Das linke Denken findet sich bereits in den frühen Schriften von Karl Marx, der sich in den vierziger Jahren des 19. Jahrhunderts eingehend mit dem Dilemma der Maschinenstürmer befasste. Marx war einer der ersten Technologie-Autoren. Das erkannte ich schlagartig vor vielen Jahren, als ich durch Silicon Valley fuhr und im Radio hörte, wie ein Internet-Startup-Unternehmen seinen top-aktuellen Plan zur Erringung der Weltherrschaft verkündete. Es gab das übliche Geschwätz über Innovationen, mit denen die traditionellen Grenzen des Marktes durchbrochen werden würden und so weiter und so fort. Ich wollte gerade entnervt das Radio ausschalten, als der Moderator erklärte: »Aus Anlass des Jahrestages seines Erscheinens brachten wir eine Lesung aus dem *Kapital* von Karl Marx.« Ich hatte den linksgerichteten Sender KPFA eingeschaltet, ohne es zu merken.

Ich bin kein Marxist. Ich liebe den Wettbewerb auf dem freien Markt, und das Letzte, was ich will, ist ein Leben im Kommunismus. Meine Frau ist im Kommunismus aufgewachsen, sie stammt aus Minsk, und ich bin von dem Übel, das mit dem Kommunismus einhergeht, absolut überzeugt. Aber wenn man die richtigen Stellen raussucht, kann Marx unglaublich aktuell sein.

Jeder Technikanhänger hat angesichts maschinenstürmerischer Szenarien vermutlich schon einmal Selbstzweifel gehegt. Die durch den technologischen Wandel bedingten negativen Auswirkungen auf den Arbeitsmarkt sind nicht gleichmäßig verteilt. Früher oder später kann es jeden treffen, selbst wenn es nur einzelne Unglücksraben sind, irgendwann könnte jemand die Rolle des Maschinenstürmers übernehmen. Der technologische Fortschritt ist ungerecht, zumindest auf kurze Sicht. Können wir mit dieser Ungerechtigkeit leben?

Der Grund, warum die meisten Technologie-Anhänger nachts trotzdem ruhig schlafen, liegt darin, dass am Ende offenbar doch jeder schnell genug von den Vorteilen des technischen Fortschritts profitiert und die Welt deshalb nicht implodiert oder explodiert. Mit den neuen Technologien entstehen auch neue Arbeitsplätze, selbst wenn alte vernichtet werden. Die Nachfahren der Ludditen leben heute unter uns und arbeiten als Börsenmakler, Fitnesstrainer und Programmierer. Doch in jüngster Zeit beobachten wir eine andere Entwicklung: Ihre erwachsenen Kinder wohnen immer noch bei ihnen daheim. Ist die Kette zerbrochen?

Weder eine gute Ausbildung noch ein hohes Ansehen schützt die Menschen davor, ein ähnliches Schicksal wie die Ludditen zu erleiden. Die Automatisierung in der Pharmazie oder eine »künstlich intelligente« Software in Rechtsanwaltskanzleien, die die Rechtsrecherche übernimmt, die früher Anwälte durchführten, haben sich bereits als rentabel erwiesen,[4] obwohl wir bei dieser Entwicklung noch ganz am Anfang stehen. Die einzige sichere Position hat derjenige, dem ein wichtiger Knoten im Netzwerk gehört. Und selbst diese Position kann nicht standhalten, wenn es für Menschen keine andere Aufgabe mehr gibt.

Marx beschrieb das eher unterschwellige Problem der »Entfremdung«, also das Gefühl, dass man keine bleibenden Spuren in der Welt hinterlässt, weil sie nicht mehr die eigenen sind und man in einer hochtechnisierten Fabrik Teil eines Systems ist, auf das man keinen Einfluss hat. Heute sorgt man sich sehr um Authentizität und Vitalität, wenn man sein Leben online führt. Sind Facebook-Freunde wirklich Freunde? In diesen Überlegungen klingt auch noch zwei Jahrhunderte später Marx durch, da Informationen zu dem werden, was früher die Produktion war.

Der Sinn im Kampf

H. G. Wells' Science-Fiction-Roman *Die Zeitmaschine*, der 1895 erstmals erschien, prophezeit eine Zukunft, in der sich die Menschheit zu zwei unterschiedlichen Arten weiterentwickelt hat, den Eloi und den Morlocks. Sie überleben in den Überresten einer Zivilisation, die in einem totalitären Albtraum gefangen war und zusammenbrach. Aus der einstigen Trennung zwischen Armen und Reichen sind zwei verschiedene Wesen entstanden, was bei beiden zu Lasten des Charakters ging. Die Eloi, die von den Armen abstammen, sind sanft und unreflektiert, während die Morlocks, die von den Reichen abstammen, dekadent und grausam sind.

Die Morlocks könnten Abkömmlinge der Besitzer der heutigen sozialen Netzwerke oder Hedgefondsmanager sein, während die Vorfahren der Eloi wahrscheinlich die Menschen waren, die sich zu Beginn der Digitalisierung glücklich schätzten, dass ihnen kostenlose Tools halfen, ihren nächsten Couchsurfing-Urlaub effizient zu planen. Faszinierend an Wells' Vision ist, dass die Mitglieder beider Arten degeneriert sind. (Morlocks fressen Eloi, tiefer kann man in Bezug auf Mitmenschlichkeit und Würde wohl nicht sinken.)

Düster wird es in Science-Fiction-Geschichten wie der *Zeitmaschine* oder in den Werken von Philip K. Dick oder William Gibson normalerweise dann, wenn der Mensch durch den technologischen Fortschritt überflüssig geworden ist. Positivere Aussichten bieten sich, wenn Helden erfolgreich gegen die menschliche »Obsoleszenz« ankämpfen und dadurch menschlicher werden.

Dieser Kampf kann sich gegen Außerirdische richten *(Krieg der Welten),* gegen das gute alte Böse an sich *(Star Wars)* oder gegen eine Form der künstlichen Intelligenz wie in *2001, Matrix, Terminator, Kampfstern Galactica* und vielen anderen. In all diesen Fällen ist Science-Fiction rückwärtsgewandt, weil sie die Situation der frühen menschlichen Entwicklung nachbildet, als der Charakter des Menschen in einem Umfeld geprägt wurde, bei dem Sinn untrennbar mit dem Aspekt des Überlebens verbunden war.

Praktischer Optimismus

Kluge Science-Fiction hilft uns bei der Überlegung, wo der Sinn des Lebens liegen könnte, wenn der Mensch durch seine Erfindungen große Macht hat. In den optimistischen Werken der Science-Fiction geht man davon aus, dass wir keine künstlichen Kämpfe gegen unsere eigenen Erfindungen führen müssen, nur um uns immer wieder selbst zu beweisen.

In der in *Raumschiff Enterprise** ausgemalten Zukunft bringen neue Geräte nicht nur eine stärker instrumentalisierte Welt, sondern auch mehr Moral, Spaß, Abenteuer, Sex und Sinn. Ja, es ist der pure Kitsch, oft auch lächerlich, aber was soll's? Diese alberne Fernsehserie bringt das Wesentliche und Liebenswerte in der Technologiekultur auf den Punkt. Es ist eine Schande, dass wir keine angemessene moderne Variante der alten *Enterprise*-Geschichten haben.

Ein wichtiges Merkmal von *Raumschiff Enterprise* und anderen optimistischen Werken der Science-Fiction ist eine deutlich als Mensch zu erkennende Figur oder ein sehr humanes Wesen im Mittelpunkt der Handlung. Im Zentrum der Hightech-Kommandobrücke der Enterprise sitzt Kirk oder Picard, also auf jeden Fall ein Mensch.**

Heute kann man sich kaum vorstellen, dass die optimistischen Techniker der realen Welt in den sechziger Jahren, als *Raumschiff Enterprise* erstmals ausgestrahlt wurde, in der Lage waren, so wunderbare Missionen wie den Flug zum Mond zu bewerkstelligen, ohne über die Computer und die Ausrüstung zu verfügen, die wir inzwischen haben. Das macht bescheiden.

---

* Ich spreche hier von der Fernsehserie. In den *Star Trek*-Filmen finden sich die von mir gelobten Eigenschaften nicht.

** Bei *Raumschiff Enterprise* gibt es auch Androiden mit künstlicher Intelligenz, etwa den Pinocchio-ähnlichen Data. Der Trick ist jedoch, dass Data nicht vervielfältigt werden kann. Wenn es eine Milliarde Wesen wie Data geben würde, wäre er als Figur langweilig und außerdem eine Bedrohung für die Menschheit, wodurch die Serie eine düstere Wendung nehmen würde. Sie wäre dann eher wie *Kampfstern Galactica*.

Zwischen Optimismus und Leistung besteht ein Zusammenhang, der mir typisch amerikanisch vorkommt – aber das könnte daran liegen, dass ich Amerikaner bin. In unserer Popkultur wimmelt es von Botschaften wie der, dass Optimismus Teil des magischen Erfolgsrezepts ist. Das zeigt sich etwa beim »Manifest Destiny«, dem Glauben an die historische Mission der USA, oder an dem Satz »Wenn du es baust, wird er kommen« (aus dem Film *Feld der Träume*), oder an Geschichten wie *Der Zauberer von Oz*, in dem Mut und illusionslose Tatkraft zum Erfolg führen.

Optimismus spielt gerade für Technologen eine besondere Rolle. Es ist schon merkwürdig, wie rationale Technologen manchmal dem Optimismus anhängen, als ob er ein magisches intellektuelles Aphrodisiakum wäre. Sie gehen eine weltliche Version der Pascal'schen Wette ein.

Blaise Pascal argumentierte, dass man besser an Gott glauben solle, denn wenn Gott tatsächlich existiere, hätte man sich richtig entschieden. Wenn sich dagegen herausstelle, dass es keinen Gott gebe, wäre es auch kein großer Schaden, dass man an einem falschen metaphysischen Glauben festgehalten habe. Wirkt sich Optimismus wirklich auf das Ergebnis aus? Die beste Wette ist wohl die, auf »Ja« zu setzen. Ich nehme an, dass die triviale Variante, also eine Art »Kirk'sche Wette«, ganz gut funktioniert.

Ich spreche die Pascal'sche Wette nicht deshalb an, weil sie etwas mit Gott zu tun hat, sondern weil die Logik dahinter meiner Meinung nach den Gedankenspielen ähnelt, die im Kopf der Technologen ablaufen. Dabei ist die Logik hinter der Pascal'schen und der Kirk'schen Wette nicht perfekt. Der Preis, den man für seinen Glauben zahlt, ist im Vorhinein nicht bekannt. Es gibt auch die Überlegung, dass wir einen zu hohen Preis für den Glauben an Gott bezahlt haben. Außerdem könnte man ähnliche Wetten für eine Vielzahl von Vorstellungen abschließen, sie aber nicht alle einhalten. Wie soll man auswählen?

Wie auch immer, wir Technologen haben uns für die Kirk'sche Wette entschieden: Wir glauben, dass die Zukunft durch unsere Arbeit besser sein wird als die Vergangenheit. Die negativen Nebenwirkungen, davon sind wir überzeugt, werden nicht so schlimm ausfallen, dass gleich das gesamte Projekt ruiniert ist. Wir drängen immer weiter voran, ohne genau zu wissen, wohin wir eigentlich gehen.

Unsere Fortschrittsgläubigkeit ist albern und kitschig, genau wie in *Raumschiff Enterprise*, aber trotzdem halte ich sie für die beste Option. Was immer man von Pascal halten mag, die Kirk'sche Wette ist wirklich gut. Am besten verteidigt man sie, indem man sie gegen die Alternativen abwägt, was ich auf den kommenden Seiten auch tun werde.

Meine Auseinandersetzung mit vielen meiner Kollegen dreht sich hauptsächlich darum, dass sie meiner Meinung nach eine andere Wette eingegangen sind. Sie wollen immer noch ein Raumschiff bauen, haben aber Kirk von der Kommandobrücke verbannt.

Wenn meine Ausrichtung auf die Kultur der Technologen ungewöhnlich wirkt, liegt das daran, dass wir Technologen normalerweise nicht das Bedürfnis verspüren, über unsere psychische Motivation oder kulturellen Vorstellungen zu sprechen. Wissenschaftler, die sich mit theoretischer Physik oder Neurowissenschaften beschäftigen, bringen ihr Staunen und ihre Begeisterung für die Schönheit, die ihre Arbeit beinhaltet, oft in Büchern oder Fernsehdokumentationen zum Ausdruck.

Technologen sind weniger motiviert, sich über ihre Arbeit zu äußern, weil wir uns weniger um Unterstützung bemühen müssen. Wir müssen den Steuerzahler oder Verwaltungsbeamten nicht begeistern, weil unsere Arbeit von sich aus rentabel ist.

Das hat zur Folge, dass die kulturellen, spirituellen und ästhetischen Vorstellungen von Naturwissenschaftlern in der Öffentlichkeit diskutiert werden, während Technologen die durchaus große öffentliche Aufmerksamkeit, die sie genießen, dazu nutzen, Werbung für ihre neuesten Produkte zu machen.

Die Situation ist mehr als nur ein bisschen verzerrt, da die Ideen und Motivationen der Technologen eine weit größere Auswirkung auf die Welt haben als die Ideen, über die Naturwissenschaftler diskutieren, wenn sie an die Grenzen ihres Fachgebiets stoßen. So ist es zum Beispiel ganz interessant, dass der eine Biologe Christ ist und der andere Atheist. Aber viel interessanter ist es doch, wenn ein Technologe Sehnsüchte und Verhaltensweisen manipulieren kann, denn dann haben wir eine neue Weltordnung. Die Handlungen eines Technologen verändern Ereignisse direkt, und nicht nur indirekt über einen wissenschaftlichen Diskurs.

Anders ausgedrückt, die nicht-technischen Ideen der Wissenschaftler beeinflussen allgemeine Trends, doch die Ideen der Technologen schaffen Fakten.

Teil 4

Märkte, Energie-
landschaften
und Narzissmus

KAPITEL 10

Märkte und Energielandschaften

Die Technologie des Umgebungsbetrugs

Sirenenserver tun das, was der Idee des Berechnens an sich geschuldet ist. Berechnung ist die Abgrenzung eines kleinen Teils des Universums, hier als Computer bezeichnet, der dazu gedacht ist, sehr gut verständlich und kontrollierbar zu sein, sodass er einem deterministischen, nicht-entropischen Prozess nahekommt. Aber damit ein Computer läuft, müssen die umgebenden Teile des Universums seine Abwärme aufnehmen. Man kann einen örtlichen Schild gegen die Entropie schaffen, doch dann müssen Ihre Nachbarn dafür bezahlen.*

Ein fundamentales Problem tritt auf, wenn man diesen Plan auf die Ökonomie überträgt: Ein Markt ist ein System miteinander konkurrierender Mitspieler, die idealerweise alle jeweils von einer *anderen*, aber nicht a priori *besseren* oder *schlechteren* Informationsposition aus arbeiten. Auf einem Markt der Prä-Internet-Zeit konnte es vorkommen, dass kleine örtliche Mitspieler einen

---

* Der sogenannte »reversible« Computer, eine interessante experimentelle Maschine, vergisst nichts, sodass jede Berechnung sowohl vorwärts wie auch rückwärts ablaufen kann. Solche Geräte bleiben kühl! Dies ist ein Beispiel für die Wechselwirkung von Thermodynamik und Rechenarchitektur. Reversible Computer strahlen nicht so viel Abwärme ab. Vergessen erzeugt »Zufälligkeit« *(randomness)*, was dasselbe ist wie das Aufheizen der Umgebung.

Informationsvorteil gegenüber großen Mitspielern herbeiführten.*

Technisch gesehen müsste das zwar nicht so sein, aber das Internet dient gegenwärtig dazu, örtliche Mitspieler zu zwingen, ihre früheren örtlichen Informationszugangsvorteile zu verlieren. Das reduzierte Vorteils-Portfolio der Ortsansässigkeit zapft Vermögen von jedem ab, der nicht mit einem Spitzenserver verbunden ist.

Es muss keine illegale Manipulation stattfinden, sondern es genügt eine automatische, sterile »unabsichtliche Manipulation«, die dem menschlichen Handeln entzogen scheint und daher über dem Gesetz steht. Der Besitz eines Spitzenservers in einem Netzwerk kommt der Berechtigung gleich, aus dem Netzwerk Miete zu erheben, aber das bedeutet nicht, dass man über die Kleinanzeigen unter »Vermietungen« dorthin gelangt.

Marktpositionen sind traditionell so angelegt, dass sie auf pseudo-darwinistische Weise miteinander konkurrieren. Die Gesellschaft zieht ihren Nutzen gerade aus der Tatsache, dass mehr Möglichkeiten ausprobiert werden, als aus der Perspektive eines einzelnen Mitspielers jemals möglich gewesen wäre, selbst eines Mitspielers mit einer dominanten Informationsperspektive.

Der Aufstieg von Spitzenservern ist im Grunde ein schlechter Scherz. Einerseits gilt es als angesagt, automatische, evolutionäre Prozesse in der Computercloud übermäßig zu preisen und die Fähigkeiten des einzelnen, rationalen Verstandes geringzuschätzen. Andererseits preist man den Erfolg von Geschäftsmodellen, die auf dominanten Servern beruhen, obwohl gerade der Erfolg dieser Unternehmen auf einer Reduktion der evolutionären Konkurrenz auf einem Markt beruht. Man soll das Individuum unterschätzen, außer wenn es mit den größten Computern im Netz verbunden ist – in diesem Fall wird es überschätzt.

---

* Zum Thema des unterschiedlichen Informationszugangs auf einem Markt verweise ich auf das Werk der Wirtschaftsnobelpreisgewinner von 2001, die sich jeweils auf verschiedene Weise damit befassen. http://www.nobelprize.org/nobel_prizes/economics/laureates/2001/press.html.

Imaginäre Landschaften in den Wolken

Man kann sich den Markt als eine Form dessen vorstellen, was in der Informatik als »Optimierungsproblem« bekannt ist. Das ist die Art Problem, bei dem man herausbekommen muss, welche Bedingungen am ehesten zum erwünschten Ergebnis führen.

Nehmen wir zum Beispiel an, Sie möchten eine Dusche nehmen, wobei das Wasser eine bestimmte Temperatur haben und der Wasserdruck genau richtig sein soll. Nehmen wir weiterhin an, Sie haben eine Dusche mit getrennten Ventilen für heißes und kaltes Wasser. Dann können Sie die gewünschten Eigenschaften nicht direkt anwählen. Stattdessen experimentieren Sie mit den beiden Wasserhähnen herum, um die richtigen Einstellungen zu finden, die zur gewünschten Temperatur und zum gewünschten Wasserdruck führen.

Hier haben wir nur zwei Eingabevariablen, heiß und kalt. Einen Markt kann man sich als ein ähnliches System vorstellen, aber mit erheblich mehr Eingabevariablen. So kann man zum Beispiel jeden einzelnen Produktpreis als »Wasserhahn« darstellen. Das führt zu der Vorstellung eines vieldimensionalen Problems – wie bei einer Duscharmatur mit Millionen Einstellknöpfen.

Einstellbare Bedingungen kann man sich als Dimensionen in einer grafischen Darstellung vorstellen. Die Wasserhähne für heiß und kalt wären dann zum Beispiel die X- und Y-Achsen eines Graphen. Legen Sie jetzt ein imaginäres Millimeterpapier auf einen imaginären Schreibtisch vor Ihr geistiges Auge. Stellen Sie sich vor, dass sich auf jedem Punkt des Millimeterpapiers eine Säule erhebt, deren Höhe dem Wunsch der betreffenden Temperatur und des Wasserdrucks an diesem Punkt entspricht. Ein Wald aus diesen Säulen bildet dann auf dem Millimeterpapier eine »Skulptur«. Welche Form hat sie?

Jeder, der Armaturen mit getrennten Heiß- und Kaltwasserhähnen kennt, weiß, dass es nicht so einfach ist, die richtige Temperatur zu finden. Mal dreht man einen der Wasserhähne ziemlich weit auf, ohne viel zu bewirken, dann wieder bewirkt eine winzige Drehung einen enormen Umschlag.

Wenn die Wasserhähne stets gleichmäßige Effekte hervorbrächten, sähe die Skulptur ordentlich und glatt aus, aber bei den meisten Duschen hätte sie in Wirklichkeit scharfe Klippen und Klüfte. Eine solche Darstellung von Resultaten wird wegen der Klippen und Klüfte als »Energielandschaft« bezeichnet.

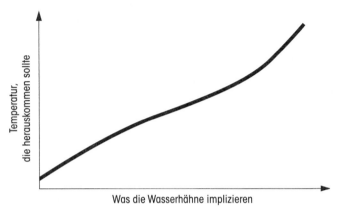

Was man naiverweise von den Positionen der Wasserhähne einer Duscharmatur erwarten würde

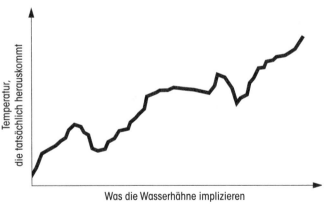

Das tatsächliche Ergebnis

Das größte praktische Problem dabei ist, dass man bei Millionen »Wasserhähnen« nicht so ohne weiteres die idealen Positionen für alle berechnen kann. Eine Landschaft ist manchmal einfach zu kompliziert, um sie umfassend zu bewerten.* Vorankommen kann man nur, indem man an einem bestimmten Punkt der Landschaft beginnt und dann die Eingaben minimal verändert, um festzustellen, ob das gewünschte Ziel dadurch näher rückt. Man kriecht sozusagen über die Landschaft, anstatt darauf herumzuspringen. Mit anderen Worten, man hat die besten Chancen, wenn man die Wasserhähne immer nur ein bisschen weiterdreht, um zu testen, ob sich dadurch das Ergebnis verbessert. Man kann in der Praxis nicht jede mögliche Kombination ausprobieren, weil das viel zu lange dauern würde.

So funktioniert übrigens auch die Evolution. Sie hat es mit vielen Milliarden »Wasserhähnen« in den Genomen der Lebewesen zu tun. Wenn eine neue genetische Variation sich besser fortpflanzt, wird sie verstärkt. Der Prozess läuft in kleinen Schritten ab, weil es bei einer so extrem ausgedehnten und komplizierten Landschaft keine Alternative dazu gibt.

Gewöhnlich stellt man sich die Landschaft so vor, dass die gewünschte Lösung ihren höchsten Punkt bildet. Für ständige Frustration sorgt dabei, dass zwar ein allmähliches Vorantasten auf einen schönen hohen Gipfel führt, aber jenseits des nächsten Tals ein noch höherer Gipfel liegen kann. Die Evolution spielt sich in Millionen Spezies gleichzeitig ab, also findet ein millionenfaches Vorantasten über Gipfel und Täler statt. Das ist einer der Gründe, warum Biodiversität, also Artenvielfalt, so wichtig ist. Mit großer Biodiversität kann die Evolution die gigantische verborgene Landschaft des Lebenspotenzials weit umfassender erkunden.

---

* Wenn man beliebig viel Zeit und Computerkapazität zur Verfügung hätte, um die Berechnungen anzustellen, wäre das eine andere Sache, aber selbst mit der enormen Rechnerleistung des heutigen Cloud-Computings können wir viele Berechnungen, die von Interesse wären, nicht durchführen.

Märkte als Landschaften

Das Konzept eines Marktes gleicht dem der Evolution, wenn auch nur im vergleichsweise kleinen Bereich des menschlichen Handelns. Auf einem Markt koexistiert eine Vielzahl von Unternehmen, wobei jedes Unternehmen einem Bergsteiger in einer imaginären Landschaft gleicht. Jeder dieser Bergsteiger ist dabei, eine andere Route auszuprobieren. Die Anzahl und die Abweichungen der Bergsteiger zu steigern, steigert auch die Chancen, höhere Gipfel zu finden, die ansonsten unentdeckt geblieben wären.

Der Grund, warum eine Ansammlung unterschiedlicher konkurrierender Mitspieler auf einem Markt mehr erreichen kann als ein einzelner beherrschender Mitspieler – wie etwa eine zentrale Planungsbehörde –, ist der, dass sie nicht nur mit jeweils unterschiedlichen Informationen arbeiten, sondern auch mit je unterschiedlichen Wesenszügen ausgestattet sind. Deshalb führt eine Diversität unter den Mitspielern zu einer größeren Vielfalt an Optionen, als sie ein einzelner Mitspieler je erreichen könnte, selbst wenn dieser Mitspieler die Informationen aller anderen besäße.

Cloud-Software läuft auf massiv zusammengeschalteten Parallelrechnern, sodass jeweils gleichzeitig zahlreiche allmähliche Erforschungen der simulierten Landschaft durchgeführt werden können. Dennoch gibt es auch hier keine Garantie, den höchsten Punkt zu finden, selbst in einer simulierten Landschaft. Die Variationen, die zur Unterscheidbarkeit verschiedener Mitspieler auf einem Markt nach relevanten Kriterien führen, sind innerhalb eines einzelnen Sirenenservers nicht vollständig abzubilden.

Eine Gruppe von Bergsteigern, die alle demselben Bergführer folgen, neigt dazu, zusammenzubleiben und insgesamt weniger zu entdecken. Hin und wieder sollte ein Bergsteiger einfach auf gut Glück ausscheren und allein einen unbekannten Pfad erkunden.

Wenn Sie glauben, dass künstliche Intelligenz (KI) bereits genauso kreativ wie wirkliche menschliche Gehirne ist, die im Rahmen wirklicher menschlicher Lebensläufe arbeiten, dann glauben Sie wahrscheinlich auch, dass KI-Algorithmen verlässlicherweise die kreativsten Bergsteiger sind und die höchsten Gipfel finden.

Das stimmt aber nicht. Kein Amazon-Preisfindungs-Bot wird jemals eine kreative Idee für die Preisgestaltung eines Artikels haben, sondern vielmehr einfach einen sehr vorhersehbaren Preiskrieg führen. Bots tun nicht mehr, als die Illusion von KI zu nutzen, um ihre Machtposition in Netzwerken zu verstärken, indem sie blind automatisierte Handlungen durchführen, zum Beispiel eine Preisreduktion auf null. Sirenenserver reduzieren die Diversität der Erkundung, gleichgültig wie umfangreich ihre Berechnungen sind.

Experimentierfreudigkeit und öffentliche Meinung

In der klassischen Wirtschaftstheorie wird der Suche der Märkte nach »Gleichgewicht« großer Wert beigemessen. Dieses Gleichgewicht ist eine andere Form des Gipfels in einer mathematischen Landschaft. Bei den neuesten Formen von Netzwerkökonomik wird immer deutlicher, dass man einfach nicht wissen kann, ob ein gegebenes Gleichgewicht im Vergleich zu möglichen anderen besonders herausgehoben oder wünschenswert ist. Es könnte eine große Anzahl unentdeckter Gleichgewichtszustände geben, die zu bevorzugen wären.*

Die Existenz multipler Gleichgewichte ist eine der großen Verdrießlichkeiten, seit die Netzwerke das Geldgeschäft übernommen haben. Nehmen wir an, es gibt einen Sirenenserver, der eine Menge Geld einbringt. Vielleicht spielt er Spielchen mit Mikrofluktuationen in einer enormen Masse von Signalen. Oder vielleicht spielt er ein Hedging-Spiel oder ein Hochfrequenz-Spiel. Nehmen wir weiter an, das Spiel läuft optimal, und den Betreibern geht es so gut, dass sie glauben, den Schlüssel zum Universum gefunden zu haben.

* Während der Finanzkrise des frühen 21. Jahrhunderts entstand die Mode, zu wirtschaftswissenschaftlichen Konferenzen Mathematiker, Informatiker und Physiker einzuladen, um zu sehen, ob sich dadurch neue Ideen ergäben. Der Physiker Lee Smolin hat als Resultat einiger dieser Tagungen einen interessanten Artikel über multiple Gleichgewichte veröffentlicht: http://arxiv.org/abs/0902.4274.

Es gibt zwei gängige Beurteilungen dieses Tatbestands, und beide liegen falsch. Die eine geht davon aus, das Geld, das mit diesen Aktivitäten gemacht wird, stamme von unschuldigen Normalbürgern und trage zu deren Verarmung bei. Die andere behauptet, dass die Optimierung einer finanziellen Aktivität, die für irgendwen irgendwo Vermögen schafft, durch Herabsickern und die Verbreiterung unternehmerischer Wege unvermeidlich auch der Gesamtwirtschaft nützt. Beide, die »liberale« und die »konservative« Ansicht zum Thema Vermögenskonzentration über ein Netzwerk, beruhen auf der falschen Annahme, dass es nur eine Weise gibt, wie diese Aktivitäten funktionieren können.

Tatsächlich können alle diese Aktivitäten genauso gut funktionieren, wenn sie *andere* Gleichgewichte finden. Wir sollten uns klarmachen: Die Entweder-oder-Logik, die unsere Debatten über Wirtschaftsfragen bestimmt, erfasst nie das vollständige Bild des Möglichen. So ist es zum Beispiel durchaus möglich, dass ein und derselbe Plan eines wie auch immer gestalteten Cloud-Fonds Geld einbringt und gleichzeitig die Beschäftigung steigert. Wagemutige Unternehmer, die die Vorzüge von Sirenenservern genießen, verwandeln sich plötzlich in rückwärtsgewandte Nullsummendenker, wenn es um soziale Fragen geht. Wenn eine Wirtschaft überhaupt Arbeitsplätze schafft, dann kann sie das wahrscheinlich auch, ohne irgendjemandem seinen kostbaren Derivate-Fonds wegzunehmen.

Seit Jahrzehnten weisen Konservative auf diesen Punkt vehement hin. Seit der Reagan-Ära ist es eine Säule des konservativen Denkens, dass Steuersenkungen die Steuereinnahmen erhöhen. Das Argument ist, dass niedrigere Steuern das Wirtschaftswachstum unabhängig von anderen Variablen stimulieren. Das entspricht genau der These, dass es mehr als ein Gleichgewicht gebe.

Das ist die berühmte Laffer-Kurve, die von einem Präsidenten des späten 20. Jahrhunderts, nämlich Ronald Reagan, propagiert und von einem anderen, nämlich George Bush senior, als »Voodoo-Wirtschaftspolitik« verspottet wurde.

Ziemlich kontraintuitiv, oder? Eigentlich sollten, würde man vermuten, niedrigere Steuersätze zu niedrigeren Steuereinnahmen

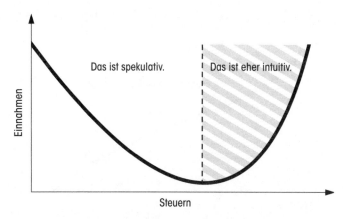

führen. Eine aufwendige, jahrzehntelange und geradezu fanatisch geführte Werbekampagne hat aber eine allgemeine Atmosphäre erzeugt, in der die gegenteilige Vorstellung seriös wirkt, niedrigere Steuern führten zu höheren Steuereinnahmen.

Es gibt zwar große Probleme mit dem Verständnis dieser Idee und wie sie die Politik beeinflusst, aber dass ein Modell einer nicht-linearen, systemischen Sensibilität in weiten Teilen der Gesellschaft auf Akzeptanz stößt, lässt hoffen. Wenn die Öffentlichkeit die Laffer-Kurve »kapiert«, dann kann sie wahrscheinlich auch ein ehrlicheres und ausgewogeneres Gefühl für die nicht-lineare Natur der Herausforderungen gewinnen, denen wir uns gegenübersehen.

Ein ernsthafter Versuch, einen Laffer-Gipfel zu finden, einen langfristigen niedrigen Steuersatz mit höheren Einnahmen,* wäre ein genauso experimentelles und langfristiges Projekt wie die Bemühungen um eine bessere Wettervorhersage. Es wäre genauso lächerlich, zu sagen, eine Laffer-Lösung sei unmöglich, wie zu behaupten, sie ergebe sich automatisch oder sei leicht zu finden.

Im frühen 21. Jahrhundert wurde die Laffer-Kurve in der konservativen Wirtschaftsrhetorik von einer anderen Kurve abgelöst, die eigentlich nur eine Gerade ist:

---

* Es gibt Behauptungen, dass der Effekt kurzzeitig und unter bestimmten Umständen bereits beobachtet worden sei.

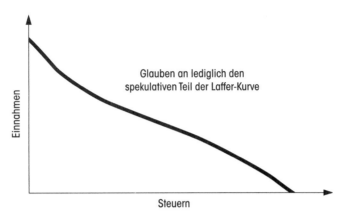

Glauben an lediglich den
spekulativen Teil der Laffer-Kurve

Einnahmen

Steuern

Beide Kurven sind hoffnungslos vereinfacht. Denken Sie an Ihre empfindliche Duscharmatur. Wenn eine Dusche sich schon so komplex verhält, wie dann erst die Wirtschaft! Die Wirtschaft ist ein Big-Data-Problem in der realen Welt, und das heißt, sie hat es mit konkreten Dingen und Menschen zu tun. Sie ist keines von den Scheinproblemen aus dem Big-Data-Bereich, mit denen man Instant-Geschäftsimperien aufbaut. Diese Verwechslung ist eines der großen fatalen Missverständnisse unserer Zeit.

Die ursprüngliche Laffer-Kurve hatte den Vorteil, dass sie zwei Gipfel zu beiden Seiten ihres Tals zeigte. Das war immerhin ein Eingeständnis, dass es multiple Gleichgewichte geben kann. Ihr jetziger Ersatz, der absolute Glauben an die »Austerität«, also eine rigorose Sparpolitik, ist dagegen ein Rückschritt, der nicht einmal das anerkennt. Sie zu akzeptieren bedeutet, sich völlig von den Illusionen einfacher Komplexität hypnotisieren zu lassen.

Es ist sinnlos, abstrakt darüber zu diskutieren, ob die Laffer-Kurve zutrifft oder nicht. Sie ist eine Hypothese über Gipfel und Täler in einer Landschaft realer Möglichkeiten, und diese existieren vielleicht, vielleicht aber auch nicht. Die Möglichkeit ihrer Existenz bedeutet allerdings nicht, dass solche hervorgehobenen Punkte bereits gefunden worden wären.

Systeme mit vielen Gipfeln haben logischerweise auch viele Täler zwischen den Gipfeln. Wenn man Hypothesen über bessere Lösungen des heutigen Umgangs mit komplexen Problemen aufstellt, stellt man automatisch auch Hypothesen über viele neue Möglichkeiten des Scheiterns auf. Also kann es durchaus möglich sein, die Steuern zu senken und dadurch die Steuereinnahmen zu erhöhen oder das Wirtschaftswachstum anzukurbeln, aber diese Möglichkeiten sind sehr empfindlich und lassen sich nicht einfach »einstellen«.

Diese herausgehobenen Punkte in der Landschaft zu finden erfordert eine methodische Suche, die eine bestimmte Art Regierungshandeln impliziert, das denjenigen, die für Steuersenkungen eintreten, vielleicht nicht gefällt. Die Regierung muss in diesem Fall wie ein Forscher handeln. Die Politik muss experimentell in kleinen Schritten geändert werden, um so »durch die Landschaft zu kriechen«. Das bedeutet viele Analysen und Versuche, aber keine Vorwegnahmen, wann die Lösung erreicht sein wird – oder Erwartungen einer perfekten Lösung. Wer behauptet, unfehlbares und detailliertes Vorauswissen über ein komplexes System zu besitzen, hat keine Ahnung. Cloud-Berechnungen haben nie ein garantiertes oder automatisches Ergebnis. Es ist eine komplizierte Art des Zauberns.

Keynes als Big-Data-Pionier

Dasselbe Argument, das für die Besteuerung gilt, kann man auch auf die Schaffung von Arbeitsplätzen anwenden. Keynes war empört über die Situation, wie sie sich ihm darstellte: Arbeiter wollen arbeiten, aber es gibt keine Stellen. Bauunternehmer wollen Häuser bauen, aber die potenziellen Kunden sind pleite. Firmen investieren nicht und halten an ihrem Geld fest. Banken vergeben keine Kredite. Weil die Bauarbeiter keine Arbeit haben, nimmt die Obdachlosigkeit zu. Alle nötigen Käufer, Verkäufer und Investoren scheinen hinter den Kulissen nur auf ihren Einsatz zu warten, zögern aber trotzdem, zu interagieren, um den Markt zu beleben. Das ist die Art Stillstand, die nach Keynes' Lehre mit Stimuli behoben werden sollte.

Depressionen und Rezessionen kann man sich als niedrige

Hügel in der Energielandschaft einer Wirtschaft vorstellen. Wenn man es auf einen solchen Hügel geschafft hat und dann von dort aus in kleinen Schritten vorangeht, verliert man in jeder Richtung zunächst an Höhe. Damit scheint es, als habe man den besten Zustand, der erreichbar ist, schon gefunden. So sieht ein wirtschaftlicher Stillstand aus. An seinem Geld festzuhalten ist besser, als es zu verleihen, wenn der Kreditnehmer arbeitslos ist.

Man kann sich aber leicht einen viel höheren Hügel vorstellen, der jenseits des Tals liegt, das einen umgibt. Wenn der potenzielle Kreditnehmer einen Arbeitsplatz hat, bekommt er den Kredit und kauft sich damit das Haus vom Bauunternehmer, der wiederum den Kreditnehmer beschäftigt. Ein Keynes'scher Stimulus ist als eine Art Tritt gedacht, der einem genügend Schwung verleiht, damit man es durch das Tal auf einen höheren Gipfel schafft.

Keynes vertrat eine offen elitäre Position in der Wirtschaftspolitik und interessierte sich nicht für Einkommensgleichheit oder Planwirtschaft. Er suchte lediglich nach einem Verfahren, um stagnierende Märkte aus der Stagnation zu führen. Der dauerhafte Nachteil dabei ist, dass man jemanden braucht, der beurteilen kann, wie und wann genau man einen stimulierenden Tritt verabreichen soll. Das heißt ganz einfach, dass man ohne Forscher nun einmal keine Forschung bekommt.

Die Keynes'sche Volkswirtschaftslehre ist eine authentische Form von Big-Data-Wissenschaft. Das heißt, sie ist schwierig und liefert ihre Ergebnisse nicht automatisch oder schnell. (Sie umfasst auch solche Konzepte wie die Laffer-Kurve.)

Die politische Linke ist genauso in Gefahr, dem Irrtum zu erliegen, eine gegebene ökonomische Strategie werde unkomplizierte Resultate bringen, wie die Konservativen. Es gibt keine automatische Korrelation zwischen Sozialausgaben und einer verbesserten sozialen Lage, ebenso wenig wie es eine zwischen finanziellen Stimuli und einer verbesserten finanziellen Lage gibt. Jeder Versuch, von einem Hügel durch ein Tal zu einem höheren Hügel in der Energielandschaft zu gelangen, ist ein Experiment ohne Gewähr.

Eine experimentierfreudige Haltung ist hier die einzige, die voranbringt. Technologien der Komplexität muss man gemessen angehen, mit Geduld und viel Kraft.

Die Möglichkeit, es könnte höhere Gipfel geben, die nur darauf warten, entdeckt zu werden, ist aber auch der Beginn neuer Hoffnung. Nur so entkommen wir dem Klammergriff von Austerität und Akzeptanz privater Spionage-Imperien.

KAPITEL 11

Narzissmus

Der Wahnsinn des Local-Global-Flip

Der wichtigste Grund, Sirenenservern zu misstrauen oder sie zu fürchten, ist nicht, dass sie unfair sind. Das Leben *ist* nicht fair, wie meine konservativen Freunde unermüdlich predigen. Nein, das Problem ist, dass Sirenenserver irgendwann schließlich absurd werden. Der Grund dafür ist das, was ich den »Local-Global-Flip« nenne.

Ein Sirenenserver kann so erfolgreich werden, dass er seine Umgebung optimiert – sie also verändert –, anstatt dass er sich der Umgebung anpasst. Ein erfolgreicher Sirenenserver agiert nicht mehr nur als Mitspieler in einem größeren System, sondern wird zu einer zentralen Kontrollinstanz. Dadurch wird er dumm, wie die zentrale Kontrollinstanz in einer kommunistischen Planwirtschaft. Oder anders ausgedrückt: Ein einstmals lokaler Marktteilnehmer wird so groß wie der Markt selbst, er wird global.

Verantwortlich für das Problem sind nicht Google oder die Derivate-Fonds oder irgendwelche anderen Unternehmen, sondern es ist dieser Umschlag *(flip)* von »lokal« zu »global«.

Billige Netzwerke führen zu übermäßigen und rasch wirksamen Netzwerkeffekten. Diese wiederum bewirken ein Versagen klassischer ökonomischer Modelle, die auf der Konkurrenz zwischen zahlreichen Mitspielern mit unterschiedlichen und begrenzten Informationspositionen beruhen.

So gab zum Beispiel die netzwerkgestützte Finanzwirtschaft so lange vor, sie könne ihr Risiko in die Gesamtwirtschaft auslagern, wie ein Computer, der seine Abwärme an die Umgebung abgibt –

bis sie so groß wie das System selbst wurde und der Computer zwangsläufig durchbrannte.

Genauso lagerten auch die amerikanischen Krankenversicherungen das Risiko in das Gesamtsystem aus, indem sie Cloud-Computeranalysen nutzten, um Versicherungen hauptsächlich an solche Menschen zu verkaufen, die keine brauchten. Aber es gab eben keine grenzenlose Umgebung, die die Abwärme aufnehmen konnte. Stattdessen nahmen die Wirtschaftssysteme, auf die sowohl die Finanz- wie die Versicherungswirtschaft angewiesen sind, um überhaupt existieren zu können, schweren Schaden.

Leider sind alle Sirenenserver, wie sie gegenwärtig bestehen, geradezu prädestiniert für solche Untergangsszenarien.

Google könnte enden wie die Schlange Ouroboros aus der griechischen Mythologie, die sich vom eigenen Schwanz her selbst auffrisst, nämlich dann, wenn so viele Waren und Dienstleistungen softwarezentriert geworden sind und so viel Information »umsonst« erhältlich ist, dass es nichts mehr gibt, wofür man bei Google Werbung schalten könnte – womit Google dann ganz einfach seine Einnahmen verlöre.

Ein Gitarrenhersteller, der heute bei Google wirbt, wird das nicht mehr tun, wenn Gitarren eines Tages aus dem 3D-Drucker kommen und die Dateien mit der Druckanleitung »umsonst« erhältlich sind. Andererseits sind kostenlos online verfügbare Informationen die unverzichtbare Lebensgrundlage von Google. Die Google-Server tun ja nichts anderes, als sie zu organisieren. Googles gegenwärtiges Geschäftsmodell ist daher langfristig eine Sackgasse.

Der Local-Global-Flip reduziert darüber hinaus die Anzahl möglicher Geschäftsideen. Silicon Valley, einst das Tor zu unbegrenzten Möglichkeiten, löst inzwischen eher Klaustrophie aus, weil sich so viele unterschiedliche Firmen mit so unterschiedlichen Kompetenzen und Unternehmenskulturen um denselben globalen Pool sogenannter Anzeigenkunden drängen. Es ist lächerlich, dass Google und Facebook, die als Unternehmen doch sehr unterschiedliche Geschäftsfelder haben, heute weitgehend um dieselben Kunden buhlen.

Sirenenserver glauben, die Welt drehe sich nur um sie

Der Betreiber eines Sirenenservers mag das Gefühl haben, sein Server verfüge über einen gottgleichen Überblick nicht nur über Ereignisse im Netzwerk, sondern auch in der Welt als Ganzes. Es ist die gefährliche Wahnvorstellung, eine globale Optimierung bewirken zu können.

In der Erklärung der Unternehmensziele von Facebook heißt es, die Firma wolle »die Welt offener machen und die Menschen besser miteinander verbinden«. Die offizielle Mission von Google ist es, »die Information der Welt zu organisieren«. Ich kenne zwar keinen Hochfrequenz-Wertpapierhandelsserver, der eine Erklärung seiner Unternehmensziele veröffentlicht hätte, aber wenn ich mit den Betreibern dieser Server spreche, behaupten sie immer, sie optimierten die Ausgaben in »der Welt«. Die Behauptung, die Welt optimieren zu wollen, ist nicht nur selbstsüchtig, sondern auch Selbstbetrug. Die näherungsweisen Optimierungen, die in der realen Welt durch Sirenenserver erzielt werden, sind ja nur vom Standpunkt dieser Server aus optimal.

Für jemanden, der einen Gipfel erstiegen hat, wird dieser Gipfel schnell zur ganzen Welt. Es fällt ihm schwer, sich zu erinnern, dass es auch noch andere Gipfel geben könnte. Das ist eine Erklärung für die eitle Betriebsblindheit bei der Bewertung von Gipfeln, die ein Sirenenserver bereits erreicht hat. Ein Derivate-Fondsmanager erliegt leicht der Illusion, dass sein Fonds der Welt maximale Optimierung und bestmögliches Risikomanagement beschert habe. Der Betreiber eines sozialen Netzwerks wird rasch glauben, dass sein Netzwerk mit der idealen menschlichen Gesellschaft so gut wie identisch sei.

In welcher Hinsicht man eine Dusche optimieren möchte, lässt sich leicht definieren. Sie können bestimmt genau benennen, welche Temperatur und welchen Wasserdruck Sie gerne haben möchten. In welcher Hinsicht aber soll sich ein Markt optimieren? Abstrakt betrachtet vielleicht im Hinblick auf Effizienz, aber Markteffizienz ist wiederum eine subjektive Größe.

Bei Sirenenservern ist Effizienz einfach ein Synonym für den

Einfluss des Servers auf die menschliche Welt – darauf, inwieweit diese Welt das Modell des Servers übernimmt. Das ist einfach die Art, wie Big Data die grundlegende Problematik künstlicher Intelligenz ausdrücken. Man kann nie sagen, wieweit der Erfolg eines KI-Algorithmus eigentlich darauf zurückgeht, dass sich die Nutzer verändern, um ihn erfolgreich erscheinen zu lassen.

Wenn wir uns aber an bloße Abstraktionen halten und zum Beispiel nur die Effizienz vom Standpunkt des Sirenenservers aus betrachten, dann wäre eine »effizientere« Wirtschaft sogar eine, die im Vergleich zu einer weniger effizienten geschrumpft ist. Wenn man eines Tages die Art, wie Roboter die Welt managen, als effizient akzeptiert, dann wird nur noch wenig Geld umlaufen und kaum noch welches investiert werden.

Diese wirtschaftliche Sackgasse entspräche dem Festsitzen auf einem einzigen Gipfelpunkt der Energielandschaft, und zwar auf einem mickrigen Hügelchen. Wenn wir uns der Illusion hingeben, dass es nur einen Gipfel – also einen einzigen Gleichgewichtszustand – geben könne, dann müssten wir auch annehmen, dass jedes Abweichen vom Gipfel dieses Hügels eine Abkehr von Effizienz und Rationalität wäre. Aber das wäre eben nur ein weiteres Beispiel für den mathematischen Analphabetismus, der unsere Politik bereits jetzt vergiftet.

Was immer wir von den Mechanismen des Marktes für uns erwarten, wir finden die höchsten Gipfel jedenfalls nicht, wenn wir die Märkte so organisieren, dass sie Risiken »ausstoßen« (wie Rechner ihre Abwärme) und zu deterministischen Machtakkumulatoren um einige wenige beherrschende Rechnerknoten herum werden. So kann man kaum neue Erkenntnisse gewinnen.

Begrenzungen sind etwas für Muggel (1)

Die endlose Diskussion über das Herzkartell

Vor dreißig Jahren hatte ich das Glück, Marvin Minsky zu begegnen, Professor am Massachusetts Institute of Technology und einer der Begründer des KI-Ansatzes in der Informatik. Marvin war mir gegenüber erstaunlich freundlich und großzügig, der ich damals nur einer von vielen jungen schrägen Typen war, auf die er aufpassen sollte. An seinem Tisch hörte ich frühe Versionen der Begriffe, die erst Jahrzehnte später Silicon Valley und dann die ganze Welt beherrschen sollten.

Anfang der achtziger Jahre war Cambridge in Massachusetts ziemlich heruntergekommen, wie so viele amerikanische Städte der damaligen Zeit. Man sah Häuser, die wie ausgebombt wirkten, und heruntergekommene Gestalten, die durch die Straßen schlichen – und mittendrin befanden sich die Gebäude des MIT. Hier, in den Räumlichkeiten des Instituts, herrschte eine andere Realität, die Atmosphäre vibrierte, unerhörte Dinge kündigten sich an. Der Einbruch der Nerds in die Welt der Normalos hatte gerade erst begonnen.

Eines Abends ließ sich Marvin beim Essen über die Frage der Kosten für künstliche Herzen aus. Wir aßen in seinem wunderbar chaotischen Haus im eleganten Vorort Brookline. Stapel von Büchern, Fach- und Publikumszeitschriften lagen überall herum, sie bedeckten nicht nur den Boden, sondern einfach alles, auch, wie es schien, einen Konzertflügel, aber das konnte man nicht so genau ermitteln. Erstaunliche Artefakte der Naturwissenschaft des 20. Jahrhunderts ragten als Orientierungshilfen hier und da aus dem Papiermeer wie Leuchttürme – Einzelteile berühmter Roboter, Fernrohre sowie einige der frühesten digitalen Musikinstrumente. Der Geruch nach altem Papier und Schmieröl. Begehbar war von dem ehemals großen Haus nur noch ein enges Labyrinth. Schöne alte Holztäfelungen waren hier und da am Ende schmaler Schluchten zu erspähen.

Marvin liebt Provokationen, also verkündet er jetzt: »Jeder herzkranke Milliardär sollte eine Milliarde Dollar für ein künstliches Herz ausgeben. Die Forschung sollte in einem riesigen Projekt wie dem Mondflug oder der Atombombe konzentriert werden. Stopft eine Kleinstadt voll mit Spitzenforschern und Ingenieuren, um das erste wirklich brauchbare künstliche Herz für ein paar reiche Typen zu produzieren. Klar, es gibt noch ein paar andere interessante Projekte, aber kleine Projekte dauern einfach zu lange. Scheut keine Kosten! Macht es richtig! Wenn es erst ein funktionierendes Modell gibt, wird der Preis einbrechen, das ist immer so. Es wird nicht lange dauern, bis sich jeder die Technologie leisten kann. Dass wir uns scheuen, reiche Leute reich sein zu lassen, kostet in diesem Moment Millionen Menschen das Leben.« Marvins Augen hatten ein erstaunliches Glitzern, wenn er zynisch war.

Jemand widersprach, eindeutig ein Vertreter der linken Studentenschaft: »Bekämen wir dann nicht ein Kunstherzkartell? Wie wollen Sie Kunstherz-Erpressung verhindern? Man geriete in Schuldknechtschaft, nur um am Leben zu bleiben.«

»Nein, das würde nicht passieren, und zwar aus demselben Grund, warum es auch bei Computern nicht passiert ist. Mit dem Verkauf vieler billiger Exemplare eines Produktes kann man nämlich mehr Geld verdienen als mit dem Verkauf weniger, aber teurer Exemplare.«

»Aber Geld ist doch nur Mittel zum Machtgewinn. Die Verteilung von Kunstherzen zu kontrollieren wäre ein viel effektiveres Machtmittel.«

»Das könnte man auch über Computer sagen, und es *ist* auch gesagt worden. Sowie es ein Kunstherz gibt, gibt es viele Kunstherzen, also machen Sie sich keine Sorgen über Kartelle. Irgendwann bringt jemand ein erschwingliches Kunstherz auf den Markt, genau wie schließlich der PC auf den Markt kam.«

»Aber ohne Regierungssubventionen für die Anfänge der Informatik wäre auch der Verkauf von Rechnern viel stärker von den Herstellern kontrolliert worden.«

»Schauen Sie, selbst wenn sich zuerst ein Kartell bildet, wird es nicht lange halten. Sie können sich darauf verlassen, dass die Menschen umso eher von einem künstlichen Herzen profitieren, je schneller es entwickelt wird. Die Verzögerung durch Ihre sozialen Bedenken kostet uns viel mehr Zeit, als wir für die Auflösung eines Kunstherzkartells benötigen würden. Warum wollen Sie Millionen Menschen sterben lassen – um Ihre vollkommene Gesellschaft zu erreichen? Ist es das wert?«

Diese Diskussionen waren endlos. Wenn wir endlich vom Reden müde waren, gingen wir nicht schlafen, sondern programmierten bis zur Morgendämmerung.

Es ist lebensgefährlich, kein Gestaltwandler zu sein

Wir wissen gar nicht wirklich, was Technologie alles kann. Vom Horizont her sehen wir den Lichtstreif einer grandiosen Zukunft, in der alles möglich sein wird. Wir können nicht sagen, wie viel davon eine Fata Morgana ist. Wenn man ein technisches Zukunftskonzept von Anfang an für unmöglich hält, verhindert man nur jeden Versuch, herauszufinden, ob es nicht doch möglich ist. Wir dürfen keine Begrenzungen akzeptieren. Grenzen töten.

Das Gefühl, auf der Schwelle zur Überwindung einer solchen vermeintlichen Grenze zu stehen, ist berauschend und unwiderstehlich. Ich habe es nicht nur mehrfach intensiv erlebt, sondern habe auch gelernt, es anderen zu vermitteln. In meinen Vorträgen und bei Laborvorführungen in den achtziger Jahren wob ich in meine Ausführungen Visionen der zukünftigen virtuellen Realität ein, und ich konnte spüren, wie die Leute elektrisiert waren.

In der virtuellen Welt kann man *absolut jede* Welt, *absolut jedes*

Szenario erschaffen. Diese »Nullbegrenzungs-Vorstellung« ist verführerisch und oft trügerisch, aber das wusste ich damals noch nicht. Ich liebe immer noch die Kreativität und alle Formen der Expressivität, aber ich weiß, dass sich Sinn für uns aus dem Kampf gegen Zwänge ergibt. Sinn ergibt sich, wenn Kreativität ein hohes Risiko eingeht. Reibungsfreie Momente im Leben sind wunderbar, man ist locker und entspannt, aber sie sind gewissermaßen nicht die Kür, sondern die Pflicht.

Der Computer an sich ist als »allgemeine« Maschine entwickelt worden, auf der »absolut jedes« Programm läuft. Das ist in der Praxis nicht so, auch wenn wir es nicht recht wahrhaben wollen. Weil sich unser Alltag immer mehr auf Computer stützt, müssen wir uns mit den Illusionen und Wahrheiten der digitalen »Nullbegrenzung« abfinden.

Meine erste musikalische »Nullbegrenzung«

Meine erste Begegnung mit der Verführungskraft der Überwindung der Endlichkeit fand bereits statt, lange bevor ich mich mit Rechnern zu beschäftigen begann.

Als Jugendlicher war ich völlig besessen von den Werken des Komponisten Conlon Nancarrow. Dass es dazu kam, war ungewöhnlich genug gewesen. Ich wuchs in einem kleinen Ort in einem abgelegenen Teil der USA auf, im südlichen Neumexiko – lange bevor es das Internet gab. Es war schon schwierig, in den Genuss der Mainstream-Popkultur zu gelangen, ganz zu schweigen von Aufnahmen von einem obskuren Vertreter der sogenannten Neuen Musik. Und dennoch verschaffte ich mir von irgendwoher ein Tonband und war absolut hingerissen.

Ich war so aufgeregt, dass ich eine Zeitlang von nichts anderem redete. Völlig Fremde versuchte ich zu missionieren, ich predigte auf sie ein, bis ihnen irgendwann die Flucht gelang. Nancarrow war ursprünglich Trompeter und studierte Komposition im Oklahoma der Wirtschaftskrise Anfang der dreißiger Jahre. Dann meldete er sich als Freiwilliger für den Kampf gegen das Franco-

Regime in Spanien und trat der Abraham-Lincoln-Brigade bei, die sich aus linksgerichteten US-Bürgern zusammensetzte, die vor dem Eintritt der USA in den Zweiten Weltkrieg (1942) gegen den Faschismus kämpfen wollten. Später wurde Nancarrow die Wiedereinreise in die USA verweigert. So wie viele Amerikaner, die gegen das Franco-Regime gekämpft hatten, wurde er bizarrerweise als »übereifriger Antifaschist« (»*prematurely anti-Fascist*«) denunziert, was ungefähr gleichgesetzt wurde mit »Kommunist«.

Er ließ sich in Mexiko-Stadt nieder. Hier widmete er sich seiner Musik. Seine Leidenschaft galt besonders den Parametern Zeit und Rhythmus. Dieses Interesse gemeinsam mit seiner Neigung zu Mathematik und Maschinenbau brachte ihn dazu, eine einzigartige musikalische Reise anzutreten. Nancarrow fragte sich: Warum müssen Rhythmen immer von einem regelmäßigen Takt bestimmt werden? Warum als Taktangabe keine irrationalen Zahlen* benutzen oder Rhythmusblätter, die langsam beschleunigen und wieder abbremsen, sich miteinander synchronisieren und wieder entsynchronisieren, wie es Wellen in der Natur tun?

Konnte man in »absolut jedem« Rhythmus komponieren? Die Künstler haben eigentlich nie wirklich die »Nullbegrenzung« erreicht. Es gab immer eine Farbe, die man aus den Pigmenten nicht mischen konnte, oder einen Klang, den die Synthesizer, die in den Siebzigern auftauchten, nicht erzeugen konnten. (Sie konnten noch nicht einmal lebensecht menschliche Sprache nachahmen.) Eine Menge Leute, die sich mit den frühen Synthesizern beschäftigten, taten so, als könnten sie »absolut jeden« Klang erzeugen, aber im Grunde wussten wir alle, dass das nicht stimmte.

Nancarrow sollte einer der ersten Künstler sein, die der »Nullbegrenzung« nahe kamen. Er tat es im Bereich des Rhythmus und benutzte dazu ein ziemlich verrücktes Instrument – das sogenannte Pianola, auch bekannt als Player Piano, ein mechanischer

---

* Musikalische Rhythmen werden gewöhnlich als Brüche angegeben, wie $^4/_4$- oder $^3/_4$-Takt, Letzterer auch als Walzer bekannt. Irrationale Zahlen lassen sich nicht als Brüche ausdrücken. Können sie aber als Rhythmus dienen? Würde Musik in einem solchen Takt die Menschen ansprechen? Conlon fand die Antworten: Ja. Und: Ja.

Spielautomat, der an herkömmliche Klaviere angeschlossen wurde. Nancarrow saß also an seinem Schreibtisch und lochte per Hand die Papierwalzen, die den Automaten steuerten. Er brauchte Monate für eine Minute Musik.

Es wundert mich immer noch, dass Conlon Nancarrow nicht bekannter ist. Seine Musik ist einfach überwältigend. Ich kenne nichts Vergleichbares. Sie hat unglaubliche polyphone Strukturen und Harmonien und, natürlich, Rhythmen. Und sie ist voller Fantasie, denn sie korrespondiert mit einer sehr sinnlichen, wenn auch unvertrauten Welt, die man auf keine andere Weise begreifen oder beschreiben kann. Die meisten Stücke, die er einfach »Studies« nannte, haben als Bezeichnungen nur Nummern, zum Beispiel »Study 27« oder »Study 36« (zwei ziemlich gute Stücke übrigens).

Und dennoch ist es schwierig, den Leuten die Wirkung von Conlon Nancarrows Musik zu vermitteln. Natürlich, im Internet gibt es Dateien, die man abspielen oder sich runterladen kann. Information ist aber nicht gleich Erlebnis. Die einzige Art für mich, die Musik richtig zu genießen, war in Conlons bunkerartigem Studio in Mexiko-Stadt, wo ich ihn irgendwann besuchte. Dort donnerten die Pianolas, dass man jede Note am ganzen Körper spürte. Den heutigen digitalen Aufnahmen fehlt irgendwie die Kraft des Originals. Sie sind zu klinisch oder womöglich auch im falschen Tempo – was weiß ich.*

Man kann von niemandem verlangen, genau zu definieren, wie die Information die Realität unterrepräsentiert. Niemand sollte sich gegenüber der Welt der Information rechtfertigen müssen. Ich weiß nicht, was den Unterschied ausmacht. Auf jeden Fall war es ein Unterschied, ob man dort bei Conlon selbst war oder sich eine Aufnahme anhörte. Im Grunde ziemlich verrückt, weil ein Pianola schließlich nur ein mechanisches Gerät ist. Man sollte meinen, dass man die Musik eines Musikapparats – anders als ein Live-

---

* Ich empfehle Ihnen, sich auf die Suche nach den alten Columbia- oder »1750 Arch«-Schallplatten zu machen, die viel besser als die später bei Wergo erschienen digitalen Aufnahmen sind.

Konzert im Konzertsaal – problemlos auf Tonträger bannen können müsste.

Ich fuhr immer per Anhalter über die Grenze nach Mexiko-Stadt, um Conlon zu besuchen. Mexiko war ein heißes Pflaster in Neonfarben, aber ungefährlich, damals vor den Drogenkriegen. Bei der Ankunft war ich immer so aufgeregt, dass ich kaum sprechen konnte. Ich staune immer noch, dass Conlon und seine Frau, Yoko, diesen seltsamen, unkommunikativen Jugendlichen ertrugen, der ihnen da huldigte.

Conlon hatte für meine Ehrfurcht nicht viel Verständnis. Er war bescheiden, zurückhaltend. Eine elegante Gestalt aus einer Epoche, in der von einem Mann ein gewisses Auftreten erwartet wurde. In seiner ruhigen Art wirkte er auf mich wie eine königliche Statue. Wenn er von Vergangenem sprach, so ohne jeden Anflug von Verklärung. Er arbeitete, freute sich an seiner Familie, seiner Musik und seinem Leben, und damit hatte es sich. Für mich war die Begegnung mit ihm geradezu ein Schock. Ich hatte selbstverständlich erwartet, er würde sich aufführen wie der Messias. (Tief in meinem Innern bin ich aber davon überzeugt, dass er sich sehr wohl bewusst war, wie bedeutsam seine Musik war und ist.)

Für mich war Conlons Musik jedenfalls die entscheidende erste Konfrontation mit einer musikalischen »Nullbegrenzung«. Sie war ein Beispiel dafür, dass jemand präzise, unbegrenzte Kontrolle über einen bestimmten Bereich erreicht hatte und tatsächlich völlig neue Bedeutungen und Sinneseindrücke schuf, indem er aus den Sümpfen, in denen wir alle herumwaten, auf ein neues Plateau der Allgemeingültigkeit gelangte. Wem gelingt schon so etwas? Alan Turing hat es auf jeden Fall geschafft. Die großen analytischen Mathematiker. Aber wer noch? Wer hatte es im Bereich der Kunst geschafft?

Ich setzte alles daran, ebenfalls Ausschau zu halten nach solchen Plateaus. Was Conlon für das Gehör, für Klang und Rhythmus vollbracht hatte, konnte auch für alle fünf Sinne gelingen, für das gesamte menschliche Erleben. Das wäre dann die virtuelle Realität.

»Nullbegrenzungen« ohne Ende

Der Grenzenlosigkeit nachzuspüren war bereits eine zentrale Triebkraft in Silicon Valley geworden, als ich einige Jahre später als junger Erwachsener dorthin zog. So, wie ich damals den Begriff der »virtuellen Realität« einführte, die potenziell »absolut jede« externe Realität oder sensomotorische Empfindung umfassen sollte, so redete ein Typ namens Eric Drexler damals von »Nanotechnologie«. Er hatte Ähnliches wie ich im Sinn, nur bezogen auf die physikalische Realität. Ein anderer meiner Freunde, Stephen LaBerge, experimentierte an der Stanford University mit luziden Träumen. Diese Methode versprach denen, die sie erlernten, »absolut jede« Form der Selbsterfahrung. Silicon Valley war damals ein Tempel, in dem das Streben nach der »Nullbegrenzung« göttliche Verehrung genoss, und das ist im Grunde noch heute so.

»Nullbegrenzung« ist immer noch das Leitprinzip für Freiheit, Leistung und Erfolg im Internetdesign. »Absolut jedes« Musikstück, »absolut jeder« Text, »absolut jedes« Video, erhältlich zu jeder beliebigen Zeit an jedem beliebigen Ort.

Tablet-Computer und Smartphones haben fließende Anwendungsfelder und werden zu »absolut jedem« Gerät, das sich mit den gegebenen physischen Eigenschaften verwirklichen lässt. Ein Tablet kann zum Buch, Gitarrenstimmgerät, Skizzenblock und vielem mehr werden. Mit der Zeit werden auch die physischen Eigenschaften elektronischer Gadgets veränderlicher werden. Wie gesagt, irgendwann werden 3D-Drucker »absolut jede« Form und vielleicht irgendwann auch »absolut jedes« Gerät der Unterhaltungselektronik produzieren.

Die Designs selbst könnten irgendwann Morphing-Qualitäten entwickeln. Ich habe bereits an Robotern gearbeitet, die von Tintenfischarten inspiriert waren, die ihre Form verändern können. Diese Roboter sollen es den Händen ermöglichen, in einer virtuellen Welt beliebige Oberflächen zu erfühlen. Mit einem solchen robotischen Rückkopplungsgerät könnte man zum Beispiel virtuelle Einstellregler tatsächlich fühlen, anstatt sie nur zu sehen.

Es gibt beliebig viele weitere Beispiele. Die synthetische Biologie kann eines Tages womöglich »absolut jeden« Mikroorganismus produzieren, und später vielleicht auch jeden gewünschten Makroorganismus. Der Leitstern, nach dem wir alle navigieren, ist Freiheit von Partikularität.

Teil 5

Wer ist
am meisten
meta?

KAPITEL 12

Story ohne Storyline

Nicht alles ist Chaos

Seit einigen Jahrzehnten gibt es eine mittlerweile sanktionierte Malaise: In gewissen Kreisen wird akzeptiert, dass der zukünftige Ablauf der Geschichte nicht kohärent sein wird. Von nun an werde sich die menschliche Geschichte demnach nicht mehr in einer nachvollziehbaren Weise abspielen, sondern wir alle träten angeblich in ein Schicksal ein, das nicht mehr interpretierbar sei, in dem hergebrachte »Narrationsstrukturen« nicht mehr funktionierten.

Lana Wachowski, Mitautorin und -regisseurin der *Matrix*-Filme, beschrieb ein späteres Filmprojekt, *Cloud Atlas*, als angesiedelt zwischen »der neuen Vorstellung, dass alles fragmentiert ist, und der alten Vorstellung, es gebe einen Anfang, eine Mitte und ein Ende«.[1] Mit dem Nahen der Jahrtausendwende häuften sich solche Geschichtsinterpretationen (wie in Tony Kushners Theaterstück *Perestroika* oder teilweise in Francis Fukuyamas Buch *Das Ende der Geschichte* – beide von 1992). Aber es ist seltsam, dass sie heute immer noch wie etwas Neues vorgetragen wird, auch von technologieorientierten Autoren und Denkern.

Unter Ingenieuren wird man solche Standpunkte allerdings nie zu hören bekommen. Dort folgt man einer ziemlich klaren Storyline: Alles wird immer stärker durch Software vermittelt, Physikalität wird immer stärker durch Technologie veränderbar, und die Realität wird ständig optimiert. Ich sehe diese »Story« nicht unkritisch, aber niemand kann behaupten, sie habe keine Richtung. Das Problem ist, dass in ihr nicht mehr die Menschen die Helden sind.

Vielleicht verschmelzen sie mit Maschinen und werden dadurch unsterblich, aber das ist nur eine Nebenhandlung. Die eigentliche Geschichte ist maschinenzentriert. Sie ist technologischer Determinismus.

Meiner Ansicht nach sind die wirklichen Helden der Geschichte immer noch wir Menschen. Die Technologie ist nie wirklich autonom. Im Netzwerkzeitalter handeln Menschen entweder so, dass sie versuchen, möglichst nah an einen der Spitzen-Sirenenserver heranzukommen, um Macht und Reichtum zu gewinnen, oder sie sind dazu verdammt, vergleichsweise arm und unbedeutend zu werden. Unser angeblich so neues Zeitalter ist also ebenso »geordnet« wie alle früheren auch.

Seit ich mir über Sirenenserver Gedanken mache, drängt sich mir eine einfache Erzählstruktur auf, die mir als Deutungsmuster unseres Zeitalters nur zu gut zu funktionieren scheint. Ich denke, wir treten unbestreitbar in ein Zeitalter der netzwerkgestützten Information ein, und Machtkämpfe um digitale Netzwerke werden zwangsläufig die typischen Geschichten dieses Zeitalters sein.

Der Grund, warum das Informationszeitalter so »fragmentiert« wirkt, ist, dass es im Aufstieg eines Sirenenservers immer Episoden gibt, die wirklich chaotisch und unvorhersehbar sind. Aber diese Episoden sind eingebettet in eine umfassendere logische Struktur. Insgesamt bleibt die »Geschichte« der Kämpfe des Netzwerkzeitalters ebenso gut »erzählbar« wie die Kämpfe der Vergangenheit mit ihren »Königsdramen«, »Dreiecksgeschichten«, »Märchen« und »Whodunnits«.

Der freie Wille

Eine Story muss Helden haben, Automaten allein reichen nicht. Die Menschen, so unterschiedlich sie sind, werden aber in unserem Sirenenzeitalter mehr oder weniger zu Automaten reduziert.

Sirenenunternehmer sind große Anhänger des »freien Willens« – solange es ihr eigener ist. Der Unternehmer will »eine Delle ins Universum machen«* oder sich irgendeine andere heroische, Nietzsche-mäßige Bestätigung für sein Ego verschaffen. Gewöhnliche Menschen allerdings, die an den Knoten des Netzwerks des selbsternannten Helden angeschlossen sind, werden immer stärker auf mechanische Reaktionen beschränkt.

Die Daten eines Sirenenservers müssen zumindest ein wenig Vorhersagekraft haben, oder eher andersherum: Die von ihnen modellierten Menschen müssen zumindest ein wenig berechenbar handeln. Andernfalls wären die Daten überhaupt nicht verwendbar.

Man kann nicht sagen, dass ein System, das sich berechenbar entfaltet, dem freien Willen einen Spielraum lässt.** Wenn Menschen durch einen Server berechenbar werden, haben sie weniger freien Willen als »freilebende« Personen, die nicht an den Server gebunden sind.

Wie weiter oben beschrieben, ist es im Grunde unmöglich, Forschung von Manipulation zu unterscheiden, wenn man den Standpunkt eines Sirenenservers einnimmt. Der Unterschied ist eigentlich keiner, jedenfalls nicht im Hinblick auf die Geschäftspraxis.

Gewöhnliche Menschen werden von der jeweiligen Theorie der Optimierung beeinflusst, die in einen Server eingebettet ist, wenn sie ihn nutzen, und sind daher durch diese Theorie besser berechenbar. Sirenenserver lassen den Menschen ein gewisses Maß an freiem Willen, mit dem Erfolg, dass manche Menschen mehr davon zu haben scheinen, andere dagegen weniger.

Sirenen-Idealisten kritisieren den Versuch, dort einen freien Willen zu fordern, wo er ihrer Meinung nach nicht hingehört.

---

* Ein gewöhnlich Steve Jobs zugesprochener Satz.

** Die Frage, ob die Realität insgesamt deterministisch sei, muss von der Gestaltung der menschlichen Gesellschaft getrennt betrachtet werden. Wegen der Grenzen der Messbarkeit, der Datenspeicherung und anderer Faktoren können wir das Wesen des Determinismus in physikalischen Systemen nicht definitiv testen. Die beiden am gründlichsten experimentell bestätigten physikalischen Theorien, die Quantenfeldtheorie und die Allgemeine Relativitätstheorie, legen widersprechende Einschätzungen des Determinismus zugrunde.

Das ist kein neuer Gedanke, sondern erinnert an frühere Denker wie etwa die Bestsellerautorin Ayn Rand. Befürworter des freien Marktes à la Rand wettern dagegen, Probleme wie Rezessionen oder Armut mit politischen Maßnahmen anzugehen. Wohltätigkeit verachten sie ebenso. Menschliche Willensentscheidungen respektieren sie nur dann, wenn sie von einem Unternehmer kommen.

Neu am gegenwärtigen Netzwerkzeitalter ist die Ausweitung dieser Denkweise auf alle Erfahrungsbereiche. Neue Grenzen werden zwischen den Gebieten gezogen, wo Eigeninitiative gefordert wird und wo sie untersagt ist. Das Spannungsverhältnis von Politik und Wirtschaft hat die ganze Gesellschaft erfasst.

Zum Beispiel vertrauen Kunden von Online-Partnervermittlungen wie eHarmony darauf, dass deren Algorithmen die Chancen für eine dauerhafte Verbindung richtig einschätzen können. Gleichzeitig erwarten sie, dass das Ergebnis ihren vorgefassten Meinungen entspricht. Das ist im Grunde kurios. Um es an einem Beispiel zu illustrieren: Was geschieht, wenn der eHarmony-Algorithmus eine Kundin analysiert und zu dem Ergebnis kommt, sie sei lesbisch, ohne dass die Kundin bislang davon gewusst hätte? Eine solche Einschätzung würde, so glaube ich, von den meisten eHarmony-Nutzern nicht toleriert, obwohl die Beurteilungen, die sie sonst an sich vornehmen lassen, auch nicht weniger intim oder folgenreich sind.

Wir errichten also künstliche Barrieren zwischen Fällen, in denen wir bereit sind, der Cloud-Software eine Entscheidung zu überlassen, als ob wir berechenbare Maschinen wären, und anderen Fällen, in denen wir unsere Entscheidungen für sakrosankt erklären.

Solche bewussten Entscheidungen, wo die Barrieren zwischen Ich und Algorithmus errichtet werden sollen, sind im Zeitalter der Cloud-Software unvermeidlich. Die Grenze zu ziehen zwischen dem, was wir der Berechnung überlassen, und dem, was wir für den heldenhaften freien Willen reservieren, das ist die »Story« unserer Zeit.

Zwangsmaßnahmen auf Autopilot – Spezialisierte Netzwerkeffekte

Belohnende und bestrafende Netzwerkeffekte

»Netzwerkeffekte« sind Rückkopplungseffekte, die ein Netzwerk immer einflussreicher oder reicher machen.* Ein klassisches Beispiel ist der Aufstieg von Facebook. Immer mehr Nutzer zogen immer mehr Nutzer nach sich. Es ist ein bisschen wie in dem alten Spruch, jemand sei für seine Berühmtheit berühmt.

Um zu verstehen, wie Sirenenserver funktionieren, ist es sinnvoll, Netzwerkeffekte in »belohnende« und »bestrafende« einzuteilen. Sirenenserver gewinnen ihre Dominanz durch belohnende Netzwerkeffekte und behalten sie durch bestrafende.

Hier ein klassisches Beispiel für einen belohnenden Netzwerkeffekt. Ein Klischee der Werbebranche besagt: Früher wusste man, dass man die Hälfte seines Werbebudgets verschwendete, aber nicht, welche Hälfte. Sie geben zum Beispiel zig Millionen Dollar für Fernseh- und Zeitschriftenwerbung aus, und es bringt auch durchaus etwas, aber Sie wissen nie genau, wie oder warum.

---

* Geradezu besessen von Netzwerkeffekten waren diejenigen, die sich für das vordigitale Telefonsystem interessierten. Eine noch größere Bessenheit sind sie im Zeitalter der digitalen Netzwerke geworden. Das Metcalfe'sche Gesetz postuliert, dass ein Netzwerk so viel wert sei wie das Quadrat der Anzahl seiner Knoten. Das bedeutet, der Wert nimmt immer rasanter zu, wenn ein Netzwerk erst wächst. Ein Pionier der Erforschung ökonomischer Netzwerkeffekte ist der Wirtschaftswissenschaftler W. Brian Arthur.

Bestimmt laufen viele Ihrer Werbespots, während der Zuschauer gerade auf Toilette ist, und machen die ganzen Aufwendungen sinnlos.

Jetzt ist dagegen zu hören: Wegen der vielen Daten und Platzierungsalgorithmen, über die Google verfügt, könne ein Anzeigenkunde nun endlich herausfinden, welche Hälfte seines Werbe-Etats er verschwendet. Google kann Anzeigen bekanntlich für den individuellen Nutzer gezielt platzieren und die Anzahl der Klicks auf diese Anzeigen registrieren.

Der Grund dafür, dies als belohnenden Netzwerkeffekt einzustufen, ist, dass Erfolg wieder Erfolg hervorbringt. Weil viele Menschen Google benutzen, profitieren andere Menschen wiederum auch davon, Google zu benutzen. Es entsteht ein Rückkopplungseffekt. Je mehr Anzeigenkunden Google nutzen, desto mehr Internetseiten werden zum Beispiel für Google optimiert.

Google als Beispiel ist vielleicht ein wenig missverständlich, weil dieses Unternehmen zum großen Stamm der Sirenenserver gehört, in denen die Nutzer das Produkt sind und die echten Kunden, nämlich die Anzeigenkunden, nicht immer als solche erkennbar sind. (Die verschiedenen Arten von Sirenenservern werden später noch beschrieben.)

Apple ist vielleicht ein besseres Beispiel. Apple-Produkte werden teilweise deshalb gekauft, weil es im Apple-Store so viele Apps dafür gibt. Die Entwickler wiederum werden durch die vielen Kunden im Apple-Store motiviert, noch mehr Apps für Apple zu schreiben. Das ist ein klassischer belohnender Netzwerkeffekt.

Kein Zuckerbrot ohne Peitsche

Die erfolgreichsten Sirenenserver profitieren außerdem von bestrafenden Netzwerkeffekten. Diese beruhen auf Befürchtungen, Risiken oder Kosten, die bewirken, dass »eingefangene« Nutzergruppen es sich zweimal überlegen, bevor sie die Beziehung zu einem Sirenenserver aufgeben. Im Silicon-Valley-Slang wird diese Eigenschaft *stickiness* genannt – man »klebt« fest. Die Mitspieler

schrecken oft vor den Mühen zurück, die mit dem Entkommen aus den Fängen eines Sirenenservers verbunden sind, wenn der bestrafende Netzwerkeffekt erst einmal greift.

Google versteigert seine Anzeigenflächen bekanntlich. Bitte stellen Sie sich deshalb jetzt wieder vor, Sie seien ein Google-Anzeigenkunde. Wenn Sie früher zum Beispiel eine Werbetafel am Straßenrand gebucht hatten, dann konnten Sie sich auch entscheiden, sie wieder aufzugeben und stattdessen mehr in Zeitschriftenwerbung zu investieren. Weder Sie noch irgendjemand sonst hatte eine Ahnung, wer die Werbetafel, die Sie aufgegeben hatten, als Nächster mieten würde. Es konnte ein Möbelhaus sein oder ein Parfümhersteller. Das Risiko, das Sie dabei eingingen, war unbestimmt und unsicher.

Wenn Sie aber Ihre Position in der Anzeigenplatzversteigerung von Google aufgeben, dann wissen Sie genau, dass Ihr Platz an Ihren schärfsten Konkurrenten in der Auktion geht. Dieses Risiko und die Kosten der Aufgabe einer Position werden so besonders beängstigend und ärgerlich gemacht. Sie geben Ihrem Erzrivalen nach! Damit steht ein demütigender, unmittelbarer Rückschlag gegen eine unvermeidlich ungewissere zukünftige Alternative.

Das menschliche Denken regiert hier ganz natürlich mit Verlustängsten.[1] Das gilt im Alltag und erst recht im Geschäftsleben. Es kostet viel Überwindung, ein deutliches Risiko einzugehen, um einen ungewissen Vorteil zu erzielen. Google-Kunden »kleben« daher fest.

Eine andere Art Bindung durch Bestrafung besteht darin, die Nutzer dazu zu bringen, wertvolle Daten in ihrem Server zu speichern, und zwar so, dass diese im Falle einer Kündigung den Zugang dazu verlieren oder sie mühsam und verlustreich retten müssen. Das ist eine sehr verbreitete Strategie.

Wenn Sie bei einem bestimmten Online-Store Geld ausgegeben haben, hängt die Werterhaltung des Erworbenen ganz davon ab, dass Sie diesem speziellen Sirenenserver die Treue halten. Wenn man einmal für die Nutzungsrechte an Musik, Filmen, Büchern oder Apps bei einem bestimmten Sirenenserver bezahlt hat, muss man diese Ausgaben gewöhnlich abschreiben, wenn man seinen

Account dort kündigt. Anschließend muss man alles noch einmal kaufen, wenn man es auf einem anderen Sirenenserver haben möchte. Das ist das genaue *Gegenteil* eines schützendes »Deichs« für die Mittelklasse.

Nicht immer ist es nötig, die Daten völlig zu sperren. Manchmal reicht es schon, sie wertlos zu machen, wenn sie aus dem Zusammenhang gerissen werden müssen. Dafür ist Facebook ein ausgezeichnetes Beispiel. Wenn man erst einmal eine große Menge an persönlichen Daten und Lebenserfahrung dort eingespeist hat, fällt es schwer, das alles aufzugeben. Selbst wenn man alle Daten mitnimmt, geht der Kontext der Wechselwirkungen mit anderen Nutzern verloren. Ein eifriger Facebook-Nutzer muss geradezu einen Teil seiner selbst aufgeben, wenn er sein Facebook-Konto aufgibt. Wenn man seinen Account schließt, wird es für manche Leute schwierig, weiterhin zu den alten Facebook-»Freunden« Kontakt zu halten. Wären Sie bereit, das Risiko einzugehen, einen Teil des eigenen Lebenskontexts zu verlieren, um sich von einem Sirenenserver zu trennen, der Sie ausspioniert?

Verweigerung der Dienstleistung

Eine weitere Methode zur Schaffung eines bestrafenden Netzwerkeffekts läuft über die Kontrolle von Datentransport und Bandbreite. Um diese Methode zu verstehen, sehen Sie sich einfach kurz die Rechnung Ihres WLAN-Providers an. Ein bestimmter Sirenenserver wird zur einzigen Möglichkeit, mit der Informationswelt in Kontakt zu treten. (Unternehmen mit patentierter Hardware, wie Apple, machen es ebenso.) Um sich von ihm zu trennen, müssen Sie oft Vertragsstrafen zahlen und neue Geräte anschaffen und verlieren dadurch womöglich Investitionen, die mit den alten Geräten verbunden sind, zum Beispiel Apps. Erst dann können Sie einen neuen langfristigen Providervertrag abschließen.

Providerdienste müssten nicht einmal unbedingt Sirenenserver sein – sie könnten sich genauso gut darauf beschränken, schlicht und einfach den Dienst zu erbringen, den sie anbieten. Aber inzwischen haben auch diese Anbieter das ganz große Geschäft gewittert und wollen im Big-Data-Business mitmischen. Das führt zu Machtkämpfen, zum Beispiel zwischen einem Smartphone-Anbieter und einem WLAN-Provider, um bestimmte Dienstleistungen und Einkünfte, und stellt das Prinzip der »Netzneutralität« in Frage.

Oft hat man es als Nutzer mit einem ganzen Bündel von Hardware-Sachzwängen zu tun. So ist man vielleicht an einen Provider gebunden, der den PC per Kabel mit dem Internet verbindet, an einen zweiten, der das Mobiltelefon oder das Tablet mit dem WLAN-Router verbindet, und an einen weiteren, der die Geräte liefert und dazu wichtige Dienstleistungen wie einen App-Store.

Das ist ein interessanter Unterschied zwischen Sirenenservern und traditionellen Monopolen. Es gibt keinen Grund, warum es nicht sehr viele Sirenenserver geben sollte. Sie bilden Ökologien anstelle von firmeneigenen Städten. Der Grund, warum sie Sorge auslösen, ist, wie sie die Gesamtwirtschaft verzerren und schrumpfen lassen, indem sie mehr und mehr Werte dem Geldkreislauf entziehen. Aber sie verwandeln sich nicht unbedingt in den einzigen Anbieter auf einem Gebiet, wie es bei den Eisenbahnmonopolen des 19. Jahrhunderts der Fall war.

Erpressung auf Distanz

Es gibt noch weitere bestrafende Netzwerkeffekte, die einer sanften Erpressung gleichen. Manche örtlichen Einzelhandelsverzeichnisse werden immer wieder beschuldigt, die Online-Sichtbarkeit bestimmter Unternehmen zu verhindern oder zu verschlechtern, wenn sie sich weigern, bestimmte »optionale« Premium-Platzierungen zu erwerben.[2] Soziale Netzwerke erheben manchmal Gebühren, um jemanden im Netzwerk »besser sichtbar« zu machen.[3] Das gilt insbesondere für Kontaktnetze in der Art der »Hier sind die Mädels«-App der erwähnten Berkeley-Studenten.[4]

Leser meines letzten Buches erinnern sich bestimmt an die Untersuchung, wie Nutzungsmuster und Nutzungsverhalten in netzwerkgestützte Software »eingesperrt« werden. Ein solches Software-Lock-in wird oft genutzt, um einen bestrafenden Netzwerkeffekt zu schaffen oder zu verstärken. Wenn ein kleineres Unternehmen seine eigenen Abläufe und Programme allzu passend zu den Cloud-Diensten eines der großen Cloud-Provider gestaltet, dann wird es nur zu leicht in diesen Provider »eingesperrt«.

Manche Webseiten sind ziemlich groß geworden und haben sich dabei fast ausschließlich auf belohnende Netzwerkeffekte und kaum auf bestrafende gestützt. eBay zum Beispiel setzt beinahe ganz auf belohnende Effekte. Niemand, der woanders kauft oder verkauft, wird bestraft.* (Bei Amazon ist das anders. Dieser Anbieter geht manchmal mit dem Preis eines Artikels gezielt herunter, um jemanden zu unterbieten, der denselben Artikel billiger verkauft.)

Wenn man von einem bestrafenden Netzwerkeffekt betroffen ist, wird jede Entscheidung zu einer strategischen. Wenn man aus dem Gravitationsfeld eines Sirenenservers ausbrechen möchte, muss man einen langen Atem haben und die Folgen entschlossen durchstehen. Die Last dieses großen Sprungs schafft eine neue Art sozialer Immobilität.

Wer ist hier der Kunde, und wer sind all die anderen Leute?

Um einen bestimmten Sirenenserver zu verstehen, ist es entscheidend, zwischen den verschiedenen Nutzergruppen zu unterscheiden, die auf unterschiedliche Art mit dem Unternehmen verbunden sind. Sirenenserver spielen diese Gruppen oft gegeneinander aus.

Wenn ein Sirenenserver erst einmal in seiner Marktnische eine beherrschende Stellung erringt, nämlich nach erfolgtem Lo-

---

* Der Mangel eines plausiblen Umsatzsteigerungskonzepts für Twitter bei Redaktionsschluss dieses Buches liegt an einem ähnlichen Vorgehen: viel Zuckerbrot, wenig Peitsche. Wenn Sie diese Zeilen lesen, kann sich das allerdings bereits geändert haben.

cal-Global-Flip, behandelt er alle, die mit ihm in Verbindung treten, gleichermaßen als Datenquellen und als Objekt der Verhaltensmodifikation. Es gibt aber bei den Nutzern Untergruppen, die mit einer unterschiedlichen Mischung belohnender und bestrafender Netzwerkeffekte behandelt werden. Der einen Untergruppe zeigt man Zuckerbrot und Peitsche vielleicht im Verhältnis eins zu eins, der anderen jedoch hauptsächlich die Peitsche.

Im Fall von Google und Facebook erkennt man anhand dieser Unterscheidung die Trennung zwischen »Nutzern« und »Kunden«. Eine Gruppe, die Nutzer, gilt hauptsächlich als Datenquelle und Objekt für Verhaltensmodifikationen, während eine andere Gruppe, die Anzeigenkunden, zugleich Geldquelle ist. Natürlich muss ein Sirenenserver Geld einnehmen, um als Unternehmen bestehen zu können.

Diese Zweiteilung kann zu Verwirrung führen, wenn man Sirenenserver fälschlicherweise als Monopolisten im hergebrachten Sinne betrachtet. Bei der Evaluierung eines Dienstleisters wie Google sieht man gleich, dass jeder Nutzer sofort auf die Dienste des Unternehmens verzichten kann. Das ist eine Tatsache.* Vom Standpunkt des normalen Nutzers aus arbeitet Google fast ausschließlich mit Zuckerbrot. Aber die andere Gruppe – die echten Kunden, die Anzeigenkunden – ist weniger frei. Sie ist durch die bestrafenden Netzwerkeffekte gebunden.

Im Fall Wal-Mart waren die Zulieferer die »gefangene« Gruppe. Googles echte Kunden sind die »gefangenen« Anzeigenkunden. Wal-Marts Kunden waren aber nicht die entscheidende Gruppe, die das Unternehmen an sich binden wollte. Die Kunden im Einzelhandel wurden zwar dort in geringem Maße an das Unternehmen gebunden, wo es keine anderen Supermärkte mehr gab, aber der größte Teil von ihnen konnte weiterhin auch in anderen Märkten einkaufen. Vielmehr war es die Optimierung der weltweiten Zulieferströme durch bestrafende Netzwerkeffekte, die Wal-Mart so mächtig und reich machte.

---

* Jedenfalls, was die Suchfunktion angeht. Wenn man persönliche Daten in Google-Tools hochgeladen hat, sieht es schon wieder anders aus.

KAPITEL 14

Die Verschleierung des menschlichen Faktors

Die Enthüllung der neuen Ordnung

So gut wie jeder Thriller enthält neuerdings eine Szene, in der die Helden versuchen, in einen fremden Computer einzudringen. So stellt man es sich gewöhnlich vor, wie Machtspiele im digitalen Zeitalter ablaufen, aber ein solches »Knacken« der Sicherheitsschranken ist nur eine Taktik, keine Strategie. Das große Spiel ist ein Rennen um die Schaffung aufsteigender Sirenenserver oder, noch öfter, ein Rennen um einen Platz in einem Sirenenserver, der abhebt wie eine Rakete und in einer Weise aufsteigt, die niemand vorausgesagt hat.

Wettbewerbe um Reichtum und Macht in einem Netzwerk folgen einem bestimmten Muster. Jedes einzelne dieser Netzwerk-Unternehmen durchläuft in seiner Geschichte einen typischen Kreislauf.

Weil mich Menschen aber immer mehr interessieren als Maschinen, möchte ich an dieser Stelle noch einmal die Aufmerksamkeit darauf lenken, wie es den Servern auf ihrem »Lebensweg« gelingt, die realen Menschen auszublenden, die die Quelle ihrer Wertschöpfung sind.

Wer bestellt die Daten?

Einige Sirenenserver gedeihen in einer Welt, in der die Daten ein einziges Durcheinander sind, völlig kryptisch, da ohne Kontext – bis sie durch die Analyse des Servers in eine Ordnung gebracht werden. Google ist wahrscheinlich das bekannteste Beispiel dafür. Ein Sirenenserver in dieser Position wird alles tun, um jede Art »offener« Aktivität zu fördern. Kostenlos zugängliche Daten mit ungenügender Herkunftsangabe im offenen Internet sind der ideale Rohstoff für ein solches Unternehmen.

Ich komme noch darauf zurück, wie eine bemerkenswert einfache Idee in der Netzwerkarchitektur verlorengegangen ist, die die Motivation für die allerersten Entwürfe digitaler Medien war, und wie dieser Verlust einen Großteil des Chaos geschaffen hat, das Suchmaschinen heute zu entwirren versuchen.

Andere Sirenenserver freuen sich über Daten, die entweder beim Hochladen oder später geordnet werden und auf jeden Fall kostenlos sind. Dafür ist Facebook ein Beispiel. Google muss ein Muster im Chaos finden, während Facebook von mir und Ihnen erwartet, Informationen bereits im Kontext hochzuladen, indem wir im Wesentlichen die leeren Felder in vorgegebenen Formularen ausfüllen. Facebook schafft allerdings auch zusätzlich Ordnung durch eigene Analysen, deren Resultate dann in tiefen Kellergewölben versteckt werden.

»Content«-Seiten, die sich fast komplett aus gratis zur Verfügung gestellten Beiträgen generieren, wie etwa das Online-Nachrichtenportal *Huffington Post*, teilen diese Eigenschaft mit Facebook. Internethändler wie Amazon oder eBay sind ebenfalls Beispiele dafür, weil sie nicht für Buchkritiken oder die Gestaltung von Produktpräsentationen bezahlen müssen. Diejenigen, die über diese Unternehmen verkaufen, sind ja meist für die Schaffung und Pflege ihrer Präsentationen selbst verantwortlich, während im traditionellen Einzelhandel die Warenpräsentation meist dem Händler zufällt.

Das ist ein Schlüsselmerkmal für Sirenenserver. Die bescheidenen Nicht-Sirenen verhalten sich so verantwortungsbewusst und kundennah wie möglich, während der Sirenenserver auf Distanz regiert.* In manchen Fällen zwingen Sirenenserver ihre Nutzer sogar dazu, außerordentlich viel Arbeit und Mühe zu investieren, um die Daten des Sirenenservers selbst zu ordnen und zu korrigieren. Ein prägnantes und sehr ärgerliches Beispiel dafür sind Rating-Agenturen, die für den Betroffenen die extrem arbeitsaufwendige Möglichkeit bieten, bei Bedarf die eigenen Daten zu aktualisieren.

Hütchenspiel mit Menschen als Einsatz

Berechnungen innerhalb eines Sirenenservers erfordern gelegentlich immer noch menschliche Arbeit von außerhalb des Unternehmens.** Amazon zum Beispiel hat inzwischen fachkundige Mit-

---

* Ein weiteres Beispiel ist Wikipedia. Ich verurteile Wikipedia nicht und habe in meinem letzten Buch ihre Stärken und Schwächen diskutiert. Wie ich aber bereits erklärt habe, beschneidet Wikipedia den Markt für bestimmte Berufe im Bereich Wissenschaft und Bildung auf lange Sicht. Auf kurze Sicht ist sie dabei, den Bildungssektor zu »demonetisieren«. Wikipedia kann daher ebenfalls als Sirenenserver bezeichnet werden. Sie schafft die Art falscher Effizienz, die »Schutzdeiche« verhindert.
Ein anderes interessantes Beispiel ist Craigslist. Das ist ein sympathisch idealistischer Sirenenserver, der gemäßigt profitorientiert ist. Er verlangt nur für bestimmte Arten von Anzeigen Gebühren, zum Beispiel von potenziellen Arbeitgebern, bietet aber die meisten seiner Dienste kostenlos an. Craig Newmark hätte sein Geschäft wahrscheinlich zu einem Riesen wie eBay oder Amazon ausbauen können. Stattdessen hat er einen Service geschaffen, der für gewöhnliche Menschen einen wichtigen Service bietet – der aber auch eine Krise bei den Lokalzeitungen auslöste, die von bezahlten Kleinanzeigen abhängig waren. Craigslist hat für mich etwas Tragisches, weil das Netzwerk so bescheiden und ethisch wie möglich auftritt und seine Kunden nicht ausspäht, aber trotzdem ein Sirenenserver ist.

** Gewöhnlich gibt es ein Verfahren, mit dem sichergestellt werden soll, dass alles getan wird, um menschliche Beteiligung so lange wie möglich auszuschließen, selbst wenn sie unumgänglich ist. Das Klischee, das wir alle kennen, ist, dass man zum Beispiel bei der Versicherungsgesellschaft anruft, weil einem der Sirenenserver die Übernahme einer wichtigen medi-

arbeiter, echte Menschen, die ans Telefon gehen, wenn man den Kundendienst anruft.

Amazon ist aber auch dabei, die Möglichkeiten zu erkunden, die Sirenenserver der Zukunft von niederen Dienstleistungstätigkeiten zu entlasten. Das Unternehmen bietet ein Internet-Tool namens *Mechanical Turk* (»Mechanischer Türke«) an. Der Name bezieht sich auf einen berühmt-berüchtigten Schachspielautomaten des 18. Jahrhunderts, der gar kein Automat war, sondern in dessen Innerem sich ein Mensch versteckte, der die Tätigkeiten des angeblichen Automaten ausführte.

Amazon versteht dieses Konzept als ein einfaches Mittel zum Outsourcing – und zwar Outsourcing an echte Menschen – all jener Tätigkeiten in der Cloud, die sich mit Algorithmen noch nicht ausführen lassen, aber in einem Rahmen, der für den Nutzer den Anschein erweckt, er habe es mit Software-Komponenten zu tun. Die Schnittstelle leugnet nicht, dass echte Menschen dahinterstehen, bewirkt aber trotzdem das Gefühl, man könne wie durch Zauberei und entsprechend billig nach Bedarf Ergebnisse aus der Cloud abzapfen.

Diese Dienstleistung ist sehr beliebt, wird gefeiert und hat auch schon Konkurrenten. Meine technologieaffinen Freunde schlagen mir gelegentlich ernsthaft vor, dass ich mir die harte Arbeit des Bücherschreibens doch erleichtern solle, indem ich einen Teil der Mühe an den Mechanical Turk delegiere. Irgendwo dort draußen müssen ein paar belesene Seelen nur darauf warten, für ein paar Pennys pro Stunde als Ghostwriter zu arbeiten.

Der Mechanical Turk ist eigentlich nichts grundlegend anderes als andere Sirenenserver, aber er sticht dadurch hervor, wie sichtbar sein wahres Wesen ist. Diejenigen, die solche Jobs annehmen,

---

zinischen Behandlung verweigert hat. Nach einer stundenlangen Odyssee durch das Labyrinth eines automatisierten Callcenters hat man endlich einen wirklichen Menschen am Telefon, wahrscheinlich in Indien oder auf den Philippinen. Es kann gut sein, dass seine Augen die ersten menschlichen Augen überhaupt sind, die Ihre Daten sehen, seit sie auf dem Sirenenserver gelandet sind!

genießen anscheinend oft sogar das amüsante Gefühl, für den Profit eines Dritten eine intelligente Maschine zu simulieren.[1]

Dieses Versteckspiel ist auf dreifache Weise deprimierend.

Zunächst, weil es mal wieder ein »Rennen um den letzten Platz« ist, das die Löhne absolut gesehen so weit wie möglich nach unten drückt[2] und Aushilfsjobs im Burger-Restaurant dagegen wie Sprungbretter zum sozialen Aufstieg aussehen lässt. Aber es gibt genug Menschen, die bereit sind, Aufträge vom Mechanical Turk anzunehmen. Viele scheinen übrigens gelangweilte Kinder von Amerikanern der Mittelschicht zu sein, die noch zu Hause wohnen und sich einfach die Zeit vertreiben wollen.[3]

Wo immer es ein netzwerkgestütztes Rennen um den letzten Platz gibt, gibt es auch einen Sirenenserver, der die einzelnen Beteiligten miteinander verbindet und dem die Datenbank gehört, die ihre Identitäten verbirgt. Würden sie sich untereinander kennen, würden sie ja womöglich eine Gewerkschaft gründen oder auf andere Art »Deiche« errichten.

Die zweite deprimierende Eigenschaft ist, dass die KI-Algorithmen immer besser werden, sodass es allmählich immer einfacher wird, die Beiträge echter Menschen zu leugnen – noch stärker, als es gegenwärtig bereits geschieht.

Und schließlich wird der Mechanical Turk oft für die eher schäbigen Aufgaben im Rahmen eines Sirenenservers eingesetzt. Ein Journalist schreibt, dass vierzig Prozent der angebotenen Aufträge das Verfassen von Spam-E-Mails betreffen.[4]

KAPITEL 15

Die neue Storyline

Der erste Akt ist autokatalytisch

Ein frischgestarteter Sirenenserver ist wie ein neugeborenes Kind in einem feindlichen Ökosystem, das schnell wachsen muss, um in einer Welt von Raubtieren überleben zu können. Wachsen heißt vor allem eine ausreichende Datenmenge schnell zu sich ziehen, und zwar so schnell, dass die Raubtiere es nicht mehr für lohnend halten, die Nische des neuen Sirenenservers, wenn sie ihn bemerken, zu erobern.

Es gibt alle möglichen Arten von Sirenenservern, von konsumentenorientierten Silicon-Valley-Startups, die die Kunden mit »kostenlosen« Ködern anlocken, über Finanzserver, die möglichst unauffällig die Sahne von der Wirtschaft abschöpfen, und Infrastrukturprovider, die plötzlich erkennen, dass auch sie im Big-Data-Geschäft mitmischen können, bis hin zu Regierungen und anderen Institutionen, auf die ich noch zu sprechen komme.

Auf jeden Fall muss der neue Sirenenserver möglichst schnell von null auf hundert kommen, um Netzwerkeffekte nutzen zu können. Der erste Feind, auf den ein neuer Server trifft, ist nicht ein konkurrierender Möchtegern-Server, sondern es ist die »Reibung«.

Wie Reibungsverlust fühlt es sich nämlich an, auf der falschen Seite eines Netzwerkeffekts zu stehen. Selbst das geringste Risiko, selbst die geringsten Ausgaben etwa, die auf den Nutzer zukommen könnten, können den anfänglichen Wachstumsschub behindern. Also unternimmt der neue Server alles, um den Nutzern weiszumachen, es gebe keinerlei Kosten oder auch sonst keinerlei

Risiken. Das kann natürlich nicht stimmen. Wenn man sich bei einem sozialen Netzwerk oder einem App-Store anmeldet, sieht es allerdings ganz so aus.

Da Sie danach fragen …

Hier ist der Ratschlag, den ich gewöhnlich jenen gebe, die sich am Silicon-Valley-Startup-Spiel beteiligen möchten: Sie müssen andere Leute dazu bringen, Ihren Server für irgendetwas zu nutzen. Das kann zu Anfang etwas ganz Unbedeutendes sein. eBay war ursprünglich eine Tauschbörse für Sammler von PEZ-Spendern. Worauf es ankommt, ist, dass Ihnen der Server gehört, auf dem die Sache stattfindet. Wenn Sie einen Haufen Klicks auf Ihrer Facebook-Seite oder auf Ihren Artikeln bei der *Huffington Post* einfahren, dann spielen Sie ein kleines Spiel, nicht das große.

Manchmal können Sie als Raubtier agieren. Vielleicht bemerken Sie einen Anwärter auf einen bestimmten Thron, der nicht so schnell wächst, wie er könnte, und können ihn überholen, nachdem er Ihnen die Arbeit abgenommen hat, eine praktikable Sirenenserver-Nische ausgemacht zu haben. Genau das hat Facebook mit Friendster, Myspace und Co. gemacht.

In anderen Fällen wiederum ist die Idee Ihre eigene, und Sie sind einfach zur richtigen Zeit am richtigen Ort. So war es mit Twitter.

Ein Teil von mir wünscht sich immer noch, dass zum Start eines Sirenenservers echte technische Innovationen nötig wären. Google zum Beispiel beruht ursprünglich auf einem wirklich neuartigen Suchalgorithmus. Facebook hat auch einige technische Probleme zu meistern gehabt, insbesondere, die eigene Kapazität mit dem enormen Nutzeransturm Schritt halten zu lassen, ohne unzuverlässig zu werden, aber man kann wohl nicht sagen, es beruhe auf innovativer Informatik.

Warum die Netzwelt chaotisch wirkt

In letzter Zeit scheinen der Beliebigkeit einfach keine Grenzen mehr gesetzt zu sein. Warum nutzen so viele Menschen Pinterest?* Es gab anfangs zahlreiche Konkurrenten mit ganz ähnlichem Design. Inzwischen profitiert Pinterest von belohnenden Netzwerkeffekten, also ist sein Erfolg keine Überraschung mehr. Man nutzt es, weil andere es nutzen. Aber warum ist gerade dieser Anbieter groß genug geworden, um die Netzwerkeffekte einzuheimsen, und nicht die vielen anderen, ganz ähnlichen »Babys« im Ökosystem?

Es gibt eine Klasse gutbezahlter Analytiker – Statistiker im Dienst von Investoren, Großkonzernen und Kapitalfonds –, die versuchen, die Eigenschaften, die ein hoffnungsvoller Startup-Internetdienst braucht, im Modell nachzubauen, um so voraussagen zu können, welche konkreten Versuche Erfolg haben werden. Das ist, ähnlich wie die Wettervorhersage, keine leichte Aufgabe für eine Wissenschaft. Man hat bereits Fortschritte gemacht, aber ein Element des Chaos und der Unberechenbarkeit bleibt immer. Niemand kann die vielen kleinen Fluktuationen ermitteln, die im Spiel waren, als Pinterest seine Chance nutzte.

Was macht einen Sirenenserver erfolgreich, während ein anderer, scheinbar identischer, abstürzt? Da kann man genauso gut fragen, warum ein alberner »Internet-Mem« (also ein Spruch, ein Bild, eine Idee, die sich rasant im Netz ausbreitet) »ankommt« und ein anderer vergessen wird. Es gibt zahlreiche Faktoren, die meisten ungezählt.

Es ist durchaus vorstellbar, dass auch Pinterest unter nur ein wenig anderen Umständen ein Flop geworden wäre. Vielleicht hätte es genügt, wenn auf der anderen Seite der Erde der berühmte Schmetterling mit den Flügeln geschlagen hätte. Die Betreiber ei-

---

* Es ist immer schwierig, über diese Sachen zu schreiben, weil man nie weiß, welche Phänomene im World Wide Web lange genug überleben, um den Lesern dieses Buches in ein, zwei Jahren noch etwas zu sagen. Pinterest ist ein schnell aufsteigender Star unter den konsumentenorientierten Web-Anbietern. Man kann dort Fotos und andere Daten aus dem Web auf virtuelle Pinnwände kopieren und sie mit anderen Nutzern teilen.

nes Internetdienstes, der gerade am Abheben ist, haben natürlich keinerlei Zweifel daran, dass sie eben alles richtig gemacht haben.

Wann ist ein Sirenenserver ein Monopol?

Wenn die Nutzer Mühe, Geld oder wichtige Daten in einen bestimmten Dienst investieren, zum Beispiel in ein soziales Netzwerk, schaffen die Netzwerkeffekte, wie bereits gesagt, einen einzelnen Sirenenserver oder ein Monopol für die betreffende Art von Daten.

Viele Sirenenserver dieser Art unterliegen so etwas wie dem Pauli'schen Ausschlussprinzip, oder anders gesagt: Sie neigen dazu, pseudo-monopolistische Stellungen auszumachen und konkurrenzlos zu besetzen. Friendster und Facebook können nicht nebeneinander bestehen. Einer von beiden muss gewinnen.

Wenn Sirenenserver aber die Daten eher vermitteln, als sie selbst anzuhäufen, dann kann es mehrere von ihrer Sorte geben. Es gibt viele verschiedene Reiseanbieter im Netz, weil ihnen die Reservierungsdaten, die sie vermitteln, nicht gehören. Es gibt mehrere Sirenen-Finanzdienstleister, weil keinem von ihnen die Wall Street gehört.

Ebenso kann Bing neben Google bestehen, weil weder dem einen noch dem anderen das Web gehört. Genauer: Es ist Platz für zwei Suchmaschinen,* aber Google hat trotzdem eine Art Monopol für suchanfragenbezogene Anzeigenverkäufe, was aber noch etwas anderes ist. Das liegt daran, dass Google beim Anhäufen von Anzeigenkundenbeziehungen Nutznießer eines monopolartigen Netzwerkeffekts ist.

Ein weiteres Beispiel ist die Koexistenz zweier Internet-Buchhändler in den USA: Amazon und Barnes & Noble. Diese Koexistenz ist möglich, weil dem Anbieter die Bücher nicht gehören.

---

* Diese Beobachtung bezieht sich nur auf herkömmliche Personal Computer. Bei Mobiltelefonen hat Google meist einen strukturellen Vorteil, weil es bevorzugt platziert wird.

Wenn aber beide auch im großen Stil anfangen, Bücher zu verlegen, wird einer von beiden untergehen müssen.

Manchmal wird ein potenzielles Sirenen-Monopol durch eine strukturelle oder rechtliche Blockade behindert, die die Reichweite einschränkt. Ein soziales Netzwerk kann zum Beispiel durch eine Sprachbarriere auf bestimmte Weltgegenden beschränkt bleiben, oder es gelingt einem Mobilfunkanbieter, Nutzer nicht nur durch Dateneffekte, sondern auch vertraglich an sich zu binden.

Selbst wenn es in jeder Nische nur einen Sirenenserver gibt, findet man aber eine Menge Nischen.

Freier Aufstieg

Ab welchem Schwellenwert setzen belohnende Netzwerkeffekte ein? Bei konsumorientierten Internetanbietern ab dem Punkt, an dem die Seite genügend Nutzer hat, die kommen, um die allseitige Erwartung zu erfüllen, dass die Plattform, oder was immer es ist, dynamisch und hip ist. Eine zusätzliche Schwelle ist die kritische Zahl von Nutzern, die lange genug erhalten bleiben, um sich an den betreffenden Anbieter zu gewöhnen, sodass die Dynamik nicht an Schwung verliert.

Nicht dass ein zukünftiger Sirenenserver gar keine technischen Voraussetzungen erfüllen müsste, um auf einer Welle zu reiten und ein Riese zu werden. Man sollte zumindest durchgehend erreichbar sein, obwohl Twitter in den Anfangsjahren nicht einmal das war.

Wenn man einen kritischen Punkt überschritten hat, sind eine oder zwei Nutzergruppen fest an einen gebunden. Man kann dann tatsächlich zum Global Player aufsteigen, einen messianischen Einfluss ausüben und den weiteren Weg der Menschheit mitgestalten.

Wenn Sie es bis zu dem Punkt geschafft haben, an dem das Wachstum sich zu beschleunigen beginnt, dann fängt für Sie die Flitterwochenphase an, der freie Aufstieg (das Gegenteil vom freiem Fall). Manche Unternehmer machen in dieser Phase wie verrückt Werbung, während andere vor allem damit beschäftigt sind, die

Sache am Laufen zu halten. Wenn Sie wollen, dass sich der freie Aufstieg fortsetzt, bis Ihr Sirenenserver ein Riese geworden ist, müssen Sie ein paar Dinge beachten …

Wenn die erste Phase gut läuft, erleben Sie einen erstaunlichen Aufschwung, in dem Sie mit enormer Geschwindigkeit Verbindungen und Daten sammeln. In dieser Phase sind alle normalen Regeln des Lebens und des Geschäfts außer Kraft. Sie sind im freien Aufstieg, und alles ist möglich.

Im freien Aufstieg sehen Sie Muster in Daten, die niemand sonst wahrnimmt, als wären Sie ein Orakel. Plötzlich wissen Sie über einen bestimmten Bereich des menschlichen Lebens mehr als alle anderen. Vielleicht erkennen Sie etwas über Essgewohnheiten, Sex, Shopping oder Fahrgewohnheiten.

Einige von denen, die sich um Sie geschart haben, geraten unweigerlich mit in den enormen Sog nach oben, und das garantiert Ihnen noch mehr Aufmerksamkeit als ohnehin schon. Ein früher Investor wird superschnell superreich, oder ein Nutzer Ihrer kostenlosen Dienste wird plötzlich berühmt. Das passiert allerdings nur einer winzigen Anzahl von Leuten. In Wirklichkeit profitieren Sie als Eigentümer des Sirenenservers auf jeden Fall am meisten.

Zuerst ist alles, was Sie haben, der belohnende Netzwerkeffekt. Das heißt, dass Nutzer davon profitieren, sich Ihres Servers zu bedienen, weil auch andere ihn nutzen. Das ist ein angenehmer Teufelskreis, und immer mehr Menschen werden von Ihrem Angebot angezogen. Wenn Sie einen überlebensfähigen Weltklasse-Sirenenserver aufbauen wollen, reicht das aber nicht. Sie müssen zusätzlich einen bestrafenden Netzwerkeffekt einbauen.

Lassen Sie andere für Entropie zahlen

Wenn sowohl belohnende wie bestrafende Netzwerkeffekte Wirkung zeigen, besteht die nächste wichtige Aufgabe darin, dafür zu sorgen, das Risiko auf andere Menschen und Institutionen zu verteilen und es nicht auf Ihren Server zu laden. Dienste wie Pinterest verlangen von den Nutzern stets, dass sie eine Einverständniserklärung anklicken, in der sämtliche Verantwortung für Urheberrechtsverletzungen und Ähnliches auf den Nutzer abgewälzt wird.

Wenn die Menschen Geld zahlen, um Ihren Server nutzen zu können, nehmen Sie es nicht direkt an, wenn sich das vermeiden lässt. Sie sollten so weit wie möglich die Rolle des Vermittlers zwischen Käufern und Verkäufern einnehmen. Dadurch können Sie Provisionen, Platzierungsgebühren, Sichtbarkeitsgebühren und alle anderen Gebühren einnehmen, die Ihnen sonst noch einfallen, aber ohne dass Sie die Verantwortung dafür übernehmen, was sich auf Ihrem Server abspielt.

Lassen Sie sowohl Käufer wie Verkäufer per Mausklick Einverständniserklärungen abgeben, in denen Sie von aller Verantwortlichkeit entbunden werden. Diese obligatorischen Einverständniserklärungen sind die großsprecherischen und wortreichen Ableger jenes Zen-Koans über den Baum, der im Wald umstürzt, ohne dass ihn jemand hört. Niemand liest sie jemals, also werden sie kaum je auf ihre juristische Stichhaltigkeit überprüft. Und niemand will sie lesen, nicht einmal Anwälte. Irgendwelche Anwälte der Electronic Frontier Foundation oder einer ähnlichen Verbraucherschutzorganisation mühen sich vielleicht gelegentlich durch solche Erklärungen hindurch, aber selbst das ist selten. Weil diese Nutzungsbedingungen nie gelesen werden, existieren sie im Grunde auch nicht. Sie bewirken lediglich, dass alle verstehen, dass der Server keine Risiken übernimmt, sondern diese ganz bei den Nutzern liegen. Der Idealfall ist, dass sie so lange niemand liest, bis Ihr Server so groß ist, dass die Leute seine Macht fürchten.

Dieses Prinzip gilt doppelt, wenn Sie auf Ihrem Server einen Wall-Street-Investmentfonds statt eines Silicon-Valley-Startups betreiben. Der ideale Sirenenserver ist einer, für den sie keine spezifischen Entscheidungen treffen. Sie sollten so weit wie möglich alles vermeiden, was konkrete Folgen haben kann. Bevorzugen Sie niemanden, zeigen Sie keinen bestimmten Geschmack. Sie sind der neutrale Vermittler, das Medium, die Schaltstelle, aber keinesfalls ein Handelnder, der für eine Entscheidung verantwortlich gemacht werden könnte. Beschränken Sie die Anzahl solcher Entscheidungen auf ein absolutes Minimum.

Was Sie aber tun können, ist, die Entscheidungsfindung anderer zu beeinflussen. Sie können andere Menschen dazu bringen, ihre Privatsphäre aufzugeben oder eine Geschäftsidee um Gutscheine herum zu organisieren, aber lassen Sie sich selbst nie in einen spezifischen Vorgang einbinden, den andere mit den von Ihnen geschaffenen Mustervorgaben ausführen.

Rechnungen sind langweilig

Einen Sirenenserver kann man nicht ganz kostenlos betreiben. Früher oder später müssen Sie ein paar dieser berühmten Absolventen vom MIT oder vom Caltech einstellen, und Sie haben natürlich die Kosten für Rechner- und Speicherkapazität. Für den Silicon-Valley-Startup-Sirenenserver stellt sich damit die Frage der Kapitalbeschaffung. Es ist ungehörig und uncool, zu Anfang des Spiels über Kapitalisierung nachzudenken. Hab Vertrauen, Mann! Information lässt sich immer in Geld verwandeln, irgendwie, früher oder später.

In der Anfangsphase fließt einem Sirenenserver gewöhnlich nicht viel Geld zu, aber zum Glück kostet sein Betrieb auch nicht viel. Einen Großteil der niedrigqualifizierten mühsamen Arbeit kann man an die Kulis auslagern, die sich bei Mechanical Turk und ähnlichen Plattformen anbieten. »Die reinen Personalkosten für dieses Unternehmen sind unglaublich niedrig«, sagt Keith Rabois, leitender Geschäftsführer von Square, einem vielversprechenden und hoffnungsvollen Sirenenserver, dessen Ziel es ist, der bevorzugte Router für Kreditkarten von Privatkunden zu werden.[1]

Im Erfolgs-Sog

Kurzfristigen Erfolg haben immer mal wieder auch einige kleinere Player am Rande von Sirenenservern. Diese Vom-Tellerwäscher-zum-Millionär-Geschichten haben ihr Vorbild in den Romanen des Groschenheft-Autors Horatio Alger aus dem 19. Jahrhundert, in denen verzweifelte Underdogs durch harte Arbeit das Glück zwingen – nur dass harte Arbeit heute nicht mehr unbedingt eine Voraussetzung ist für den Erfolg.

Schon damals, als sie erschienen, machten die Leute sich lustig über Algers Romane, weil klar war, dass sie falsche Hoffnungen weckten. Sie täuschte den Leser: Selbst wenn die Geschichten auf wahren Begebenheit beruhten, spielen in all diesen Erfolgsstorys derartig viele Unwahrscheinlichkeiten hinein, dass kein Mensch, der sich wie der Held der Geschichte verhalten hätte, einen ähnlichen Erfolg erlebt hätte.

Es gibt zwei moderne Varianten von Horatio-Alger-Geschichten im Zusammenhang mit Sirenenservern. Die erste Variante ist der »virale« Überraschungserfolg. Der findet zum Beispiel auf YouTube statt. Immer wieder einmal erreicht ein sympathischer Mensch dort überwältigende Klickzahlen und verdient vielleicht sogar ein wenig Geld. Auf lange Sicht allerdings bleibt der Erfolg nur, wenn die Betroffenen ihre Internet-Publicity als Hebel benutzen, um in die traditionellen Medien einzusteigen, denen das Internet gleichzeitig ihre Märkte wegnimmt. Castingshows wie *The Voice* sind ein beliebter Anlaufpunkt für YouTube-Stars, obwohl sie auf YouTube mehr Zuschauer erreichen könnten. Aber die alten Medien bieten, selbst in ihrer Abstiegsphase und mit all ihren Problemen, wenigstens eine berufliche Perspektive für Entertainer.

Eine beunruhigendere Version des viralen Scheinerfolgs ist der gelegentliche Ausbruch von Wohltätigkeit auf Websites wie Reddit. Ein Sympathieträger in Not erreicht die Herzen vieler Menschen und erhält Hilfe, gewöhnlich in Form zahlreicher kleiner Geldspenden. Einerseits ist das im Einzelfall natürlich großartig, aber außer dass sich eine Menge Leute danach gut fühlen, ist statistisch gesehen natürlich nichts erreicht worden.

Viraler Erfolg ist allerdings nichts im Vergleich mit einer anderen, etwas selteneren Variante der Vom-Tellerwäscher-zum-Millionär-Geschichte. Wenn ein Sirenenserver sich im Aufstieg und in seiner Flitterwochenphase befindet, kann ein kleiner Player mitunter spektakulär und einzigartig schnell mit nach oben gerissen werden.

Das Web selbst durchlief um die Jahrtausendwende eine Flitterwochenphase, die heute im Nachhinein als »Dotcom-Blase« bezeichnet wird. In dieser Zeit kam es zu wirklich merkwürdigen, verrückten Erfolgsgeschichten, die haufenweise Nachahmer auf den Plan riefen. Meine Lieblingsgeschichte ist die einer jungen Frau, die erst hohe Kreditkartenschulden anhäufte und dann auf einer Webseite um Spenden bat, ihre Schulden abzubezahlen – ohne irgendeinen Nutzen für den Spender und ohne Erklärung, warum er überhaupt spenden sollte. Es funktionierte, aber, wie ich in *Gadget* geschildert habe, nur deshalb, weil sie zufällig genau zur richtigen Zeit kam. Sie erwischte die perfekte Welle im richtigen Moment, und keiner ihrer zahlreichen Nachahmer konnte den Erfolg wiederholen. Natürlich wäre das auch absurd gewesen.

Der Erfolg der jungen Frau rührte daher, dass sie für einen kurzen magischen Moment ein begeistertes Publikum hatte, gerade als das Netzwerk seine Netzwerkeffekte zu entfalten begann, und zwar noch bevor alle Betrüger der Welt ins Netz einfielen und den allgemeinen Nutzen zunichtemachten. Sie war sozusagen der erste Goldsucher während des kalifornischen Goldrauschs im 19. Jahrhundert, der ankam, als das Gold noch auf dem Boden herumlag und man es nur aufheben musste.

Während der Flitterwochenphase eines angesagten Sirenenservers gibt es immer einige wenige Glückliche, die in völlig überzogenem Maß Erfolg haben. Ihre Geschichten verbreiten sich weltweit und schaffen so eine verzerrte öffentliche Wahrnehmung der wahren Chancen.

Die Singer-Songwriterin Amanda Palmer startete zum Beispiel 2012 eine inzwischen legendär gewordene Fundraising-Kampagne in eigener Sache auf Kickstarter. Als Ziel gab sie an, 100 000 Dollar für ihr neues Album und die zugehörige Tour zu benötigen. Sie erhielt über eine Million Dollar. Für die Kickstarter-Seite war das eine von mehreren Erfolgsgeschichten in ihrem Flitterwochenjahr. (Freuen wir uns für Amanda! Ich fände es ja schön, wenn solche Geschichten normal würden, aber wie es aussieht, kann man damit nicht rechnen. Ich lasse mich allerdings gerne widerlegen!)

Ein interessantes psychologisches Phänomen, das auftritt,

wenn ein moderner Horatio-Alger-Held das große Los zieht, ist die Illusion, er habe jetzt selbst Sirenenserver-Status erreicht. Amanda Palmer, die von den Fans bereits üppig finanziert worden war, forderte nun auch noch ihre Fans auf, so sie ein Instrument spielten, in ihrer Begleitband mitzuwirken – natürlich für null Honorar. Sofort griff der Mechanical-Turk-Effekt, und es fanden sich tatsächlich Musiker, die umsonst in Amandas Band spielten. Natürlich erhoben sich sogleich auch kritische Stimmen professioneller Musiker, die Palmers Geschäftsgebaren verurteilten. Palmer gab nach und kündigte an, die Musiker künftig bezahlen zu wollen. (Freuen wir uns auch darüber für sie! Aber eine gesamtgesellschaftliche Lösung ist das nicht.)

Es gibt immer wieder solche Geschichten von jemandem, der den Mega-Erfolg verbucht, der sein ganzes Leben auf den Kopf stellt – weil er zufällig im richtigen Moment die richtige digitale Welle erwischt hat. Gäbe es unter der Herrschaft der Sirenenserver doch nur genügend solcher Momente, um die Gesellschaft damit am Laufen zu halten!

Der letzte Akt

Wie stirbt ein Sirenenserver? Im Moment wissen wir darüber noch nicht viel, weil die Erscheinung an sich noch so neu ist. Man könnte sich zum Beispiel vorstellen, dass Wal-Mart von Amazon erdrückt wird, einfach weil Amazon noch stärker auf Algorithmen setzt als Wal-Mart.

Amazon könnte durch bessere Algorithmen schließlich das Erbe von Wal-Marts Optimierungsprogramm der Lieferkette antreten und damit die Effizienz von Wal-Mart zu seiner eigenen machen. Amazon ist nicht der Erfinder des kostengünstigen Versandhandels, aber wenn Amazon zu einer gegebenen Zeit die besten Spionagedaten hat, könnte der Konzern am meisten von ihm profitieren.

Vielleicht kommt dann irgendein anderer Sirenenserver daher, der sich mit vollautomatisierten Pkw befasst, und kann sich als mehr »meta« als Amazon profilieren. So könnte dieser Server die von Amazon angesammelten Vorteile stehlen, da Amazon für die Warenzustellungen an die Kunden auf Lieferfahrzeuge angewiesen ist. Der Konkurrenzkampf wird sich hauptsächlich so abspielen, dass der eine versucht, mehr »meta« zu sein als der andere und ihn dadurch zu schlucken, anstatt dass sich Konkurrenten spezialisieren.

Dass Sirenenserver sterben können, wissen wir schon. Lehman Brothers hat es vorgemacht.

Sie sterben nicht wie klassische Monopole, die so beherrschend werden, dass schließlich der Gesetzgeber eingreift und sie in Stücke schlägt. Wie würde man Facebook in Stücke schlagen? In einen Dienst für getürkte heiße Bräute und einen für politische Aktivisten? Die Vorstellung ist absurd.

Auch wenn einzelne Sirenenserver sterblich sind, so bleibt doch das Phänomen der Sirenenserver als solches erhalten, und dieses Phänomen ist das wirkliche Problem. Die systematische Entkopplung von Risiko und Belohnung in der sich bildenden Informationsökonomie ist das Problem, nicht dieser oder jener Server.

Geschichten sind nichts ohne Ideen

Ich möchte mich in diesem Buch starkmachen für eine »Zukunftsgeschichte«, in der das Phänomen der Sirenenserver von einem neuartigen, inklusiven Muster abgelöst wird. Aber schon heute, in den »Gegenwartsgeschichten«, wäre es ein Fehler, nur das Chaos und die Sinnlosigkeit in den verrückten Energien der vernetzten Welt zu sehen.

Die Endspiele von Kämpfen zwischen Sirenenservern sind nicht bedeutungslos. Sirenenserver sind nicht austauschbar. Sie teilen zwar alle bestimmte Eigenschaften (Narzissmus, unproportionale Risikoscheu und extreme Informationsasymmetrie), verkörpern aber doch auch in gewisser Weise unterschiedliche »Philosophien«. Die Erfordernisse, die sie als Sirenenserver erfüllen müssen, lassen genug Raum für Variationen. Wettkämpfe zwischen ihnen sind potenziell auch Kollisionen kontrastierender Ideen.

Facebook suggeriert nicht nur eine moralische Verpflichtung, bestimmte Informationen in seinem Netzwerk hochzuladen, sondern auch, dass man Menschen im Wesentlichen mit einer einzigen Schablone darstellen und so vergleichen kann. Damit unterscheidet es sich von Google, das semistrukturierte Internetaktivitäten ermutigt, die Google anschließend am besten organisieren kann.

Twitter suggeriert, dass sich aus vorübergehenden Gedankenblitzen Bedeutung ergibt, die vor allem durch den Kontext des Absenders, weniger durch den Inhalt des Gedankens spezifiziert ist. Darin unterscheidet es sich von Wikipedia, die suggeriert, dass man Gedankenblitze gemeinsam zu einer sinnvollen semantischen Struktur verweben kann, womit sie behauptet, dass Wissen von Meinung getrennt werden kann. Darin unterscheidet sie sich von der *Huffington Post,* in der alles Meinung ist.

In all diesen Fällen sind fraglos große Ideen im Spiel. Die Gestaltung all dieser Websites ist die Verkörperung einer Philosophie, der Versuch einer Antwort auf die Frage, was der Mensch ist, wie Bedeutung entsteht, was das Wesen der Freiheit und das einer idealen Gesellschaft ausmacht. Wenn Sirenenserver sterben, kann es sein, dass die mit ihnen verbundene Idee aus dem Bewusstsein der Menschen verschwindet.

Der Blog TechCrunch führt eine traurige Liste bankrottgegangener Silicon-Valley-Unternehmen, den sogenannten Deadpool.[2] Darin finden wir nicht nur Sirenenserver, die gestorben sind, sondern auch einen frühen Hinweis darauf, wie gemeinsam mit ihnen Ideen verlorengehen können.

So hatte Google zum Beispiel mit viel Aufwand versucht, einen neuen Sirenenserver zum Laufen zu bekommen, mit einem komplexen E-Mail-Chat-Wiki-Dienst namens Wave.[3] Die Überlegung, die hinter der Technologie steckte, war, dass Unterhaltungen zwischen Menschen von Anfang an streng strukturiert werden können, um den Inhalt der Unterhaltung besser weiterverarbeiten zu können. Die lineare, »oberflächliche« Bedeutung sollte in der natürlichen Sprache bewahrt bleiben, selbst wenn alles Gesagte in einer bestimmten baumförmigen Struktur dargestellt werden müsste. Das wiederum suggeriert, dass die menschliche Sprache einerseits rein logisch funktioniert und dass es andererseits neben der Oberflächenstruktur eine zugrunde liegende, »eigentliche« Tiefenstruktur gibt – was alles sehr an Noam Chomskys generative Transformationsgrammtik erinnert. (Ich bin skeptisch, ob diese Vorstellung von Sprache zutreffend ist, aber das tut nichts zur Sache.)

Weil es bei diesem Vorhaben um Daten von kommerziellen Unternehmen ging statt um Daten aus der freien wissenschaftlichen Forschung, kann man eigentlich nicht behaupten, dass diese Idee »falsifiziert« wurde im Sinne Poppers.* Sie war nur einfach mit einem Server verbunden, der scheiterte. Dennoch, mit dem Tod des Sirenenservers ist eine bestimmte Idee – die Frage danach, wie wir miteinander kommunizieren – praktisch gestorben und bleibt vorerst unerforscht.[4]

Die Netz-Geschichte ist ebenso sehr ein Wettstreit von Ideen, wie es der Kalte Krieg war, der zum Beispiel sowohl für Kushner als auch für Fukuyama einen festen Bezugsrahmen darstellt. Geschichte lebt, und die Zukunft ist kein Zufallsprodukt.

---

* Karl Popper war ein österreichisch-englischer Philosoph und berühmt für seine Aussage, dass Wissenschaft niemals zur absoluten Wahrheit gelangt, sondern ihr nur immer näher kommt, indem sie Ideen falsifiziert und durch neue ersetzt, die irgendwann ebenfalls falsifiziert werden.

Der weise Alte in den Clouds

Die Grenzen der Emergenz als Erklärung

Die vom Orden der Jesuiten betriebene University of San Francisco ließ sich bei ihrer Werbekampagne 2012 von der Idee leiten, das Christentum sei etwas Ähnliches wie Facebook. Einer der Werbeslogans lautete: »Unser Chef hat das Netzwerken schon 2000 Jahre vor Mark Zuckerberg erfunden.«[1]

An dem Vergleich ist durchaus etwas dran, und das beunruhigt mich. Beide Einrichtungen – Facebook wie das Christentum – sind auf unkonventionelle Weise zu Macht gelangt. Beide Netzwerke schufen ein Machtzentrum, das sich über Gebiets- und Verwaltungsgrenzen hinwegsetzt und auf einer eigenen Ebene existiert. Beide wurden durch »Social Engineering« im großen Maßstab zu etwas, das man ein »soziales Monopol« nennen könnte.

Das soll nicht heißen, dass ein soziales Monopol notwendigerweise etwas Schlechtes wäre. Es kann vielmehr in atemberaubendem Umfang Gutes in der Gesellschaft bewirken. Die katholische Kirche sorgt ganz zweifellos für die Armen, sie finanziert Millionen eine Ausbildung, heilt Millionen Kranke, unterstützt Millionen Familien und spendete Millionen Menschen Trost und Zuversicht, die dem Tod ins Angesicht sehen. Facebook tauchte 2012 einen Zeh in die Gewässer des Social Engineering, indem es die Zahl der Organspender durch eine einfache Veränderung seines Netzauftritts erhöhte. Weil den Nutzern die Option, Organspender zu werden, direkt angeboten wurde, nahmen viele sie auch an.

Aber das Problem mit isolierten Machtkonzentrationen ist, dass man nie weiß, wer sie erbt. Wenn man mit sozialen Netzwerken genug Macht ausüben kann, um große Menschenmengen zu organisieren, um einen Pharao zu entthronen, wie kann dann ausgeschlossen sein, dass die Menschen mit Hilfe desselben Netzwerks nicht auch zu Lynchmorden und Pogromen angestiftet werden?

Im europäischen Mittelalter, das durch eine schwache Staatsmacht gekennzeichnet war, litt die Kirche unter »schlechten Päpsten«. Die Vergebung der Sünden und sogar der Papst-Titel selbst wurden verkauft und gehandelt, und alle möglichen heuchlerischen und kriminellen Aktivitäten verdrängten völlig die spirituelle und karitative Mission der Kirche.

Das hohe Ideal des Internets ist das gegenseitige Vertrauen der Netzteilnehmer zueinander. Man baut darauf, dass die Menschen sich schon einigermaßen anständig verhalten, wenn man sie nur lässt. Ich gebe gern zum wiederholten Mal bekannt, dass ich Anhänger dieses Ideals bin.

Aber die erwiesene Fähigkeit von Facebook zu mühelosem Social Engineering großer Menschenmassen beweist, dass das Internet in seiner heutigen Form kein emergentes System für Puristen ist, wie so oft behauptet wird, sondern größtenteils von oben gesteuert wird. Es gibt kein löblicheres Ziel für Social Engineering als die Förderung von Organspenden, aber dem positiven Effekt in diesem Fall könnte bei nächster Gelegenheit ein sehr negativer folgen.

Wir machen uns etwas vor, wenn wir glauben, dass sich in den Computer-Clouds ein emergentes meta-menschliches Wesen manifestiere – eine allmächtige künstliche Intelligenz. In Wirklichkeit sind es nur Menschen, die sich hier zeigen, die Betreiber der Sirenenserver, die ihre Fäden ziehen.

Der globale Triumph von Turings Humor

In den Nachrichten stößt man tagtäglich auf die eine oder andere Meldung über neueste Fortschritte in Sachen KI (künstliche Intelligenz): eine Maschine, die lächeln kann, ein Programm, das die

Vorlieben von Menschen bei der Partnersuche oder für Musik voraussagt, ein Roboter, der Kindern Fremdsprachen beibringt. Diese und unzählige andere Geschichten legen nahe, dass die Maschinen schon längst dabei seien, smart und autonom zu werden, dass sie zu einer neuen Lebensform werden sozusagen und dass wir sie uns als Mitgeschöpfe statt als Werkzeuge vorstellen sollen. Aber solche Schlüsse verändern nicht nur unser Denken über Computer, sie verändern auch das Denken über unser eigenes Leben. Mit fatalen Folgen, denn der Begriff »künstliche Intelligenz« ist völlig irreführend.

Was heutzutage in der KI-Forschung entwickelt wird, lässt sich oft am besten ganz ohne das Konzept von »Intelligenz« beschreiben. So stellten zum Beispiel Forscher bei IBM 2011 eine »Antwortmaschine« vor, die für die Teilnahme am Fernsehquiz *Jeopardy* optimiert ist. Angenommen, IBM hätte nicht pompös verkündet, eine KI geschaffen zu haben, sondern einfach gesagt, man wolle Google mit einer neuen Suchmaschine übertrumpfen, die nach Sätzen statt nach Stichwörtern sucht. Damit wäre dem IBM-Team genauso viel (verdiente) Anerkennung zuteilgeworden, aber IBM hätte der Öffentlichkeit gleichzeitig auch gesagt, wie man diese Technologie am besten einsetzen kann.

Heutige KI-Technologien arbeiten gewöhnlich mit einer Variante des bereits beschriebenen Prozesses zur Übersetzung von einer Sprache in eine andere. Innovationen bei Algorithmen sind zwar entscheidend, aber genauso entscheidend ist es auch, die Algorithmen mit Big Data gewöhnlicher Nutzer zu füttern. Das angeblich mit künstlicher Intelligenz erzielte Ergebnis kann als eine Verschmelzung all dessen aufgefasst werden, was reale Menschen zuvor getan haben. Diese Menschen haben eine Menge Fragen beantwortet, und eine Vielzahl der Antworten wird von den Algorithmen aufgelesen und vom Programm wiedergekäut. Das macht es keinesfalls schlechter oder nutzlos. Es ist allerdings auch nicht »magisch«. Die wirklichen Menschen, von denen die Antworten ursprünglich stammen, verdienen eine Bezahlung, die jedes Mal fällig wird, wenn die Maschine eine Antwort gibt.

Denken Sie auch an das Einscannen und Digitalisieren von Büchern. Der Historiker George Dyson schreibt, ein Google-Informatiker habe einmal zu ihm gesagt: »Wir scannen die Bücher ja nicht für Menschen ein, sondern um sie für eine KI lesbar zu machen.« Ob Googles Projekt zum Einscannen von Büchern sich auszahlen wird, muss sich noch herausstellen, aber als rein maschinenzentriertes Projekt wird dies die Entwicklung von Software fördern, die Bücher als reines Futter für die Mühlen betrachtet. Was einmal der individuelle Ausdruck eines Menschen war, wird zu fragmentierten Schnipseln in einer großen Datenbank. Konsistente Inhalte würden zu Informationsbruchstücken atomisiert und angehäuft, wobei die Autoren selbst, ihre Stimmen, ihre unterschiedlichen Sichtweisen, verlorengingen. Unnötig zu sagen, dass dieses Vorgehen seine eigenen Spuren verwischen würde, sodass es schwierig würde, den vereinnahmten Autoren ihre Nanohonorare zukommen zu lassen.

Das alles läuft darauf hinaus, dass die Vorstellung einer künstlichen Intelligenz uns die Ausrede verschafft, Verantwortung von uns zu weisen, indem wir vorgeben, dass Maschinen immer mehr menschliche Verantwortung übernehmen würden. Das gilt auch für Fälle, die wir gar nicht als Äußerungen künstlicher Intelligenz betrachten, zum Beispiel für die zahllosen »Empfehlungen«, die uns übers Netz erreichen. Sich Filme anzusehen und Musikstücke anzuhören, die von Algorithmen empfohlen werden, ist noch vergleichsweise harmlos, würde ich sagen. Aber ich hoffe, dass die Nutzer dieser Dienste den Empfehlungen doch hin und wieder auch widerstehen. Unser Kunstgenuss sollte schließlich nicht durch einen Algorithmus bestimmt werden, von dem wir uns nur einreden, dass er unseren Geschmack und unsere Vorlieben kennt. Diese Algorithmen wissen nichts von Empfindungen oder von Bedeutung, sondern berücksichtigen nur Statistiken und Korrelationen.

Doppelt ärgerlich ist dabei, dass Silicon Valley zwar angeblich KI an die Endverbraucher verkauft, unsere Industrie aber dieselben automatisierten Methoden größtenteils nicht auf die eigene Arbeit anwenden mag. Die Auswahl eines neuen Smartphone-Designs, um ein Beispiel zu nennen, wird jedenfalls keiner Statistik und keinem Algorithmus überlassen. Die Entwickler trauen ihren smarten Maschinen dann doch nicht zu, so etwas genauso gut zu können wie zum Beispiel der verstorbene Steve Jobs bei Apple oder jemand mit einem vergleichbaren Gespür für Produktgestaltung.

Aber der Rest der Menschheit, eingelullt von der Vorstellung immer intelligenterer KIs, soll den Algorithmen vertrauen, die unsere ästhetischen Entscheidungen vorwegnehmen, die Fortschritte eines Schülers berechnen und die Kreditbonität eines Hausbesitzers oder einer Institution bewerten. Dadurch missdeuten wir die Fähigkeiten unserer Maschinen und ebenso unsere eigenen Fähigkeiten als menschliche Wesen. In Wahrheit müssen wir die Verantwortung für jede von einer Maschine durchgeführte Aufgabe übernehmen und jedes Ergebnis eines Algorithmus selbst überprüfen, genauso wie wir nach links und rechts sehen, bevor wir eine Straße überqueren, auch wenn die Fußgängerampel Grün zeigt.

Wenn wir uns Computer als inerte, passive Werkzeuge anstatt als Lebewesen vorstellen, dann sehen wir weitaus klarer, was gerade passiert – mit den Maschinen und mit uns selbst. Weshalb also müssen die Arbeitsergebnisse von Informatik-Entwicklern immer so präsentiert werden, als stammten sie von Dr. Frankenstein persönlich – vom Showeffekt mal abgesehen?

Die Antwort ist einfach: Informatiker sind auch nur Menschen und genauso erschrocken wie alle Menschen über die Vergänglichkeit des Lebens, über Verfall und Tod. Das erklärt die Anziehungskraft einer Einrichtung wie der Singularity University. Diese einflussreiche Institution im Silicon Valley propagiert eine Geschichte, die sich etwa so anhört: Eines Tages in nicht allzu ferner Zukunft wird das Internet sich plötzlich zu einer superintelligenten KI zusammenballen, unendlich klüger als jeder einzelne Mensch und alle Menschen zusammen. Es wird von einem Moment auf den anderen lebendig werden und die Weltherrschaft übernehmen, bevor wir kleinen unbedeutenden Menschen überhaupt nur wissen, wie uns geschieht.

Einige glauben, das derart zu Bewusstsein gelangte Internet werde dann entscheiden, uns zu vernichten, andere glauben, es werde sich großzügig zeigen und uns digitalisieren, etwa wie

Google alte Bücher digitalisiert, sodass wir als Algorithmen im globalen Gehirn ewig weiterleben. Ja, klingt nach Science-Fiction. Oder geisteskrank, wenn man es so unverblümt ausdrückt. Aber solche Ideen sind in Silicon Valley sehr verbreitet. Für viele der einflussreichsten Technologie-Entwickler sind sie Leitlinien, nicht bloß amüsante Tagträumereien.

Es sollte klar sein, dass wir nicht auf das Erscheinen eines »Seelen-Sensors« zählen können, der irgendwie ermittelt, dass das Bewusstsein eines Menschen in die virtuelle Welt überführt und unsterblich geworden ist. Einen Detektor, der metaphysische Vorstellungen ermitteln könnte, gibt es nicht, und es wird ihn nicht geben. Alle Vorstellungen von Bewusstsein, Seele, Geist und so weiter sind abhängig davon, dass da ein Mensch ist, der an sie glaubt. Das führt zu einer bemerkenswerten Schlussfolgerung: Was wir zurzeit erleben, ist die Entstehung einer neuen Religion, der Religion einer technisierten Kultur.

Allerdings muss man bedenken, dass ein großer Teil der geistigen Konflikte in der heutigen Welt von Spannungen an der Grenze zwischen Religion und Modernität herrührt – sei es nun die Ablehnung des wissenschaftlichen Weltbilds durch christliche oder islamische Fundamentalisten oder auch bloß das Unbehagen angesichts von Erkenntnissen zum Thema Klimawandel oder bei den Fortschritten im Bereich der Stammzellenforschung.

Wenn die Technokraten jetzt ihre eigene ultra-moderne Religion schaffen, eine, in der Gläubige aufgefordert werden, sich in Demut und Geduld zu üben, bis ihre Seelen überflüssig gemacht worden sind, dann können wir mit weiteren und schlimmeren Spannungen dieser Art rechnen. Könnten wir aber nicht vielleicht das Unbehagen der Menschen mindern, indem wir die Technologie ohne metaphysisches Brimborium präsentierten?

Technologie ist im Wesentlichen eine Dienstleistung. Die Arbeit von Ingenieuren besteht darin, die Welt zu verbessern. Unsere Erfindungen können Arbeitsbelastung, Armut und Leiden verringern und manchmal sogar eine neue Form von Schönheit in die Welt bringen. Wir können den Menschen Gelegenheiten für moralisch richtiges Verhalten geben, denn wer ärztlich versorgt wird, ein Dach über dem Kopf und genug zu essen hat, kann es sich eher leisten, menschenfreundlich zu handeln, als jemand, der krank ist, hungert und friert.

Aber für Tugend und Menschlichkeit muss man sich immer noch bewusst entscheiden. Deshalb sollten Naturwissenschaftler und Ingenieure ihre technologische Errungenschaft so präsentieren, dass die Alternative, die wir haben, nicht verschleiert wird.

Wir dienen den Menschen am besten, wenn wir unsere religiösen Vorstellungen von unserer Arbeit getrennt halten.

Digitale und prädigitale Theokratie

Wenn wir eine Welt schaffen wollen, die gut ist für den Menschen, dann muss der zunehmenden Gleichsetzung von Menschen und Maschinen entgegengewirkt werden. Wir dürfen nicht zulassen, dass dem technischen Fortschritt eine Philosophie zugrunde gelegt wird, in der Menschen keine herausgehobene Stellung mehr innehaben. Was aber ist eigentlich so besonders am Menschen? Müssen wir auf die Metaphysik oder das Übernatürliche zurückgreifen, um uns selbst zu rechtfertigen?

Ich möchte mich in diesem Buch starkmachen für das, was ich die »humanistische Informationsökonomie« nenne. Zum Humanismus kann auch eine Form des Dualismus gehören. Dualismus bedeutet in diesem Zusammenhang, dass man nicht nur von einer einzigen Ebene der Wirklichkeit ausgeht. Für manche Menschen bedeutet dies, dass es noch eine Ebene des Spirituellen neben der Ebene des rein Gegenständlichen gibt oder auch eine Form des Jenseits. Für mich heißt es erst einmal nur, dass weder die physikalische Realität noch die Logik alles erklären können. Als skeptischer Dualist unternimmt man eine Gratwanderung: Auf der einen Seite lauert der Abgrund des Aberglaubens, auf der anderen Seite ein billiger Reduktionismus.

Dualismus legt nahe, dass es einen Unterschied zwischen Menschen und Maschinen gibt, auch wenn diese Maschinen sehr fortgeschritten sind. Wenn ein Kind sprechen lernt oder wenn es lernt,

Fragen zu stellen, dann erlernt es immer auch komplexe Fähigkeiten wie das Erkennen von Kontexten, es erlernt emotionales und moralisches Verhalten, die unsere maschinellen Erfindungen nicht erzeugen, sondern nur zusammenmischen können.

Viele meiner Freunde aus der Technologie-Szene glauben, dass ich an einer sentimentalen und willkürlichen Konvention festhalte, wie sie mir sagen. Ich halte daran fest, weil ich mich der Wahrheit verpflichtet fühle, und einen pragmatischen Grund habe ich auch: Ich wünsche mir den Fortbestand der Freiheit – für Menschen.

Der Glaube, dass Menschen etwas Besonderes sind, ist unter Technokraten eine Minderheitenposition, und das möchte ich gerne ändern. Die Art, wie wir das Leben erfahren – nennen wir es »Bewusstsein« –, passt nicht in ein materialistisches oder informationelles Weltbild. In letzter Zeit spreche ich lieber direkt von »Erfahrung«, weil die gegnerische Seite jetzt auch den Begriff »Bewusstsein« in Beschlag genommen hat. Der Begriff kann heute auch schon für das »Selbstbild« stehen, das in einem Roboter erzeugt werden kann.

Was ist Erfahrung?

Wenn wir fragen möchten, was »Erfahrung« ist, können wir die Frage so stellen:»Was würde sich ändern, wenn sie in unserer Welt fehlte?«

Wenn Erfahrung, wenn persönliches Erleben im Universum nicht vorkäme, inwieweit wären die Dinge dann anders? Darauf gibt es eine ganze Reihe möglicher Antworten. Eine lautet, dass sich nichts ändern würde, weil das Bewusstsein sowieso immer nur eine Illusion war.

Eine zweite Antwort lautet, dass das ganze Universum verschwände, weil es ohne Bewusstsein nicht auskommt. Diese Vorstellung war charakteristisch für die Anhänger des Frühwerks von John Archibald Wheeler, dem bekannten Physiker. Zu einer bestimmten Zeit glaubte er wohl, das Bewusstsein sei notwendig, um die Dinge am Laufen zu halten, indem es die Rolle des Quantenbeobachters in bestimmten Wechselwirkungen auf der Quantenebene einnimmt.

Eine dritte Antwort könnte lauten, dass eine bewusstseinslose Version unseres Universums der gegenwärtigen ähnlich, aber nicht mit ihr identisch wäre, weil die Menschen ein wenig wahrnehmen würden. Das wäre der Ansatz bestimmter Kognitionsforscher, die vermuten, dass das Bewusstsein eine spezifische, aber begrenzte praktische Funktion im Gehirn hat.

Es gibt aber noch eine weitere mögliche Antwort. Wenn es das Bewusstsein nicht gäbe, blieben die Bahnen sämtlicher Elementarteilchen dieselben. Jede Messung, die man in diesem Universum durchführte, würde ein identisches Ergebnis zeigen. Der Unterschied wäre nur, dass es keine »Makro«- oder Alltagsobjekte gäbe – weder Äpfel noch Häuser, und auch keine Gehirne, um sie wahrzunehmen. Es gäbe keine Worte oder Gedanken, obwohl die Elektronen und chemischen Bindungen, aus denen sie im Gehirn bestünden, so blieben wie vorher.

Es gäbe nur noch die Elementarteilchen, aus denen die Dinge bestehen, in genau denselben Positionen, die sie auch tatsächlich einnehmen, aber nicht die Dinge selbst. Mit anderen Worten: Das Bewusstsein verschafft den Partikeln eine Ontologie. Gäbe es kein Bewusstsein, dann ließe sich das Universum adäquat als aus nichts als Elementarteilchen bestehend beschreiben. Oder, wenn Sie eine Formulierung aus der Informatik bevorzugen: Nur die Bits blieben übrig, aber nicht die Datenstrukturen. Nichts würde noch etwas bedeuten, weil niemand mehr etwas »erleben« würde.

Diese Argumentation wird noch etwas komplizierter, wenn man bedenkt, dass es zwischen unterschiedlichen Beschreibungsebenen in der materiellen Welt begrenzte Informationsbandbreiten gibt, sodass man dynamische Vorgänge auf einer großmaßstäblichen Ebene identifizieren könnte, die sich durch Teilchenwechselwirkungen nicht beschreiben ließen. Aber je großmaßstäblicher ein Vorgang ist, desto eher interpretieren ihn unterschiedliche Beobachter verschieden. In einem minimalen Quantensystem können nur sehr wenige unterschiedliche Messungen durchgeführt werden. Man kann also über ihre Interpretation streiten, aber kaum über ihre Phänomenologie. In einem großen System ist das nicht der Fall. Welche ökonomischen Indikatoren sind die wesentlichen für eine Beurteilung? Darüber besteht keine Einigkeit.

Ich will damit darauf hinaus, dass man immer wieder versucht, den »Beobachter« und seine persönlichen Erfahrungen zu eliminieren, um das Universum, das wir erleben, zu beschreiben – was aber nun einmal unmöglich ist.

Deshalb glaube ich nicht, dass die Vernunft imstande ist, Diskussionen über den Sonderstatus des Menschen zu entscheiden. Solche Dispute erinnern an Kants Versuche, mit Hilfe der Vernunft die Existenz Gottes zu beweisen oder zu widerlegen. Ob es nun um Menschen oder um Gott geht – die Argumentationen verlaufen ähnlich. Ich kann also nicht beweisen, dass der Mensch etwas Besonderes ist, aber ich kann den Standpunkt einnehmen, dass es aussichtsreicher ist, diese These zu unterstützen – denn man kann dadurch viel gewinnen und nur wenig verlieren.

Demokratie

Teil 6

KAPITEL 16

Empörung allein
reicht nicht

Regierungen lernen die Tricks der Sirenenserver

In der digitalen Politik ist eine bestimmte Revolutionslegende weit verbreitet. Dabei wird in der Regel die Schnelligkeit und Raffinesse, aber auch der Aspekt der Inklusivität der sozialen Prozesse im Netz dem schwerfälligen, »exklusiven« Club altmodischer Machthaber in Regierungen oder Konzernen kontrastierend gegenübergestellt. Die Legende vereint die Aktivisten des Arabischen Frühlings mit den chinesischen und iranischen Online-Dissidenten, mit Twitterern in den USA und den Mitgliedern der Piratenparteien in Europa, neureichen Hightech-Milliardären und den von WikiLeaks generierten »Volkshelden«.

Dabei übersieht diese spezielle Vorstellung von einer Revolution, wie Macht zwischen Menschen wirklich funktioniert. Sie schert sich nicht um ökonomische Fragen und sieht allein in der Politik den Feind, den es zu bekämpfen gilt.

Mit unserer digitalen Revolution setzen wir womöglich ein altes, nicht mehr funktionierendes Machtzentrum ab, aber nur um ein neues zu errichten, das genauso wenig funktioniert. Das liegt daran, dass die Online-Opposition gegenüber der traditionellen Macht dazu neigt, neue Sirenenserver zu fördern, die langfristig betrachtet aber um keinen Deut besser sind.

Außerdem ist es dumm, zu denken, dass nur die eine Seite von einer Technologie profitieren wird. Schließlich sind die traditionellen Machtstrukturen während des Aufstiegs der digitalen Netzwerke nicht in eine Art Schockstarre verfallen. Nein, die alten Machtformen haben sich still und heimlich selbst in hocheffektive moderne Sirenenserver verwandelt.

Ein moderner, digital vernetzter nationaler Geheimdienst wie der CIA / NSA / NRO-Komplex in den USA ist dafür das beste Beispiel. Ein Besuch bei einer dieser Organisationen erinnert an einen Besuch im Googleplex, dem Unternehmenssitz von Google, oder in einem großen Hightech-Finanzunternehmen. Dort tummeln sich die gleichen fröhlichen Absolventen der besten Hochschulen in einem luftigen Gebäude mit viel Glas und hervorragendem Kaffee. Mittlerweile florieren Spionage-Sirenenserver in allen Ländern.

Auch in anderer Hinsicht bilden sich Staaten verstärkt zu Sirenenservern um. China, Iran und in unterschiedlichem Maße alle anderen Länder wollen den digitalen Informationsfluss beherrschen und kontrollieren. Es läuft nach dem bekannten Muster ab: Das Entwicklungsland X blockiert bestimmte Websites oder filtert manche Begriffe im Internet heraus, aber mutige Bürger und standhafte Silicon-Valley-Firmen finden Schleichwege, um diese Barrieren zu umgehen. Oder: Das reiche Land Y spioniert mit der Begründung, Terroristen zu jagen, seine Bürger im Internet aus, obwohl es doch eine Demokratie ist.

Gegen die Regulierungswut staatlicher Behörden lässt sich leicht eine Koalition schmieden, weil Kämpfer für die Demokratie und Netzwerkunternehmer den Staat gleichermaßen hassen. Bislang wurde die Staatsmacht durch solche Koalitionen zwar einige Male auf die Probe gestellt, vor allem im Arabischen Frühling, doch andernorts war es nicht so einfach, etwas zu bewirken. Ich vermute, dass die Wirkung der digitalen Netzwerke im Arabischen Frühling darauf zurückzuführen war, dass sie noch so neu waren.* Wenn sich Regierungen auf das Spiel der Sirenenserver

---

* Da ich nicht dabei war, erlaube ich mir auch kein Urteil darüber, ob Hightech aus dem Silicon Valley wirklich eine so große Rolle spielte. Allerdings kann ich es nicht mehr hören, wie wir uns mit Formulierungen wie »Twitter-Revolution« oder »Facebook-Revolution« für die Revolution an-

einlassen, sind sie ziemlich schnell richtig gut. (Anscheinend sind Regierungen besser darin, den Cyber-Organisationen der Bürger zuvorzukommen als den Netzaktivitäten der Wirtschaft, die die Regulierungsbehörden ständig austrickst.)

Langfristig betrachtet befürchte ich, dass die Bemühungen der Online-Aktivisten zur Unterstützung der Demokratie genau in dem Moment nach hinten losgehen, in dem sie scheinbar Erfolg haben. Sich gegen einen bestimmten Sirenenserver zur Wehr zu setzen ist nicht besonders sinnvoll, selbst wenn es sich dabei um das aktuelle Cyber-Konzept eines Nationalstaats handelt, weil man damit nur die anderen Sirenenserver stärkt.

So nutzen Aktivisten beispielsweise die sozialen Netzwerke, um sich über verlorene Vorteile und Chancen zu beschweren, doch die sozialen Netzwerke sind in ihrer derzeitigen Form nichts anderes als Sirenenserver und konzentrieren daher selbst immer mehr Kapital und beschneiden den Handlungsspielraum gewöhnlicher Bürger. In einer Demokratie wird durch die dabei entstehende Einkommenskonzentration nur die Elite reich, die aller Wahrscheinlichkeit nach Politiker unterstützt, die eine weitere Konzentration fördern.

Auf globaler Ebene ist es aufgrund dieser Konstellation schwierig für Entwicklungsländer, Arbeitsplätze für gut ausgebildete Bürger zu schaffen, weil der Informationsfluss derzeit auf »kostenlose« Informationen festgelegt ist. Niemand erwartet, dass Twitter hilft, Arbeitsplätze in Kairo zu schaffen.

Die Politik lässt sich unmöglich von der wirtschaftlichen Realität trennen.

derer loben, als ob sich die ganze Welt nur um uns drehen würde. Die Journalistin Kathleen Baird-Murray, deren Mutter aus Myanmar stammt, wies mich darauf hin, dass die dortige Bevölkerung zur selben Zeit ähnliche Resultate ganz ohne das Internet erzielte.

Die Entfremdung des globalen Dorfs

Die wechselseitige wirtschaftliche Abhängigkeit verringert die Wahrscheinlichkeit eines Krieges zwischen miteinander verflochtenen Staaten. Ich erwähnte es bereits im Zusammenhang mit Wal-Mart. Doch da beim Übergang der Weltwirtschaft zur Informationswirtschaft immer mehr Geld aus den offiziellen Bilanzen verschwindet, könnte das Ideal der »kostenlosen« Informationen die wechselseitige wirtschaftliche Abhängigkeit zwischen den Ländern untergraben.

Staaten verüben bereitwillig Cyberangriffe gegeneinander, weil die Sphäre der Informationen größtenteils nicht in den Bilanzen auftaucht, die normalerweise die globale wirtschaftliche Interdependenz widerspiegeln. Chinesische Interessengruppen hacken amerikanische Unternehmen wie Google, haben jedoch keinerlei Motivation, die Infrastruktur zu stören, mit der chinesische Waren in Amerika ausgeliefert werden.

Doch man sollte ein Lagerhaus nicht in eine andere wirtschaftliche Kategorie einordnen als eine Website. China ist wirtschaftlich genauso auf die Sicherheit einer amerikanischen Website angewiesen wie auf den Lastwagen, der in China gefertigte Güter transportiert. Allerdings ist diese Abhängigkeit in den internationalen Bilanzen nicht als eigener Posten zu erkennen.

Sirenenserver sind narzisstisch. Es interessiert sie nicht, woher der Wert kommt, daher ignorieren sie das Netz der globalen wechselseitigen Abhängigkeit, das ihrem eigenen Wert zugrunde liegt.

Wahl-Sirenenserver

Nur wirkliche Staatsbürger mit allen Bürgerrechten, mit politischem Einfluss und wirtschaftlicher Würde, können staatlicher Macht etwas entgegensetzen. Das zeigen uns die amerikanischen Wahlen. Die Cyber-Aktivisten, die einer breitgefächerten linken/libertären Fraktion anhängen, betrachten sich gern als diejenigen, die eine Wahl entscheiden, aber wie sich herausgestellt hat, ist das

266

»große Geld« dazu viel besser in der Lage.[1] Soziale Netzwerke sind daran gewöhnt, zuerst einmal Geld aufzutreiben, die direkte Beeinflussung einer Wahl steht erst an zweiter Stelle.

Aber was bedeutet das eigentlich – das »große Geld«? Zumindest in den USA kaufen wir die Wählerstimmen noch nicht direkt. Tatsächlich entscheiden sich die Wähler sogar häufig gegen ihre eigenen wirtschaftlichen Interessen. Wähler der Demokraten nehmen höhere Steuern in Kauf, während die Anhänger der Republikaner oft ihr eigenes Sicherheitsnetz und ihre Sozialleistungen beschneiden.

Mit dem Begriff »das große Geld« meine ich, dass aus Wahlkampagnen Sirenenserver werden. Die Kandidaten heuern Datenspezialisten an und verwenden dieselben Algorithmen und Computerleistungen, die es auch jedem anderen Sirenenserver ermöglichen, die Welt zu seinem Vorteil zu verändern.[2] Das Interessante an Wahlen ist, dass das Gesetz mehrere konkurrierende Kandidaten vorschreibt. In der Ära von Big Data ist so etwas schon ungewöhnlich und macht Wahlen zu einem Sonderfall, da das »Ausschlussprinzip« nicht greift. Wie bei den Mobilfunkanbietern gibt es zahlreiche Sirenenserver, die dieselbe Nische besetzen.

Wenn Wahlen wie Märkte funktionieren würden, würde sich eine siegreiche Partei etablieren und hartnäckig ihre Position behaupten. Das ist der Fehlermodus der Politik, in dem sich ein »Parteiapparat« entwickelt. Der Begriff ist sehr aufschlussreich. Der Prozess ist deterministisch wie bei einem Apparat, einer Maschine. Die Demokratie stützt sich auf Gesetze, die einer marktähnlichen Dynamik Vielfalt aufzwingen, obwohl sich diese Dynamik eigentlich zu einem Monopol entwickeln würde.

Wenn Demokratien Bestand haben sollen, müssen sie so strukturiert sein, dass sie einer »Starsystem«-Politik widerstehen. Denn wenn man dieses Prinzip im Netzwerkzeitalter anwendet, führt das zu regelmäßigen Konfrontationen zwischen den politischen Kampagnen, die auf spiegelbildlichen Datenmengen basieren. Eine faszinierende Entwicklung, die man da beobachten kann.

Vielleicht werden wir mehr Wahlen erleben, die entweder extrem knapp ausgehen oder extrem einer Seite zuneigen. Wenn die

Sirenenserver gut betrieben werden, erreichen sie vielleicht einen Gleichstand untereinander, doch wenn einer besser ist als der andere, könnte der Vorteil drastisch ausfallen. Noch ist es zu früh, um das zu beurteilen, da Big Data und Politik noch nicht lange genug miteinander verknüpft sind, um aufschlussreiche Erkenntnisse zu erlauben. Das ist ähnlich wie beim Klimawandel: Lange gab es nicht genügend Daten, um ihn definitiv zu erkennen, allerdings hat es nun den Anschein, als ob sich ein eindeutiges Muster abzeichnet.

So, wie ein kleiner lokaler Marktteilnehmer im Schatten eines Sirenenservers seinen lokalen Informationsvorteil verliert, ergeht es auch einem lokalen politischen Aktivisten. Als ich mich als junger Mensch einmal im Wahlkampf engagierte, sollten wir die Partei über potenzielle Wähler informieren, die in ihrer Entscheidung noch schwankten. Das war möglich, weil wir unser Terrain kannten. (Oft bedeutete es, dass wir griesgrämige alte Einwohner Neu-Mexikos davon überzeugten, dass der politische Gegenkandidat ein bisschen zu sehr auf Schmusekurs mit den Texanern ging.)

Heutzutage informiert eine politische Datenbank die lokalen Wahlkampfhelfer über die optimale Vorgehensweise, Stimmen zusammenzubekommen. Dem Wahlkampfhelfer ergeht es ähnlich wie einem Allgemeinarzt, der mehr und mehr nur noch als Handlanger für die Sirenenserver der Pharmakonzerne und Versicherungen fungiert.

Das Problem bei der Optimierung der Welt durch einen Wahl-Sirenenserver ist dasselbe wie bei allen anderen Arten von Sirenenservern. Kurzfristig funktioniert das durchaus, allerdings entfernt sich der Sirenenserver immer weiter von der Realität. So, wie vernetzte Server, die Musik für uns aussuchen, keinen wirklichen Musikgeschmack haben, verfügt ein Rechner, der per Cloud-Computing Politiker aussucht, nicht wirklich über politische Klugheit.

Der Vorgang löst sich immer stärker von den Ereignissen in der realen Welt ab. Eine politische Botschaft wird zurechtgefeilt und getestet. Die Feedback-Signale werden in die Statistik eingegeben. So, wie die Big Data in der Wirtschaft mit niedrigerem Wahrheitsanspruch als die Big Data in der Wissenschaft funktionieren, so verhält es sich auch mit den Big Data in der Politik.

Optimierung bedeutet nicht unbedingt Wahrheit. Vom US-Wahlkampf 2012 hieß es häufig, er hätte sich weiter von den Fakten entfernt als je zuvor in der Geschichte. Früher konnte man noch keine zentralen Server verwenden, um jede Person ausfindig zu machen, die auf eine paranoide Hetze gegen Texas anspringen würde. Heute können wir das mehr oder weniger, aber das heißt nicht, dass diese Paranoia in irgendeiner Weise gerechtfertigt oder nützlich wäre.*

Wenn die Partei mit dem größten/besten Rechner gewinnt, dann spielt ein auf Argumenten gründender politischer Dialog keine große Rolle mehr. Die Realität verliert an Relevanz, genau wie bei den Big Data der Wirtschaft.

»Big Data« bedeutet, dass dem großen Geld in der Politik eine größere Rolle zukommt. Wenn man die Demokratie erhalten will, gilt umso mehr, dass die Mittelschicht zusammengenommen mehr Geld haben muss als die Eliten, die Sirenenserver einsetzen könnten. Die Glockenkurve muss die »Starprinzip«-Kurve übertrumpfen.

Vielleicht ist die Art, wie wir uns empören, Teil des Problems

Als Reaktion auf die Weltwirtschaftskrise in den dreißiger Jahren im 20. Jahrhundert entwickelten sich zwei diametral entgegengesetzte Denkschulen. Grob gesagt gab es die Vertreter einer Sparpolitik (propagiert von Anhängern der Trickle-down-Theorie à la Hayek und Rand) und dagegen den keynesianischen Ansatz einer gerechteren Verteilung. Allerdings sind sich beide Seiten in einer Sache einig: Beide glauben, dass soziale Netzwerke wie Facebook und Twitter Teil der Lösung sind.

---

* Ich bezweifle allerdings, dass die politischen Ansichten dadurch extremer geworden sind. Es gab schon immer extreme Haltungen. Die Politik hat Paranoia schon immer genährt und ausgenutzt. Die Texasphobie erwähne ich nur, weil sie das lustigste und harmloseste Beispiel war, das mir einfiel.

Jede Organisation, die nach Macht strebt, sei es nun eine Regierung, ein Unternehmen oder eine informelle Gruppe, hat verstanden, dass man, wenn man Informationen über andere Menschen anhäuft, Macht erlangt. Doch indem wir die Werkzeuge, die diesen Trend erst ermöglichen, als Möglichkeit zur Empörung glorifizieren, verschärfen wir unsere missliche Lage noch zusätzlich.

Es gibt Forderungen nach staatlichen Maßnahmen, die ein Gegengewicht zu diesem Trend darstellen könnten, ein Beispiel sind Forderungen nach einer digitalen Intimsphäre oder dem Schutz geistigen Eigentums im Internet. (Sie ähneln sich sehr, aber wer in den Scheingefechten zwischen alten und neuen Medien gefangen ist, übersieht das gern.)

Die Diskussion ist ohnehin zunehmend irrelevant. Der Versuch, die Gesetze zu aktualisieren, um mit der Technologie Schritt zu halten, setzt nur einen unglücklichen Wettlauf zwischen Verboten und neuen Entwicklungen in Gang.

Die Kampagnen um entsprechende Gesetze sorgen sogar oft dafür, dass am Ende ausgerechnet diejenigen profitieren, die gern einen Spitzenserver betreiben würden. Die Antwort auf die Frage, ob das Gesetz eher ein Hollywood-Filmstudio oder eine »Piraten«-Website zum Tausch von Filmen begünstigen sollte, lautet hoffentlich »weder noch«. Die von mir vorgestellte humanistische Informationsökonomie ist der Versuch, einen dritten Weg aufzuzeigen.

KAPITEL 17

Rechte benötigen Schlagkraft, wenn sie bestehen sollen

Melodramen sind hartnäckig

Meine Überzeugung, dass der Aufbau einer starken Mittelschicht in der Informationsökonomie auf Gesetzen und Bürgerrechten basieren muss, bringt mich leider in eine Position, die genau entgegengesetzt zur Haltung der Gruppen ist, bei denen ich mich ansonsten ganz wohl fühle. Wahrscheinlich wäre es einfacher für mich, wenn ich einfach mit dem Strom schwimmen und Organisationen wie WikiLeaks unterstützen würde, aber ich glaube, am Ende würde ich mir damit ins eigene Bein schießen.

Wir, die wir so vom Internet begeistert sind, lieben die Tatsache, dass so viele Menschen ihren Teil zu ihm beitragen. Heute kann man es kaum glauben, dass man sich früher Gedanken darüber machte, ob die Leute online überhaupt etwas Sinnvolles von sich geben würden! Ich habe nichts vom ursprünglichen Idealismus früherer Jahrzehnte eingebüßt. Ich bin immer noch der Ansicht, dass es sich lohnt, Vertrauen in die Menschen zu setzen, denn am Ende schaffen sie es. Insgesamt sind die Leute immer kreativer, gutwilliger und erfinderischer, als man anfangs dachte.

Das Problem ist, dass der gängige Internet-Idealismus immer noch gewissen melodramatischen Vorstellungen anhängt. Der orthodoxe Internet-Idealist sieht eine große Gefahr für sein heißgeliebtes Internet, und er investiert all seine Energie in die Bekämpfung dieser Gefahr. Die wirklichen Gefahren verliert er dabei aus dem Auge.

In dem Melodram des orthodoxen Internet-Idealisten spielt sich ein ewiger Konflikt ab: Die Bösewichte in diesem Melodram sind die altmodischen Kontrollfreaks, wie die staatlichen Geheimdienste, Diktatoren aus der Dritten Welt und die Medienmogule Hollywoods, die oft als comicartige Figuren dargestellt werden, die gern Monopoly spielen. Die Bösewichte wollen beispielsweise das Urheberrecht stärken. Jemand, der Geld für seinen Film will, wird in die gleiche Schublade gesteckt wie ein grausamer Diktator.

Die Guten sind dagegen junge verdienstvolle Kreuzritter, die für die Offenheit kämpfen. Sie verweisen gern auf Open-Source-Systeme wie Linux oder Wikipedia. Sie sind zahlreich in den Piratenparteien vertreten.

Das Melodram basiert auf einer überholten Vision von einem offenen Internet, das es so längst nicht mehr gibt, was nicht am Staat oder an der Industrie liegt, die seine Offenheit hassen, sondern genau an den neuen Branchen, die sich gegen die alten Kontrollfreaks zur Wehr setzen.

Ein persönliches Beispiel belegt das vielleicht am besten. Bis etwa 2010 hatte ich große Freude an einer bestimmten Art von Beiträgen, die andere Nutzer erstellten. In meinem Fall waren das Foren, in denen sich Musiker über Musikinstrumente austauschten.

Jahrelang wurde ich gewarnt, dass besagte »altmodische Kontrollfreaks« wie staatliche Zensurstellen oder Medienmogule mir meine geliebten Foren wegnehmen könnten. Das könnte zum Beispiel so aussehen, dass ein Forum zu einem Server gehört, wo ein anderer Nutzer zufällig etwas im Zusammenhang mit Terrorismus sagt oder eine Raubkopie herunterläd.

Unter bestimmten potenziellen Gesetzen, die in den USA als Entwürfe vorlagen, hätte ein solcher Server geschlossen werden können. Meine Beteiligung an diesem Forum und der mögliche Zugang zu Inhalten, die den Mogulen nicht gefallen, wären also in einer mogulfreundlichen Welt gefährdet. Diese Möglichkeit wird ständig als abschreckendes Beispiel präsentiert, gegen das wir uns alle wehren müssen.

Unter einem unterdrückerischen Regime ist so etwas weltweit schon vorgekommen, deshalb möchte ich gar nicht leugnen, dass das ein potenzielles Problem ist. Ich möchte jedoch auch darauf hinweisen, dass Facebook mich bereits von der Form des Austauschs abhält, die ich früher so gern pflegte, weil ich die Bedingungen von Facebook nicht zu akzeptieren bereit bin.

Und das kommt so: Zusammen mit allen möglichen anderen Formen des Austauschs verlagern sich die Diskussionen über Musikinstrumente mehr und mehr zu Facebook. Um weiterhin daran teilzunehmen, müsste ich die Philosophie von Facebook akzeptieren, die unter anderem besagt, dass dritte Parteien mich und meine Familie ausspionieren dürfen, um die besten Manipulationsmöglichkeiten zu finden, was sich vor uns auf dem Bildschirm auftut.

Man könnte mir vorwerfen, meine Beteiligung an Foren über Musikinstrumente sei inkonsequent, und das ist sie vielleicht auch, aber was wäre in diesem Fall bei der Internetnutzung konsequent? Man könnte anstelle der Musikforen auch politische, medizinische oder rechtliche Diskussionen als Beispiele nennen. Sie alle finden sich mittlerweile unter dem Dach eines Spionagedienstes.

Man könnte außerdem einwenden, dass jeder sich frei entscheiden könne, und wenn Facebook uns einen vorzugsweise kostenlosen Dienst anbieten will und dieses Angebot angenommen wird, dann hat sich der Markt eben so entschieden. Doch dieses Argument ignoriert die Netzwerkeffekte. Wenn die Zahl der Unterhaltungen und Diskussionen bei Facebook eine kritische Masse erreicht, wird es schwer, irgendwo anders überhaupt noch Diskussionsforen zu finden. Anfangs hatte man vielleicht noch die Wahl, aber nachdem der Netzwerkeffekt für einen Phasenwechsel gesorgt hat, gibt es diese Wahl nicht mehr. Danach hat man praktisch keine Entscheidungsmöglichkeiten. Das ist dann kein normaler Handel mehr, sondern sanfte Erpressung.

Und das ist nicht die Schuld von Facebook! Wir, die Idealisten, haben darauf bestanden, dass Informationen online keinen finanziellen Wert mehr haben, was heißt, dass nicht mit Informationen, sondern nur mit den damit zusammenhängenden Diensten Geld verdient wird.

Das hat zwangsläufig zur Folge, dass »Werbung« zum größten Geschäft in der »offenen« Informationsökonomie wird. Aber Werbung bedeutet mittlerweile, dass dritte Parteien dafür bezahlen, die Online-Optionen der Nutzer von einem Augenblick zum anderen zu beeinflussen. Unternehmen, die sich nicht auf Werbung stützen, müssen einen eigenen, exklusiven Kanal nutzen, wie es etwa Apple macht, wodurch die Verbindungen zwischen den Menschen noch weiter aus dem gemeinschaftlichen öffentlichen Raum hinaus- und in die firmeneigenen Läden hineingedrängt werden. In beiden Fällen ist der öffentliche Raum dadurch nicht demokratischer, sondern weniger demokratisch.

Meine Freunde in der Bewegung für ein »offenes« Internet muss ich fragen: Was habt ihr geglaubt, was passieren würde? Wir haben im Silicon Valley das Urheberrecht untergraben, damit es in der Wirtschaft mehr um Dienstleistungen als um Inhalt geht – mehr um unseren Programmiercode als um deren Dateien.

Und so lief es unvermeidlich darauf hinaus, dass wir die Kontrolle über unsere eigenen persönlichen Inhalte verloren haben, unsere eigenen Dateien.

Wir haben nicht nur die altmodischen Machthaber geschwächt, wir haben uns selbst geschwächt.

Die Stärkung der Mittelschicht ist im Interesse aller

Die Lösung der Frage, wie die fortschreitende digitale Technologie die Mittelschicht unterstützen kann, ist nicht nur eine dringliche Aufgabe, sondern würde auch einen Ausweg aus dem unglücklichen Wettstreit zwischen einer »liberalen« und einer »konservativen« Wirtschaftspolitik bieten.

Einem Anhänger des Libertarismus oder Befürworter der Austeritätspolitik sage ich: Wenn wir Märkte oder den Kapitalismus haben wollen, müssen wir in einer von der Glockenkurve bestimmten Welt leben, mit einer dominanten Mittelschicht, denn sie stellt die Kunden. Weder ein Öl-Scheichtum noch eine Militärdiktatur oder ein von Drogenkartellen beherrschter Staat kann eine authentische interne Marktentwicklung unterstützen, und ein Netzwerk nach dem Starprinzip kann das auch nicht.

Und wer eine liberale Demokratie haben will, muss eingestehen, dass eine Demokratie ohne eine starke Mittelschicht verwundbar ist. Die Mitte der Glockenkurve muss in der Lage sein, zusammengenommen mehr auszugeben als die reiche Spitze. Oder, wie es in dem berühmten Zitat heißt, das normalerweise Louis Brandeis zugeschrieben wird: »Wir können in diesem Land eine Demokratie haben, oder wir können ein großes Vermögen haben, das sich in den Händen einiger weniger konzentriert, aber beides zusammen geht nicht.«*

Selbst für diejenigen, die das Primat der Märkte oder der Demokratie in Frage stellen, gilt dieses Prinzip. Eine starke Mittelschicht sorgt mehr als alles andere für Stabilität und Erfolg in einem Land. Darauf können sich die USA, China und der Rest der Welt einigen.

Eine andere grundlegende Funktion von Machtstrukturen muss darin bestehen, Nachhaltigkeit zu fördern. Ist es möglich, in etwas zu investieren, das in dreißig oder hundert Jahren Gewinn bringt, oder dreht sich alles nur ums nächste Quartal oder gar das nächste Viertel einer Millisekunde?

Diese beiden Funktionen der Machtstruktur einer Zivilisation sind eng miteinander verflochten, doch wir befassen uns zunächst einmal mit der Mittelschicht.

Ein Gipfel, der auf seine Entdeckung wartet

Wir sind daran gewöhnt, Google und Facebook kostenlos zu nutzen, und wenn ich für etwas anderes plädiere, klinge ich wie der Grinch, der an Weihnachten die Geschenke klaut. Doch langfristig

---

* Ich konnte keine Originalquelle für dieses Zitat finden, daher bin ich mir nicht sicher, ob es echt ist. Einmal zitierte ich Einstein – »Alles sollte so einfach wie möglich sein, aber nicht einfacher« – und wurde von einem Einstein-Biographen davon in Kenntnis gesetzt, es gebe keinen Beleg dafür, dass er das je gesagt habe. Und dann traf ich eine Frau, die Einstein gekannt und gehört hatte, wie er es sagte! In diesem Fall habe ich keine Ahnung, aber es ist ein super Zitat, von wem auch immer es stammen mag.

betrachtet ist es besser, sich voll am wirtschaftlichen Geschehen zu beteiligen als nur halb. Langfristig profitieren Sie und Ihre Nachkommen deutlich, wenn Sie wirklich Geld verdienen und ein echter Kunde sind – und nicht nur Verfügungsmasse für digitale Netzwerke.

Selbst wenn Sie sagen, bis hierher und nicht weiter … Halten Sie durch! Ich denke, Sie werden feststellen, dass die Vorteile größer sind als die Kosten.

Man kann sich den dritten Weg, den ich vorschlage, auch als »cyber-keynesianisches« Szenario vorstellen, bei dem die Cloud-Computing-Strukturen auf einen höheren Gipfel in einer Energielandschaft versetzt werden. In der Abbildung unten habe ich eine der Achsen etwas vage als »Maß an Demokratie« bezeichnet, weil das mit der wichtigste Einwand ist gegen die Bedenkenträger, die sich gegen die Vorstellung wehren, dass man Informationen zu Geld macht. (Ich hätte die y-Achse auch mit der Bezeichnung »Zugang zu materieller Würde« versehen können.)

Egal, wie man Demokratie definiert oder ob einem Demokratie überhaupt am Herzen liegt, die Kernhypothese meines Buchs lautet, dass es höhere Gipfel gibt, also intensivere, energiereichere digitale Ökonomien, man muss sie nur finden. Wenn das stimmt, heißt das aber natürlich auch, dass es mehr Täler gibt, die zwar noch unentdeckt sind und noch nicht beschrieben wurden, die man aber dennoch meiden muss.

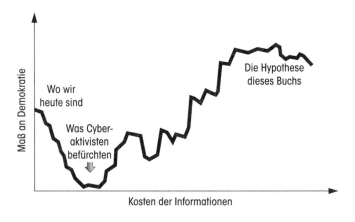

In den Diskussionen im Silicon Valley dominieren übertrieben optimistische und trügerische Vorstellungen über den Cyberspace. Die bloße Andeutung, dass entwertete Informationen nicht mit Freiheit gleichzusetzen sind, stößt im derzeitigen Klima auf massiven Widerstand. Ich setze mich über Konventionen hinweg, wenn ich das vage »Maß an Demokratie« bei einem Informationswert von null nur auf halber Höhe ansetze.

In den Kreisen der Cyber-Demokratie lautet der erste Glaubensartikel, dass man, wenn man Informationen »kostenlos«, das heißt kopierbar macht, eine besonders demokratische, offene Welt schafft. Da bin ich anderer Ansicht. Auf einige Probleme habe ich bereits hingewiesen. Eine Welt, die an der Oberfläche offen ist, ist umso verschlossener auf einer tieferen Ebene. Sie erfahren nicht, welche Korrelationen im Zusammenhang mit Ihnen durch Google, Facebook, eine Versicherungsgesellschaft oder ein Finanzunternehmen errechnet wurden, doch gerade diese Daten haben in einer vernetzten Welt besonders großen Einfluss auf Ihr Leben.*

In einer Welt, in der nicht immer weniger, sondern immer mehr Dingen ein Geldwert zugeordnet wird, könnte sich eine an der Mittelschicht ausgerichtete Informationsökonomie entwickeln, in der Informationen nicht kostenlos sind, aber jeder sie sich leisten kann. Anstatt bestimmte Informationen unzugänglich zu machen, hätte man eine Situation, in der die entscheidenden Informationen zum ersten Mal zugänglich wären. Die rohen Informationen über sich selbst würden den Menschen auch selbst gehören. So etwas wie ein perfektes System gibt es nicht, aber meine Hypothese lautet, dass dieses System demokratischer wäre als die billige Illusion »kostenloser« Informationen.

Wir können nicht darauf hoffen, ein ideales Netzwerk zu entwickeln, das die Politik perfektioniert. Ebenso wenig können wir die Politik durch eine perfekte Wirtschaft ersetzen. Politik und

* Es gibt noch andere Probleme, auf die ich ausführlicher in meinem letzten Buch eingegangen bin. Beispielsweise verliert man auch die Fähigkeit, den Kontext auszuwählen, in dem man sich äußert, weil mehr und mehr Möglichkeiten über Sirenenserver ablaufen, wodurch die Fähigkeit schwindet, sich auszudrücken und einzigartige Perspektiven zu erkunden.

Wirtschaft werden immer Fehler machen und Mängel haben, solange die Menschen frei sind und mit der Zukunft experimentieren. Das Beste, was wir anstreben können, sind Netzwerkstrukturen, die dafür sorgen, dass sich die Fehler von Politik und Wirtschaft gegenseitig ausgleichen.

Nerds im safrangelben Gewand

Das älteste Marketing

Sind Sirenenserver ein unvermeidlicher, abstrakter Effekt, der auch in fernen außerirdischen Kulturen immer wieder auftaucht, wenn diese ihre eigenen Informationsnetzwerke entwickeln? Oder ist das Muster in erster Linie Ausdruck typisch menschlicher Eigenschaften? Das weiß man natürlich nicht, aber ich vermute, dass die menschliche Natur eine große Rolle spielt. Ein Beleg dafür wäre, dass sich diejenigen, die beim Spiel der Sirenenserver besonders erfolgreich sind, auch bereits erfolgreich auf ältere Spiele eingelassen haben.

So reiste etwa Steve Jobs lange vor dem Erfolg von Apple zusammen mit seinem Freund und Kollegen Dan Kottke nach Indien. Ich hatte leider nie Gelegenheit, mit Jobs über diese Indienreise zu reden, doch von Kottke hörte ich so einige Geschichten darüber. Daraus entwickelte ich eine Theorie, die ich gern an Jobs ausprobiert hätte.

Jobs war ein großer Beatles-Fan und erwähnte sie ziemlich oft, deswegen passt vielleicht der Beatles-Bezug: John Lennon hat berichtet, dass er als Jugendlicher Elvis in einem Film sah und dachte: »Das will ich auch machen!« Meine Theorie lautet, dass Jobs in Indien Gurus sah und ebenfalls dachte: »Das will ich auch machen!«

Diese Beobachtung ist nicht als Kritik gedacht und schon gar nicht als Beleidigung. Sie liefert einfach nur eine Erklärung, was Jobs zu einem so einzigartigen Menschen machte.

Zum Beispiel nutzte er großzügig den Trick der Gurus, einige Jünger gelegentlich schlecht zu behandeln, um sie gefügiger zu machen. Das haben mir Mitglieder des ursprünglichen Macintosh-Teams erzählt, und sie waren darüber sichtlich bestürzt. Doch sie fügten sich, obwohl er auch mit ihnen so umsprang. Jobs beschimpfte und demütigte seine Mitarbeiter, schaffte es aber trotzdem irgendwie, dass sie nur umso eifriger um seine Anerkennung buhlten oder versuchten, ihm eine Freude zu machen.

Diese Guru-Strategie wird in einem Essay von Alan Watts beschrieben, der zu der Zeit, als Apple durchstartete, allgemein bekannt war.[1] Der erfolgreiche Guru behandelt seine Jünger nicht generell und auch nicht willkürlich schlecht, doch sollte eine gewisse Beliebigkeit bestehen, um die Anhänger zu verunsichern und sie ständig im Zweifel zu lassen. Lob sollte überschwänglich und großzügig ausfallen, damit der Adressat das Gefühl hat, er hätte nie zuvor solche Liebe verspürt.

Die Beziehung von Apple zu den Kunden folgte oft einer ähnlichen Strategie. Gab es ein bestimmtes Problem, etwa dass ein Handy den Anruf verlor, wenn man es auf eine bestimmte Art anfasste, erhob sich ein Sturm der Beschwerden, die sich wie eine Pandemie ausbreiteten, aber irgendwie schien das ganze Gezeter die Kunden nur noch fester an Apple zu binden, anstatt sie abzuschrecken. Welches andere Technologieunternehmen kann so etwas von sich behaupten? Jobs übertrug die Marketingstrategien indischer Gurus auf die Computerbranche.

Auch mit seinem Pseudo-Ästhetizismus übernahm Jobs die Praktiken der Gurus.

Betrachten wir einmal die Art, wie er Räume nutzte. Jobs gestaltete sowohl seine persönlichen als auch seine Arbeitsräume asketisch wie in einem Ashram. Doch noch überzeugender ist in dieser Hinsicht die weiße Innenausstattung der Apple-Shops. Weiß vermittelt Reinheit, die Atmosphäre eines heiligen Orts, der über jede Kritik erhaben ist. Gleichzeitig muss der weiße Raum stark strukturiert und formal sein. Man muss die Aura der Disziplin und der Linientreue gegenüber den Plänen des Meisters spüren.

Die Glasfronten und Glastreppen der Apple-Flagship-Stores

gehen sogar noch weiter. Sie sind Tempel, und ich könnte mir vorstellen, dass sie eines Tages auch dazu umfunktioniert werden.

Ich könnte noch eine weitere Beatles-Reverenz anführen: Yoko Ono war die Erste, die ein Künstlerloft in New York City weiß strich. Die Konzeptkunst fordert den Betrachter dazu auf, in ein Werk eigene Vorstellungen hineinzuprojizieren, und ein Maler, der nur einen weißen Raum anbietet, macht von sich reden, wie auch John Cage in der Musik eine enorme Wirkung mit seiner Klavierkomposition 4'33? erzielte, die aus vier Minuten und dreiunddreißig Sekunden Stille besteht. Diesem Muster folgt das Marketing von Apple.

Hier wird eine duale Botschaft vermittelt. Die weiße Leere wartet auf Sie und darauf, dass Sie so gut wie alles hineinprojizieren. Die Ausnahme ist die umgebende Institution. Das Unternehmen an sich lässt sich natürlich nicht ausblenden.

Auf den ersten Blick scheint nur derjenige zu profitieren, der den weißen Raum anbietet, doch auch der Besucher, der seine Träume und Wünsche hineinprojiziert, hat etwas davon. Das ist ähnlich wie bei liebevollen Eltern oder einem Partner, der einem schweigend und unermüdlich zuhört, wenn man sein Herz ausschüttet, gleichzeitig aber auch Grenzen setzt. Man kann seinem Narzissmus nachgeben, ohne fürchten zu müssen, den Kontakt oder die Kontrolle zu verlieren. Diese Formel ist ein Magnet für menschliche Sehnsüchte.

Es geht immer um dich – um iDies und iDas –, aber wir halten dich fest, damit du nicht den Halt verlierst. Natürlich ist das eigentlich gar nicht möglich. Wenn man sich auf den Ashram einlässt, gibt man *immer* einen Teil von sich selbst auf. Vielleicht ist das auch gar nicht so schlecht. Das ist wie bei den Apple-Kunden, die Kultur allgemein nur noch durch die Linse von Apple wahrnehmen, wenn sie ein Gerät von Apple benutzen. Vielleicht ist das für manche Menschen die richtige Mischung. Man muss sich nur darüber im Klaren sein.

Es ist verführerisch, über diesen Aspekt von Jobs' Vermächtnis zu spotten, aber alles, was die Menschen tun, birgt eine gewisse Doppelbödigkeit. Und fürs Marketing gilt das gleich doppelt!

Mönche und Nerds

Es gibt keine einfache Erklärung dafür, dass die Technologiekultur so ist, wie sie heute ist. Allerdings steht Apple für einen Einfluss, der stark unterschätzt wird: die Vermischung von Hippie-Spiritualität und Technologiekultur.

In den achtziger Jahren war die Dominanz der New-Age-Bewegung in Palo Alto für einen Skeptiker eine schwere Bürde. Jeder besuchte moralisierende »Workshops«, wo von einem mystischen Pfad der Selbsterleuchtung die Rede war. Wenn man das für dummes Gerede hielt, war man besser still. Es lohnte sich nicht, deswegen stundenlange Diskussionen zu führen.

Wir tun gern so, als ob es diese Phase in der Kultur des Silicon Valley nie gegeben hätte, aber das stimmt nicht. In meiner Erinnerung war das eine eigenständige Phase in den siebziger Jahren, in der sich Hippiekultur und Technologiekultur vermischten, was sehr schön in einem Buch von John Markoff beschrieben wird: *What the Dormouse Said – How the 60s Counterculture Shaped the Personal Computer Industry.*

Lange vor dem Auftauchen der Computer-Nerds war Kalifornien ein Zentrum »östlicher Religionen«. Es gab tibetische Tempel und Hindu-Ashrams. Der Welle der östlich geprägten Spiritualität konnte man nur schwer entkommen. In den achtziger Jahren, der wilden ersten Phase bei der Entwicklung der virtuellen Realität, lebte ich eine Zeitlang in einer Art griechischem Tempel in den Berkeley Hills, den Freunde der Ausdruckstänzerin Isadora Duncan Jahrzehnte zuvor dort gebaut hatten. Wenn man von den terrassierten Hängen aufs Meer blickte, spürte man die fast erotisch spirituelle Naturgewalt der Bay Area. Man kam sich vor, als würde man in einem Gemälde von Maxfield Parrish leben.

»est« (ich weiß noch, dass sehr auf die Kleinschreibung geachtet wurde) war ein teurer Workshop, der mit mystischer Metaphysik begann und dann zu einem weltlichen, fast konfuzianischen Ideal der Selbstvervollkommnung überleitete. Ich war nie dort, aber anscheinend alle anderen, die ich kannte, ähnlich wie heute anscheinend jeder bei Facebook ist. Teilnehmer des Workshops redeten vor allem von einer Sache (nachdem sie verkündet hatten, dass sie nun Meister ihres eigenen Schicksals seien): dass man während des Workshops nicht auf die Toilette durfte. Man musste es sich verkneifen.

Viele Spitzenpolitiker, Wissenschaftler und Unternehmer besuchten »est« oder ähnliche Seminare. Überall hörte man Begriffe wie »Selbstverwirklichung«. Man sollte sich selbst finden, dann würde der Erfolg in Form von gesellschaftlichem Status, materiellen Belohnungen und spiritueller Reife zum Ausdruck kommen.

Man kann gar nicht genug betonen, wie einflussreich diese Bewegung im Silicon Valley war. In den achtziger Jahren fand man die Elite von Silicon Valley oft beim Nachfolginstitut von »est«, das den schlichten Namen »Forum« trug.

Das Global Business Network (GBN) war eine sehr einflussreiche Einrichtung in der Geschichte des Silicon Valley. Es hat fast alle Unternehmen dort beraten, und fast jeder, der irgendwie wichtig war, hatte damit zu tun. Stewart Brand, der den Begriff »Personal Computer« und den Slogan »Information will frei sein« prägte, war einer der Gründer. Heute ist Stewart ein ganz bodenständiger Typ. Genauso wie Peter Schwartz, der die treibende Kraft hinter GBN war und das Buch *The Art of the Long View* schrieb. Und doch war das New-Age-Denken so präsent, dass es auch GBN prägte. Man konnte ihm einfach nicht entkommen.

Ich gehörte zu den sogenannten »bemerkenswerten Menschen« von GBN. Das waren Experten, die als Berater oder Kontaktpersonen für die Kunden von GBN auftraten. Ich fand diese Ehrenbezeichnung immer etwas seltsam und ein bisschen peinlich. Doch es stellte sich heraus, dass sie von Georges Gurdjieff stammt! Gurdijeff starb 1949, war aber eine der wichtigsten Quellen für den esoterischen Spiritualismus, der das Klima in der Bay Area Ende des 20. Jahrhunderts prägte und dort immer noch prächtig gedeiht. Ein Buch von Gurdjieff trägt den Titel *Begegnungen mit bemerkenswerten Menschen*. Es gab auch einen Film. Wir, die »bemerkenswerten Menschen« von GBN, wurden so genannt, um an die esoterischen Meister zu erinnern, denen Gurdjieff angeblich bei Bergtouren in Turkmenistan begegnet war.

In der Zwischenzeit wurde die Welt des Marketings durch das Stanford Research Institute (SRI) neu erfunden. Richtig – *das* Institut, in dem Doug Engelbart arbeitete, der in den sechziger Jahren als Erster die Grundlagen eines menschenzentrierten Konzepts der Computertechnologie vorstellte. Ein neueres Produkt des SRI ist Siri, das Sprachdialogsystem, das in Apple-Produkten eingesetzt wird.

Beim SRI gab es eine Abteilung namens VALS (»Values, Attitudes and Lifestyles« – »Werte, Einstellungen und Lebensstile«), die eine Zeitlang als Leitinstanz für die Transformation des Corporate Marketing fungierte. (Die Verwendung des Begriffs »Transformation« war lange ein Kennzeichen des technokratischen/spirituellen New Age. Inzwischen wurde er, wie erwähnt, durch den Begriff »Zerschlagung« (»*disruption*«) ersetzt, da die »technologische Singularität« mittlerweile Gurdjieff als Leitbild abgelöst hat.)

Im Amerika der siebziger Jahre und darüber hinaus wurden die Bereiche Marketing, Investment und Medien stark von VALS beeinflusst. VALS unterteilte Verbraucher und Kunden in ein System, das an Gurdjieffs »Enneagramm« erinnerte. Ich kannte einige Mitarbeiter von VALS, die offen mit mir über ihr Ziel sprachen, die Welt so zu verändern, dass sie für spirituelle Menschen (für »innerlich Geleitete«, im VALS-Jargon) lebenswerter wäre. Die Erwartung, dass ein paar Leute in der Nähe von Stanford in der Lage sein sollten, innerhalb weniger Jahre die Welt zu verändern, kam nicht erst mit Facebook auf.

Es geht einzig und allein um mich

Die Rhetorik der Selbstverwirklichungs- und New-Age-Bewegung räumt dem Begriff der »Abundanz« (»Fülle«) eine besondere Stellung ein. »Abundanz« kann zweierlei bedeuten. Am rationalen, technokratischen und konfuzianischen Ende des Spektrums kann der Begriff heißen, dass der Mensch Verantwortung für seine Erfolge und Misserfolge übernehmen soll, aber auch glaubt, dass große Erfolge möglich sind.

Vor der New-Age-Bewegung konnte man in Amerika Erfolg haben, indem man loszog und ihn suchte. Klassischerweise lautete das Motto »*Going west*«. Seit der New-Age-Bewegung erwartet man Erfolg, wenn man zu sich selbst findet. Das heißt, dass man »an sich glaubt«, »sich selbst verwirklicht« und was es an derartigen Floskeln mehr gibt.

Am anderen Ende des Bedeutungsspektrums von »Abundanz« findet sich ein Sumpf aus Aberglauben und Zaubersprüchen.

Dahinter verbirgt sich die Idee, dass die physikalische Welt nur eine Fassade ist, errichtet von Menschen, die ihr Leben verschlafen und nicht erkennen, dass sie sich selbst ihre eigenen Beschränkungen auferlegen. Gurdjieff kam immer wieder darauf zurück, dass die meisten Menschen im Grunde ständig schlafen. Nicht so natürlich ein erleuchteter, »bemerkenswerter« Mensch.

Die magische Version der Abundanz besagt, dass man, wenn man sein Selbstbewusstsein auf Vordermann bringt, nicht nur Erfolg in der Welt der Menschen haben wird, sondern auch die physikalische Realität beugen kann – oder ihr eine »Delle« verpassen. Man ist der Star seiner eigenen Aufführung, man muss es nur begreifen.

Die Idee der Abundanz hat noch immer Erfolg. Ein extrem erfolgreicher Film samt einem dazugehörigen Buch mit dem Titel *The Secret – Das Geheimnis* verbreitete vor ein paar Jahren noch einmal die alte Hoffnung: Man muss nur das Selbstvertrauen aufbringen, dass einem die besten Liebhaber zustehen, die exquisitesten Besitztümer und Gesundheit und ewige Jugend, dann beugt sich die Realität der eigenen Willenskraft.

Der Glaube, dass alles in einem selbst liegt und nicht in der Welt draußen, ist wahrscheinlich in der Bay Area besonders stark vertreten. Auf der Speisekarte einer kalifornischen veganen Restaurantkette, die ihre Wurzeln im »Forum« und ähnlichen Einrichtungen hat, trägt jedes Gericht Namen wie »Ich bin erfolgreich«.[2] Das kann dann Tofu mit Aubergine sein. Ein Retticheintopf heißt vielleicht »Ich bin charismatisch«. Man muss beim Bestellen diese Sätze sagen, sonst bekommt man nichts zu essen. Das heißt, man klingt vor allen anderen wie seine eigene Hypnotherapie-CD.

Anders formuliert: Man muss sich den Regeln der Institution beugen, oder man wird verstoßen, weil man sich nicht ernsthaft genug um seine Selbstverwirklichung bemüht hat.[3] Das ähnelt dem, was die Leute glauben, wenn sie ihr Leben über Konsumenten-Sirenenserver leben. Verwirkliche dich selbst, heißt es da, aber über die Schablone von Facebook. Wenn nicht, schwächst du dich selbst.

Das alte Muster, die alten Tricks.

Die »Fülle« entwickelt sich

Das Geschäft mit den Sirenenservern bestätigt scheinbar die Weltsicht der »Abundance«-Bewegung. Man stellt sich einfach vor, dass die ganze Welt das eigene soziale Netzwerk nutzt, und schon geschieht es. So einfach ist das.

Um die Jahrtausendwende tauchte mit Google eine neue Verbindung zwischen Technologiekultur und New-Age-Bewegung in der Bay Area auf.

Damals spekulierte man seit einiger Zeit – zumindest seit den berühmten Abendveranstaltungen im Haus von Marvin Minsky – über alle möglichen Spielarten einer erstaunlichen zukünftigen Technologierevolution. Vielleicht würden wir vorübergehend unsere Körper in Einzelteile zerlegen, weil man sie so leichter ins All befördern könnte. Dort würden wir dann wieder zusammengesetzt und nackt, nur mit einer goldenen Schutzhülle gegen die radioaktive Strahlung versehen, im Weltraum schweben.

Das ist nur ein Beispiel für eine damals ganz typische Idee. Wenn etwas Neues und Verrücktes machbar war, dann im Bereich der Ingenieurswissenschaften. Aber konnte man wirklich einen Kopf abtrennen und dann wieder anbringen?

Nach dem Aufstieg von Google änderte sich im Silicon Valley der Ton der Spekulationen. Ganz oben auf der Prioritätenliste stand nun die Vervollkommnung der eigenen »Mentalität«, der Selbstwahrnehmung und des Selbstvertrauens. War man wirklich ausreichend erleuchtet, um mit dem »Accelerated Change« mental mithalten zu können? War man wach und sensibilisiert, bereit für die »technologische Singularität«?

Die technische Seite würde sich schließlich von selbst entwickeln. Immerhin ging es bei der neuen Mentalität darum, dass Technologie selbstbestimmt ist, eine riesige übernatürliche Kreatur, die von selbst wächst und schon bald die Menschen vereinnahmen wird. Das neue deterministische Klischee lautet, dass die »Zerschlagungen« von heute unweigerlich zur »Singularität« von morgen führen werden.

Das seltsame Erbe der Ideen hat eine Reihe komischer Kehrtwenden nach sich gezogen. Heute argumentiere ich, dass man »Ereignisse« gefälligst als Ergebnisse menschlichen Handelns betrachten sollte. Klingt das nicht ein bisschen nach den Motivationstrainern, über die ich mich gern lustig mache? Wir müssen die Verantwortung für unsere eigenen Erfolge und Misserfolge übernehmen, sage ich heute.

Kindheit und Apokalypse

Selbst in den ambitioniertesten Zukunftsprognosen, die im Silicon Valley angestellt werden, bleiben die Menschen für gewöhnlich auf der Strecke, auch wenn die Welt nicht durch einen Atomkrieg oder eine andere Katastrophe komplett zerstört werden sollte. Auch aus optimistischer Perspektive sieht es düster für die Menschen aus. Sie werden überflügelt und zurückgelassen.

Und doch gehen die Ingenieure, Risikokapitalgeber und Experten des Silicon Valley fröhlich ihrem Tagwerk nach, machen gelegentlich Ausflüge in die Weinbaugebiete im Napa Valley, bekommen Kinder und leben im Übrigen so, als wenn nichts wäre.

Glauben wir wirklich, dass wir an der Schwelle zur Zerstörung der Welt der Menschen stehen? Sind wir kurz davor, die uns bekannten Lebenszyklen zu vernichten, oder ist das alles nur Gerede? Erfinden wir einfach nur Geschichten, um über die Runden zu kommen, um den eigenen kleinen Nebel über dem Abgrund der Sterblichkeit zu verklären?

Verleugnung ist eine Grundlage der menschlichen Existenz. Den Kopf in den Sand zu stecken ist eine unserer Lieblingsbeschäftigungen. Wir sind sterblich, aber man kann nicht erwarten, dass wir den Tod wirklich begreifen, deshalb bringen wir gerade genug Irrsinn auf, um mit der Absurdität fertigzuwerden. So zu tun, als ob man mit der Sterblichkeit vernünftig umgehen könnte, lässt einem Raum zum Leben.

Doch die Technologie ist da anders. Die Technologie funktioniert. Sie kann wirklich die Welt verändern.

Der normale Irrsinn der Welt ist dem Silicon Valley entschieden zu normal. Wenn ich meinem Tagwerk nachgehe, ist es überhaupt nicht ungewöhnlich, dass ich im Café einem Freund begegne, der als nüchterner, seriöser Wissenschaftler daran arbeitet, die Menschen unsterblich zu machen. Oder einem Neurowissenschaftler, der die Gedanken eines Menschen liest, indem er direkt sein Gehirn scannt, und der hofft, eines Tages Erinnerungen und Ideen im Gehirn der Menschen hervorzurufen.

Und doch fällt mir niemand von all den Technologie-Freaks ein, der beschlossen hätte, keine Kinder in die Welt zu setzen, weil er glaubt, dass wir erfolgreich eine posthumane Zukunft entwickeln werden. Irgendwo auf einer unterschwelligen Ebene müssen die meisten von uns unseren eigenen Witz verstanden haben.

Teil 7

Ted Nelson

KAPITEL 18

Der erste Gedanke
ist oft der beste

Ein Pionier

Ted Nelson war meines Wissens der erste Mensch, der beschrieb, und zwar bereits ab 1960, wie man neue Arten von Medien in digitaler Form produzieren, teilen und miteinander verknüpfen kann.* Teds Arbeit fiel in eine so frühe Periode, dass er noch nicht auf grundlegende Begriffe wie digitale Bilder zurückgreifen konnte, weil es noch keine Computergrafik gab. (Ivan Sutherland sollte das bald darauf ändern.)

Teds früheste Idee war, dass man, anstatt einen Text so zu lesen, wie ihn der Autor verfasst hatte, einen komplexeren Pfad schaffen könnte, der aus Teilen des Textes eine neue Sequenz schafft, also ein sekundäres Werk, ohne das Original zu nivellieren oder zu löschen. Vielleicht würden wir das heute »Mash-Up« nennen. Aber vor allem hat Ted damals – soweit ich weiß, als Erster – erkannt, dass digitale Systeme Medien sowohl sammeln als auch »umpacken« und so neue Arten der Zusammenarbeit und neue Ausdrucksmöglichkeiten eröffnen können.

* In einem noch früheren Artikel, aus dem Jahr 1945, mit dem Titel »As We May Think« (»Wie wir denken werden«), stellte Vannevar Bush das Gedankenspiel eines weiterentwickelten Mikrofilm-Lesegeräts vor, des sogenannten Memex, mit dem der Leser Mikrofilminhalte zu neuen Sequenzen zusammenmischen können sollte. Aber so gefeiert und einflussreich dieser Artikel auch war, lotete er die unvergleichlichen Möglichkeiten digitaler Architektur doch nicht aus.

Als wahrer Pionier eroberte Ted völlig unbekanntes Terrain. Er konnte sozusagen noch eine unverbaute Aussicht genießen. Unsere gewaltige kollektive Aufgabe, die beste Zukunft für die digitale Vernetzung zu finden, läuft wahrscheinlich darauf hinaus, wieder dorthin zurückzufinden, wo Ted ganz zu Anfang war.

In Teds Konzeption handelte jeder Beteiligte selbstständig als Teilnehmer eines allumfassenden Online-Markts. Zunächst mag es so scheinen, als ob die Vielfalt des Angebots reduziert würde, wenn es nur einen Händler gibt, aber tatsächlich würde sie steigen.

Anstatt getrennter Anbieter wie Apple oder Amazon gäbe es nur einen großen Internethändler, und jeder wäre ein »Bürger erster Klasse«, ob Anbieter oder Käufer. Man bräuchte keine separaten Passwörter und Nutzerkonten mehr für verschiedene Internethändler. Das ist sehr lästig, und es ist dafür verantwortlich, dass es nicht allzu viele von diesen Händlern gibt. So, wie wir die Sache jetzt handhaben, setzen wir uns unnötige Grenzen, die wir vom stationären Handel nicht übernehmen müssten. Wenn zu viele Ebenen des Zugangs zur Kultur privatisiert sind, wie es im Internet geschehen ist, hat man schließlich nur noch wenige sehr große Marktteilnehmer.

Das ist ein Beispiel dafür, wie das Denken in Netzwerkbegriffen die Intuition strapazieren kann. Ted hatte Anfängerglück. Er sah die Probleme klarer als wir heute.

Ted ist ein begnadeter Redner, ein Original, ein Kerouac. Er war immer mehr Autor als Hacker und passte eigentlich nicht in die Nerd-Szene. Dünn, schlaksig, mit spitzem Kinn, stets lächelnd, ein ziemlich gut aussehender Typ. Geboren in Hollywood, war er entschlossen, ein Außenseiter zu bleiben, denn nach damaliger Ansicht wussten nur Außenseiter, »wo es langgeht«. Das gelang ihm auf tragische Weise, denn er ist heute längst nicht so bekannt, wie er es verdient hätte. Es ist ein Jammer, dass er die digitale Architektur nicht stärker beeinflussen konnte.

Ted begann seine Arbeit, Jahre bevor es wirkliche Netzwerke gab. Er musste sich die ganze verdammte digitale Welt erst zusammenfantasieren. Er nannte sie Xanadu.

Ted Nelson sah voraus, dass digitale Information eine neue

Ausdrucksmöglichkeit werden könnte. Anstatt sich nur einen einzelnen Nutzer vor einem Rechner vorzustellen, dachte er an neue Formen vernetzter Kooperation und Kultur. Solche Vorstellungen sind heute etwas ganz Gewöhnliches, aber damals verstanden sie nur wenige Leute. Als ich ins Spiel kam, als Jugendlicher in den siebziger Jahren, war es immer noch fast unmöglich, jemanden zu finden, mit dem man über diese Dinge sprechen konnte.

Projekt Xanadu

Es gab nicht nur *eine* Version von Xanadu. Das Projekt entwickelte sich über Jahrzehnte und wurde dabei immer obskurer, vor allem nachdem der Personal Computer und das Internet die Welt eroberten. Ich möchte hier nicht die Geschichte von Xanadu nacherzählen, sondern nur einige seiner Prinzipien nennen, die mir wichtig erscheinen.

Das erste Prinzip ist, dass jede Datei, aus welchen Informationseinheiten sie auch immer besteht, nur einmal existiert. Nichts wird jemals kopiert.

Wir sind heute nur zu vertraut mit dem Dreierschritt »Ausschneiden-Kopieren-Einfügen« *(cut, copy, paste)*. Das Recht, im Internet Dateien zu kopieren, gilt in der digitalen Bürgerrechtsszene als eine Ausprägung des Rechts auf freie Meinungsäußerung. Das Internet wird sogar gelegentlich als gigantischer Kopierer beschrieben.[1]

Aber in einem Netzwerk etwas zu kopieren ist eigentlich ziemlich seltsam und zumindest eine abgelegene, rückwärtsgewandte Idee, wenn man von den Prinzipien her denkt. Schließlich ist in einem Netzwerk das Original immer zugänglich. Es ist doch alles vernetzt!

Die Idee, dass man in einer vernetzten Welt nicht mehr kopieren muss, war lange Jahre kaum vermittelbar. Inzwischen haben wir uns mit dem Gedanken durchaus vertraut gemacht, weil nach diesem Prinzip viele Online-Dienste arbeiten müssen, die für ihre Dienste Bezahlung verlangen.

Bei einer Online-Videothek wie Netflix dürfen die Kunden zum Beispiel keine Videodatei herunterladen, die mit der Masterdatei auf den Netflix-Servern identisch wäre, vielmehr bietet Netflix Software an, die die Masterdatei in Echtzeit über ein Netzwerk auf dem Rechner des Kunden abspielt. Netflix verwendet wahrscheinlich Spiegelserver, um Sicherheitskopien zu erstellen und die Übertragung zu beschleunigen, aber das ist etwas anderes als die Schaffung vielfacher *logischer* Kopien – wie sie die Nutzer einer BitTorrent-Seite erstellen.

Auch von jeder App im Apple-Store gibt es nur *eine* »logische Kopie«. Man kann einen persönlichen Cache davon für sein Smartphone kaufen, und Apple hat bestimmt irgendwo eine Sicherungskopie, aber es gibt nur eine Masterdatei, von der alle anderen abhängen. Wenn die Masterversion einer App im Store aktualisiert wird, wird sie damit automatisch auch auf sämtlichen Smartphones aktualisiert. Die Existenz dieser App in Ihrem Smartphone ist eher eine Spiegelung des Originals als eine Kopie.

Wenn jemand sich die Mühe macht, findet er oder sie natürlich immer einen Weg, auch »kopiergeschützte« Informationen zu kopieren. Das Entscheidende ist aber, dass die Anwendungen auch funktionieren, ohne dass man sie kopiert.

Was ist gegen Kopien zu sagen? Außer den bereits beschriebenen Problemen (siehe oben meinen Vergleich von Musik und Hypotheken) gibt es noch die enorme Unsicherheit, nie zu wissen, was das eigentlich ist, was man da auf dem Rechner hat. Wenn Sie eine Datei kopieren, wissen Sie nicht, woher sie kommt, ob sie manipuliert worden ist oder welche ergänzenden Informationen man braucht, um sie zu verstehen. Der Kontext geht verloren. Jede Bedeutung ist aber immer abhängig vom Kontext.

Stoßen Sie beispielsweise auf eine dubiose Kopie eines Filmausschnitts, in dem ein Politiker eine einzelne schräge Äußerung von sich gibt, wissen Sie nicht, in welchem Kontext dieser Filmausschnitt steht. Vielleicht ergibt die schräge Äußerung in seinem Kontext einen völlig plausiblen Sinn. Einer der Gründe, warum man nicht kopieren sollte, ist die Vermeidung solcher Probleme.

Das Recht auf Mash-Ups ist nicht dasselbe
wie das Recht auf Kopien

Das Entscheidende ist, dass Ted nichts gegen die Verwendung solcher Ausschnitte hatte, im Gegenteil! Teds ursprüngliche Vorstellung von Hypertext beruhte gerade auf der Idee, dass die Nutzer in der Lage sein mussten, Texte aus Texten zu machen. Ted wusste, dass die Nutzer in der Lage sein mussten, mit dem zu arbeiten, was andere geschaffen hatten, und dass digitale Technologie dafür neue Verfahrensweisen schaffen konnte. Die Ausdrucksmöglichkeiten des Menschen zu erweitern bedeutet, darauf zu vertrauen, dass die Nutzer insgesamt vernünftig mit ihren neuen Möglichkeiten umgehen werden.

In der prädigitalen Welt haben sich im Lauf der Jahrhunderte Konventionen und Gesetze herausgebildet, wie mit dem geistigen Eigentum der Menschen umzugehen sei. Entstanden sind auf diese Weise zahlreiche »Deiche« zum Schutz einer kreativen Mittelschicht. Die Anstrengungen der vergangenen Generationen sollten daher nicht leichtfertig denunziert werden. Angesichts der Geschwindigkeit und der Wandelbarkeit des digitalen Zeitalters wirken die alten Strukturen aber hoffnungslos schwerfällig und laden geradezu ein, ignoriert zu werden.

Ted wollte das Recht auf Mash-Ups zu einer Selbstverständlichkeit machen. Man sollte Informationen ganz problemlos fragmentarisieren und neu verwenden dürfen, ohne deswegen urheberrechtliche Schwierigkeiten zu bekommen. Seine damaligen Ideen, wie man das Urheberrecht für das Netzwerkzeitalter weiterentwickeln könnte, kommen mir heute sehr viel durchdachter vor als die bekannten naiven Schlachtrufe nach allgemeiner »freier Information«.

In Teds Modell wäre es *einfacher* als heute, bereits existierendes Material zu verwenden. Das Verfahren wäre einheitlich, die Möglichkeit allgegenwärtig. Die Rechte des »Mashers« und des »Gemashten« würden dabei gleichermaßen gewahrt.

In einem Xanadu-System könnte jede Aussage eines Politikers aus dem Zusammenhang gerissen werden, da dies zum Recht auf freie Meinungsäußerung gehört. Dazu bräuchte man keine Genehmigung. Aber der Link zurück zur Quelle bliebe im Mash-Up immer vorhanden. Es wäre dadurch viel schwieriger, mit einem aus dem Zusammenhang gerissenen Zitat Missbrauch zu treiben.

Heutzutage erwarten wir von unbezahlten Massen von »Mechanical Turcs«, dass sie sich durch gigantische Datenmengen arbeiten, um missverständliche Mash-Ups zu entdecken. Es gibt Blogger, denen es auffällt, wenn ein Kandidat in einem Wahlkampf-Spot missverständlich zitiert wird, und aufmerksame Journalisten, denen es nicht entgeht, wenn hetzerische Anti-Islam-Videos gefälscht und nachsynchronisiert worden sind.

Das ist ein legitimes Mittel, um den Kontextverlust auszugleichen, aber es bedeutet, dass Korrekturen und Zusammenhänge in »Filterblasen« gefangen sind. Es ist keineswegs selbstverständlich, dass jemand, der geneigt ist, einem missverständlichen Mash-Up zu glauben, auch die Korrektur sieht.

Natürlich gibt es auch keine Garantie, dass jeder Rezipient eines Mash-Ups tatsächlich auch dem angegebenen Link zur Überprüfung folgt, aber immerhin hätte er ihn direkt vor sich. Wenn Sie an der Wichtigkeit dieser kleinen Veränderung zweifeln, schauen Sie sich nur an, was Google damit verdient, dem Nutzer die Links zu den Suchergebnissen direkt unter die Nase zu reiben.

Das eigentlich Revolutionäre von Teds Idee besteht jedoch darin, wie er Rechte und Verantwortlichkeiten ausbalanciert, während er gleichzeitig Reibungsverluste reduziert!

Die Bedenken der digitalen Bürgerrechtsbewegung werden oft so extrem formuliert, dass es schwierig ist, ruhig über die Fakten zu reden. Es besteht die absurde, aber tief verankerte Furcht, dass ein Ende des »freien Kopierens« zugleich den Verlust der freien Meinungsäußerung bedeuten würde. Solche Ängste machen blind. Nur weil uns die gegenwärtige Praxis so vertraut ist, muss sie noch lange nicht die bestmögliche sein.

Einzelne Elemente von Teds Idee finden sich im Übrigen auch heute schon im Internet. So dokumentiert zum Beispiel jeder Wikipedia-Artikel seine »Versionsgeschichte«.

Aber mir kommt es hier hauptsächlich auf die finanzielle Seite an. Wenn das System den Ursprung einer Information kennt, kann es diese Informationsquelle auch dafür bezahlen.

Das bedeutet, dass Sie, wenn Sie die Informationsquelle sind, automatisch ein Mikrohonorar bekommen, wenn ein Schnipsel Ihres Videos im Video von jemand anderem verwendet wird. Außerdem kann ein Nelsonisches System »skalieren«. Das Mash-Up eines Mash-Ups eines Mash-Ups wird vom System genauso unterstützt wie das erste Mash-Up, wobei für alle Beteiligten in der Nutzerkette ein Gleichgewicht zwischen dem Recht auf Bezahlung und dem Recht auf freie Meinungsäußerung gewahrt bleibt, gleichgültig wie lang die Kette auch wird. Wenn jemand Ihren Videoschnipsel benutzt und das Werk des Betreffenden, das Ihr Werk enthält, von einem Dritten weiterverwendet wird, dann bekommen Sie von diesem Dritten ebenfalls ein Mikrohonorar.

Vergessen wären die alten Grabenkämpfe mit den Heerscharen von Anwälten des geistigen Eigentums auf der einen Seite, die sich abmühen, Tauschbörsen zu Fall zu bringen, und den Piratenparteien, Wiki-Begeisterten, Linux-Typen und so weiter auf der anderen Seite. Jeder am Nelsonischen System Beteiligte kann Material wiederverwenden, um Playlisten, Mash-Ups und andere neue Strukturen zu erstellen, und zwar viel »reibungsfreier« als im heutigen »offenen« System, wo das Alles-oder-nichts / Ad-hoc-System des geistigen Eigentums unberechenbar interveniert. Gleichzeitig werden Menschen bezahlt. Information ist nicht »umsonst«, aber für jeden bezahlbar. Eine Nelsonische Lösung bietet einen einfachen, berechenbaren Weg, Informationen ohne Grenzen oder Probleme in digitalen Netzwerken zu teilen, ohne, wie bisher, die Mittelklasse nachhaltig zu schädigen.

Diese revolutionäre Idee ist ein halbes Jahrhundert alt.

Zweiwege-Links

Ein entscheidender technischer Unterschied zwischen einem Nelsonischen und dem gegenwärtigen Netz ist, dass wir es bei Ted mit Zweiwege-Links zu hätten (statt wie bisher mit »eingleisigen«

Links). In einem Netzwerk mit Zweiwege-Links weiß jeder Knoten, welche anderen Knoten mit ihm verlinkt sind.

Das würde bedeuten, dass Sie alle Websites kennen, die auf Ihre Website verweisen. Es würde bedeuten, dass Sie alle Investoren kennen, die Ihre Hypothek ausgenutzt haben. Es würde bedeuten, dass Sie alle Videos kennen, in denen Ihre Musik eingesetzt wird.

Zweiwege-Verlinkung würde gewährleisten, dass der Kontext sichtbar bleibt. Es ist nur eine kleine, einfache Veränderung in der Art, wie man Information im Netz speichern sollte, die aber größte Auswirkungen auf Kultur und Wirtschaft hätte.

Zweiwege-Links sind technisch gesehen ein bisschen frickelig. Man muss sie ständig aktualisieren. Wenn jemand seinen Link zu Ihnen löscht, müssen Sie sicherstellen, dass Sie nicht die Information beibehalten, der Link bestehe noch. Ein Zweiwege-System zum Laufen zu bringen wäre auf jeden Fall mit Anfangsschwierigkeiten verbunden. Das ist einer der Gründe für die rasche Verbreitung von HTML.

Aber wenn alles im Web zweiwegeverlinkt wäre, wäre es die einfachste Sache der Welt, herauszufinden, welche Knotenpunkte für ein gegebenes Thema am relevantesten wären. Man müsste nur schauen, wohin die meisten Links führen. Weil diese Information nicht verfügbar ist, musste Google erfunden werden, um ständig das *gesamte* Netz zu durchkämmen. Die Suchmaschine berechnet sämtliche Links neu, hält sie geheim und präsentiert die Ergebnisse auf eine Weise, die möglichst viele Anzeigenkunden anlocken soll.

Wenn es Zweigwege-Links gäbe, wären diese Informationen keine Geheimnisse mehr. Wir würden ganz automatisch Nutzern begegnen, die unsere Interessen teilen. Geschäftliche Anbieter würden ganz automatisch mit potenziellen Kunden bekannt. Soziale Netzwerke wie Facebook wurden teilweise deswegen geschaffen: um jene Verbindungen wiederherzustellen, die unnötig über Bord geworfen wurden, als das Netz geboren wurde.

Warum ist Ted nicht bekannter?

Xanadu war nicht nur ein technisches Projekt – es war ein soziales Experiment der damaligen Zeit.

Das Angesagteste, was man in der Bay Area um San Francisco von den sechziger bis in die achtziger Jahre tun konnte, war, eine Kommune oder gar eine Sekte zu gründen. Ich erinnere mich an eine Kommune im Haight-Ashbury-Viertel von San Francisco – der Heimat der Hippiekultur. Die Kommune nannte sich »Free Print Shop«. Dort wurden wunderschöne psychedelische Poster für Veranstaltungen der »Bewegung« gedruckt. Der »Free Print Shop« verdiente sein Geld mit diesen Postern, wurde auch von Frauen frequentiert und hatte ein förmliches Verfahren, mit dem die Mitglieder einander über Vermittler um Sex baten. So stellte man sich die Zukunft vor, und frühe Computer-Nerds fanden das sehr anziehend: ein Algorithmus, der einem verlässlich Sex verschaffte! Ich weiß noch, wie ehrfürchtig Würdenträger des »Free Print Shop« bei einem Treffen des »Homebrew Club« empfangen wurden – einer Art Bastelgemeinschaft von Computerfreaks.

Dies alles nur, um den Hintergrund ein wenig zu skizzieren. Ted hatte eine Gruppe von »Anhängern«/»Mitarbeitern« (man wusste nicht genau, was sie waren, und es wäre uncool gewesen, sich da festzulegen). Sie wohnten mal hier, mal dort oder zogen obdachlos herum. Mehrfach zerbrach die Gruppe und fand sich wieder zusammen. Ständig waren sie kurz davor, Xanadu, das ultimative Softwareprojekt, in irgendeiner seiner Versionen vorzustellen. Hätten sie es tatsächlich getan, würden wir das heute als die Geburt des World Wide Web oder gar des ganzen Internet sehen.

Um es klar zu sagen: Die entscheidende technische Erkenntnis, die die dezentralisierte Vernetzung ermöglichte, war die sogenannte »Paketvermittlung« *(packet switching)*, und diese Erkenntnis stammte nicht von Ted Nelson, sondern kam ein wenig später als Teds früheste Arbeiten aus der sehr andersgearteten Welt der Elite-Universitäten, der Regierungslabore sowie der Militärforschung. Immerhin wird wenigstens die Funktionsweise der Datenübermittlung in einzelnen »Paketen« in Teds ersten Arbeiten bereits berücksichtigt.

Ted brachte aufsehenerregende Bücher heraus. Eins war eine großformatige Broschur, randvoll gefüllt mit Texten in einer schrecklichen winzigen Schrift und digitalen Schwarz-Weiß-Bildern. Es nannte sich *Computer Lib / Dream Machines*. Es hatte zwei Cover und zwei Leserichtungen: Wenn man es in eine Richtung drehte, war es etwas, was Che im Dschungel gelesen hätte, wenn er ein Computer-Nerd gewesen wäre. Wenn man es umdrehte und in die andere Richtung las, war es ein trendiges Hippiebuch voller Visionen verrückter psychedelischer Berechnungen. Ted sagte oft, dass er eine der berühmtesten Gestalten des Computerzeitalters hätte werden können, wenn das Buch in einem genügend großen Format herausgekommen wäre, um die winzige Schrift lesbar zu machen. Ich stimme ihm zu.

Der Hauptgrund dafür, dass Ted mit Xanadu keinen Erfolg hatte, ist aber, dass er seiner Zeit mit dem Projekt einfach zu weit voraus war. Selbst die fortschrittlichsten EDV-Labore der damaligen Zeit konnten noch nicht absehen, was für eine radikale Umwälzung die digitale Technologie mit sich bringen würde.

So besichtigte ich zum Beispiel das Xerox-PARC-Labor zu einer Zeit, als noch einige der alten legendären Gestalten dort arbeiteten. Ich weiß noch, wie ich meine Verwunderung darüber zum Ausdruck brachte, dass die Rechner, die dort entwickelt wurden, das virtuelle Kopieren von Dokumenten unterstützten. Schließlich wurde im selben Forschungslabor Pionierarbeit bei der Vernetzung von Rechnern untereinander geleistet. »Ich begreif's nicht«, sagte ich, »ihr habt doch gerade erst das Ethernet erfunden. Wir wissen doch, dass es Unsinn ist, Dokumente zu kopieren, wenn man ein Netzwerk hat. Das Original ist doch zugänglich!«

Ich erntete strenge Blicke und wurde höflich zurechtgewiesen: »Wir wissen das, und Sie wissen das, aber vergessen sie nicht: Die Arbeit hier wird von Xerox finanziert, und Xerox ist der *führende Hersteller von Kopierern.*«

Damals war Xerox so sehr ein Synonym für Kopierer, dass das Unternehmen befürchtete, sein Name werde vom Markennamen zur bloßen generischen Bezeichnung verkümmern. Die Besucher des Palo Alto Research Center (PARC) wurden ermahnt, bitte nicht von »*Xerox machine*« zu sprechen, wenn sie Fotokopierer meinten.

Eine weitere Mahnung lautete: »Niemand darf den Chefs bei Xerox erzählen, dass Innovationen aus diesem Labor das ganze Konzept des Kopierens überflüssig machen könnten. Die würden ausrasten.«

Die frühen Rechner, die im PARC gebaut wurden, hatten schon eine bemerkenswerte Ähnlichkeit mit späteren PCs und Macs, und die Konzeptstudien, Prototypen und Entwürfe ließen heutige Smartphones und Tablet-Rechner ahnen. Xerox wurde berühmt dafür, zwar ein Labor finanziert zu haben, das die ganze heutige Rechnerwelt prägte, aber nichts daraus gemacht zu haben.

Später, als Tim Berner-Lee zuerst seine Auszeichnungssprache HTML veröffentlichte, hörte man dann von Informatikern aus Ted Nelsons Umkreis, die auf dem Feld Pionierarbeit geleistet hatten, die zu erwartende Reaktion: »Moment mal, das ist nur einwegverlinkt. Das ist zu wenig. Damit wirft man ja die besten Informationen zur Netzwerkstruktur weg.«

Als HTML erschien, war Silicon Valley gerade ein wenig ausgepowert. Man stellte sich die beklommene Frage, woher der neue Trend kommen sollte. Würde es noch einmal eine so geniale Software wie die Tabellenkalkulation geben? Da kam HTML – und es ließ sich so einfach anwenden! Der einzelne Knoten hatte keine Verantwortlichkeit, also konnten sich die Knoten »reibungsfrei« aneinanderfügen. Da man allerdings nichts umsonst bekommt, würde die Reibung schon noch irgendwann auftauchen, aber wir waren alle viel zu ungeduldig, um uns die Gelegenheit entgehen zu lassen, die dieses so einfach zu übernehmende System bot.

Vieles von dem, was uns heute vertraut ist, stammt von Ted. Er war es zum Beispiel, der das neue Medium »Hypertext« nannte. Ted mochte Wortzusammensetzungen mit »*cyber*«. Norbert Wiener hatten den Begriff »Kybernetik« aufgebracht. Es bedeutet so viel wie »die Kunst des Steuerns«, und Wiener verwendete ihn als Erster im heutigen Sinn, weil die Steuerung eines Schiffs vergleichbar mit den wichtigen Rückkopplungsprozessen in einem Informationssystem sei. Aber am liebsten mochte Ted die Vorsilbe »hyper«, die, wie er mir einmal erzählte (ich muss noch ein Teenager gewesen sein), auch etwas von der Aufgeregtheit einfängt, von der die Menschen infiziert werden, wenn sie mit der digitalen Welt in Berührung kommen. Also schuf Ted Wörter wie »hypermedia« und »hypertext«.

Anfang der neunziger Jahre wurde dann mit der Einführung von HTML, dem Grundlagenprotokoll für Websites, durch Tim Berners-Lee das World Wide Web geboren. »ML« steht dabei für »markup language« (»Auszeichnungssprache«), »HT« aber für »hypertext« – Teds Wortschöpfung.

Ted ist der einzige lebende Mensch, der ein neues Temperament erfunden hat, weswegen ich ihm in meiner Liste mit Temperamenten (siehe oben das »dritte Zwischenspiel«) einen Ehrenplatz eingeräumt habe. Sein Temperament steht für eine Zukunft der unbegrenzten Möglichkeiten, die aber immer am Menschen ausgerichtet ist.

Teil 8

Schmutzige
Bilder oder
Wie eine humanis-
tische Alternative
aussehen
könnte

KAPITEL 19

Das Projekt

Das kann man nicht twittern

Über das Problem haben wir nun genug geredet. Jetzt ist es Zeit für einen Lösungsvorschlag.

Im Silicon Valley wird häufig der Begriff »Elevator Pitch« verwendet, obwohl die wenigsten Gebäude so viele Stockwerke haben, dass man wirklich den Aufzug nehmen muss. Ein »Elevator Pitch« ist ein »Verkaufsgespräch« *(pitch)*, das im Idealfall nicht länger als eine Fahrt im Aufzug dauert. Es wäre allerdings kaum glaubwürdig, wenn ich meinen Entwurf für eine neue digitale Ökonomie derart komprimieren würde. Ich muss schon etwas ins Detail gehen, sonst wird nicht klar, wie der Hase laufen könnte, aber auch nicht zu sehr, schließlich geht es hier um grundsätzliche Vorschläge, nicht bereits um die Umsetzung eines spruchreifen Plans.

Für das richtige Maß an Details werde ich also einen »Space Elevator Pitch« verwenden. Ein »Weltraumlift« ist eine hypothetische Technologie, mit der Objekte in den Weltraum befördert werden sollen. Ein sehr starkes Kabel würde von einem Satelliten zu einer Station auf der Erdoberfläche führen, und an diesem Kabel könnte man einfach ins All aufsteigen. Noch haben wir kein Kabel, das stark genug wäre, und damit fangen die Probleme eigentlich erst an. Doch im Prinzip könnte die Idee eines Tages funktionieren.

Mein Vorschlag ist ähnlich. Ich tue nicht so, als ob alle damit verbundenen Probleme bereits bekannt, geschweige denn gelöst wären. Aber trotzdem könnte er funktionieren, und die Vorteile wären so enorm wie bei einer günstigen Möglichkeit, ins All zu kommen.*

Zunächst ein eher moderater Ansatz, der aber sofort widerlegt wird

Man kann sich vorstellen, wie sich nun die Rädchen im Kopf der Politiker drehen:

»Die Idee von Lanier ist ziemlich ambitioniert, und ein Umdenken in die Wege zu leiten wäre politisch nicht einfach. Doch er hat nicht ganz unrecht damit, dass die Werte vorsätzlich aus den Bilanzen herausgehalten werden, um den Reichtum so zu konzentrieren, dass die Wirtschaft schrumpft, weil sich immer mehr um Informationen dreht. Aber womöglich gibt es eine moderate Lösung für das Problem, das er zu beheben versucht. Wäre es nicht einfacher, den »Informationsraum« zum öffentlichen Gut zu erklären und für die Nutzung von den Unternehmen eine Gebühr zu verlangen oder sie irgendwie zu besteuern?«

Wir haben Gesetze und Regelungen, die von Unternehmen beispielsweise Geld für die Nutzung des Rundfunks verlangen. Vielleicht könnte das Modell auf Informationsströme allgemein übertragen werden. Das ließe sich damit begründen, dass jeder Bürger zum »Informationsraum« beiträgt, ob er will oder nicht. Im Netzwerkzeitalter wird jeder ausspioniert und beurteilt. Deshalb könnte doch der Staat eine Gebühr für die Nutzung dieser Werte verlangen und damit beispielsweise Sozialleistungen finanzieren?

Dann würde es echtes Geld kosten, die erforderlichen Ressourcen zu nutzen, etwa um eine betrügerische Finanzmasche zu starten oder »kostenlose« Köder im Internet auszulegen und den Nutzern nachher Geld dafür abzuknöpfen. Der Vorteil einer allgemeinen »Spionagedatensteuer« wäre ein Rückgang an »betrügeri-

---

* Wie es der Zufall so will, arbeite ich zurzeit an einer Alternative zum Weltraumlift: einer gigantischen sogenannten »Railgun« – einem Schienenbeschleuniger, mit dem man Raumschiffe ins All schießen könnte.

schen« Unternehmen und eine Zunahme bei der Finanzierung ehrlicher, produktiver neuer Vorhaben. Und da immer mehr Arbeitsplätze durch die Automatisierung verlorengehen, könnten die Sozialleistungen eine Finanzspritze gut vertragen.

Doch im derzeitigen politischen Klima in den USA gelten zumindest hier solche Vorschläge als Kampfansage. Die meisten Amerikaner würden wahrscheinlich fürchten, dass die Maßnahmen ein ungehemmtes Wachstum der staatlichen Bürokratie zur Folge hätten, was am Ende ihre Freiheit einschränken und auch die Innovationsfreude dämmen würde. Gegen den Vorschlag würde man einwenden: Da mittlerweile fast alles softwarevermittelt ist, wäre der bürokratische Aufwand bei der Erhebung der »Spionagedatensteuer« nicht mehr oder weniger »fix«, wie das bei den Rundfunkgebühren der Fall ist. Stattdessen würde es immer mehr Spionagedaten geben und dadurch auch immer mehr Gebühren, die für diese Informationen verlangt werden würden, und schließlich würde eine gigantische planwirtschaftliche Behörde entstehen, die für jede Aktivität Geld verlangt und es dann verteilt. Korruption wäre vorprogrammiert. Eine kolossale Bürokratie würde all die negativen Eigenschaften entwickeln, die auch ein Sirenenserver hat, sie wäre nur monolithischer.

Auch von der linken Seite des politischen Spektrums käme ein wichtiger Einwand. Wenn man allgemein für die Nutzung von Informationen bezahlen müsste, hätte es Projekte wie Wikipedia nie gegeben, weil sie erst eine Ausnahmegenehmigung für den freien Zugang zu Daten benötigt hätten. Damit könnte man die freie Meinungsäußerung politisch abwürgen. Obwohl ich ein Kritiker von Wikipedia bin, lehne ich doch jedes System ab, das Projekte dieser Art regulieren würde.

Um bürokratische Fehlfunktionen zu vermeiden, muss man »den ganzen Weg gehen« und eine Information von dem Moment an als wertvolles Gut behandeln, wo sie von einer Person erzeugt wird.

Ganz offensichtlich können Informationssysteme Probleme schaffen, sie bieten aber auch neue Chancen. Die fortgeschrittene Vernetzung bietet die Möglichkeit, die Menschen direkt für den

Wert zu bezahlen, den sie in den Informationsraum einbringen, ohne eine gigantische zwischengeschaltete Bürokratie, die zudem nur eine sehr grobe, nicht unbedingt gerechte Verteilung bieten würde.

Der von mir vorgeschlagene Weg ist nicht einfach, weil wir bereits einen anderen Weg eingeschlagen haben und darauf weite Strecken zurückgelegt haben. Wir müssten eine schwierige Übergangsphase meistern. Doch trotz der »Reibungen« in der Übergangsphase und der unvermeidlichen Unvollkommenheit des Ergebnisses ist mein Vorschlag immer noch die bessere Alternative.

Eine nachhaltige Informationsökonomie

Eine humanistische Herangehensweise könnte auf den ersten Blick an gewisse sozialistische Umverteilungsfantasien erinnern, aber darum geht es hier nicht. Manche Menschen würden mehr beitragen und daher auch mehr verdienen als andere. Es geht nicht darum, einen verzerrten Wettbewerb zu schaffen, bei dem angeblich jeder garantiert gewinnt, sondern um einen ehrlichen Umgang mit den Beiträgen, die man zum Erfolg leistet. So würde man auch vermeiden, falsche Anreize zu schaffen.

Die stärksten Argumente für einen humanistischen Ansatz stützen sich auch gar nicht auf eine linksliberale Vorstellung von Gerechtigkeit, sondern darauf, dass Risiko und Leistung angemessener belohnt werden.

Ich habe den großen langfristigen Vorteil für Unternehmen bereits beschrieben, nämlich, dass die Wirtschaft aufgrund einer massiven digitalen Effizienz wächst. Wenn *sämtliche* Informationen in den Netzwerken gewertet werden (und nicht nur die Informationen der dominantesten Netzwerkknoten), entsteht eine Wirtschaft, die weiter wachsen kann, auch wenn immer mehr Aktivitäten softwarevermittelt sind.

Da wir derzeit den Wert der Informationen im Netz größtenteils nicht berechnen, schrumpfen die Märkte aufgrund der durch den technologischen Fortschritt bedingten zunehmenden Effizienz. Es entstehen zwar einige neue Vermögen, doch die Märkte wachsen nicht.

Zu den weiteren wirtschaftlichen Vorteilen einer humanistischen Informationsökonomie zählen:

- eine erweiterte Anzahl langfristiger Geschäftsmodelle
- die schrittweise und elegante Durchsetzung des Rechts auf geistiges Eigentum
- vorhersehbare Verpflichtungen und Verbindlichkeiten im Zusammenhang mit dem Schutz der Privatsphäre
- ein Wirtschaftsmodell, das auch in Zukunft, wenn die Bits ihren Einfluss auf die physikalische Welt ausdehnen, noch tragfähig ist.

Außerdem profitieren sowohl Einzelpersonen als auch große Unternehmen, wodurch alle Beteiligten ein gemeinsames Interesse haben.

Ein besserer Strand

Die alberne Strand-Szene vom Anfang des Buches würde in einer humanistischen Ökonomie anders verlaufen. Vielleicht so: Es ist ein sonniger Tag, und Sie bauen gerade eine Sandburg. Können Sie eine stabile Brücke über den Burggraben bauen? Sie fragen die Möwe. »Nein, ich kann keine Unterlagen darüber finden, dass das bei einem so breiten Burggraben funktioniert hätte«, antwortet sie. »Brücken aus Sand brechen in dieser Größe ein. Aber wir könnten natürlich dem Sand Roboterkörner beigeben.«

»Nein«, sagen Sie zur Möwe. »Das wäre gemogelt.« Außerdem haben Sie keine Lust, Geld dafür auszugeben, dass Nanoboter für Sie im Sand spielen.

Vorsichtig häufen Sie Sand zu einem Hügel auf und graben einen Tunnel hindurch. Das sieht ein bisschen aus wie der »Shipton-Bogen«, die gigantische Felsformation im äußersten Westen der Volksrepublik China. »Möwe, zeig mal eine 3D-Zwillingssimulation des Bogens!« Durch Ihre Augmented-Reality-Brille experimentieren Sie mit verschiedenen Formen der Simulation. Ah, eine Lösung!

Sie rufen Ihre Freunde herbei. Die sind begeistert.

»Möwe, schnell! Poste mir das Ding, bevor es einstürzt!« Kurz darauf sagt die Möwe: »Ihr Bogen wurde weltweit fünfundachtzigmal kopiert. Schauen Sie sich diese gigantische Version am Strand in Rio an.« Durch die AR-Brillen sehen Sie sich und Ihre Freunde zusammen mit feiernden Brasilianern am Strand von Rio stehen.

Wow, ein hübscher Verdienst für heute. »Möwe, das Kasino in der Nähe hat doch ein hervorragendes Restaurant, oder? Geben wir das Geld doch am besten gleich wieder aus.« Sie rufen Ihren Freunden zu: »Hat jemand Hunger?«

KAPITEL 20

Wir brauchen etwas Besseres als provisorische Deiche

Nur nichts überstürzen

Ein Problem in Sachen Stärkung der Mittelschicht besteht bislang darin, dass das Streben nach Sicherheit dem Alles-oder-nichts-Prinzip folgt. Traditionell war der Aufstieg in die Mittelschicht mit der Überwindung zahlreicher Hürden verbunden. Man bekam den super Job oder die große Beförderung – oder man bekam sie nicht. Der Kredit wurde bewilligt, man erhielt eine eigene Taxi-Lizenz, wurde Gewerkschaftsmitglied, bekam den Plattenvertrag – oder eben nicht. Wer die Hürden nicht schaffte, konnte immer noch Erfolg haben, musste jedoch größere Risiken eingehen und war weniger abgesichert.

Was dem einen wie das Erlangen wirtschaftlicher Würde erschien (durch Absicherungsmaßnahmen), fühlte sich für den anderen, der weniger Erfolg hatte, zwangsläufig wie eine künstliche Barriere an. Ein verrücktes Prinzip für eine Gesellschaft, bei dem Angehörige der Mittelschicht, die sich einfach Stabilität für sich und ihre Familie wünschten oder fürs Alter vorausplanen wollten, oft als die Bösen dastanden. So schlug beispielsweise Gewerkschaftsmitgliedern oft regelrechter Hass entgegen.

Durch das Internet haben sich die Spannungen noch zusätzlich verschärft, da vor allem bei jungen Leuten die Ungeduld wächst. »Was bildet sich diese Musikerin eigentlich ein, mir zu verbieten, ihre Musik kostenlos für mein Video zu nehmen, nur weil sie die Urheberrechte daran hat?«

Für mein Projekt stelle ich mir vor, dass man die Netzwerktechnologie dazu nutzt, jedem den Weg in die ganz normale finanzielle Sicherheit der Mittelschicht zu ebnen.

Diese Sicherheit käme nicht mehr nach dem Alles-oder-nichts-Prinzip in einem großen »Paket«, sondern würde sich nach und nach erst ergeben. Sie wäre nicht garantiert, jedoch für die Mehrheit der Menschen möglich, die eine solche Sicherheit anstreben. Sicherheit würde nicht von Bürokraten gewährt werden, sondern durch den Markt entstehen.

Ein Weg, der zu einem allmählichen Aufbau von Sicherheit führt, würde keine Antworten auf komplizierte philosophische Fragen wie etwa den Urheberschutz bieten, ihnen jedoch etwas von ihrem Konfliktpotenzial nehmen. In einer Welt, in der man Tantiemen für Zehntausende kleine Beiträge erhält, die man im Lauf seines Lebens durch aktive Beteiligung am Internet geleistet hat, ist es nicht ganz so wichtig, ob in einigen wenigen Fällen die Urheberschaft umstritten ist.

Allmählich würde sich eine allgemeinere und allgegenwärtige Vorstellung von geistigem Eigentum entwickeln. Dieser neue Weg zur wirtschaftlichen Absicherung könnte traditionelle Systeme wie Urheberschutz, Gewerkschaften oder akademische Festanstellungen in einer Übergangsphase ergänzen und sie irgendwann ersetzen. Vielleicht würden aber auch beide Systeme für immer nebeneinander bestehen, das lässt sich zu diesem Zeitpunkt nicht sagen.

Idealerweise wird das *Verdienen* von Vermögen mehr der Art und Weise ähneln, wie wir Geld *ausgeben*. Es wird eine Vielzahl von Möglichkeiten zur schrittweisen Schaffung von Vermögen geben und nicht nur ein paar große »Beförderungen«, die den eigenen Status schlagartig verändern.

In einer Welt, in der alles schrittweise abläuft, werden Beiträge und Belohnungen natürlich weiterhin dem Wettbewerb unterliegen, aber ein bestimmtes Resultat wird nicht mehr länger über »alles oder nichts« entscheiden. Wenn man den Kampf um einen Beitrag verloren hat, sind die Folgen ähnlich, wie wenn einem ein gutes Sonderangebot entgeht. Es wird noch zahlreiche weitere Gelegenheiten geben, das wieder auszugleichen.

Ein weiteres Problem bei den vorhandenen massiven Absicherungen besteht darin, dass es sich dabei oft um ein Nullsummenspiel handelt. Wenn jeder eine Taxilizenz hat, sind die Lizenzen wertlos. Das bedeutet auch, dass Spekulanten Lizenzen aufkaufen und die Preise bestimmen können, wodurch der ursprüngliche Zweck dahin ist. Daher sollten wir ein System anstreben, in dem der Wert *steigt*, wenn sich immer mehr Menschen daran beteiligen wollen.

Wir sollten uns also für unser Projekt überlegen, wie Computernetzwerke dazu beitragen, einen stetigen Vermögensaufbau in kleinen Schritten zu ermöglichen, von dem die Mittelschicht profitiert und der kein Nullsummenspiel ist.

Auf den Bäumen wächst nicht genügend Geld

Eine zentrale Eigenschaft von Netzwerken ist ihre »Topologie«. Der Begriff bezieht sich auf die Art der Verbindungen zwischen den einzelnen Bestandteilen. Manche Netzwerke sind wie »Bäume« strukturiert. In einem baumähnlichen Netzwerk kann man einen Spitzenknoten erkennen, und die Verbindungen bilden keine Schleifen. So ist zum Beispiel Apple ein Spitzen- oder Wurzelknoten* in einem Netz aus App-Stores, und Ihr Apple-Gerät ist ein normales »Blatt« (Endknoten) in diesem Netzwerk. Sie können nicht Ihren eigenen App-Store aufmachen und Apps direkt an andere Kunden verkaufen. Wenn Sie das könnten, würden Sie eine Schleife aus Verbindungen bilden, aber das ist unmöglich.

Eine weniger eingeschränkte Topologie ist ein Graph, der Schleifen oder Zyklen enthalten kann, der »vermascht« ist. In

---

* Das klingt verwirrend, weil »Spitze« und »Wurzel« bei Netzwerken dasselbe bedeuten, anders als bei echten Bäumen. Andere Begriffe, mit denen das Konzept manchmal beschrieben wird, lauten »Quelle« und »Zentrum«. Wir müssen zur Beschreibung abstrakter Ideen nun einmal das von der Physik inspirierte und ererbte Vokabular verwenden. Sich an diese Verwirrung zu gewöhnen ist ein wichtiger Schritt hin zu einem vertrauten Umgang mit der digitalen Technologie.

einem solchem Netzwerk können Sie ein Produkt an jemanden verkaufen, der das Produkt wiederum weiter an jemanden verkaufen kann, der es wieder zurück an Sie verkaufen könnte, ohne dass der oberste Knotenpunkt beteiligt wäre. An solche Graphen sind wir alle gewöhnt. Auch soziale Netzwerke sind so strukturiert. Man kann Verbindung zu jemandem aufnehmen, der Verbindung zu jemand anderem aufnimmt, der wieder Verbindung zu einem selbst aufnimmt, wodurch eine Schleife entsteht. Allerdings erfolgt der Online-Handel nicht über solche Graphen, was ein großes Problem darstellt.

Bislang waren Netzwerke, in denen normale Menschen online ein bisschen Geld verdienen konnten, normalerweise Bäume. Sie können zum Beispiel Geld bei eBay verdienen, aber eBay ist der Wurzelknoten. Man verstößt gegen die Geschäftsbedingungen, wenn man etwas ohne Wissen von eBay verkauft und so den eBay-Knoten umgeht.

Die Mittelschicht würde jedoch davon profitieren, wenn der Handel im Informationszeitalter in einem allgemeineren Graphen mit Schleifen erfolgen würde. Das liegt daran, dass die Verteilung der Interessen und Verbindungen in einem allgemeinen Graphen »fetter« oder »buschiger« ist als bei einem Baum. Mit einem normalen Knoten sind mehrere andere Knoten verbunden.

Die größte Veränderung seit der Veröffentlichung meines letzten Buchs ist der Aufstieg der Apps zu einem eigenen Wirtschaftszweig, eine Entwicklung, die von Apple eingeleitet wurde. Das sorgt für einen deutlichen Cashflow, was ich als Hinweis darauf werte, dass eine bessere, sinnvollere Informationsökonomie möglich ist.

Allerdings leistet die derzeitige Informationsökonomie einfach nicht genug. Wenn es eine universale App-Industrie gäbe, könnte sie groß genug sein, um die Mittelschicht zu ernähren. Doch derzeit ist das Geschäft mit den Apps auf firmeneigene Läden beschränkt, was einer Baumstruktur entspricht. Trotzdem wächst dieser Wirtschaftszweig, allerdings nicht schnell genug, um die Mittelschicht zu retten.

Bei meinen Gesprächen mit zahlreichen App-Entwicklern

stellte ich fest, dass es tatsächlich eine obere Schicht erfolgreicher App-Unternehmen gibt, die nicht nur einzelne Personen ernähren, sondern ganze Firmen. Das ist eine wunderbare Entwicklung, die an das Wachstum der Software-Industrie durch die Verbreitung des PCs erinnert.

Die App-Branche ist jedoch eine neue Form des Starsystems, das noch schlimmer ist als im alten Hollywood. Zumindest standen bei den großen Filmstudios auch zahlreiche hoffnungsvolle junge Schauspieler unter Vertrag. Hollywood finanzierte seine eigene Rückversicherung, während die App-Stores erwarten, dass sich angehende Entwickler selbst finanzieren. Das Spiel *Angry Birds* ist ein großer Hit, aber die Verteilungskurve der anderen Spiele hat keinen dicken Mittelteil mit Spielen, die sich immerhin noch *gut* verkaufen. Stattdessen fällt sie steil ab zu den miserablen Verkaufszahlen.

Dieses Muster wiederholt sich in den meisten Fällen, in denen Menschen versuchen, in der neuen Informationsökonomie ein Auskommen zu finden. So verdienen einige wenige ein bisschen Geld mit YouTube-Videos, weil Google begonnen hat, die Einnahmen aus der Reklame mit den Topstars zu teilen. Das ist eine positive Entwicklung, doch es handelt sich nur um wenige Glückliche, und die Videofilmer, die derzeit davon leben können, sind nicht so üppig bezahlt, dass sie sich ein Finanzpolster anlegen könnten.

Diese baumähnliche Verteilung kommt nicht überraschend, steht aber in deutlichem Kontrast zu der »fetten« Verteilung der Interessen, die man in der Welt der sozialen Netzwerke findet. Dort besteht eine bislang nicht vergütete Mittelschichtsverteilung, was einen sehr breiten Ausläufer (»Trail«) bei den Ergebnissen bedeutet. Anstatt entweder zum Star zu werden oder in der Versenkung zu verschwinden, finden viele ein Auskommen in der Mitte des Spektrums.

Die Eigentümer sozialer Netzwerke verweisen gern auf Studien, in denen man zwischen ihrem üppig verbundenen Graphen und eher restriktiven Baum-Netzwerken unterscheidet. So hat beispielsweise Facebook eine Studie finanziert, die zeigt, dass Facebook-Nutzer in den Genuss einer großen Informationsvielfalt aus zahlreichen verschiedenen Quellen kommen.[1] (Das beschwichtigt jedoch nicht meine Bedenken, dass Facebook uns als Sirenenserver seinen restriktiven Verhaltenscode aufzwängt. Die Studie zeigt nur, dass Informationsströme in dicht verbundenen Graphen auch von der Beschaffenheit her dichter sind.)

Soziale Netzwerke weisen ein Muster auf, das viele Leute in die Lage versetzt, die Aufmerksamkeit anderer auf sich zu ziehen. Das steht im Gegensatz zum Starsystem, das man beispielsweise bei baumförmig strukturierten firmeneigenen Ladenketten findet.

Zusammengenommen ist das ein Beweis, dass eine maschenförmige Informationsökonomie eine Mittelschicht ernähren kann – im Gegensatz zum »The winner takes it all«-System, das in baumförmigen Ökonomien zu finden ist. Eine monetisierte Version eines vermaschten Netzwerks könnte einen organischen Weg zu mehr Wohlstand für die Mittelschicht darstellen, der besser wäre als die derzeitigen Absicherungsmaßnahmen, die die Mittelschicht im prädigitalen Kapitalismus am Leben hielten.

KAPITEL 21

Einige Grundprinzipien

Herkunft

Die Grundidee der humanistischen Informatik lautet, dass die Herkunft wertvoll ist. Hinter Informationen verbergen sich immer Menschen, und Menschen müssen für den Wert bezahlt werden, den sie zu einem digitalen Netzwerk beitragen und der dort verschickt oder gespeichert werden kann.

Das besondere Merkmal einer humanistischen Informatik ist daher eine Zweiwege-Verlinkung, die Netzwerke und Hypermedia vielleicht ohnehin hätten, wenn sich die ursprünglichen Ideen von Ted Nelson und anderer Pioniere durchgesetzt hätten.

Wenn es in der Finanzkrise eine Zweiwege-Verlinkung gegeben hätte, hätten die Hausbesitzer gewusst, wer ihre Hypothek verbrieft hat, und ein Musiker wüsste mit einer Zweiwege-Verlinkung, wer seine Musik kopiert.

Neue Daten können auf alle möglichen Arten geschaffen werden. Sie können als Nebeneffekt entstehen, wenn Sie sich im Internet die Zeit vertreiben. Beispielsweise könnten die Videos, die Sie sich ansehen, über ein soziales Netzwerk bekanntgegeben werden. In anderen Fällen erzeugen Sie vielleicht bewusst Daten, etwa wenn Sie bloggen oder twittern. Womöglich installieren Sie eine Webcam oder einen anderen Sensor und speisen Rohdaten ins Netz ein. Oder Ihre DNA wird registriert, oder Ihre Gehirnströme werden aufgezeichnet. Alle möglichen Informationen können aufgrund Ihrer Existenz in ein Netzwerk gelangen.

In einer humanistischen Informationsökonomie würde in all diesen Fällen die Herkunft neuer Daten gespeichert werden, wenn diese von einem lokalen Gerät oder einem Server oder einem Cloud-Rechner hochgeladen werden. Das heißt, dass die Herkunft vermerkt und mit den Daten verknüpft wird. Dieses Verzeichnis ist durch die Redundanz zwischen lokalen Geräten und Servern in der Cloud vor Fehlern und Betrugsversuchen geschützt, zumindest bedürfte das Fälschen oder Löschen der Herkunft erheblicher Anstrengung und würde ein gewisses Risiko bergen.

In einer humanistischen Informationsökonomie wird »Herkunft« zum Grundrecht, ähnlich wie Bürger- und Eigentumsrechte einen universalen Status haben, damit Demokratie und Marktkapitalismus funktionieren.

Keine Sorge: Es ist nicht übertrieben teuer, und auch die Effizienz des Internets ist nicht bedroht, wenn man nachverfolgt, woher Informationen kommen. Tatsächlich wird das Internet dadurch sogar schneller und effizienter.

Eine universelle Speicherung der Herkunft ohne allgemeingültige gewerbliche Rechte würde zu einem Polizei- und Überwachungsstaat führen. Doch mit dem entsprechenden rechtlichen Status kann sie uns eine ausgeglichene Zukunft bescheren, in der die Mittelschicht, versehen mit der nötigen politischen Schlagkraft, wirtschaftlich prosperiert und der Einzelne sein individuelles Leben gestalten kann, ohne komplett von den unsichtbaren Betreibern der Sirenenserver manipuliert zu werden. Anstatt beim Schutz der Privatsphäre und der Verhinderung von Zwang auf dubiose Verbote zu vertrauen, könnte man mit einer kostenpflichtigen Datennutzung eine extreme Ausbeutung verhindern.

Kommerzielle Symmetrie

Wir haben es derzeit mit zwei nebeneinander existierenden Extremen zu tun, die wir als unvermeidlich akzeptieren. Einerseits sind Informationen angeblich kostenlos, doch die Nutzer werden seltsamen Überwachungs- und Beeinflussungsmethoden unterzogen und unzureichend dafür entschädigt. Das ist die Welt von Google,

Facebook und Co. Sie bietet angesichts der fortschreitenden Technologie keinen nachhaltigen Weg in die Zukunft.

Andererseits sind Kunden häufig durch einen einseitigen Vertrag gebunden, wenn sie Zugang zum Internet haben wollen. Das ist die Welt der firmeneigenen Läden, die in einer Baumstruktur organisiert ist und die man etwa von Mobilfunkverträgen oder Triple-Play-Angeboten (Fernsehen, Telefon und Internet) kennt. Zu den Anbietern gehören Apple, Amazon und so weiter.

Wenn wir für Werte über ein Netzwerk bezahlen, beschreiten wir leider ebenfalls einen wenig zukunftsträchtigen Weg. Nehmen wir etwa eBooks: Der Erwerb eines eBooks ist für den Käufer etwas anderes als der Kauf eines »richtigen« Buches aus Papier. Der Käufer eines eBooks gilt auf dem Markt nicht mehr als Bürger erster Klasse.

Wenn Sie ein gedrucktes Buch aus Papier kaufen, können Sie es nach Belieben wieder verkaufen oder weiter Ihre Freude daran haben, egal wo Sie Ihre anderen Bücher kaufen. Vielleicht wird es ja zum Sammlerstück und steigt im Wert, womöglich können Sie es irgendwann mit Gewinn weiterveräußern. Der Kauf eines altmodischen Buches eröffnet immer auch die Gelegenheit, Geld damit zu verdienen, indem man seine Herkunft hervorhebt. Vielleicht signiert der Autor es für Sie persönlich, verleiht ihm damit eine größere Bedeutung für Sie *und* steigert den Wert.

Bei einem eBook sind Sie dagegen kein Käufer erster Klasse mehr. Stattdessen haben Sie bei einem Unternehmen eingeschränkte Rechte am Buch gekauft. Sie können es nicht weiterverkaufen und können auch sonst nichts tun, um das Buch zu einer Investition zu machen. Ihr Entscheidungsspielraum ist eingeschränkt. Wenn Sie ein anderes Lesegerät verwenden oder über eine andere Cloud die Verbindung herstellen wollen, verlieren Sie in den meisten Fällen sogar den Zugang zum Buch, obwohl Sie es »gekauft« haben. Doch das war kein richtiger Kauf, sondern ein Vertrag, den Sie abgeschlossen haben, auch wenn weder Sie noch sonst jemand diese Verträge richtig liest.

Wenn sich die Informationsökonomie weiter in eine Richtung entwickelt, bei der die Beteiligten entweder einen Sirenenserver betreiben oder gewöhnliche Menschen sind, die zwischen zwei Extremen hin- und herpendeln – zwischen Pseudo-Kostenlosigkeit und Pseudo-Eigentümerschaft –, dann werden die Märkte schrumpfen, und der Kapitalismus wird zusammenbrechen.

Für eine zukunftsfähige Informationsökonomie benötigt man daher ein nachhaltiges Transaktionsmodell. Grundlage für nachhaltige Transaktionen ist eine Symmetrie zwischen Käufer und Verkäufer, damit die Transaktionen innerhalb eines Gesellschaftsvertrags harmonisch ablaufen.

Bei einem funktionierenden Gesellschaftsvertrag erkennen die Beteiligten, dass das, was gut für andere ist, letztendlich auch für sie selbst gut ist, auch wenn das für den Augenblick nicht so wirken mag. Das heißt, man ist zunächst vielleicht nicht sonderlich begeistert, dass man für etwas bezahlen muss. Doch der anfängliche »Nachteil« wird am Ende mehr als ausgeglichen, weil man im Rahmen des Vertrags von den anderen Beteiligten ebenfalls für etwas bezahlt wird. Außerdem kann man die Bedürfnisse derer, die etwas verkaufen, besser nachvollziehen, weil man manchmal selbst die Rolle des Verkäufers übernimmt.

Derzeit mag es drastisch erscheinen, Gebühren für den Zugang zu Informationen zu verlangen, obwohl man sich doch daran gewöhnt hat, dass Informationen kostenlos sind. Dieses Gefühl ändert sich jedoch, wenn man weiß, dass man selbst auch für die Informationen und Dienste bezahlt wird, die man im Laufe seines Lebens beiträgt.

Nur mit diesen Gebühren kann man Demokratie und Kapitalismus miteinander in Einklang bringen. Die derzeitigen Modelle im Online-Handel schaffen einen neuen Klassenkonflikt zwischen jenen, die wirtschaftlich voll beteiligt sind, und den anderen, die nur teilweise beteiligt sind. Das bedeutet, dass es kein ausreichendes gemeinsames wirtschaftliches Interesse gibt, um eine Demokratie langfristig zu stützen.

Wenn wir rechtlich eine ausgeglichene Situation schaffen, ist eine Vielzahl potenzieller Transaktionsmodelle denkbar. Die Struktur dieser Transaktionen zählt zwar zu den wichtigsten Elementen einer funktionsfähigen zukünftigen Informationsökonomie, dennoch wäre es verfrüht, entscheiden zu wollen, welches Transaktionsmodell am besten funktionieren würde. Zweifellos werden junge begabte Informatiker, Unternehmer und Wirtschaftswissenschaftler ganz neue Modelle für Transaktionen finden, die wir uns heute noch gar nicht vorstellen können. Ihre Begabung wird jedoch verpuffen, wenn man bei der grundlegenden Architektur unserer Netzwerke nicht auf einen symmetrischen Gesellschaftsvertrag achtet.

Weiter unten werde ich noch einige Ideen vorstellen, wie zukünftige Transaktionen meiner Meinung nach aussehen könnten.

Nur Bürger erster Klasse

Eine kommerzielle Symmetrie bedeutet einen radikalen Unterschied zu unserem heutigen Alltag. In einem universalen öffentlichen Marktinformationssystem wird jeder Einzelne eine eigene kommerzielle Identität benötigen. Anders heute, wo zwar Maschinen eine eindeutige Identität haben, etwa eine IP-Adresse, aber nicht die Menschen.

Die menschliche Online-Identität entsteht bislang gewissermaßen »ad hoc«, das heißt, die meisten Menschen haben zahlreiche Identitäten, die fernen Unternehmen wie etwa Facebook gehören. Bei diesem System profitiert die Privatwirtschaft scheinbar gegenüber der Gemeinwirtschaft, aber langfristig kommt auch sie zu Schaden.

Wenn der Wettbewerb zwischen privaten Anbietern symmetrisch, gerecht und dynamisch sein soll, muss die öffentliche Hand die Grundlagen für Netzwerkverbindungen schaffen. Wenn allein schon die Verbindung der Menschen untereinander oder ihrer eigenen Daten fernen Konzernen gehört, stößt man zwangsläufig auf Widerstände oder es kommt zu Stagnationen.

Das Internet hätte anfangs den öffentlichen Raum besser nutzen können, doch die jungen Männer, die in den siebziger und achtziger Jahren an den Grundlagen des Internets arbeiteten, waren meistens haschischrauchende Linksliberale – oder Konserva-

321

tive, die gern zu schnell fuhren und Polizeikontrollen durch die Nutzung des CB-Funks umgingen. (Ich übertreibe ein bisschen, aber nicht sehr.) Beide Lager hielten Anonymität für unglaublich cool und staatliche Melderegister oder eine Ausweispflicht für Bürger für völlig daneben. Im Rückblick glaube ich, dass wir alle die Regierung mit unseren Eltern verwechselten. (Dabei wurde die Forschung zur digitalen Vernetzung anfänglich vom Staat finanziert.)

Wie sich die Zeiten ändern. Heute vertreten die Konservativen in den USA die Idee, dass Bürger einen Ausweis benötigen, wenn sie wählen wollen, und ihn sogar immer bei sich tragen sollten, um eine Verhaftung zu vermeiden, falls sie in eine Routinekontrolle geraten. Und viele Liberale sind für ein universales Gesundheitssystem, das ebenfalls auf einer allgemeinen Ausweispflicht basiert.

In unserem Fall bleibt einem nichts anders übrig, als sich für das kleinere Übel zu entscheiden. Vielleicht missfällt Ihnen die Idee einer allgemeinen Online-Identität, aber wenn sie nicht von staatlicher Seite eingeführt wird, wird sie irgendwann von einem Unternehmen wie Google oder Facebook durchgesetzt. Eventuell sind Ihnen diese Unternehmen heute sympathischer als die Regierung, vielleicht vertrauen Sie ihnen auch mehr, aber Sie sollten wissen, dass Technologieunternehmen die Tendenz haben, im Laufe der Zeit eine unangenehme Entwicklung zu durchlaufen.

Zombie-Sirenenserver meiden

Eine solche Entwicklung konnte man zum Beispiel bei Hewlett-Packard beobachten, einst *der* Prototyp eines Silicon-Valley-Unternehmens, das alle späteren Firmen inspirierte. Vor nicht allzu langer Zeit durchlief das Unternehmen eine Phase, in der es nicht nur unter einem schlechten Management zu leiden hatte, sondern auch mit seltsamen, geschmacklosen Skandalen, Intrigen des Vorstands und einer allgemeinen Demoralisierung von sich reden machte. Aller Wahrscheinlichkeit nach werden auch die strahlenden jungen Unternehmen von heute eines Tages ähnliche Phasen durchmachen. Auch Facebook oder Twitter könnte so etwas passieren, daher eignen sich private Unternehmen generell nicht für die langfristige Bereitstellung einer Online-Identität.

Korruption und Unfähigkeit findet man natürlich auch in demokratisch gewählten Regierungen, doch der Sinn einer lebensfähigen Demokratie besteht gerade darin, eine dauerhafte Grundlage für die Gesellschaft zu bilden. In einer Demokratie wählt man Politiker und Regierungen ab und ersetzt sie durch neue. In der Wirtschaft halten wir dagegen an Unternehmen fest, die aufgrund ihrer mangelnden Wettbewerbsfähigkeit eigentlich untergehen müssten, wodurch die Vorstellung eines freien Marktes nur noch eine Illusion ist. Doch riesige ferne Unternehmen, die über die digitale Identität aller verfügen, sind »too big to fail«, wie es so schön heißt – ein Zustand, der Märkte wie Regierungen degradiert.

Auch Unternehmen wie Facebook sollten sich für meinen Vorschlag interessieren, denn es ist besser, sich an der Planung eines Regulierungssystems zu beteiligen, als später ein System zwangsweise übernehmen zu müssen. Nehmen wir an, Facebook schafft es nie, Google das Geschäft mit der »Werbung« abzujagen. Heute, zu dem Zeitpunkt, wo ich das Buch schreibe, ist das immer noch eine Möglichkeit. In dem Fall könnte es irgendwann mit Facebook rapide bergab gehen, was einen globalen Notstand nach sich ziehen würde.

Das ist durchaus nicht an den Haaren herbeigezogen. Einst schien es unvorstellbar, dass Technologie-Giganten wie Silicon Graphics in Konkurs gehen und aufgekauft werden würden. Wenn Facebook wirtschaftlich scheitert, müssten Menschen weltweit damit rechnen, plötzlich alte Freunde und Familienkontakte zu verlieren – oder vielleicht auch ihre Krankenakten. Der Kontakt zwischen Unternehmen und Kunden wäre jäh unterbrochen. Facebook ist nur ein Beispiel von vielen. Zahlreiche derzeit enorm erfolgreiche Netzwerkbetreiber haben sich unverzichtbar gemacht, um ihr eigenes Überleben zu sichern.

Immer mehr ähnelt Facebook einem Stromversorger. Das Unternehmen ist Teil der Infrastruktur, die man zum Leben benötigt, und wenn die Leute etwas unbedingt brauchen, verlangen sie irgendwann, dass die Regierung dafür sorgen soll, es weiterhin zur Verfügung zu stellen. Deswegen ist am Ende die Regierung für die Wasser- und Stromversorgung und den Ausbau der Straßen verantwortlich. Auch Unternehmen verlangen einen konstanten und gesicherten Zugang zur Infrastruktur, daher stehen hier Unternehmen und Einzelpersonen auf einer Seite.

Doch das Ende von Facebook muss eine Option sein, wenn man Facebook als marktwirtschaftliches Unternehmen betrachtet. Daher sollte meine und Ihre Online-Identität nicht auf Facebook oder einer anderen ähnlichen Firma gründen.

Nur eine Identität erster Klasse

Der Staat muss die Grundlage für eine Online-Identität schaffen. Das heißt nicht, dass der Staat alles selbst betreiben muss. Die Linie, wo der Regierung Grenzen gesetzt werden sollten, ist nicht schwer zu ziehen, weil sie schon immer bestand.

Auch wenn Sie ein Bankkonto eröffnen wollen, benötigen Sie eine von einer Behörde ausgestellte Identitätsbestätigung. Heutzutage braucht man ein Bankkonto, kann aber zwischen verschiedenen Banken wählen und sein Leben weiterhin außerhalb des Bankensystems führen, wenn man das will. Der Staat liefert die Grundlagen, aber auch nicht mehr. Ihre Bank könnte bankrottgehen, trotzdem verlieren Sie nicht Ihre Sozialversicherungsnummer. Sie sind nicht *völlig* von fernen, privaten Finanzunternehmen abhängig, haben aber trotzdem eine »finanzielle Identität«.

Was bei den Banken vor der Vernetzung funktioniert hat, wird auch in einer humanistischen Informationsökonomie möglich sein. In der Zukunft, wenn Ihnen Ihre eigenen Daten gehören, nutzen Sie vielleicht die Dienste, die ein Unternehmen wie Facebook anbietet, aber wenn Facebook bankrottginge, wären Ihr Leben im Netz und Ihre Online-Identität nicht auf einen Schlag verschwunden. Facebook würde nicht *exklusiv* über Ihre Daten oder Ihre Identität verfügen.

Es bleiben interessante Fragen, die erst in Zukunft beantwortet werden können. Wie viel Speicher und Rechnerleistung wären Teil des öffentlichen Raums? Wie viel würde jedem Bürger mit der Geburt zugeteilt werden? Vielleicht wäre die Bereitstellung bei der Geburt minimal, und man müsste bei einem Cloud-Dienst ein Konto eröffnen, um grundlegende eigene Daten zu speichern und bestimmte Transaktionen durchführen zu können, ähnlich wie das heute bei einem Bankkonto ist. Oder vielleicht würde der Staat jedem ausreichend Rechnerleistung und Speicherplatz zur Verfügung stellen. Das wäre eine wunderbare neue Streitfrage für Liberale und Konservative, über die sie in zukünftigen Wahlkämpfen debattieren könnten.

KAPITEL 22

Wer macht was?

Biologischer Realismus

Wir Menschen halten uns gern für unsterblich, das ist ganz normal. In den USA argumentieren die Gegner einer allgemeinen Krankenversicherung, man solle nur für eine Krankenversicherung bezahlen, wenn man auch wirklich eine haben wolle, die Entscheidung müsse den Verbrauchern überlassen werden. Als ob wir über Außerirdische reden würden, die über die beneidenswerte Fähigkeit verfügen, selbst zu entscheiden, wann sie krank werden wollen und wie viel das kosten darf.

Ähnlich schlagen die Anhänger der Piratenparteien, von Linux und der »Open Culture« vor, dass Musiker eben live auftreten müssen, wenn sie kein Geld mehr mit ihren Musikaufnahmen verdienen. Diese Strategie funktioniert allenfalls für Menschen, die immer gesund sind und keine Kinder haben. Und am besten funktioniert sie natürlich, wenn auch die Eltern des Musikers gesund und begütert und spendabel sind.

Eine Gesellschaft, die aus echten, biologischen Menschen besteht, muss einen Ausgleich schaffen zu den Widrigkeiten der biologischen Realität. Es muss eine wirtschaftliche Würde geben, die wir hier definieren als das Wissen darum, dass man nicht in bittere Armut gerät, wenn man krank wird, Kinder bekommt oder alt wird. (Junge, gesunde und kinderlose Erwachsene müssen vielleicht nicht vor dem Absturz in die Armut geschützt werden. Ich hatte diesen Schutz jedenfalls nicht, als ich jung war. Aber diese Frage überlasse ich den Politikern und ihren Debatten, denn sie kann losgelöst von unserem Projekt erörtert werden.)

Wenn wir verlangen, dass jeder zum Einzelkämpfer wird, werden wir am Ende alle einen sehr hohen Preis in Form einer massiven Verelendung bezahlen. Die meisten Menschen sind nicht in der Lage, ein Leben lang für sich selbst aufzukommen und sich gegen alle Eventualitäten abzusichern. Wir brauchen Absicherungen, schützende Deiche – und zwar nicht, weil wir faul sind, sondern weil wir reale Menschen sind.

Die Gesamtwirtschaft kann nur funktionieren, wenn ein ausreichender Teil der Gesellschaft wirtschaftlich abgesichert ist. Selbst diejenigen, die sich allein erfolgreich über Wasser halten, können Probleme bekommen, wenn sie ihrer Familie oder ihren Freunden helfen müssen. Unter den jüngsten absurden Eskapaden der Finanzmärkte hatten vor allem ältere Erwerbstätige zu leiden. Ihre Ersparnisse, ihr Arbeitsplatz und ihr Kapital wurden vernichtet.

Es gibt immer die Möglichkeit, bei besonders empörenden und erkennbaren Tragödien zu helfen und das eigene Gewissen zu beruhigen. Beispielsweise kann ein lokaler Jazzclub die Einnahmen eines Abends darauf verwenden, die Arztrechnungen eines alten Musikers zu bezahlen. Aber auf jeden alternden Musiker, dem mit einem Spendenabend unter die Arme gegriffen wird, kommen Dutzende andere, die übersehen werden.

In einigen Jahrzehnten werden all die Idealisten, die Beiträge zu offener Software oder zu Wikipedia leisteten, in derselben Lage sein wie die alternden Jazzmusiker von heute. Wir helfen einem Bedürftigen pro Woche durch Spendenaufrufe bei Reddit, um uns gut zu fühlen, aber natürlich ist diese Art von Hilfe nur ein Tropfen auf den heißen Stein.

In einer humanistischen Informationswirtschaft zehren die Menschen im Alter von den Tantiemen für die Leistungen, die sie erbracht haben, als sie jünger waren. Für mich ist das eine höchst moralische Nutzung der Informationstechnologie. Die richtigen Daten werden gespeichert. Allein die Idee, dass die lebenslangen Beiträge kreativer Menschen vergessen werden könnten und sie immer wieder von neuem anfangen müssten, ist mehr als ungerecht.

Wenn man es so formuliert, klingt es ziemlich linksliberal. Aber darüber, dass Kapital, das einem zusteht, vernichtet wird, sollten sich alle empören, auch diejenigen, die sich als Konservative sehen. Mein Vorschlag hat nichts mit einer Einkommensumverteilung oder mit Sozialismus zu tun. Die Tantiemen für kreative Beiträge, die ein Leben lang geleistet wurden, würden immer wieder aufs Neue sprudeln. Das wäre kein Anspruchsdenken, sondern wirklich verdientes Vermögen, das einem zusteht.

Das muss man sich erst einmal verdienen!

Wer in einer Marktwirtschaft Erfolg haben will, muss leiden und gegen seine eigene Faulheit ankämpfen, um seinen Lebensunterhalt zu verdienen. Diese Vorstellung ist uns allen in Fleisch und Blut übergegangen. Und das hat einen guten Grund. Die erstaunliche Verbesserung der Lebensqualität seit der Industrialisierung ist unzähligen Einzelnen zu verdanken, die sich wie verantwortungsbewusste Erwachsene benahmen und die Verpflichtungen einhielten, die sie eingegangen waren. Vor allem haben sie ihre Schulden bezahlt, wodurch die Idee der Finanzen erst verwirklicht werden konnte.

Und so fühlt sich jede Generation moderner Menschen veranlasst, ihren Nachkommen einen Moralkodex zu übermitteln, der ungefähr lautet: »Verantwortungsbewusstsein und Reife sind die Voraussetzung für einen Großteil der Annehmlichkeiten in unserem Leben. Diese Annehmlichkeiten sind fast alle Errungenschaften der jüngeren Zeit. Wir vergessen oft, wie schlecht es der Menschheit vor der Moderne ging. Vor diesen modernen Annehmlichkeiten konnte es sich ein Kind gar nicht leisten, faul zu sein, sondern musste um sein Überleben kämpfen. Früher starben Kinder häufig an vermeidbaren Krankheiten oder aufgrund von Überanstrengung. Heutzutage ist es fast zu einfach. Wenn wir zulassen, dass unsere Kinder heute faul sind und sich auf der Arbeit früherer Generationen ausruhen, könnten die gesammelten Errungenschaften vieler Generationen innerhalb einer einzigen Generation zunichtegemacht werden.«

Man muss mich nicht daran erinnern, wie leicht Menschen sich gehenlassen und sich dem süßen Nichtstun hingeben. Ich kenne diese Versuchung nur zu gut!

Die Moderne hat uns einen inneren Konflikt beschert, bei dem sich die strenge Stimme der Eltern ständig mit der faulen Stimme des Kindes in uns streitet. Leider haben diese beiden inneren Stimmen, die als Gegensätze fungierten und sich jahrhundertelang gegenseitig in Schach hielten, mit dem Aufkommen der digitalen Netzwerktechnologie zu einer idiotischen Übereinkunft und Zusammenarbeit gefunden.

Wenn die elterliche Stimme meinen Vorschlag hört, dass wir unseren Lebensunterhalt teilweise damit verdienen, einfach das zu tun, was wir tun, und dabei von Cloud-Algorithmen beobachtet werden, könnte sie sagen: »Man sollte nicht mit dem, was man gerne macht, seinen Lebensunterhalt verdienen. Wenn man das auch nur ansatzweise zulässt, gefährdet man damit die Moral. Sobald Jugendliche das erkennen, werden sie nie den mühevollen Prozess des Erwachsenwerdens auf sich nehmen – oder bereit sein, Opfer zu bringen und einen Beruf auszuüben oder eine Hypothek abzuzahlen. Das wäre das Ende der westlichen Zivilisation.«

Die kindliche Stimme hört natürlich gar nicht richtig zu, sondern verlangt genau dasselbe, aber mit anderen Argumenten: »Warum muss man überhaupt Geld ins Spiel bringen? Beim Geld geht es doch nur um Gier und Karriere und darum, alt und langweilig zu werden. Anarchie ist ehrlich und direkt. Wenn Geld Teil der Gleichung wird, ist das Gefühl der Freiheit zerstört.«

Anders ausgedrückt sagen beide Seiten: Wenn Technologie uns das Leben erleichtert, muss man eben akzeptieren, dass sie uns auch arm macht.

Es ist die größte Torheit unseres Jahrhunderts, aber wenn sich Erwachsener und Kind einig sind, kommt man kaum dagegen an.

Dass der Ansatz, Verantwortung zu übernehmen, zunehmend obsolet wird, zeigt sich daran, dass die Moderne bereits die Menschen begünstigt, die ohnehin Glück haben. Wir haben uns an die Idee gewöhnt, dass manchen Menschen der Erfolg einfach zufliegt, vor allem jenen, die bereits vorher großes Glück hatten. Es gibt einen alten Country-Song von Buck Owens – »Act Naturally«. Ringo

Starr hat ihn ebenfalls gesungen: »*They're gonna make a big star out of me … and all I have to do is act naturally.*«

Das soll nicht heißen, dass Stars faul sind. Viele arbeiten sehr hart, vor allem zu Beginn ihrer Karriere. Und doch haben manche einfach ein unverschämtes Glück, nicht nur im Film, sondern auch in der Finanzbranche und in anderen Bereichen.

Dennoch: »Natürliche« Stars werden von der Gesellschaft gefeiert, selbst wenn sie gut verdienen, selbst wenn sie nicht so viel erleiden müssen, wie man es ihnen vielleicht wünschen würde. Wir sind an die Vorstellung gewöhnt, dass man sich in einer Marktwirtschaft über den (unverdienten) Erfolg anderer ärgern kann, aber dass man damit leben muss.

Ich zögere, das Thema »Superreiche« anzuschneiden, weil es für so viele ein rotes Tuch ist. Die eine Seite sagt dazu: »Das eine Prozent hat das nicht verdient!« Und die andere mahnt: »Der Markt besagt, dass sie es verdient haben, daher sollte man nicht neidisch sein!« Weder die Linken noch die Konservativen scheinen damit zu rechnen, dass es in Zukunft noch viele Beispiele für Menschen geben wird, die sich ihr Glück selbst erarbeitet haben.

Ist denn der Vorschlag so furchtbar, dass dank des technologischen Fortschritts mehr und mehr Menschen ein bisschen mehr Glück haben? Welche andere Vision von Fortschritt ist umsetzbar?

Die Existenz von mehr Menschen, die Glück haben, bedeutet noch lange nicht »Sozialismus« und heißt auch nicht, dass die faulen Dämonen der Kindheit triumphiert haben. Es heißt nur, dass ein Markt in einer wachsenden Informationsökonomie auf ehrliche Art funktioniert, anstatt von überflüssigen elterlichen Ermahnungen oder kindischen Ängsten behindert zu werden, egal wie angebracht sie in früheren Zeiten auch sein mochten.

Der völlig abwegige, netzwerkbasierte Reichtum undurchsichtiger Investoren der jüngsten Zeit kann uns als Warnung und Inspiration dienen. Nur weil die vernetzte Finanzbranche auf Kosten aller geboomt hat, heißt das noch lange nicht, dass das Glück nicht viel breiter verteilt werden könnte. Viel mehr Menschen sollten die Früchte der Moderne auf Grundlage einer umfassenderen Abrechnungsmethode genießen können.

Aber werden wir genügend Wert beitragen?

Der Arbeitsmarkt zeigt in zunehmendem Maße eine »Aushöhlung« der Mitte. Entweder findet man sein Auskommen bei Niedriglohnjobs ohne Aufstiegschancen oder in Elitepositionen an der Spitze.

Für mich heißt das, dass unsere Wirtschaft nicht mehr richtig funktioniert und reformiert werden muss, um mit dem technologischen Fortschritt mitzuhalten. Für andere heißt das allerdings, dass der Mensch überflüssig wird.

Entsprechend ärgerliche Kommentare bekomme ich ständig zu hören: »Wenn die normalen Arbeitnehmer auf den heutigen Märkten nicht viel verdienen, heißt das, dass sie wenig Wert zu bieten haben. Man kann nicht intervenieren und die Illusion schaffen, dass sie wertvoll sind. Das ist die Aufgabe dieser Leute, sie müssen sich wertvoll machen.«

Gut, das ist wohl richtig. Ich rate ja auch nicht dazu, Scheinjobs zu schaffen, um die Illusion zu kreieren, die Leute hätten Arbeit. Das wäre erniedrigend und eine Einladung zu Betrug und Korruption.

Doch netzwerkorientierte Unternehmen beschaffen sich regelmäßig enorme Summen, indem sie dem, was Menschen im Netz tun, einen Wert zuordnen. Es ist also nicht so, dass der Markt besagt, Menschen seien online nichts wert, nein, die Menschen wurden nur aus der Schleife ihres eigenen wirtschaftlichen Wertes gedrängt.

Vorschläge für eine humanistische Informationsökonomie ernten oft ein herablassendes Lächeln. Wie können durchschnittlich begabte, gewöhnliche Menschen etwas Wertvolles in einer Welt anbieten, die von einer technologischen Elite und hochkomplizierten Maschinen dominiert wird?

Diese Reaktion ist verständlich, weil wir uns daran gewöhnt haben, dass es Geringbeschäftigten wirtschaftlich nicht gutgeht.

In der Regel läuft es so, dass Investoren absolut überzeugt vom Wert eines Sirenenservers sind, der Daten über Menschen anhäuft, und Milliarden Dollar investieren, auch wenn es wahrscheinlich nicht einmal einen Businessplan gibt, der einen angemessenen Gewinn verspricht. Gleichzeitig können es sich diese Investoren nicht vorstellen, dass die Leute, die die alleinigen Quellen der wertvollen Informationen sind, irgendeinen Wert haben könnten.

Und dann gibt es noch die ideologisch geprägten Experten am Spielfeldrand, die jeden attackieren, der auf die derzeitigen Absurditäten im Silicon Valley hinweist. Wenn man sich beschwert, dass all die talentierten Absolventen der Elite-Unis nichts Besseres zu tun haben, als daran zu arbeiten, dass immer mehr bezahlte Links den Weg auf unsere Bildschirme finden, dann muss man mit einer erbitterten Verteidigung der nicht-monetären Werte rechnen, die heutzutage durch Cloud-Computing entstehen. Bei Twitter zum Beispiel weiß man zwar noch nicht so recht, wie man viel Geld verdient, aber dafür heißt es: »Sehen Sie sich bloß einmal den Wert an, den Twitter jenseits der Bilanzen schafft, indem wir die Menschen besser miteinander verbinden!«[1]

Ja, schauen wir uns diesen Wert doch einmal an. Er ist real, und wenn wir eine wachsende, auf Informationen basierende Wirtschaft haben wollen, sollte dieser reale Wert ein Teil davon sein. Warum ist es plötzlich ein Dienst am Kapitalismus, mehr und mehr Wert aus den Bilanzen herauszuhalten?

Warum muss es so sein, dass das Wissen über das Tun und Handeln gewöhnlicher Menschen auf der Ebene der Sirenenserver atemberaubend wertvoll ist, während genau dieselben Daten auf privater Ebene normalerweise nur dazu reichen, sich per Couchsurfing eine billige Übernachtungsgelegenheit zu organisieren oder sich ein bisschen Selbstbestätigung bei Facebook zu holen?

Oder anders formuliert: Wenn sich Bereiche wie Logistik, Energie und Gesundheit zunehmend auf Software stützen, sollten dann nicht die Bereiche Kommunikation und Unterhaltung größere Bedeutung für die Wirtschaft erlangen, um die Lücke zu füllen? Doch gerade diese Bereiche hat die Software bislang vor allem geschwächt.

Eine Frage, die wirklich nicht so schwer zu beantworten ist

Sobald eine bestimmte Arbeit automatisiert werden kann, rücken andere Tätigkeiten, die nicht automatisiert werden können, ins Blickfeld. Wirtschaftlich stellt sich jeweils die Frage, wer in einer bestimmten historischen Phase für Tätigkeiten bezahlt wird, die auch angesichts zunehmender Automatisierung weiter von Menschen erledigt werden. Solange wir für Tätigkeiten, die nicht automatisiert werden können, bezahlt werden, besteht eine ehrliche, humane Ökonomie. Wenn dagegen Dritte, die große Netzwerkrechner betreiben, für das bezahlt werden, was andere tun, haben wir es nicht mehr mit einer ehrlichen Wirtschaft zu tun.

Werden die Menschen in einer humanistischen Ökonomie genügend Wert in ihren Handlungen finden, um ihren Lebensunterhalt zu verdienen, wenn erst einmal Cloud-Software in Verbindung mit Robotern und anderen Geräten in der Lage ist, die meisten menschlichen Wünsche und Bedürfnisse im Leben zu erfüllen? Oder noch direkter: Wird es langfristig genügend Wert von gewöhnlichen Menschen geben, um die Existenz einer Ökonomie zu rechtfertigen?

Es gibt zwei Herangehensweisen, um diese Frage zu beantworten. Wir können überlegen, was Menschen für Sirenenserver tun können – das ist die übliche Sichtweise. Wir müssen aber auch überlegen, was Menschen für sich und andere tun können. Mindestens zwei Antworten liegen auf der Hand.

Die eine Antwort lautet, dass wir ein enormes Interesse an dem haben, was unsere Mitmenschen online zum Ausdruck bringen. Zahlreiche Menschen finden ein Publikum für ihre Tweets, Blogs, Status-Updates, für Wikipedia-Beiträge, YouTube-Videos, Schnappschüsse, Fotosammlungen, Gedankenfetzen – und für ihre Reaktionen auf das Obengenannte und eine Mischung aus allem. Ist es wirklich so ein Hirngespinst, anzunehmen, dass viele Leute diese Form des Wertes in absehbarer Zukunft weiterhin im Netz anbieten werden, solange die Abrechnung offen und ehrlich abläuft?

Viele werden antworten, dass all das nur Flausen sind, jedenfalls nicht das, worauf eine Wirtschaft gründet. Aber das beantwortet meine Frage nicht. Warum sind es nur Flausen, wenn Internet-User derartige Daten ins Netz stellen, aber echte Werte, wenn ein ferner zentraler Server davon profitiert?

Bei der Wirtschaft geht es nicht um Ihren oder meinen Geschmack, sondern um den Geschmack *anderer* Leute, ob uns Normalverbrauchern das nun gefällt oder nicht.

Man kann nur schwer sagen, welche Rolle der Geschmack für die aktuelle Konjunktur spielt, da die Grenzen zwischen den »echten«, den existenziellen Grundbedürfnissen und den Bedürfnissen nach Status und Anerkennung fließend sind, wie wir seit Abraham Maslow wissen. In die Kategorie »Geschmack« fällt nicht nur die Unterhaltungsindustrie, zu ihr gehören auch wirtschaftliche Schwergewichte wie Kosmetik, Sport und Erholung, Tourismus, Design, Mode, Hotellerie und Gastronomie, Hobbys, Körperpflege und Schönheitsoperationen. Rein kommerziell betrachtet haben sich diese vom Geschmack geprägten Bereiche längst zu Grundbedürfnissen entwickelt.

Die Transaktionen in all diesen Branchen würde man in einer humanistischen Informationsökonomie weiter mit Geld vergüten, unabhängig vom technologischen Fortschritt. Wenn Heimroboter andere Heimroboter herstellen, Kleidungsstücke anhand von Schnitten nähen, die sie aus dem Internet haben, dann wird die Modebranche demonetisiert oder auch nicht, das hängt davon ab, ob alle Werte berechnet werden. In einer humanistischen Informationsökonomie wird umfassend abgerechnet, daher verdienen die Menschen ihr Geld weiterhin als Modedesigner, Modefotografen und Models und verfügen über eine entsprechende wirtschaftliche Würde. In einer humanistischen digitalen Ökonomie ist die Wirtschaft allgegenwärtig, weil jede Tätigkeit und Information mit Geld vergütet wird. Modedesigner werden weiterhin ihren Lebensunterhalt mit Mode verdienen, selbst wenn Roboter bei uns zu Hause Kleidungsstücke für uns nähen. Und wer das Kleid eines Designers trägt, verdient vielleicht auch ein bisschen Geld, weil er es bekannt macht.

Vermutlich wird es in Zukunft unzählige neue Wünsche/Bedürfnisse geben. Wer kann sagen, wie sie aussehen werden? Neben den Medikamenten und Substanzen, die von künstlichen Drüsen in unserem Körper synthetisiert werden, wird es vielleicht auch genetische Veränderungen geben, die Reisen ins Weltall für Menschen angenehmer machen, oder neuronale Stimulanzien, die bestimmte Fähigkeiten im Gehirn anregen, etwa eine erhöhte mathematische Begabung.

Wie auch immer, wenn die Kontrolle darüber in Form von Informationen an ein Netzwerk übermittelt werden kann, hat man die Möglichkeit, diese Informationen zu Geld zu machen. Und selbst wenn Geld an sich überflüssig wird, haben wir die Möglichkeit zu entscheiden, ob die Verteilung von Macht und Einfluss zentralisiert wird oder nah bei den Menschen bleibt, die diese Werte liefern. Die Entscheidung bleibt unverändert, egal welche Science-Fiction-Technologien sich noch entwickeln werden.

Wenn die Erfüllung der Wünsche und Bedürfnisse stattdessen für alle außer den zentralen, allwissenden Sirenenservern *demonetisiert* wird, dann werden Kapitalismus und Demokratie mit dem weiteren Vordringen der digitalen Technologie irgendwann auf der Strecke bleiben.

Mehr haben Sie nicht zu bieten?

»Hat die Cloud nicht irgendwann genug ›gelernt‹, um in der Lage zu sein, Aufgaben wie Übersetzungen vom Englischen ins Chinesische zu übernehmen oder ein von Robotern geplantes Haus für jeden Kunden individuell einzurichten? Irgendwann in der Zukunft wird dann niemand mehr Geld dafür bekommen, dass er das Netz mit seinen Daten versorgt …«

Eine nutzlose, parasitäre und genusssüchtige Menschheit lebt von dem Erbe, das die von ihren Vorfahren konstruierten Maschinen vor langer Zeit aufgebaut haben – das ist das Szenario von H. G. Wells' *Zeitmaschine* ebenso wie von E. M. Forsters »Die Maschine versagt«.

Zugegeben, einige gut eingerichtete Cloud-Dienste werden nach einer gewissen Zeit kaum noch auf neue Beiträge lebender Menschen angewiesen sein. Man kann sich Cloud-Dienste vorstellen, die irgendwann ausreichend programmiert sind und danach auf Autopilot schalten, wodurch für niemanden mehr Tantiemen abfallen. Es könnte eine Zeit geben, in der genügend alte Englisch-Chinesisch-Übersetzungen erfasst wurden, um in Zukunft alle neuen Übersetzungen erstellen zu können.

Die wichtigste Schlussfolgerung daraus lautet, dass es auf einem Markt kein absolutes Maß dafür gibt, was etwas wert ist. Schließlich ist ein Markt dazu da, Preise aus dem Zusammenhang heraus festzulegen. Ein berühmter Schauspieler ist nicht entsetzt, wenn er in einem Film für wenige Textzeilen eine enorme Gage erhält. Es ist kaum eine Übertreibung, dass manche Actionstars für jedes Grunzen in einem Streifen eine Million Dollar bekommen. Wenn sich herausstellt, dass das Grunzen eines Schauspielers unter bestimmten Umständen eine Million Dollar wert ist, dann hat das Grunzen eben diesen Wert.

Es könnte sein, dass ein spontanes Grunzen Ihrerseits eines Tages einem automatischen Assistenten hilft, erfolgreicher mit mürrischen Kunden umzugehen. In einigen Jahrzehnten oder Jahrhunderten, wenn die globalen oder interplanetaren Algorithmen für Sprachübersetzungen so verfeinert sind, dass nur noch gelegentlich etwas verbessert werden muss, könnte Ihr Grunzen eine Million Dollar wert sein. Das klingt heute vielleicht seltsam, aber stellen Sie sich vor, wie seltsam es für einen Jäger und Sammler vor dreißigtausend Jahren geklungen hätte, dass das Grunzen eines Filmstars auf der Leinwand heute eine Million Dollar wert ist.

Falls Cloud-Algorithmen irgendwann einmal zur Ruhe kommen sollten und kaum mehr gewartet werden müssten, wäre das ein Warnsignal. In dem Fall wäre diese Starre ein Anzeichen dafür, dass sich die Menschen zu stark von alter Software definieren und lenken lassen und aufgehört haben, sich zu verändern. Oder anders ausgedrückt: Sie würden nicht mehr richtig leben.

Lebende Sprachen sollten kontinuierlich Beispiele von lebenden Menschen erhalten, damit automatische Übersetzungsdienste auf dem Laufenden bleiben. Wenn die Cloud alles gelernt hat, was sie über Übersetzungen vom Englischen ins Chinesische und umgekehrt wissen muss, heißt das, dass beide Sprachen erstarrt sind.

Die Menschen sollten die Kontrolle behalten und nicht zulassen, dass das Netzwerk eine Sprache definiert und für alle Zeiten festlegt. Wenn sich ein automatischer Übersetzungsdienst so weit entwickelt hat, dass er nur noch ein Hundertstel der Daten benötigt, die er in den Anfangsjahren brauchte, und nur noch die neuesten Formulierungen und Bedeutungen aktualisieren muss, dann könnte es gut sein, dass die nötigen aktuellen Daten hundertmal mehr kosten als früher.

Ich rechne mit den bekannten Einwänden. Wenn zum Beispiel nur eine kleine Anzahl Personen zu einem ausgereiften Cloud-Dienst beiträgt – würde das nicht die glockenförmige Einkommensverteilung mit einer breiten Mittelschicht verhindern? Von einem Neomarxisten, der dem Kapitalismus in all seinen Formen misstraut, käme dieser Einwand nicht überraschend, aber ich höre ihn oft von Cyber-Liberalen, die skeptisch sind, weil ganz gewöhnliche Leute von einer Informationsökonomie profitieren könnten.

Jede Marktwirtschaft muss das Risiko eingehen, dass sich die Mehrheit der Marktteilnehmer als unkreativ, faul, asozial oder auf andere Art kontraproduktiv erweist. Wer die Idee eines Marktes für gewöhnliche Menschen akzeptiert, muss irgendwie Vertrauen dazu haben, dass auch Menschen, von denen man dies nie erwarten würde, immer wieder aus heiterem Himmel Werte schaffen. Ich kann nicht beweisen, dass dieses Vertrauen gerechtfertigt ist, aber wir müssen darauf bauen, wenn wir ein Marktsystem schaffen wollen, bei dem alle als freie Marktteilnehmer agieren. Allerdings können wir uns mit der Frage befassen, ob das Gesamtsystem überhaupt so ausgelegt ist, dass all diejenigen, die das wollen, ihren Beitrag leisten können.

Sollte es eines Tages so weit kommen, dass nur noch sehr wenige Menschen etwas Wertvolles bieten können – wenn alles so stark automatisiert ist, dass fast niemand mehr gebraucht wird, wir selbst aber immer noch Dinge benötigen –, dann muss man sich ganz offensichtlich auch von der Idee des Marktes an sich verabschieden.

Aber ich sehe keine Belege dafür, dass es je so weit kommen wird.

Auch die Toten kommen zu ihrem Recht

Nehmen wir an, eine Informationsgesellschaft basiert darauf, dass einzelne Personen zahlreiche und vielfältige Nanozahlungen erhalten und dass sich daraus ein neues, organischeres System der Absicherung für die Mittelschicht ergibt. Aber was passiert, wenn jemand stirbt?

Brechen die Zahlungen dann ab? Fließen sie in einen allgemeinen Fonds, ähnlich wie Steuern? Werden sie an gemeinnützige Organisationen gespendet? Würde die Summe, die den Toten zusteht, am Ende die Zahlungen an die Lebenden übertreffen und immer weiter wachsen, bis die Lebenden aus der Wirtschaft hinausgedrängt werden würden, ähnlich wie die Armen heute? Oder könnte ein System der Cyber-Erbschaften zu einer neuen Form der Plutokratie führen?

Ein wesentlicher Vorteil einer Informationsökonomie besteht darin, dass sich die Absicherungen allmählich aufbauen und sich nicht sprunghaft nach dem Alles-oder-nichts-Prinzip ergeben. Das heißt, dass wir die alten Begrenzungen aus einer Zeit, in der die Informationstechnologie noch nicht so weit fortgeschritten war, nicht übernehmen müssen. Die Absicherungen müssen nach dem Tod nicht jäh abreißen, sondern können so reibungslos, aber auch so langsam wieder abgebaut werden, wie sie aufgebaut wurden. Zunächst fließt noch ein bisschen Geld an die Nachkommen, aber die Summe nimmt stetig ab, damit die Enkel lernen, mit zunehmendem Alter selbst für sich zu sorgen.

Irgendwann werden die Zahlungen komplett eingestellt, damit die Geister zukünftiger Beethovens, Edisons und Shakespeares nicht den gesamten Reichtum in Beschlag nehmen.

Mit dem »Ausschleichen« der Zahlungen wäre eins der Probleme gelöst, das im Zusammenhang mit dem Urheberrecht immer wieder auftaucht. Wenn Urheberrechtszahlungen und andere Tantiemen mit der Zeit weniger werden, stellen verwaiste oder nicht mehr greifbare Werke kein Problem mehr dar. Die Nutzung der Werke toter Urheber wird immer günstiger, bis sie nichts oder fast nichts mehr kostet. Unser derzeitiger Umgang mit geistigem Eigentum nach dem Alles-oder-nichts-Prinzip ist ein Spiel mit hohem Einsatz, bei dem am Ende immer jemand unzufrieden ist. Abnehmende Zahlungen bieten einen vernünftigen Kompromiss, weil sie planbar sind.

KAPITEL 23

Big Business

Was wird aus den großen Unternehmen werden?

Noch seltsamer als die Frage, was aus den gewöhnlichen Menschen werden wird, ist die Überlegung: »Was wird aus den großen Unternehmen werden?« Häufig wird diese Frage von den üblichen Ultra-Cyber-Idealisten gestellt. Ihrer Ansicht nach werden sich sämtliche großen Institutionen von heute, ob das nun Regierungen sind oder Kirchen, Banken oder Internetkonzerne, einfach in nichts auflösen. An ihrer Stelle wird es je nach Bedarf spontane Ad-hoc-Koordination geben: Das wären dann zum Beispiel gemeinschaftliche Aktionen bei Kickstarter, etwa um eine Marskolonie zu gründen.

Es gibt viele Gründe, ein solches Szenario anzuzweifeln. Für viele klingt es aber einfach nur zu »links«. Bei Vorträgen habe ich oft feststellen müssen, dass ich als »Konzerngegner« vorgestellt werde, vielleicht weil man mich aufgrund meiner Dreadlocks als Hippie einstuft. Dabei sind Konzerne meiner Meinung nach sehr wichtig, und ich arbeite auch gern mit ihnen zusammen. Unter anderem habe ich bei der Gründung von Startup-Unternehmen geholfen, die heute zu Oracle, Adobe, Pfizer und Google gehören.

Die Arbeit in den Forschungsabteilungen von Microsoft macht mir seit etlichen Jahren viel Spaß. Besonders gern denke ich etwa an das Kinect-Projekt. Tausende Leute waren erforderlich, um zum ersten Mal eine, wie wir es damals nannten, »Avatar-Kamera« auf den Markt zu bringen, die sich prompt gleich in den ersten Tagen millionenfach verkaufte. Diese enorme Nachfrage ermöglichte es einer spontanen Hackergemeinschaft mit mehreren tausend

Mitgliedern, verschiedene Hacks zu kreieren. Es wäre verrückt, zu behaupten, dass ein Bottom-Up-Ansatz das auch hätte leisten können.

Die Zukunft lässt sich nicht vorhersagen, daher weiß man nicht, welche Jobs später einmal benötigt werden, allerdings ist es extrem unwahrscheinlich, dass es gar keine Arbeitsplätze mehr geben wird. Big Data erfordern große Rechenzentren, und die werden von großen Unternehmen gebaut. In einer humanistischen digitalen Ökonomie könnte es neue Nischen für große Unternehmen geben, etwa für »Agenturen für Entscheidungsreduzierung«, auf die ich gleich zu sprechen kommen werde. Andere mögliche Aufgaben für große Unternehmen wären der Klimaschutz, die künstliche Verlagerung von Erdbebenzentren* oder die Entwicklung neuartiger Startrampen, die den Zugang ins All günstiger machen.**

Große Unternehmen sind die Schwungräder und der Ballast einer Marktwirtschaft und sorgen für ein gewisses Maß an Stabilität. (Oder in unserem Jargon: Sie fungieren als Tiefpassfilter.) Die geringeren Turbulenzen verärgern zwar die besonders rastlosen und ungeduldigen jungen Erneuerer, machen es aber jungen Leuten in den meisten Phasen ihres Lebens einfacher, die Wirtschaft zu verstehen und sich in ihr zurechtzufinden.

---

* Das könnte man mit dem »Kitten« von Verwerfungen oder der Schaffung künstlicher geologischer Brüche mit Hilfe von Sprengstoff in Gebieten erreichen, wo ein Erdbeben weniger Schaden anrichten würde, etwa in einem Ozean. Tja, das ist eine meiner verrückten spekulativen Nebenbeschäftigungen.

** In einer humanistischen Ökonomie wären große Konzerne so wie heute Teil der Wirtschaft. Den großen Unternehmen würde es bei meinem Modell sogar bessergehen, nicht nur weil die Wirtschaft wachsen würde, sondern auch weil Regulierungen in einer Hightech-Informationsökonomie schrittweise vollzogen würden und nicht in gewaltsamen Brüchen.

Die Rolle der Werbung

Der Businessplan der Verbraucher-Netzwerke basiert derzeit vor allem auf Werbung. Welche Rolle würde Werbung in einer humanistischen Informationsökonomie spielen?

Werbung manipuliert uns, sie kann lästig, störend und nervig sein. Sie ist außerdem typisch für unsere Kultur, sie ist ein Teil von uns, den wir nicht so einfach loswerden können.

Als ich einmal in den neunziger Jahren an einem schwülen Sommertag in New York in einem Taxi unterwegs war, plärrte ein nervtötender Jingle aus dem Radio. Ich wollte schon höflich fragen, ob er den Mist nicht leiser stellen könne, da traf mich die Erkenntnis wie ein Schlag. Im Jingle war *ich* zu hören, ich spielte die nervige Melodie auf einer Flöte. Mein Freund Mario Grigorov und ich nahmen damals gelegentlich Aufträge für Jingles an. Diesen hatten wir ein Jahr zuvor für eine Werbeagentur aufgenommen, und ich wusste noch, dass wir lange daran feilen mussten, bis der Kunde zufrieden war – schließlich musste die Musik so penetrant und aggressiv sein, dass sie auch Leute erreichte, die in Taxis gern ihren Gedanken nachhingen.

Schon lange vor der digitalen Technologie war Werbung im Zeitalter der Massenmedien ein wichtiger Geschäftszweig, und es gibt keinen Grund, anzunehmen, dass sie mit der fortschreitenden Entwicklung der Technologie verschwinden wird. Tatsächlich muss man die Werbung rühmen für die wichtige Rolle, die sie für die Moderne spielt. Werbung romantisiert den Fortschritt. Und sie gleicht die konservative Tendenz der Menschen aus, im Zweifelsfall am Altvertrauten festzuhalten.

Es stört mich, dass die Platzierung von Weblinks bei Suchmaschinen und sozialen Netzwerken als »Werbung« bezeichnet wird. Das ist allenfalls eine taktische Werbung. Wahre Werbung hingegen romantisiert die Angebote, die Menschen anderen Menschen machen. Normalerweise nennt man das heute »Markenwerbung«, aber die »romantische« Werbung ist nicht auf Marken beschränkt. Unter Markenwerbung fällt zum Beispiel die Kampagne von Apple, mit enormem finanziellen Aufwand im Fernsehen, auf Reklametafeln und in Druckerzeugnissen ein Produkt wie das iPad auf den Markt zu bringen. Mit taktischen Linkplatzierungen, wie Google sie eingeführt hat, hätte man nie einen solchen Bekanntheitsgrad erreicht. Weblinks, die gegen Gebühr direkt vor Ihren Augen platziert werden, können nur beeinflussen, wo sie beispielsweise ein iPad kaufen. Nach wie vor wissen wir nicht, wie man die Markenwerbung, die wir aus dem Fernsehen, von Reklametafeln oder Taxis kennen, ins unübersichtliche Gewirr der Online-Welt überführt.

Ich möchte mich nicht darauf festlegen, wie ein Utopia definitiv aussehen sollte, doch ich könnte mir vorstellen, dass eine romantische, stilsichere Form der Werbung auch in einer Informationsökonomie eine zentrale Rolle im Leben der Menschen spielen wird. Bei der bezahlten Linkplatzierung bin ich nicht ganz so zuversichtlich. Unsere Online-Welt sollte so gut funktionieren, dass wir die besten Links automatisch erkennen.

KAPITEL 24

Wie werden wir unser Geld verdienen und ausgeben?

Wann werden Entscheidungen getroffen?

Ein Mensch kann unmöglich all die Entscheidungen treffen, die in einer fortgeschrittenen Informationsökonomie getroffen werden müssen. Nehmen wir an, Sie brauchen ein Taxi. Heute ist es bereits möglich, ein Taxi mit dem Smartphone übers Internet zu bestellen, doch dafür sind mindestens zehn miteinander verknüpfte Entscheidungen fällig: Man muss sich für ein Smartphone entscheiden und für einen Mobilfunkanbieter, für eine Zahlungsart, eine Taxiruf-App und eine E-Mail-Adresse, um an Zahlungsdaten und die Taxi-App zu kommen, und für eine Kreditkarte, um die Bezahlung abzuwickeln, außerdem für eine Bank, die diese Kreditkarte ausstellt, und wahrscheinlich auch für einen PC, mit dem das Telefon verbunden ist, und für eine WLAN-Verbindung für daheim sowie eine Kontaktmanagement-App oder ein soziales Netzwerk, um sich über die Adressen auf dem Laufenden zu halten, zu denen das Taxi fahren soll.

Zehn Entscheidungen sind viel. Ein solches Entscheidungsgeflecht kann nur selten kritisch überprüft werden. Manche Entscheidungen sind erzwungen – die Entscheidung für ein Smartphone kann zum Beispiel gleich die Entscheidung für einen bestimmten Mobilfunkanbieter mit sich bringen – was ärgerlich ist, aber auf den zweiten Blick auch kognitive Vorteile hat.

Man kann sich leicht zukünftige Szenarien vorstellen, in denen die Zahl der Entscheidungen um das Hundert- oder Tausendfache steigt. Etwa, wenn man einen Altenpflegeroboter hat oder einen 3D-Drucker besitzt.

Jede alternative zukünftige Wirtschaftsform muss eine Idee für eine Nutzer-Schnittstelle bieten, die das Leben in der Zukunft mindestens so einfach macht wie ein Sirenenserver heute. Das bedeutet, dass man die Entscheidungen, die man treffen muss, auf ein Maß reduziert, das uns genügend kognitiven Freiraum lässt, um ein freies und kreatives Leben zu führen.

Wenn sich Sirenenserver als einzige Möglichkeit erweisen, die Entscheidungsfülle in einer Informationsökonomie zu reduzieren, dann sind wir erledigt. Denn das würde bedeuten, dass Sirenenserver der einzige Entwurf für eine Hightech-Gesellschaft sind.

Allerdings gibt es bestimmt noch andere Optionen. Da wäre zum Beispiel eine zukünftige Branche für »Entscheidungsreduzierung«, die (nicht erschrecken!) *reguliert* wäre, damit sie nicht mit anderen Diensten verknüpft werden könnte. Man würde sich einen »Dienst für Entscheidungsreduzierungen« aussuchen wie heutzutage einen Makler. Die »Agentur für Entscheidungsreduzierungen« würde sich darauf spezialisieren, Bündel von Entscheidungen zu schnüren, denen Sie im Paket zustimmen oder die Sie ablehnen würden. Sie könnten jederzeit ohne Nachteile zu einem anderen Dienst wechseln. Solche Dienste wären gesetzlich verpflichtet, Interessenkonflikte zu vermeiden. Hier wäre also eine Regulierung durchaus angebracht.

Ein grundlegendes Gesetz würde die Dienste für Entscheidungsreduzierung zum Wettbewerb zwingen, anstatt Moral-Hazard-Verhalten zu fördern und Kunden mit Knebelverträgen an sich zu binden. Es würden weiterhin die Kartellgesetze gelten und das Gebot der Netzneutralität.

Wenn ich mir einen leicht utopischen Ausblick erlauben darf: Ich könnte mir vorstellen, dass die ideale Lösung ein offener Markt für Entscheidungsreduzierungen wäre, in dem auch Einzelpersonen aktiv werden könnten. So wie es heute persönliche Assistenten gibt, würde es Entscheidungsassistenten geben, die für ihre Auftraggeber die Entscheidungen reduzieren. Für andere Kunden wäre es vielleicht besser, die Aufgabe an einen riesigen Cloud-

Dienst für Entscheidungsreduzierung zu delegieren, der zig Milliarden Dollar wert wäre.

Die neuen Aufgaben für persönliche Assistenten liefern uns weitere Antworten auf die Frage: »Was wird aus den Menschen werden?« In einer Welt, in der alle Transaktionen gründlich und ehrlich verbucht und abgerechnet werden, könnten ganz neue Dienstleistungen entstehen.

Bei frühen Experimenten wie der 3D-Welt *Second Life* zeigten sich diese neuen Verdienstmöglichkeiten bereits in Ansätzen, etwa in Form von Avatar-Stylisten oder Organisatoren virtueller Veranstaltungen. Auch Facebook und andere soziale Netzwerke schaffen neue Verdienstmöglichkeiten, doch dabei geht es oft um defensive und eintönige Tätigkeiten, etwa den Schutz und die Wiederherstellung eines guten Rufs.

Wenn die humanistische Informationsökonomie erst einmal in Schwung kommt, könnte ich mir die Tätigkeit eines Buchhalters ziemlich interessant vorstellen. Buchhalter würden hinzugerufen, um Werte zu ermitteln und sie zur Verbesserung des Netzwerks zu dokumentieren. Sie würden nicht nur dafür sorgen, dass ihre Klienten bezahlt werden, sondern auch, dass die Wirtschaft wächst. Sie wären eine Mischung aus Politiker und Detektiv. Sie würden keine langweiligen Bürotätigkeiten verrichten, sondern wären Actionhelden.

Ähnlich neue Berufe sollten bereits im Entstehen sein, doch die Sirenenstrukturen verhindern diese Art des Fortschritts.

Wenn ich mir auszumalen versuche, wie es wäre, in einer humanistischen Informationsökonomie zu leben, nehme ich an, dass man sich überlegen muss, wie viel Aufmerksamkeit man den Informationstransaktionen widmet. Eine Entscheidung wäre, bei Alltagsangelegenheiten faul zu sein und einen Dienst für Entscheidungsreduzierung zu beauftragen und dafür umso mehr Energie auf die Dinge zu verwenden, die man richtig gut kann, und so sein Einkommen zu mehren. Eine andere Möglichkeit wäre, sich intensiv um das eigene Informationsleben zu kümmern. Wer dazu neigt, könnte sein Einkommen aus Informationen optimieren, wird aber vielleicht den Blick für das große Ganze verlieren. Und natürlich gäbe es abhängig von den unterschiedlichen Persönlichkeiten alle möglichen Mischformen zwischen diesen beiden Typen.

Noch einmal: Mein Vorschlag ist weder unternehmensfeindlich noch auf die Umverteilung von Reichtum ausgelegt. Entscheidend für den Erfolg wird sein, dass es sowohl den Konzernen als auch den Einzelpersonen in einer wachsenden Wirtschaft bessergeht. Oder anders ausgedrückt: Die großen Unternehmen müssen große Aufgaben übernehmen, ohne zwangsläufig zu Sirenenservern zu werden.

Dynamischer Wert

Der Preis für Rechnerleistung sollte in einer humanistischen Informationsökonomie nie routinemäßig festgelegt werden, sondern immer auch vom Markt mitbestimmt sein. Wir werden im Voraus nie wissen, wie wertvoll bestimmte Daten sein könnten. Jede erneute Verwendung der Daten führt auch zu einer erneuten Bewertung.

Es wird deutlich mehr finanzielle Transaktionen geben, als wir es heute gewohnt sind. Jedes Mal, wenn ein Code umgesetzt wird, werden viele Mitwirkende eine kleine Summe erhalten. Abrechnungen ohne Daten gibt es nicht. Wenn die Herkunft der Daten gespeichert wurde, können die Berechnungen erweitert werden und zeigen, wer etwas bekommt, weil er etwas ermöglicht hat.

Es wird sehr selten, im Grunde fast unmöglich sein, dass Amazon ein Buch für 0 Dollar anbietet, wie das heute manchmal vorkommt. Das liegt daran, dass es fast unmöglich ist, eine Informationskette zu schaffen, in der ein einzelnes Glied keinen festgelegten Wert hat oder es dafür keinen potenziellen Kunden gibt. In der physischen Welt ist es nicht ungewöhnlich, dass Welpen verschenkt oder alte Möbel gratis an Selbstabholer abgegeben werden, weil die Besitzer sie selbst nicht behalten können. Bei Informationen ist so etwas fast nie der Fall. In einer Informationsökonomie wird viel weniger kostenlos sein als heute.

Für Preise wird es keine Obergrenzen geben. Verkäufer können auf jeder Stufe die Preise so hoch ansetzen, wie der Markt zu zahlen bereit ist, doch der Wettbewerb wird verhindern, dass sie ins Unermessliche steigen.

Dieses Prinzip wird für Programmcodes wie für Daten gelten. Quellcodes gehören heutzutage meistens Firmen oder sind Open Source. Eine dritte Möglichkeit bietet sich bei der hier vorgeschlagenen Zukunftsvision. Die Menschen, die die einzelnen Zeilen codiert haben, würden dann als Teil der Durchführung des Codes Nanozahlungen erhalten. Ein Programmierer von Codes, die jeder verwendet, würde direkt profitieren, anstatt ihn zuerst in einen Sirenenserver einpassen zu müssen und dann wie einen Kredit zu verbriefen. Die Gründer von Google wären mit dem Suchalgorithmus reich geworden und hätten ihre Suchmaschine nicht in einen privaten Spionagedienst verwandeln müssen. Gleichzeitig wäre eine offene Gemeinschaft von Programmierern in der Lage, schrittweise ihren Beitrag zu leisten, und es würde nicht mehr Barrieren geben als in den Open-Source-Gemeinschaften von heute.

Bei der Gestaltung der Preise in einer humanistischen Informationsökonomie schwebt mir derzeit eine Mischkalkulation vor, was aber vielleicht nicht mein letztes Wort ist. Das heißt, dass die Preise zum Teil von Käufern und Verkäufern im Moment der Transaktion festgelegt werden und zum Teil von allgemeinen Maßnahmen automatisch bestimmt werden. Jede Preisgestaltung wird zwei Komponenten haben, eine »momentane« und eine »ererbte«.

Der Grund ist, dass der Wert berücksichtigt werden muss, den die Menschen bereits in die Welt gebracht haben. Der Kapitalismus leidet unter einer Gedächtnisstörung. Er ist so dem Augenblick verhaftet, den momentanen Transaktionen, dass es inmitten von Reichtum zu einem Konjunktureinbruch kommen kann.

Der »momentane« Teil des Preises basiert auf der Übereinkunft von Käufer und Verkäufer. Wie in der realen Welt gibt es verschiedene Mechanismen, um diese Übereinkunft zu erzielen. Manchmal legt ein Verkäufer einen Endpreis fest, den man akzeptiert oder ablehnt. Man kann auch bei einer Auktion mitsteigern oder um den besten Preis feilschen. Eine ausgereifte Informationsökonomie sollte neue Formen der Preisgestaltung hervorbringen. Auf diesen interessanten Bereich werde ich noch eingehen.

Der »ererbte« Teil des Preises bezieht sich auf die algorithmischen Anpassungen an die momentane Preisgestaltung – zur Aufrechthaltung des Gesellschaftsvertrags und der Wahrung des wirtschaftlichen Gleichgewichts. Hier sind einige Beispiele für »ererbte« Anpassungen, die man übernehmen könnte:

- Etwas Altes: Steuern.
- Etwas Neues, das Preise in die Höhe treiben könnte: die Berechnung der relativen Zahlungen an die Personen, die zur Entstehung des Wertes der Transaktion etwas beigetragen haben. Käufer und Verkäufer können den Preis nicht festlegen, ohne diejenigen zu berücksichtigen, durch deren vorherige Mithilfe die Transaktion überhaupt zustande kam. Diejenigen, die die Vorarbeit geleistet haben, bleiben Wirtschaftsbürger erster Klasse, allerdings müssen sie mit den Kräften des Marktes konkurrieren und können nicht willkürlich hohe Preise festlegen. Die nächste Anpassung verhindert, dass sie höhere Preise »erpressen«.
- Etwas Neues, das Preise senken könnte: eine frühe Korrektur, die Wettbewerbshindernisse wie Lock-in-Effekte (also wenn man aus Angst vor sogenannten »Wechselkosten« auf einen »Anbieterwechsel« verzichtet) vermeidet, damit Monopolbildungen und ähnliche Probleme von vornherein ausgeschlossen sind. Dazu benötigt man keinen bürokratischen Beurteilungsvorgang, sondern nur nüchterne mathematische Berechnungen. Die Berechnungen würden Antwort auf die Frage geben: »Wie viel würde es den Käufer kosten, wenn frühere Entscheidungen anders ausgefallen wären?«[*] Nehmen wir zum Beispiel an, Sie hätten sich für

---

[*] Zu versuchen, etwas anhand der Frage zu berechnen »Was wäre, wenn in der Vergangenheit etwas anders verlaufen wäre?«, ist immer eine heikle Sache. Ist eine kontrafaktische Geschichtsschreibung überhaupt möglich und sinnvoll? Hätten wir es nicht immer mit chaotischen Situationen zu tun, bei denen winzige Unterschiede enorme Auswirkungen hätten? In einer humanistischen Informationsökonomie wäre das tatsächlich ein Problem. Hier ins Detail zu gehen würde den Rahmen des Buches spren-

einen anderen Mobilfunkanbieter entschieden und wollen nun mit Ihrem Smartphone über das Internet ein Taxi bestellen. Wenn diese frühere Entscheidung nun einen *deutlichen* Unterschied bei den Kosten verursachen würde, das Taxi zu bestellen, die Kosten also eine bestimmte Grenze überschreiten würden, dann wäre das ein Beispiel für einen unproduktiven Lock-in-Effekt. Der gezahlte Preis würde zum Teil, aber nicht ganz, angepasst werden, um den Moral-Hazard-Effekt, den der Lock-in-Effekt auslösen könnte, aufzuheben. Im derzeitigen System müssen Unternehmen auf den Lock-in-Effekt vertrauen, um in der Online-Welt Gewinn zu machen, doch in der von mir vorgeschlagenen zukünftigen Welt hätte dieser Effekt keine Funktion mehr.

Der »ererbte« Anteil einer Transaktion könnte zentral reguliert werden. Wenn der Anteil zu niedrig ist, fungieren die Transaktionen nicht als Schwungrad, das die Wirtschaft antreibt. Wenn der Anteil zu hoch ist, bleibt der motivierende Aspekt des Marktes aus, da die Ergebnisse dann zu stark auf längst vergangenen Ereignissen basieren würden.

Mit einem guten oder interessanten Leben ein bisschen Geld verdienen

Ein einfaches Beispiel zeigt, wie man in einer humanistischen Zukunft dank umfassender Abrechnungsmethoden Geld mit der Cloud verdienen kann. Dabei gehen wir zunächst von der dubiosen Abrechnungsmethode aus, die typisch für die heutigen Cloud-Unternehmen ist.

gen, doch die grundlegende Idee lautet, eine Wirtschaftsform zu schaffen, die zu »linearen« Transaktionen anregt, um Chaos weitestgehend zu vermeiden. Wenn die Antwort auf die Frage »Was wäre, wenn die Dinge anders verlaufen wären?« chaotisch ausfällt und größtenteils sinnlos ist, ist die Wahrscheinlichkeit groß, dass das tatsächliche Geschehen genauso chaotisch war. Es geht darum, dass der Kapitalismus so wenig wie möglich einem Glücksspiel ähnelt.

Bei einer Online-Kontaktbörse lernen Sie Ihren zukünftigen Partner kennen. Die Algorithmen, die diesem Service zugrunde liegen, registrieren auch Ihre Heirat. Im Laufe der Jahre, in denen Sie immer noch mit Ihrem Partner zusammen sind,* wenden die Algorithmen in zunehmendem Maße die Korrelationen, die Sie und Ihren Partner zusammenführten, auf andere hoffnungsvolle Paare an. Wenn einige davon heiraten, wird automatisch errechnet, dass die Korrelationen aus Ihrem Fall für diese Empfehlungen von besonderer Bedeutung waren. Daher erhalten Sie zusätzliche Nanozahlungen.**

Ein solches Ergebnis wird heute bereits registriert, aber finanziell nicht honoriert. Die zusätzliche Arbeit wäre für die Mikroprozessoren in den Cloud-Rechnern trivial, wenn man davon ausgeht, dass das Moore'sche Gesetz weiterhin greifen wird, und die zusätzlichen Zahlungen würden die Konjunktur für alle ankurbeln, auch für die Cloud-Dienste. Die zusätzliche Mühe würde durch das Wirtschaftswachstum mehr als wieder wettgemacht.

Würde die Korrelation denn überhaupt zutreffen? Tja, hier geht es ja um Geschäftliches und nicht um Wissenschaftlichkeit. Wie gesagt betrachte ich solche Algorithmen mit großer Skepsis. Es ist unglaublich schwer, den Einfluss der Algorithmen losgelöst von ihrer Prognosewirkung zu belegen. Die Algorithmen erschaffen ihre eigene Wirklichkeit, sobald man sich bereit erklärt, sie zu nutzen – weil man an sie glauben will. Diese Kritik ist jedoch aus wirtschaftlicher Sicht völlig irrelevant. Hier geht es darum, dass zukünftige Paare für einen Dienst bezahlen, zu dem Sie und Ihr

---

* Wunschdenken, ich weiß. Die Investoren, die heute in Startup-Unternehmen investieren, wollen ihr Geld so schnell wieder zurückhaben, dass die von ihnen finanzierten Dienste nicht im realen Leben getestet werden können. Das wird sich hoffentlich ändern.

** Dieser Vorgang soll auf der Mikroebene die Vorgänge verdeutlichen, die ablaufen, wenn Sie einen Kredit bekommen. Wenn Sie ihn abzahlen, schaffen Sie damit nicht nur mehr Geld, sondern stützen auch die Immobilienpreise im Umfeld Ihres Hauses und schöpfen damit im Grunde etwas von dem Geld, das Ihre Nachbarn schaffen, wenn sie Kredite aufnehmen.

Partner Daten geliefert haben, wofür Sie deshalb einen – wenn auch sehr kleinen – proportionalen Anteil bekommen.

Damit komme ich zum »momentanen« Aspekt der Berechnung der Nanozahlungen an Sie. Die Zahlung sollte proportional zur Bedeutung der von Ihnen kommenden Daten *und* zu den Einnahmen des Verkäufers *sowie* zu dem Gewinn sein, den Sie oder der von Ihnen beauftragte Dienst zur Entscheidungsreduzierung daraus ziehen konnten. Wenn also die Online-Partnervermittlung bei einer erfolgreichen Ehe eine zusätzliche Zahlung erhalten würde, würde ein Teil davon an Sie gehen.

Nehmen wir an, die Partnerbörse wirbt mit dem Glück eines frischvermählten Paares, dessen Zusammenführung darauf basierte, dass man das Beispiel Ihrer Ehe in stärkerem Maße analysiert hat als die Beispiele anderer Paare. In diesem Fall steht Ihnen für Ihre Daten etwas zu, und falls die Partnerbörse dank dieser Werbung viele neue Kunden bekommt, steht Ihnen noch mehr zu. Oder Sie würden, wenn die Partnervermittlung nur eine monatliche Mitgliedsgebühr verlangt, einen Bruchteil dieser monatlichen Einnahmen erhalten.*

Es bleibt jedoch eine wichtige Frage: Welche finanziellen Auswirkungen hätte denn eine gescheiterte Romanze auf das Netzwerk?

---

* Wenn ich mit meinen Freunden aus dem Silicon Valley über diese Ideen rede, überlegen sie sofort, wie man bei einem solchen System betrügen, täuschen, Phishing betreiben oder es mit Spam zumüllen könnte. Ich will aber gar kein wasserdichtes System präsentieren, sondern nur zeigen, dass die gegenwärtige Praxis nicht die einzige Option ist. Natürlich ist es keine Frage, dass man bei der realen Umsetzung mit großer Sorgfalt und Geduld vorgehen müsste. Das Verfahren wird nie absolut sicher sein, aber es wird garantiert mehr Spaß und Vorteile für alle bringen, außerdem ist es vielleicht einfacher, es anzunehmen, als sich ihm zu widersetzen.

KAPITEL 25

Risiko

Die Kosten des Risikos

Ein digitales Netzwerk definiert sich über das, was erinnert, und das, was vergessen wird. Anders gefragt, wie hoch ist beim Netzwerk die Informationsdichte? (Man spricht in der Informationstheorie hier auch von Entropie.)

Die zweite wichtige Eigenschaft betrifft die Risikopools – vor allem ihre Beschaffenheit.

Der Begriff »Risikopool« lässt sich am einfachsten mit einem Gespräch erklären, das ich schon oft geführt habe. Ich frage: »Was wäre ein angemessener Preis, um beispielsweise ein Video im Netz anzusehen, selbst wenn es sich ganz einfach kopieren lässt?« Die meisten Leute sind durchaus bereit, etwas dafür zu bezahlen, allerdings nicht sehr viel. Was wäre gerecht?

Häufig lautet die Antwort: »Ich würde überschlagen, wie viel die Produktion des Videos gekostet hat, und dann den Betrag durch die Anzahl der Leute teilen, die es sich ansehen, denn so würden wir alle das Video unterstützen. Das wäre gerecht.«

Doch die bessere Antwort wäre, dass die Leute, denen das Video gefällt, genug bezahlen, um für den *Risikopool* aufzukommen, mit dem eine ganze Reihe Videos finanziert wurde, von denen einige mehr und einige weniger erfolgreich sind. Der Kapitalismus und der Fortbestand der Freiheit sind auf Menschen angewiesen, die bereit sind, diesen höheren Betrag zu zahlen.

Freiheit verlangt, dass man die Kosten des Risikos akzeptiert. Daher hat eine Risikokapitalgesellschaft ein Portfolio. Einige Investitionen werden richtig erfolgreich sein, andere werden vollkommen scheitern, und wieder andere werden irgendwo dazwischenliegen. Ein Filmstudio oder Buchverlag befindet sich in einer ähnlichen Situation. Das Problem ist nämlich nicht, dass man mit den Hits die Misserfolge finanziert, die man aus Liebe zur Kunst oder einem anderen nicht lukrativen Grund unterstützt. Das Problem ist, dass in Wirklichkeit einfach niemand weiß, wie ein Hit ein Hit wird.

Die Wirtschaft im Internet hat dank einiger kostenloser Angebote die Illusion geschaffen, dass jemand anders stets für die Misserfolge aufkommen wird und wir nur für die Hits bezahlen müssen. Bei einem hoffnungsvollen jungen Filmemacher sollen also beispielsweise die Eltern die Produktion seines ersten Films finanzieren. Doch dieses Denken mündet in Plutokratie und in Stagnation.

In einer echten Marktsituation investieren die Marktteilnehmer in ganz unterschiedliche Projekte, um die Ungewissheit auszugleichen. Die Investitionen werden breit verteilt, denn damit erhöhen sich die Chancen, dass man nicht nur in konventionelle Erfolge investiert, sondern auch in unkonventionelle, die neue, unerwartete Optionen bieten könnten. Deshalb investieren die meisten Risikopools breit gestreut und nicht nur in die offensichtlichen, scheinbar sicheren Erfolge, sondern auch in kleine, abseitige Projekte. Das albern-schräge Startup-Unternehmen, das total absurde Filmskript oder der völlig unlesbare Roman könnten der Beginn einer wichtigen Karriere sein oder ein neues Genre begründen. Das kann man nie wissen.

Filmstudios, Risikokapitalgeber und andere derartige Einrichtungen werden von hoffnungsvollen jungen Talenten oft verachtet, weil sie als rein marktorientierte Auslesemechanismen fungieren. Die neuen »offenen« Systeme bieten den Beteiligten vielleicht mehr Selbstbestätigung, aber weniger materielle Unterstützung bei Risiken. Am Ende sind wir dadurch alle ärmer.

Die derzeitige Netzwerkarchitektur zentralisiert Geld und Macht. Dabei nutzt sie die Vorteile, wälzt aber die Risiken auf alle anderen ab. Heutzutage setzt man voraus, dass sich Unternehmer und Künstler selbst finanzieren, bis sie einen Erfolg vorweisen können.

Ein gutes Beispiel ist YouTube, wo man kostenlos Filme einstellen kann. Nur die wenigsten verdienen damit etwas, und das auch nur, wenn sie die höchsten Stufen des Erfolgs erreicht haben. Und so kommt Google im Grunde in den Genuss eines Risikopools, ohne die Kosten dafür zu tragen.

Das weist Ähnlichkeiten auf mit der Entwicklung in der vernetzten Finanzwelt – es ist ja auch fast dasselbe Muster. Dank der Magie der digitalen Netzwerke können Finanzkonzerne heutzutage Risiken eingehen, ohne für diese Risiken einstehen zu müssen. Bei einem Erfolg können sie natürlich den Gewinn einstreichen.

Im Grunde wurde ein globaler Risikopool geschaffen, bei dem alle für das Risiko aufkommen müssen, doch der Server, der im Pool die Erfolge herausfiltert, befindet sich in Privatbesitz. Die Gewinne werden privatisiert, die Risiken sozialisiert.

Das ist das neue Modell der Macht, daher ist es ganz normal, dass man auf die Frage, was ein fairer Betrag wäre, um über ein Netzwerk das zu nutzen, was andere beigetragen haben, eine Antwort erhält, bei der das Risiko nicht einkalkuliert wurde. Die Nutzer sähen sich gern in der Position des Serverbetreibers und würden diese neue Machtposition auch gern ausüben – und aus dieser Perspektive scheint es gut und richtig, wenn man nichts für die Risikoseite der Gleichung bezahlt.

Das Risiko verschwindet nie ganz

Betrachten wir einmal das Startup-Unternehmen Airbnb.com, eine Zimmervermittlung, die sehr schnell gewachsen ist und allem Anschein nach die schnelle Belohnung bietet, die Investoren so lieben. Eine typische Erfolgsgeschichte aus dem Silicon Valley, die sofort riesige Vermögen anlockt.

Allerdings gibt es einen Haken. Bei Airbnb tut man so, als ob es keinerlei Risiko gäbe. Die Idee hinter der Plattform ist die, dass viele Leute reisen und in der Zeit ein Zimmer frei steht, das nicht genutzt wird. Die Kapazität der Häuser und Wohnungen weltweit wird nicht optimal genutzt!

Airbnb folgt also dem üblichen Drehbuch und nutzt die Macht der Netzwerktechnologie zur Optimierung der Welt. Das Unternehmen bringt Leute, die nach einer Unterkunft suchen, mit Menschen zusammen, die am richtigen Ort und zur richtigen Zeit ein freies Bett anbieten. Die Effizienz des Internets könnte für die Hotelbranche ähnlich gravierende Folgen haben wie Napster und Co. für die Musikindustrie! Die Zahl der verfügbaren Betten im System von Airbnb könnte bald die Bettenzahl aller Hotels übertreffen, und das Beste ist, dass diese Unterkünfte viel günstiger sind.

Das ist typisch für das Denken im Silicon Valley. Und es funktioniert! Bis zu einem gewissen Punkt …

Nach Millionen geglückter Vermittlungen begannen ein paar üble Geschichten die Runde zu machen. Eine Frau in San Francisco überließ ihr Haus Airbnb-Besuchern, die die Einrichtung demolierten und ihr alles stahlen. Es ging bis zum Identitätsdiebstahl.

Ein Gründer von Airbnb schrieb im Blog des Unternehmens, ein paar negative Zwischenfälle könnten die guten Erfahrungen von Millionen geglückter Transaktionen nicht beeinträchtigen. Der Mensch sei im Grunde gut, verkündete er. Ich bin auch der Meinung, dass die meisten Menschen gut sind, aber in einer funktionierenden Wirtschaft ist es erforderlich, dass ein Unternehmen bei Millionen geglückter Transaktionen für das Handeln von Idioten und Kriminellen oder auch einfach nur für dumme, unglückliche Zufälle einsteht.*

---

* Ich beschreibe hier ganz allgemeine Eigenschaften der Sirenenserver. Airbnb ist nur ein Beispiel, und ich hätte zahlreiche andere Websites angeben können, über die Menschen ihre Angelegenheiten effizient regeln, damit ein ferner Unternehmer ihr Geld einstreichen kann, ohne das Risiko mit ihnen zu teilen. Skout etwa, ein soziales Netzwerk, um andere Leute kennenzulernen, wurde von Vergewaltigern dafür genutzt, sich mit ihren minderjährigen Opfern zu verabreden. Siehe http://travel.usa today.com/destinations/dispatches/post/2011/07/plot-thickens-airbnb-renter-horror-story/179250/1 und http://bits.blogs.nytimes.com/2012/06/12/after-rapes-involving-children-skout-a-flirting-app-faces-crisis/.

So muss Geld funktionieren, wenn es überhaupt auf die Zukunft ausgerichtet sein soll. Kriminelle und Fieslinge sind in der Minderheit, das Risiko ist jedoch unvermeidlich.

Wir stellen uns gern vor, dass wir ewig jung sind und glücklich durch eine Welt des gegenseitigen Vertrauens schweben. Doch nur eine perfekte Welt, ohne den biologischen Lebenszyklus, ohne Risiko, könnte ausschließlich auf Vertrauen basieren und bräuchte gar keine Wirtschaft.

Tümpel, See oder Ozean?

Die richtige Frage lautet nicht, ob das Risiko von denjenigen getragen werden sollte, die auch den entsprechenden Gewinn einstreichen. Diese Antwort lautet »ja«. Eine andere, offene Frage dagegen wäre: »Wie groß sollten diese Risikopools sein?«

Wenn ein Risikopool so groß wie eine ganze Gesellschaft ist, kann man ihn im Grunde nicht mehr Risikopool nennen. Das ist bereits bei Google, Facebook, der vernetzten Finanzbranche und anderen Sirenenservern der Fall. Das ist der Effekt des »Local-Global-Flip«, von dem wir bereits gesprochen haben.

Wenn jeder Mensch seinen eigenen Risikopool schaffen muss, sind wir andererseits wieder dort angelangt, wo wir einmal angefangen haben. Dann müsste jeder von der Hand in den Mund leben. Eine materielle Absicherung und die Mittelschicht gäbe es nicht mehr. Risikopools sind nur sinnvoll, wenn sie sich auf mehr Personen als nur auf den Einzelnen erstrecken, allerdings dürfen sie auch nicht die ganze Gesellschaft umfassen.

Die Suche nach einer zukunftsfähigen Mittelschicht in einer fortgeschrittenen Informationsökonomie bedeutet auch, den richtigen Risikopool zu finden. Hier gilt wieder einmal die goldene Mitte: Nicht zu groß und nicht zu klein.

Wir können hier nur eine Möglichkeit beleuchten, nicht aber sämtliche offenen Fragen detailliert beantworten. Ich nehme an, dass es in einer funktionierenden humanistischen Ökonomie eine große Formenvielfalt an Risikopools gibt.

Doch wir sollten nicht unsere Prämisse vergessen, dass nur individuelle Menschen real sind. Wenn Risikopools als Personen fungieren und Gewinne auf Kosten realer Menschen einstreichen, könnte das Projekt ins Stocken geraten.

Risikopools können dagegen in Einzelpersonen investieren. Gewerkschaften investieren in Auszubildende, Kapitalgeber in Erfinder, Plattenfirmen investierten früher einmal in unbekannte Musiker, und dieses Buch ist bemerkenswerterweise in einem Zeitalter entstanden, in dem Verlage noch in Autoren investieren.

Im nächsten Kapitel untersuchen wir, wie man die Finanzierung von Risiken mit Hilfe von ein bisschen Schönfärberei langfristig angenehmer gestalten kann.

KAPITEL 26

Finanzielle Identität

Ökonomische Avatare

Wenn man erst einmal auf Netzwerke vertraut, um seinen Lebensunterhalt zu verdienen, entsteht ein Gleichgewicht zwischen dem Wunsch, Geld zu verdienen, und dem Wunsch, kein Geld auszugeben. Jeder wird erkennen, dass wir, wenn wir als freie Akteure in einer Marktwirtschaft auftreten wollen, beim Umgang miteinander nicht nur auf die Politik vertrauen können, sondern auch den Preis dafür akzeptieren müssen, der nun einmal das ist, was er ist – ein Preis.

Derzeit sind wir an die bekannten dualen Formen eines nichtnachhaltigen Wirtschaftslebens im Netz gewöhnt (vermeintlich kostenlose Angebote und vermeintliches Eigentum). Irgendwann muss uns der Übergang zu nachhaltigen Praktiken gelingen, bei denen wir als vollwertige wirtschaftliche Akteure innerhalb der Informationsökonomie auftreten. Das sollte jedoch nicht bedeuten, dass diese neuen Praktiken allen sofort aufgezwungen werden.

Ein erzwungener Übergang wäre brutal. Doch mit Hilfe von Software lässt sich der Übergang schrittweise gestalten, damit er freiwillig und reibungslos verläuft. Anstatt den Utopisten das Feld zu überlassen, die versuchen, das perfekte Wirtschaftsmodell zu entwerfen, können wir als ganz gewöhnliche Menschen eine Vielfalt an Transaktionen ausprobieren und die Form finden, die uns am meisten liegt.

Eine andere Möglichkeit bestünde darin, dass man »ökonomische Avatare« für sich aussucht. Vor langer Zeit hatte ich das Vergnügen, als erster Mensch die Erfahrung zu machen, ein Avatar in einer umfassenden virtuellen Welt zu sein – etwa ein Löwe oder Klingone. Heute ist das Konzept allgemein bekannt.

Ähnlich könnte Ihre Schnittstelle mit der Informationsökonomie verschiedene Eigenschaften haben, als ob Sie eine andere Art ökonomisches Geschöpf wären. Dann könnten sogar andere Beteiligte wirtschaftlich anders mit Ihnen interagieren, als Sie es erwarten würden.

Ein Verkäufer könnte denken, dass eine Dienstleistung oder ein Inhalt bei der Nutzung bezahlt wird, doch der Kunde nimmt dieselbe Geschäftsbeziehung vielleicht so wahr, dass er denkt, die erste Nutzung sei gratis. Das Netzwerk würde die Schnittstelle für die Transaktionen so anpassen, dass jede Person zeitgleich den von ihr bevorzugten Transaktionsstil nutzen könnte.

Das klingt vielleicht seltsam, doch diese Möglichkeit trägt dazu bei, dass die neue Wirtschaftsform für normale Menschen leichter zu nutzen und insgesamt robuster ist.

Ökonomische Avatare ergänzen die Vergesslichkeit des Bargelds

In altmodischen Wirtschaftsformen gestaltet normalerweise der Verkäufer die Transaktion, und der Käufer muss sich damit abfinden oder auf den Kauf verzichten. In einer fortschrittlichen humanistischen Ökonomie muss das nicht so sein.

Durch eine geschickte Programmierung können Käufer und Verkäufer eine jeweils andere Vorstellung von einer Transaktion haben und trotzdem Geschäfte miteinander machen. So, wie die Cloud vom Englischen ins Chinesische und umgekehrt übersetzen kann, ist sie auch in der Lage, zwischen Marktteilnehmern zu übersetzen, die verschiedene Transaktionsformen bevorzugen.

Ökonomische Avatare sind wichtig, weil es ohne sie schwierig sein wird, für die Menschen im unteren Bereich der Informationsökonomie Anreize zu schaffen und Mobilität zu bieten. Wenn man heute eine Zeitung im Netz lesen will, die eine monatliche Gebühr verlangt, hat man, wenn man arm ist, nur die Möglichkeit, sie als

Raubkopie zu lesen oder zu akzeptieren, dass man benachteiligt ist. Wenn man in einer Informationsökonomie arm, aber hoffnungsvoll und motiviert ist, könnte man eine Transaktionsform wählen, bei der man die Zeitung anfangs gratis lesen darf. Dadurch müsste man nicht gegen den ökonomischen Gesellschaftsvertrag verstoßen.*

Das ist ganz ähnlich wie das, was Bargeld bereits in der realen Welt erreicht. Bargeld ermöglicht uns Interaktionen, ohne dass wir etwas von uns preisgeben müssen. Die Online-Wirtschaft ist allerdings derzeit darauf ausgelegt, dass eine Seite etwas von sich preisgeben muss. Wir brauchen einen neuen Mechanismus, um die selektive, in beide Richtungen funktionierende Blindheit zu bewahren, die Bargeld uns bietet, und gleichzeitig die Vorteile der großen Mengen wertvoller Daten zu nutzen. Denn leider vergisst das Bargeld für eine Informationsökonomie *zu viel*.

Eine interpersonelle wirtschaftliche Symmetrie durch Theatereffekte

Was auch immer man von der wirtschaftlichen Online-Identität halten mag, irgendwann muss jeder etwas kaufen oder verkaufen und so zum aktiven Teilnehmer werden. Wenn Sie nie etwas kaufen, können Sie auch nichts verkaufen, denn es ist praktisch nie der Fall, dass etwas online aus dem Nichts entsteht.

---

* Es sind auch kompliziertere Aktionen denkbar: Sie bilden zum Beispiel mit anderen aufstrebenden Personen, die etwas mit Ihnen gemeinsam haben, einen Risikopool. Vielleicht sind Sie junge, hoffnungsvolle Entscheidungsreduzierer, Modeschöpfer oder VitaBop-Rezeptentwickler. In einem Risikopool zusammen mit anderen haben Sie viel größere Chancen, Investoren anzulocken, als wenn Sie als Einzelkämpfer auftreten. Vielleicht könnten Sie der Zeitung einen Anteilsschein am Risikopool ausstellen und im Gegenzug dafür die Zeitung lesen.
Was die Zeitung betrifft, hätten Sie wahrscheinlich ein normales Abonnement erworben. Man sollte von der Zeitung nicht verlangen, Ihren ökonomischen Avatar zu verstehen oder ihn gutzuheißen, wenn Sie selbst Kapital schaffen können.

Es sollte nicht möglich sein, dass Sie die Beiträge anderer völlig kostenlos herunterladen können, während Sie selbst für Ihre Beiträge bezahlt werden. Sirenenserver machen das heute so, doch bei einer humanistischen Ökonomie geht es darum, sich von diesem Muster zu lösen. Allerdings wäre natürlich jeder gern ein Sirenenserver.

Damit das System etwas gerechter und tröstlicher wirkt, erwecken Avatare den Anschein, als ob wir doch Sirenenserver sein könnten, zumindest eine Zeitlang, denn so können wir den Übergang besser meistern. In unserem wirtschaftlichen Leben gibt es bereits zahlreiche derartige Tricks, etwa Schlussverkäufe, bei denen wir nie etwas kaufen würden, wenn wir völlig leidenschaftslos agieren würden. Ohne solche Spielchen würde jedes Wirtschaftssystem scheitern. Der menschliche Verstand ist nicht für die Moderne geschaffen, daher wenden wir ein bisschen Theater an, um die Kluft zu überwinden.

In der von mir vorgeschlagenen zukünftigen Wirtschaftsform werden Sie in der Lage sein, Ihr wirtschaftliches Leben nach dem Prinzip zu organisieren, alles vor dem Kauf auszuprobieren, was aber bedeutet, dass Sie etwas mehr bezahlen müssen, wenn Sie dann tatsächlich etwas kaufen. Die Theatereffekte der wirtschaftlichen Avatare verhindern allerdings, dass Sie diese Konsequenzen detailliert verfolgen müssen.

Das Prinzip muss in beide Richtungen funktionieren. Sie können so tun, als ob jemand anders Ihre Sachen nicht ausprobieren darf, bevor er sie kauft, aber wenn er sie doch ausprobiert hat und dann kauft, zahlt er etwas mehr, daher ist es für Sie egal, ob er zuerst ausprobiert oder nicht.

Eine nachhaltige Wirtschaftsform basiert fast ausschließlich auf freiwilliger Beteiligung und nicht auf Zwang. Doch der Übergang, bei dem Sie sich in einen vollständigen Marktteilnehmer verwandeln, trifft Sie nicht »frontal«, weil es ja die Avatare gibt – und jemand, der die ökonomische Symmetrie nicht gewohnt ist, wird am Anfang wahrscheinlich Avatare bevorzugen, die ihm ein bisschen was vorgaukeln.

Ökonomische Netzneutralität

Google, Facebook und andere Sirenenserver sind bereits auf kunstvolle, komplizierte Berechnungen angewiesen, die dem ähneln, was ich als Verdienstmöglichkeit für sie vorschlage. Auktionen, Klickraten, Verhaltensmodelle und zahlreiche weitere Tricks mögen von wissenschaftlichem Wert sein oder auch nicht, reichen aber offensichtlich aus, um eine Branche am Leben zu erhalten. Diese Berechnungen bilden die Grundlage der Preisgestaltung für unendlich viele Transaktionen im Internet, etwa die Gebühr für die Platzierung einer Anzeige oder eines Links direkt vor Ihren Augen.

In einer humanistischen Informationsökologie würden die bereits stattfindenden Berechnungen erweitert und symmetrisch ausgestaltet werden. Dieselben Beurteilungskriterien, die bei einer Online-Transaktion für die eine Seite gelten, würden auch für alle anderen Beteiligten gelten.

Wenn Google also die Anzeigen platziert, die Bezug auf Ihre Heirat nehmen, und damit eine bestimmte Summe durch die Versteigerung von Annoncen und Klickraten verdienen würde, würden auch Sie umgehend und proportional zum Verdienst von Google bezahlt werden.

Es ist völlig unwichtig, ob Ihre Nanozahlungen von Google oder der Partnerbörse kommen. Jede Berechnung, egal auf welchem Computer sie durchgeführt wird, generiert Nanozahlungen an alle, die Daten geschickt haben, unabhängig davon, ob die Beteiligten bedeutend oder unbedeutend sind. Jeder profitiert vom selben System.

Das zeigt, dass alle Teilnehmer Bürger erster Klasse sind. Das ist ähnlich wie die Idee, dass ein Staat eine einheitliche Währung benötigt. Es kann nicht sein, dass in bestimmten Läden andere Dollars verwendet werden.

In der Praxis wäre die Umsetzung der humanistischen Ökonomie komplizierter, als ich auf wenigen Seiten darlegen kann, doch diese Komplexität wäre nicht unlösbar. Was wir online machen, ist ohnehin schon unglaublich kompliziert. Die Berechnungen, die ich hier vorschlage, sind im Vergleich dazu nicht sonderlich abschreckend.

Das Prinzip, bei einer Berechnung denselben Bewertungsmechanismus für alle Beteiligten zu verwenden, könnte man *ökonomische* Netzneutralität nennen. Mit dem Begriff »Netzneutralität« wird die Idee beschrieben, dass ein Unternehmen, das Bits transportiert, nicht die Bits bevorzugen sollte, die ihm einen eigenen finanziellen Gewinn bringen.[1] Beispielsweise sollte ein Internetprovider, der auch einen Video-Streaming-Dienst anbietet, nicht in der Lage sein, die Übertragung der Videos eines Konkurrenten zu verlangsamen, nur um selbst besser dazustehen. Damit würde er gegen die Grundsätze des Netzwerks verstoßen und alle Macht auf einer Transportebene konzentrieren.

Die ökonomische Netzneutralität ist einfach eine Verallgemeinerung dieser Idee und besagt, dass die Wirtschaft, wenn die Informationstechnologie die zentrale Rolle spielt, zu einer Art Bit-Transport wird. Die Motivation ist dieselbe. Extreme und nutzlose Konzentrationen von Reichtum oder Macht, die allein auf der Position eines Beteiligten basieren und so den Moral-Hazard-Anreiz fördern, sollen vermieden werden.

Symmetrie verhindert, dass man das System austrickst

Eine hochentwickelte Ökonomie sollte zulassen, dass man problemlos verschiedene Teilnahmemöglichkeiten ausprobieren kann, ohne dass man zunächst viel Kapital aufbringen muss. Das heißt nicht, dass jeder einen kostenlosen Probelauf bekommt. Wer dieser Illusion nachgeben will, muss am Ende einen höheren Preis bezahlen, weil der dazu erforderliche Kredit finanziert werden muss.

Zu diesem Zeitpunkt ist es unmöglich, bereits jedes Problem vorherzusehen, das bei der Umsetzung meines Plans auftreten könnte, aber ich könnte mir vorstellen, dass die Kosten eines allgegenwärtigen Kredits teils kurzfristig und teils langfristig finanziert werden.

Kurzfristig muss jede Person ihre Einnahmen- und Ausgabenprinzipien ausgleichen. Das heißt, wenn man seine anfänglichen Ausgaben minimieren will (etwa vor dem Kauf), schrumpfen auch die Einnahmen, die man von anderen Leuten bezieht, sie werden angeglichen und spiegeln das, was passieren würde, wenn die anderen dieselbe Entscheidung bezüglich der Werte getroffen hätten, die Sie ihnen anbieten.*

Mit der Zeit passen sich die Menschen hoffentlich dem Grundsatz an, dass sie andere bezahlen müssen, wenn sie selbst bezahlt werden wollen. Je mehr Interessen eine Person zusammen mit anderen wahrnimmt, selbst wenn diese Gemeinsamkeiten bevorzugt mit Hilfe von Theatereffekten dargestellt werden, desto besser funktioniert der Markt und wächst dann auch entsprechend. Die Psychologie des Gesellschaftsvertrags wird sich schließlich etablieren.

Für sich genommen birgt die ökonomische Symmetrie das Risiko einer Abwärtsspirale: Würde anfangs nicht jeder etwas kostenlos wollen? Er wäre dann nie in der Lage, mit den Erwartungen anderer mitzuhalten, etwas kostenlos zu bekommen, sodass man von niemandem Geld verlangen könnte oder bekommen würde. Das ist ungefähr das, was passiert, wenn die Konjunktur traditionellerweise ins Stocken gerät und dann in eine Depression rutscht.

* Für die Umsetzung dieser Ideen müsste man natürlich noch zahlreiche Fragen klären – zum Beispiel die Frage, auf welcher Basis die »Was wäre wenn«-Berechnungen durchgeführt werden sollen: Wenn Sie zum Beispiel Ihre Meinung über die von Ihnen bevorzugten Transaktionsformen ändern, müssen sich die Änderungen proportional widerspiegeln. Das Verhältnis kann auf Grundlage der verwendeten Datenübertragungsrate berechnet werden oder aufgrund der im Internet verbrachten Zeit oder eines anderen groben Maßstabs. Wenn Sie sich für eine Stunde nach dem Prinzip »Pay as you go« im Internet aufhalten und nur dann zahlen, wenn sie es auch nutzen, sich später aber dafür entscheiden, eine Stunde kostenlos auszuprobieren, dann würde die Hälfte Ihres Einkommens in der Zeit (falls Zeit die Berechnungsgrundlage ist) von den Leuten kommen, die sich ebenfalls für das Prinzip »Pay as you go« (also: »Bezahlung nur bei wirklicher Inanspruchnahme«) entschieden haben, und die andere Hälfte von Leuten, die ebenfalls eine Stunde kostenlos ausprobieren.

Doch erinnern wir uns an den »ererbten« Teil der Preisberechnung, den ich bereits erwähnte. Der »momentane« Teil des Preises ist für die altbekannten keynesianischen Katastrophen anfällig, die Märkte schon immer heimgesucht haben, doch der ererbte Teil ist etwas Neues, das nur in einer Informationsökonomie möglich ist, die wiederum auf der Leistung großer Rechner basiert, deren Kapazität nach dem Moore'schen Gesetz ständig steigt.

Die gesammelten Zahlungen für frühere Beiträge liefern den nötigen Schwung und verhindern so eine Stagnation.

Vertrauen und Kredit

Wenn es ein Abkommen zwischen zwei Personen gibt, die verschiedene Transaktionsformen bevorzugen, dann bietet die eine vielleicht eine andere Mischung aus Bargeld und Kredit (falls man diese altmodischen Begriffe verwenden möchte) an, als die andere erwartet. Diese Transaktion wäre einfach eine filigranere Miniaturversion dessen, was bereits ständig mit Hypotheken passiert.

Wie schon erwähnt, können Sie, wenn Sie glaubhaft versprechen, einen Kredit zurückzuzahlen, helfen, neues Geld zu schöpfen, weil Ihr Versprechen neuen Wert schafft. Eine Verallgemeinerung dieses Prinzips kann auf neue Art Zugang zu einem allgegenwärtigen Kredit bieten. Das ist einer der Hauptgründe, warum in einer gut umgesetzten Informationsökonomie jeder Zugang zu Informationen hat, auch wenn sie nicht kostenlos sind.*

---

* Ich wünschte, ich müsste nicht ausgerechnet Kredite als Beispiel verwenden, um diesen Punkt zu verdeutlichen, schließlich leidet die Welt immer noch unter den finanziellen Problemen, die durch verbriefte Hypothekenkredite verursacht wurden. Doch über viele Jahre waren Hypotheken ein zuverlässiger, sauberer Mechanismus. Die Vorgänge zu Beginn des 21. Jahrhunderts waren eine Ausnahme und wurden durch den falschen Einsatz digitaler Netzwerke ermöglicht. Solche Fehlfunktionen zu verhindern, darum geht es mir hier.

Es müsste einen speziellen Mechanismus geben, eine Art »Netz-Zentralbank«. Ohne eine solche Einrichtung ist eine expandierende Wirtschaft nicht möglich. Neue Werte müssen in Form von neuem Geld repräsentiert werden, und dieses Geld muss irgendwie ins System gelangen.

Da Menschen ebenso nach einem Einkommen wie nach Schnäppchen streben, wird dieser Fonds keine Wohltätigkeitseinrichtung, die für alle bezahlt, damit alle alles umsonst bekommen. Durch den Finanzierungsmechanismus unserer Avatare werden wir genauso oft in den Fonds einzahlen, wie wir Geld daraus erhalten.

Steuern

Bei der Berechnung sämtlicher Transaktionen, die in einer ausgereiften humanistischen digitalen Ökonomie erfolgen, entstehen natürlich Kosten. Diese Kosten sind nicht unbedingt niedrig, stellen jedoch im Vergleich zu dem, was Sirenenserver bereits heute kosten, keine übermäßige Belastung dar. So müssen etwa Suchmaschinen ständig das *gesamte* Internet durchkämmen, um sich dem verlorenen Kontext anzunähern, da alle Verbindungen nur in eine Richtung und nicht in zwei Richtungen gehen.

Die Kosten dieser Berechnung werden ähnlich ausfallen wie früher die Kosten für eine Regierung oder für einen Staat. Steuern, falls man diesen Begriff verwenden will, werden automatisch eingezogen, sie sind Teil des »Atmungszyklus« in einem fortgeschrittenen Netzwerkkreditsystem, das Geld ein- und ausatmet, um Lücken zwischen Kredit und Bargeld auszugleichen, Milliarden Mal in der Sekunde.

Steuern sind immer eine bittere Pille, aber es führt kein Weg daran vorbei. Wenn Sie sich ein Utopia ohne zentrale Behörde und ohne Steuern ausmalen, hängen Sie einer Illusion an. Ein solches Utopia bringt nicht die Freiheit, sondern führt nur dazu, dass sich die Macht hinter undurchdringlichen Mauern konzentriert. Das wiederum führt aufgrund des enormen Moral-Hazard-Effekts zu gesellschaftlichem Verfall und Armut. Man kann ja die Begriffe ändern. Wir müssen nicht »Steuern« sagen. Infrastrukturgebühren? Sie bekommen viele schöne Dinge, wenn Sie in einem ordentlichen Staat leben, aber kostenlos gibt es sie nie.

KAPITEL 27

Einbindung

Die untere Hälfte der Kurve

Was ist mit den Leuten, die in der unteren Hälfte der Glockenkurve einer Informationsökonomie landen und mehr für die Informationen bezahlen müssten, als sie damit verdienen? Zugegeben, hier gibt es Probleme, was meine Vorschläge betrifft, sie sollten jedoch mit den bestehenden Alternativen verglichen werden, nicht mit abstrakten Utopien. Eine Utopie ist von Natur aus eine gefährliche Sirene.

Wenn man versucht, gesellschaftliche Hierarchien mit Gewalt einzuebnen, führt das nur wieder zur Entstehung neuer Machtzentren. Bei einer Revolution werden vielleicht die bisherigen Reichen und Mächtigen abgesetzt, aber an ihre Stelle rückt die nun herrschende Partei mit ihrer Bürokratie und mit Legionen cleverer Ränkeschmiede und Schmeichler, aus denen sich eine neue privilegierte Klasse entwickelt. Die richtige Art, mit Machtkonzentrationen umzugehen, besteht nicht darin, sie abzuschaffen, sondern ihre Macht auszugleichen.

Ähnliche unbeabsichtigte Nebenwirkungen entstanden beim Versuch, Informationen gratis zu machen. Projekte wie Linux und Wikipedia haben vielleicht einige alte Machtzentren geschwächt, schufen damit aber nur Raum für neue. Wie kann man von einem Sieg über die Eliten sprechen, wenn man stattdessen von privaten Spionageagenturen im Verbund mit Werbefirmen abhängig ist, die die Erlaubnis haben, uns alle ständig auszuspionieren, und Milliarden Dollar scheffeln, indem sie das manipulieren, was vor uns auf dem Bildschirm in den angeblich offenen und öffentlichen

Netzwerken auftaucht? Und doch hat uns das »kostenlose« Modell genau das beschert.

Die Prämisse unseres Projekts lautet, dass es besser ist, für Informationen zu bezahlen, weil dadurch eine neue Mittelschicht entsteht. Mit diesem Gedanken im Hinterkopf sollten wir die folgende schwierige Frage angehen: Wie könnte ein humanistisches Informationssystem den Zugang zu Informationen für diejenigen unterstützen, die sich dauerhaft in den unteren Bereichen der Informationsökonomie befinden – was heißt, dass sie mehr für Cloud-Dienste bezahlen, als sie damit verdienen.

Wir könnten zunächst überlegen, wie viele Menschen sich in dieser Situation befinden würden. Wenn die Gesamtwirtschaft wächst, ist es weniger als die Hälfte. Wenn die Wirtschaft völlig stagniert, wäre es gerade einmal die Hälfte. Wenn eine Wirtschaft nicht wächst oder gar schrumpft, dann ist das Marktsystem nur Schaumschlägerei oder noch schlimmer: eine Plutokratie. Aber es gibt keinen Grund, zu glauben, dass Innovationen und Kreativität jemals versiegen werden, daher können wir davon ausgehen, dass eine humanistische Informationsökonomie langfristig wachsen wird.

Und nur weil sich jemand in der unteren Hälfte der Informationsökonomie befindet, muss das nicht heißen, dass er arm ist. Es sollte reichlich Leute geben, die in der physikalischen Welt sehr gut zurechtkommen. Nicht-digitalisierte Bereiche wie – nur zum Beispiel – Kinderbetreuung, Gitarrenbau oder Massage sind in einer fortgeschrittenen Informationsökonomie vielleicht besser bezahlt denn je. Je komplizierter unsere technischen Geräte werden, desto teurer werden offensichtlich auch Bioprodukte oder handwerklich hergestellte Lebensmittel. Im Vergleich zur Virtualität wird die physikalische Realität umso kostbarer.

Auch allen kreativen Berufen wird es gutgehen, weil sie Trends in Gang setzen und die wertvollsten Beispieldaten für die Cloud-Algorithmen liefern. Daher wird die Zahl der Menschen, die es sich nicht leisten können, für Informationen zu zahlen, hoffentlich gering sein. Das heißt nicht, dass sie bei null liegen wird, die Frage nach ihrer Situation bleibt also wichtig.

Der niedrigere Ausläufer der Kurve

Was ist mit jemandem, der am Markt einfach nicht teilnehmen will oder kann? Der vielleicht lieber eine ruhige Kugel schiebt oder der seinen inneren Schweinehund nicht überwinden kann?

Wir wissen es nicht. Computer können keine Wunder wirken. Wenn es in der Innenstadt nur begrenzten Raum gibt, kann ein Algorithmus keine Raum-Zeit-Falte schaffen, damit jemand, der keine Miete zahlen, aber trotzdem dort wohnen will, eine Unterkunft findet.

Die Probleme im Zusammenhang mit Motivation und Verantwortungsbewusstsein werden weiter bestehen, egal wie fortschrittlich unsere Informationssysteme sein werden. Doch alle Menschen werden selbstverständlich Zugang zu Informationsdiensten haben, sonst käme die soziale und wirtschaftliche Mobilität jäh zum Erliegen, und das wäre eine furchtbar destruktive Entwicklung.

Ich neige dem Sozialliberalismus zu, daher würde ich hier den Staat in der Pflicht sehen. Andererseits geht es bei einer humanistischen Ökonomie nicht um die politische Gesinnung. Ein Anhänger des Sozialliberalismus könnte dazu neigen, das Sicherheitsnetz zu erweitern und vielleicht eine fortschrittliche Form der öffentlichen Bibliothek aufzubauen. Dort könnte man beispielsweise an einem 3D-Drucker kostenlos eine Beinprothese ausdrucken, wenn man eine benötigt. Für diejenigen, die sich Informationsdienste nicht leisten können, würde der Staat als stellvertretender Kunde fungieren. Begünstigte hätten dann Zugang, allerdings vielleicht nicht immer auf die bequemste Weise.

Ein Konservativer würde diejenigen, die sich die Informationsdienste nicht leisten können, sicher lieber zu Kirchen oder Wohltätigkeitsorganisationen schicken, wo sie dann Zugang zu Informationen hätten. Auch dafür gibt es in der prädigitalen Welt Beispiele. Als Jugendlicher besuchte ich gelegentlich die Leseräume der Christian-Science-Kirche, die es fast überall gab und die großzügig Zugang zu einer breiten Auswahl an Informationen gewährten. Dabei wurde weit weniger gepredigt oder Werbung gemacht, als das heute in einem modernen sozialen Netzwerk oder bei einer Suchmaschine der Fall ist, und es wurde auch keine Gebühr erhoben. Und weder die Bibliotheken noch die Leseräume erhoben die Forderung, dass Autoren nicht bezahlt werden sollten.

Reichtum und Anstand

In einer humanistischen Informationsökonomie wäre es wahrscheinlich am besten, wenn die Menschen nicht gezwungen wären, die Höhe ihres Vermögens offenzulegen. Dadurch würde die Tendenz entschärft, dass unproduktiver Neid gegenüber einem bestimmten Status in der Hierarchie entsteht. Ich habe festgestellt, dass sich die Menschen besser benehmen, wenn es mehrere Statushierarchien gibt, die sich überschneiden und die nicht so leicht zu durchschauen sind.

Natürlich ist das Vermögen die erste Information, die jeder Sirenenserver haben will. Doch in einer Welt, in der die Sirenen zum Schweigen gebracht wurden oder zumindest deren Lautstärke gemindert wurde, bliebe dieses Signal vielleicht unter dem Mantel der Privatsphäre verborgen.

Im Silicon Valley kann Status auf Reichtum oder auf besonderen technischen Fähigkeiten basieren, oder man genießt aus ganz anderen Gründen großes Ansehen. All diese Formen vermischen sich. Es ist nicht immer klar, welche Form von Status die wichtigste ist.

Das ist eine schöne Eigenschaft unserer kleinen Gesellschaft, die Nachahmung verdient.

KAPITEL 28

Die Schnittstelle zur Realität

Wie groß ist unsere Macht?

Um die Auswirkungen des Klimawandels zu mildern, schlagen Technologen vor, Korrekturpartikel in der Atmosphäre auszubringen oder Spiegel im All zu positionieren, die übermäßige Sonnenenergie reflektieren. Wenn die Politik versagt, schlagen wir die Einrichtung schwimmender Mikrostaaten im Meer vor. Wenn Bodenschätze knapp werden, bauen wir sie eben auf Asteroiden ab. Wir finden neue Wasservorkommen auf dem Mond. Wir Technologen akzeptieren nun einmal keine irdischen Grenzen.

Technologen können daher sehr selbstgefällig werden, was die Verlockungen übertrieben optimistischer ökonomischer Tagträume betrifft. Wir sind zuversichtlich, dass rechtzeitig eine technologische Lösung entwickelt wird, um die wichtigsten Probleme zu beheben, egal ob ein Wirtschaftssystem sie überhaupt wahrnimmt oder nicht. Außerdem glauben wir, dass ein kompetenter Technologe immer in der Lage sein wird, eine Lösung umzusetzen, und locker sämtliche Hindernisse überwindet, die ihm Wirtschaft oder Politik in den Weg stellen.

Diese Zuversicht der Technologen kann man natürlich leicht in Frage stellen, und es ist ganz gut, wenn man an uns zweifelt, weil wir uns sonst zu wichtig nehmen. Gleichzeitig ist unsere Überzeugung nicht völlig unbegründet. Ich bin wirklich optimistisch, dass der Mensch immer eine Lösung finden wird. Es wäre jedoch dumm, so zu tun, als ob man wüsste, wie lange eine bestimmte Technologie braucht, bis sie ausgereift ist.

Warten auf die Technologie, Warten auf die Politik

Nehmen wir an, verschiedene technische Lösungen könnten tatsächlich die globale Erwärmung mildern, es würde jedoch zweihundert Jahre dauern, bis sie wirken würden. Das wäre eine beeindruckende Leistung, doch wir brauchen eine Lösung für dieses Jahrhundert.*

Auch wenn sich nicht genau sagen lässt, wann wir die technologischen Lösungen für die großen, drängenden Probleme haben werden, ist es absurd, dass die Lösungsansätze nur auf althergebrachte Weise und nach dem Gießkannenprinzip finanziert werden. Wenn wir einen Augenblick lang die Wirtschaftswissenschaften außer Acht lassen und nur an die Grundlagen denken, wäre es doch eine vernünftige Reaktion auf den Klimawandel, dass man eine großangelegte Klimaforschung betreibt und mit den entsprechenden Mitteln ausstattet, ähnlich wie das Manhattan-Projekt und das Apollo-Programm. Außerdem sollte es umfassende Experimente geben, wie man die Menschen zum Umdenken bewegen könnte, um ihren CO_2-Fußabdruck zu reduzieren, falls die technologischen Lösungen doch nicht so schnell greifen, wie wir es gerne hätten.

Heute scheint so etwas unvorstellbar, doch der Bau riesiger sinnloser Geister-Vorstädte in Las Vegas während des Hypotheken-De-

---

* Es gibt einen klugen Witz, der besagt, wenn ein Programmierer erklärt, ein Projekt würde zwei Wochen dauern, bedeutet das eigentlich: »Ich habe keine Ahnung.« Wenn er hingegen sagt, es könnte ein Jahr dauern, stimmt es wahrscheinlich.

Was die großen Probleme in der realen Welt betrifft, höre ich von meinen Kollegen oft, eine Lösung oder ein Wandel werde in fünfzehn oder zwanzig Jahren eintreffen. Das ist ähnlich wie »zwei Wochen«. Wenn zur Lösung eines Problems wie der globalen Erwärmung oder des Trinkwassermangels schnelle technische Maßnahmen und konkrete Daten oder ein Zeitrahmen genannt werden, sollten Sie misstrauisch werden. Solche konkreten Zeitangaben bedeuten normalerweise, dass man keine Ahnung hat, wie lange es dauern wird. (Schön, dass Ihnen einfällt, dass ich genau diesen Zeitrahmen genannt habe, als es um den Einsatz von Robotern in der Altenpflege ging. Besser ging es eben nicht.)

bakels im letzten Jahrzehnt geschah praktisch automatisch. Das war schon damals bemerkenswert teuer und erwies sich nach einigen wenigen Jahren als noch viel kostspieliger, als man gedacht hatte.

Es herrscht kein Mangel an Erklärungen, warum die Politik genau dann versagt, wenn wir sie am meisten benötigen. Wir standen noch nie vor globalen Problemen, die wirklich globale, langfristige politische Maßnahmen erforderten, daher benötigten wir auch nie eine wirklich globale Politik. Die Atomwaffenverträge beispielsweise waren multilateral, aber nicht wirklich global. Nur eine kleine Zahl Menschen musste ihnen zustimmen.

Der Mensch ist dem Parteiendenken verhaftet, daher geht es in der Politik naturgemäß um die Einbindung in die Partei und Konfrontationen zwischen Parteien. Wir können Konferenzen zum globalen Klimawandel abhalten, doch die Ergebnisse bleiben belanglos. Die Idee einer globalen Politik leuchtet den Menschen rein rational betrachtet ein, sie erreicht jedoch nicht unser Herz.

Was können wir gegen das Realitätsproblem im Zusammenhang mit Big Data unternehmen?

Die Vorstellung, dass die Technologie die Welt retten wird, wenn Wirtschaft und Politik versagen, ist mehr als nur dumm. Technologien können nicht auf sich allein gestellt funktionieren. Die Technologie gibt den Menschen nur die Mittel und Möglichkeiten. Die Verhältnisse müssen stimmen, damit die Technologie etwas Positives bewirken kann.

Aber die Verhältnisse sind alles andere als stimmig. Man braucht sich nur die mangelnde Aktionsbereitschaft im Zusammenhang mit dem Klimawandel anzusehen. Wie bereits erwähnt, wissen wir nur deshalb über den Klimawandel Bescheid, weil es *wissenschaftliche* Big Data dazu gibt, doch die Big Data der Wirtschaft haben viel größeren Einfluss und untergraben die Vorteile, die uns die Erkenntnisse aus der Klimatologie bieten.

Ich möchte die Big Data der Wirtschaft nicht schlechtmachen, im Gegenteil: In einer extrem automatisierten zukünftigen Ökonomie werden die Menschen mehr Freiheiten haben, weil die Big Data der Wirtschaft besser und umfassender abgerechnet werden können.

Doch derzeit verwechseln wir die Big Data der Wirtschaft mit den Big Data der Wissenschaft, was sehr riskant ist.

Formulieren wir also die Frage nach den stimmigen globalen Verhältnisse etwas um: Wie kann man eine Schnittstelle zwischen den Big Data der Wissenschaft und den Big Data der Wirtschaft schaffen, ohne dass die beiden verwechselt werden? Anstatt die Big Data der Wirtschaft zu unterdrücken und an ihrer Stelle die Big Data der Wissenschaft zu bevorzugen, sollten wir die Big Data der Wirtschaft verbessern, denn das würde meiner Meinung nach die besten Resultate erzielen. Je zufriedener die Märkte sind, desto weniger kommen sie der Wissenschaft ins Gehege.

Märkte sind zufrieden, wenn sie wachsen. Das ist ein entscheidender Punkt bei der Überlegung, wie man Märkte besser mit der Realität in Einklang bringt.

Wenn ein Markt stagniert oder schrumpft, ist es im Interesse der Marktteilnehmer, ihre eigene Position zu schützen und die der anderen anzugreifen. Bei einem Nullsummenspiel nimmt der Antagonismus überhand. Es geht nur noch darum, die anderen zu übertreffen.

Wenn ein Markt wächst, gibt es kein Nullsummenspiel. Dann steht meist das rationale Win-Win-Denken im Vordergrund. Die Möglichkeiten, die das Neue bietet, überwiegen die Möglichkeiten, sich um das Alte zu zanken.

Das soll nicht heißen, dass ein expandierender Markt automatisch mit der Realität im Einklang ist. Das beste Beispiel ist der wachsende Immobilienmarkt in Las Vegas während des Finanzbooms. Aber ich behaupte, wenn ein Markt nicht expandiert, haben die Marktteilnehmer Schwierigkeiten, etwas anderes zu sehen als den unmittelbaren Wettbewerb mit den anderen Teilnehmern. Kämpfe um Neuverteilung oder die Konzentration von Vermögen sind zwangsläufig nach innen auf die konkurrierenden Parteien gerichtet und nicht nach außen auf globale Zusammenhänge, nicht auf die Realität.

Allein aus diesem Grund fördert das Vermögensmodell der Sirenenserver, das sich im ersten Jahrzehnt dieses Jahrhunderts entwickelte, die Dummheit. Wenn eine Risikokapitalgesellschaft öffentlich verkündet, sie suche *nur* nach Investitionsmöglichkeiten, die die Märkte schrumpfen lassen,[1] sollte uns klar sein, dass wir uns auf ein Nullsummenspiel eingelassen haben, bei dem die Welt dazu verleitet wird, die Realität zu ignorieren.

Die Informationsökonomie sollte für eine dauerhafte Expansion der Märkte sorgen. Indem man immer mehr Informationen einen Geldwert zuordnet, mindert man das Risiko eines Nullsummenspiels.

Kopien ruinieren den Emissionsrechtehandel

Wenn die Wirtschaftswissenschaften perfekt wären, würden sie die Aktivitäten der Menschen mit den Interessen der Menschen in Einklang bringen. Da die menschlichen Aktivitäten offensichtlich nicht gut auf die menschlichen Interessen abgestimmt sind, sollte man nach den Gründen suchen, warum sich die wirtschaftlichen Motivationen von der Realität entfernt haben.

Ich vermute, dass Sireneneffekte Illusionen schaffen, die beispielsweise die potenziellen Vorteile des Emissionsrechtehandels verschleiern. Das Emissionsrechte-Prinzip ist ein Ansatz, Märkte zur Unterstützung fundamentaler Bedürfnisse zu nutzen – im Gegensatz zu sinnlosen Projekten wie dem Bau von Vorstadthäusern, die niemand braucht.

Die Idee von Wirtschaft basiert auf einem Feedback-Modell, das schnell genug reagiert, um sich auf Entscheidungen auszuwirken. Langfristige globale Resultate lassen sich nicht schnell erzielen. Mit Emissionsrechten soll diese Kluft überwunden werden.

Doch in der heutigen funktionsgestörten, einseitig verlinkten Finanzbranche besteht das Risiko, dass das Spekulieren auf Katastrophen und Derivatepakete aus Emissionsrechten die ursprüngliche gute Absicht verzerren. Andererseits werden Emissionsrechte ohne diesen Schwindel Mühe haben, Fuß zu fassen.

Staaten können außergewöhnliche Mechanismen wie Emissionsrechte einführen, doch das heißt noch lange nicht, dass sich die Emissionsrechte zu bevorzugten Anlagen entwickeln. Das liegt daran, dass »betrügerische« Investitionen höhere Renditen abwerfen. Wenn die Emissionsrechte mithalten sollen, müsste man sie ebenfalls betrügerisch einsetzen, aber das wissen ihre altruistischen Hüter zu verhindern. Daher ist der Bekanntheits- und Wirkungsgrad von Emissionsrechten begrenzt.

Nicht jeder Trick ist Betrug

Exotische und experimentelle Ideen in der Finanzwelt müssen nicht gleich Betrug sein. Aus diesem Grund empfahl ich in meinem vorigen Buch, durchaus auch neue exotische Finanzinstrumente auszuprobieren. Wir brauchen sie. Aber noch dringender brauchen wir einen ehrlicheren und nachhaltigeren Ansatz gegenüber der vernetzten Ökonomie – einen Ansatz, der die erfreuliche Nebenwirkung hätte, die Finanztricks abzuschaffen, von denen wir uns so gerne blenden lassen.

Betrachten wir einmal eine altmodische Methode, sich gegen Finanztricks zu wehren, die Regulierung. Kritiker der Deregulierung in den USA weisen darauf hin, dass es vor der Weltwirtschaftskrise über Jahrzehnte hinweg immer wieder verheerende Markteinbrüche gab. Die Regulierungen, die als Reaktion auf die Weltwirtschaftskrise verabschiedet wurden, sorgten für ruhigere Zeiten, bis mit der Deregulierung Ende des 20. Jahrhunderts die alten chaotischen Zustände wieder Einzug hielten.

Ob man die alten Regulierungen wieder einführen soll, ist nach wie vor umstritten, außerdem wird es zunehmend schwieriger, mit der Technologie Schritt zu halten. Es ist zu bezweifeln, ob neue Formulierungen in einem Gesetz die cleveren Einfälle der Programmierer vorwegnehmen können. Doch die Abschaffung der Sirenenserver in der Netzwerkarchitektur könnte dieselbe Aufgabe wie unsere altmodischen Regulierungen erfüllen, noch dazu auf eine neue Art, die auch einfallsreichen Netzwerktricks zuvorkommt.

Hätte man Hausbesitzern mit einer Hypothek eine Art Gebühr zahlen müssen, sobald ihre Hypothek verbrieft wurde, wäre es nicht zu dieser überzogenen Verbriefung gekommen. Die Kosten des Risikos wären von vornherein berücksichtigt und von dem Anleger getragen worden, der das Risiko schuf. Gewinne wären mit jenen geteilt worden, die den grundlegenden Wert geschaffen hätten: den Hausbesitzern, die versprachen, ihre Hypothek abzuzahlen. Eine ökonomische Symmetrie hätte verhindert, dass Anleger Risiken auf das Verhalten nichtsahnender Kreditnehmer aufnehmen und dabei auch noch das Geld anderer Leute verwenden.

Eine ehrlichere und vollständigere Abrechnung basierend auf der Frage, wer für die Daten verantwortlich ist, könnte vielleicht Ähnliches erreichen wie die gute alte Regulierung, aber auf eine neue, weniger politische Art.* Wenn wir verlangen, dass die Quellen der Daten immer an reale Menschen gebunden sind, die für das Entstehen der Daten verantwortlich sind, würden die Urheber der Daten nicht nur entlohnt, sondern man könnte auch verhindern, dass der Wert der Daten auf betrügerische Weise vervielfacht würde.

Das bedeutet nicht, dass in einer ehrlichen Netzwerkökonomie keine Risiken eingegangen werden würden, allerdings wäre man dabei umsichtiger, weil die Schöpfer eines Wertes auf unterster Ebene immer darüber informiert wären. Ein einfaches Prinzip mit weitreichenden Auswirkungen. Ein Finanztrick ist immer eine Illusion, bei der aus dem Nichts etwas erschaffen wird, aber es gibt kein Nichts. Eine gut umgesetzte Informationsökonomie würde sich immer an die Quelle erinnern.

Sirenenserver machen Geld, indem sie das Projekt der menschlichen Zivilisation abkürzen. Sie wetten darauf, dass die Verbesse-

---

* Aber was heißt schon neu? In gewisser Weise wurde das hier vorgestellte Projekt bereits in den Zehn Geboten vorweggenommen, nämlich dem achten: »Du sollst nicht falsch Zeugnis reden.« Als Technologe ist man natürlich bestrebt, immer etwas als »neu« zu verkaufen, und zu Recht, denn das Interesse ist dann besonders groß.

rung der Realität nicht mit dem übernatürlichen, übermenschlichen »Etwas aus nichts«-Prinzips mithalten kann. Sie sind das Gegenteil von Emissionsrechten.

Die Spielfreude vernetzter Personen nutzen

Ein potenzieller Vorteil der Abschaffung von Sirenenservern ist der, dass man Raum für Investitionen wie Emissionsrechte schafft. Es gibt jedoch noch eine andere Netzwerkidee zur Bekämpfung des Klimawandels, die funktionieren könnte und darauf basiert, wie sich Netzwerke *anfühlen*. Netzwerke fühlen sich wie ein Spiel an.

Derivatefonds und der Hochfrequenzhandel wirken auf die Menschen, die sie betreiben, wie ein Videospiel. Auch die Immobilienblase oder davor die Dotcom-Blase erschien den eifrigen kleinen Anlegern, die dabei am meisten verloren, wie ein Spiel. Für diese Menschen wird es zur Obsession, über ein Netzwerk in Echtzeit zu interagieren. Auch bei sozialen Netzwerken ist diese Faszination enorm.

Damit ein idealistisches Finanzschema gut funktioniert, muss es auf tieferer Ebene über eine ähnliche Anziehungskraft verfügen. Unterhaltung basiert auf emotionaler Bindung, genau wie kybernetische Netzwerke.

Alles eine Frage des Timings

Alle Märkte basieren auf Rückkopplungsschleifen mit typischen Zeitverzögerungen. Das Intervall zwischen einer getroffenen Entscheidung und dem erhaltenen Feedback variiert je nach Transaktion. Das Timing hat einen großen Einfluss darauf, welchen Nutzen ein Markt für die Menschen haben kann.

Kurze Feedback-Intervalle werden oft kritisiert, und ich neige dazu, dieser Kritik zuzustimmen. Der Hochfrequenzhandel kann unmöglich Informationen über die reale Welt berücksichtigen, weil nicht genügend Zeit bleibt, dass diese Informationen in die Rückkopplungsschleife gelangen. Das ist ein anderer Kritikpunkt als der häufigere Vorwurf der mangelnden Fairness.

Ähnlich beklagen viele den Quartalsbericht, auch wenn dieser sich in einem ganz anderen zeitlichen Rahmen bewegt, weil er die Unternehmen zwingt, ihre Anleger viermal im Jahr mit Erfolgsmeldungen bei Laune zu halten, selbst wenn sie in Branchen aktiv sind, die eine jahrelange Vorausplanung erfordern. Die größten Probleme, die uns drohen, vollziehen sich allerdings noch viel langsamer. Der Klimawandel wird sich über Jahrzehnte und Jahrhunderte erstrecken.

Wenn die Kräfte des Marktes auf ein Problem wie den Klimawandel abgestimmt werden sollen, brauchen wir einen Mechanismus, der ein kurzfristiges, »emotionales«, »unterhaltsames« Feedback innerhalb der Informationssphäre des Handelns schafft und sich auf einen viel größeren Zeitrahmen auswirkt.

Wer ein Auto fährt, das ständig Feedback zur Energieeffizienz gibt, etwa den Toyota Prius, hat anscheinend Spaß daran, sich auf das Spiel einzulassen und sparsam zu fahren. Dieses Prinzip könnte auf andere Bereiche ausgedehnt werden, entsprechende Vorschläge wurden bereits von Forschern wie etwa Natalie Jeremijenko gemacht.*

In einem solchen Szenario könnte beispielsweise Ihr CO_2-Fußabdruck ständig berechnet werden.** Durch den Einsatz ökonomischer Avatare wären Sie nicht gezwungen, sofort für ihren

---

* Natalie schlug ein Gerät vor, das ähnlich wie ein Fitness-Tracker funktioniert und ständig misst, wie viel Energie man verbraucht und was das kostet. Gleichzeitig erfährt man, wie viel man bei einem »Was wäre wenn«-Szenario sparen oder mehr verbrauchen würde.

** Das Ergebnis könnte auf Ihrem Smartphone zu sehen sein, oder es könnte, um Ihre Aufmerksamkeit zu wecken, dauerhafter und auf neue Art dargestellt werden, etwa in einer animierten Tätowierung an Ihrem Handgelenk oder in Form von Pixeln, die auf Ihre Wimpern gepfropft sind, damit Sie das Ergebnis immer vor Augen haben. (Ja, der Autor hat sich mit beiden Möglichkeiten befasst. In den neunziger Jahren gab ich Studenten gern die Aufgabe, sich technische Formen der Körperveränderung auszudenken. Diese beiden Ideen nannte ich als Beispiel.)

CO$_2$-Verbrauch zu bezahlen, sondern könnten sich bei Gelegenheit darum kümmern, wenn es Ihnen besser passt.

Verräterisches Spielzeug

Es gibt jedoch ein ernsthaftes potenzielles Problem. Für diesen Ansatz müssten Ihre persönlichen Aktivitäten ständig gemessen werden. Das wiederum könnte zu einer Überwachungsgesellschaft führen. Es gibt bereits so etwas wie eine Revolte gegen »intelligente Stromzähler«, die Verbrauchsinformationen zurück an die Versorgungsunternehmen senden.[2] Der Energieverbrauch ist ein Grundbestandteil unseres Lebens, daher könnte Feedback zu unserem CO$_2$-Verbrauch die Basis für einen wirklich gruseligen neuen Sirenenserver bilden.

Man kann sich folgendes Albtraumszenario vorstellen: »Ihr Energieverbrauch deutet an, dass Ihre Freundin Sie sehr oft besucht hat. Entsprechend werden wir Ihre Miete erhöhen, weil Sie beide in der Wohnung leben.« Oder: »Ihr Kühlschrank wurde sehr häufig geöffnet und verbraucht mehr Energie, als ideal wäre. Wir werden Ihre Freunde informieren, dass Sie einen Kurs zu umweltfreundlichem Wohnen und Kochen besuchen.« Oder: »Mann, was ist denn mit Ihrem Stromverbrauch los? Sind das etwa Pflanzenlampen? Wir haben die Behörden verständigt.«

Gibt es ein Design, das das Feedback verbessert und den Leuten hilft, ihr Leben informierter zu führen, ohne dass man dazu Macht in einem weiteren Sirenenserver konzentrieren muss? Damit befassen wir uns im nächsten Kapitel.

KAPITEL 29

Gruselig

Drei ziemlich gruselige* Fragen

Im Zusammenhang mit der Internetnutzung gibt es eine Reihe kniffliger Probleme wie die Online-Sicherheit, den Schutz der Privatsphäre und der Identität im Internet, um die eine ganze Industrie entstanden ist. Dazu gehören beispielsweise Virenschutz, Online-Reputationsmanagement, Bonitätsverbesserung, Datenrettung, Benutzerunterstützung in Form von Helpdesks, die oft von Subunternehmern betrieben werden, Firewalls und viele weitere, die ich hier nicht alle aufzählen kann. Ich habe schon überlegt, ob diese Dienstleistungen eine Möglichkeit wären, die Mittelschicht langfristig zu ernähren.** Milliarden Menschen könnten daran arbeiten, die Privatsphäre der anderen zu schützen und andere Sicherheitsmängel zu reparieren.

Abgesehen von ihrer offensichtlichen Absurdität würde eine Ökonomie auf dieser Grundlage leider nicht genügend Vermögen schaffen. Die Mittelschicht muss sich noch weitere Verdienstmöglichkeiten suchen, sonst wird sie nicht in der Lage sein, sich gegenseitig dafür zu bezahlen, die Helpdesks zu besetzen. Gibt es noch eine andere Möglichkeit, mit der Komplexität des Datenmissbrauchs fertigzuwerden?

---

* Es gibt ein berühmtes Zitat von Google-Manager Eric Schmidt, in dem er das Internet als »gruselig« (»*creepy*«) bezeichnete, als es um die mögliche Zukunft der Gesichtserkennung ging.

** In meinem vorigen Buch nannte ich dieses Szenario »Planet der Helpdesks«.

All diese drei gruseligen Plagen – die Bedrohung von Privatsphäre, Identität, Sicherheit – haben eine lange Geschichte, erhielten jedoch erst durch Big Data und Netzwerkeffekte diese katastrophale Dimension. Man kann viel Interessantes zu den einzelnen Problemen sagen, aber ich möchte die Dinge etwas vereinfachen und sie als verschiedene Aspekte ein und desselben Dilemmas betrachten.

Gruselig wird es, wenn Informationssysteme die individuelle Handlungsfähigkeit untergraben. Das passiert, wenn Sie sich verletzt fühlen, weil der Informationsfluss Ihre vernünftigen Versuche missachtet, Ihr eigenes Informationsleben zu kontrollieren. Das Prinzip lässt sich auch auf Organisationen ausdehnen, die beispielsweise Hackerangriffen ausgesetzt sind.

Alle drei Formen werden von sich immer weiter verzweigenden starken Interessen gefördert, die es darauf abgesehen haben, Ihr Informationsleben an sich zu reißen.

Zu den bekannten und besonders ärgerlichen Vertretern zählen Kriminelle und Vandalen. Doch meiner Meinung nach ist das Gebaren von legalen Unternehmen und Regierungen oft nicht weit entfernt von den Aktionen dieser Chaoten.

So will beispielsweise Google, dass Sie »offen« sind, damit die Suchmaschine all die Daten suchen kann, die mit Ihnen zusammenhängen, selbst wenn diese nicht ursprünglich über die Dienste des Unternehmens ins Internet gelangten. Google selbst gibt sich dagegen sehr verschlossen, wenn es um die Frage geht, wie Ihre Informationen gesammelt und genutzt werden. Facebook möchte, dass Sie nur eine Identität haben, damit es einfacher ist, Informationen über Sie zusammenzutragen und die Optionen zuverlässig zu beeinflussen, die vor Ihnen auf dem Bildschirm auftauchen, und Facebook will auch nicht preisgeben, wie die Informationen über Sie genutzt werden (und Facebook möchte natürlich nicht, dass Google Zugang dazu hat).

Kredit- und Versicherungsunternehmen verlangen Informationen über Sie, teilen aber nicht mit, wie sie ihre Entscheidungen auf Grundlage dieser Informationen treffen. Selbst wenn Sie versuchen, anonym durchs Web zu surfen, werden Sie von Hunderten

»Marketing«-Unternehmen heimlich aufgespürt und identifiziert, es sei denn, Sie entwickeln ein besonderes technisches Geschick darin, sich abzuschotten.

Die Machenschaften ferner Unternehmen verändern still und heimlich Ihr Leben, auch wenn Sie das noch gar nicht richtig abschätzen können. Sie werden nie wirklich wissen, was gewesen wäre, wenn irgendein Cloud-Algorithmus zu einer anderen Schlussfolgerung über Sie als Kreditnehmer, als möglicher Partner oder Mitarbeiter gekommen wäre.

Ein Paradies für Hacker

Das Problem mit dem Ausspionieren besteht im Grunde darin, dass die meisten Menschen nun einmal keine Technikfreaks sind.

Ein Hacker vertritt oft die Meinung: »Öffnet euer Leben dem Netz, ihr gewöhnlichen Menschen. Die Welt wird irgendwann transparent, und diese Transparenz ist der Beginn eines Goldenen Zeitalters. Teilen ist gut. *Allerdings* solltet ihr euer Leben unbedingt verschlüsseln. Nutzt Virtual Private Networks (VPN) und andere Möglichkeiten. Nur die ganz Cleveren hinterlassen keine Spuren im digitalen Wald.«

Eigentlich sagen die Hacker damit, je besser unsere Computerkenntnisse sind, desto mehr haben wir ein Recht darauf, ein echtes Individuum zu sein, das sein eigenes digitales Leben kontrolliert. Aber die Technologen sollten der Menschheit dienen und nicht in eine privilegierte Klasse verwandeln werden.

Die Probleme im Zusammenhang mit Datenmissbrauch dringen mit unterschiedlicher Intensität ins Leben der Menschen ein. So kommt es zum Beispiel eher selten vor, dass Kriminelle oder Vandalen technisch besonders brillant sind, obwohl auch das gelegentlich der Fall ist. Viel häufiger suchen mittelmäßig begabte Ganoven nach einem Zugang, der durch einen Fehler oder ein Versehen des Opfers zustande kam.

Niemand kann sich so viele Passwörter und PIN-Codes merken, wie eigentlich nötig wäre. Das ist eine der Schwachstellen der

Online-Wirtschaft. Daher setzt die Branche verstärkt auf neue Identifikationssysteme – die Nutzer sollen etwa mit »Schnörkeln« (»*squiggles*«) unterzeichnen. Es ändert aber nichts daran, dass wir uns in einem ewigen Katz-und-Maus-Spiel mit den Online-Kriminellen befinden.

Wenn Menschen wie Maschinen funktionieren würden, hätten wir vielleicht unterschiedliche Einlogg-Varianten für verschiedene Formen von Online-Daten, die wir regelmäßig ändern und aktualisieren würden, aber wir sind nun einmal keine Maschinen. Nutzer verstehen die endlosen Entscheidungen nicht, die man treffen muss, um die Datenschutzregeln zu beherrschen, und selbst führende Unternehmen kommen mit der Handhabung dieser Regeln immer wieder durcheinander. Kein Regelwerk kann all die komplizierten Umstände vorhersehen, die im Online-Leben auftreten können.

Die Art, wie Sirenenserver eine direkte Verantwortung meiden und das Risiko lieber auf ihre »Nutzer« an der Peripherie abwälzen, sorgt auch für eine gewisse Nachlässigkeit gegenüber Sicherheitsbedenken. Doch wir wollen nicht ungerecht sein, auch Sicherheitsfirmen sind manchmal schlicht überfordert und denken nicht immer daran, Passwörter, Genehmigungen und Verschlüsselungen zu erneuern und all die anderen Details zu berücksichtigen. Deshalb finden Hacker auch irgendwann einen Zugang.[1]

Bei den meisten sozialen Netzwerken gab es bereits erhebliche Datenpannen, bei denen Daten nach außen gelangten, die Privatsphäre-Einstellungen der Nutzer missachtet wurden oder gegen Regeln der Datennutzung verstoßen wurde. Man könnte ein eigenes Buch nur mit solchen Datenpannen veröffentlichen.

Die Betreiber sozialer Netzwerke haben mittlerweile so oft beim Datenschutz versagt, dass es zweifelhaft ist, ob sie ausreichend Vertrauen genießen, um als Handelsplattformen zu fungieren, und damit ist eine der besten Optionen dahin, sich in erfolgreiche Unternehmen zu verwandeln, die für nachhaltiges Wirtschaftswachstum sorgen.

Wenn wir über unbegrenzte Gedächtniskapazitäten verfügen würden und unendlich zuverlässig wären, würden die Möglichkeiten zum Datenmissbrauch schwinden (allerdings wären die Menschen in dem Fall auch nicht so stark auf Computer angewiesen). Aber reale Menschen sind für die Monotonie der Fehlerlosigkeit einfach nicht gemacht.

Der Datenmissbrauch gedeiht durch die Suche nach Utopia

Viele Menschen lieben das Gefühl, »offen« zu sein und anderen Informationen anzuvertrauen, obwohl wir alle immer wieder erleben, wie naive Offenheit eine fortschreitende Kontrolle und Disziplinierung begünstigt, ein Vorgang, den man auch als Panoptismus bezeichnet.* Während Sie Informationen mit anderen teilen, werden Sie von einer Suchmaschine, einem Marktforschungsinstitut oder Kreditunternehmen bewertet. Diese beeinflussen Ihr Leben, sind jedoch im Gegensatz zu Ihnen alles andere als transparent, was ihre Operationen betrifft.

Cyber-Aktivisten richten ihren kritischen Blick für gewöhnlich auf Regierungen und auf die Polizei, nur hin und wieder denken sie daran, dass sich auch Unternehmen oder Kirchen zu viel herausnehmen könnten. Soziale Netzwerke und Derivatefonds sind innerhalb weniger Jahre aufgrund ihres phänomenalen Wachstums zu weltweiten Giganten geworden. Etwas Ähnliches wäre auch denkbar mit neuen Überwachungsservern, mit erpresserischen Schneeballsystemen oder irgendeinem kriminellen Cyberspace-Kult.

Das Übel, das man kennt, ist wahrscheinlich nicht so beängstigend wie das Übel, das man nicht kennt. Die transparente Welt, die sich idealistische Technikfreaks so sehr wünschen, wird zwar gelegentlich altmodische Regierungen in die Schranken weisen, sie

---

* Der Begriff geht auf Michel Foucault zurück. Das Panopticon war ein Entwurf für Gefängnisbauten von Jeremy Bentham, bei dem die Zellen kreisförmig um einen Wachturm in der Mitte angeordnet sind, damit alle Insassen mit wenigen Aufsehern ständig und effizient überwacht werden können.

wird aber auch neue Formen der Netzwerkmacht entstehen lassen, ähnlich wie kostenlose Informationen und die Open-Source-Bewegung gewisse Sirenenserver wie Suchmaschinen erstarken ließen. Man sollte sich nicht ausschließlich über frühere Formen von Macht Gedanken machen, sondern auch über zukünftige.

Wenn man ein Machtgleichgewicht schaffen will, genügt es nicht, ein Netzwerk offen und gratis zu gestalten. Schlichte Offenheit lädt die Cleveren unter den neuen Mächtigen förmlich zum Datenmissbrauch ein, wodurch gerechtfertigte paranoide Ängste entstehen.

Früher, als Paranoia noch lustig war

Die mögliche düstere Entwicklung der digitalen Netzwerke wurde von einigen mit mir befreundeten Autoren bereits in der frühesten Phase der Netzwerkforschung prophezeit. Ich weiß noch, wie ich mich mit William Gibson unterhielt, der vor dreißig Jahren das Subgenre Cyberpunk in der Science-Fiction-Literatur begründete. Ich bat ihn, die virtuelle Realität doch nicht immer so düster und bedrohlich darzustellen.

Damals dachte ich, ich müsste die Welt zu einer positiveren Haltung bewegen, wenn nötig mit reiner Willenskraft. Wir Technologen erträumten uns eine freundliche und kreative Zukunft, als ob Machtmissbrauch nur eine schlechte Angewohnheit sei, die im Verlauf der technologischen Übergangsphase vergehen würde, wenn man einmal mit ihr gebrochen hätte.

Bill hörte mich geduldig an. Er grübelte eine Weile, dann kam die Antwort: »Jaron, ich hab's wirklich versucht. Aber es wird immer wieder düster.«

Natürlich war mein Vorwurf nur Spaß. Ich bildete mir nicht ein, dass Bill auf mich hören und plötzlich fröhliche Geschichten schreiben würde. Für die Literatur wäre es eine Katastrophe gewesen!

Heute, Jahrzehnte später, gibt es Tage, an denen die Welt mit voller Kraft auf einen Roman von Bill zuzusteuern scheint. Aber die Geschichte ist noch nicht zu Ende. Sie hat gerade erst begonnen.

Das Netz sieht dich

Überlegungen, wer was bei Facebook sehen kann oder ob es sicher ist, ein Passwort von einem öffentlichen WLAN aus einzugeben, werden bald von Fragen darüber in den Schatten gestellt werden, ob wir eigentlich begreifen, welche Auswirkungen ganz grundlegende Tätigkeiten haben können, etwa ein Spaziergang. Die Paranoia fängt gerade erst an.

Um die Jahrtausendwende kaufte Google von ein paar Leuten, zu denen auch ich gehörte, ein kleines Startup-Unternehmen. Das war der Keim für die Abteilung maschinelles Sehen, zu der auch Initiativen wie Google Goggles gehören. Ich erwähne das, weil ich klarmachen will, dass ich nicht über irgendwelche fernen Unternehmen schreibe, sondern über eine Welt, zu deren Entstehung ich selbst beigetragen habe.

Maschinelles Sehen kann viel. Unter anderem kann man mit der entsprechenden Software erfahren, wo sich jemand gerade aufhält, wenn er sich in Sichtweite einer mit dem Internet verbundenen Kamera befindet. Das kann beispielweise über die Gesichtserkennung oder die Analyse des Gangbilds (die charakteristische Bewegung eines Menschen beim Gehen) erfolgen. Mittlerweile ist es fast schon ungewöhnlich, wenn man sich in der Öffentlichkeit in einer Stadt bewegt und nicht von einer Kamera erfasst wird.

Das maschinelle Sehen hat massives Gruselpotenzial. Es wurden Kriege geführt, und viel Blut ist vergossen worden, um Regierungen daran zu hindern, sich die Macht anzumaßen, jederzeit zu wissen, wo sich jemand befindet! Und doch sind wir jetzt aufgrund gewisser kultureller Trends plötzlich begeistert, genau diese Macht einigen wenigen Unternehmen in Kalifornien und allen anderen anzubieten, die genug Geld haben, um sich dranzuhängen.

Vor langer Zeit prophezeite ich bei der Arbeit am Film *Minority Report*, dass es eines Tages Reklametafeln geben wird, die das Gesicht von Passanten in ihre Werbung einbauen. Dadurch könnte man der Polizei nicht mehr entfliehen, denn die müsste nur noch beobachten, auf welchen Reklametafeln der Gesuchte gerade auftaucht. Staatliche Überwachung, ohne dass der Staat dafür einen

Finger krumm machen muss! Das ist ein klassischer Trick der Sirenenserver, auf Abstand zu halten und doch die Informationshoheit zu haben.

Und nun baut Facebook die Gesichter Ihrer Freunde in die Werbung ein, und standortbezogene Dienste richten bereits Reklame an Leute, wenn diese sich an einem bestimmten Ort befinden.

Wohin führt das alles?

Die von mir bereits beschriebenen Technologien, durch die Millionen Menschen ihre Arbeit verlieren könnten, besitzen ebenfalls ein enormes Gruselpotenzial. Je mehr sich eine Gesellschaft auf das falsche Modell der automatisierten »Effizienz« stützt, desto größer ist das Potenzial für unvorhergesehene Negativentwicklungen. Immer mehr Beteiligte werden motiviert sein, außerhalb des Gesellschaftsvertrags zu agieren.

Ein Foto, auf dem zufällig zu sehen ist, wie in einem Café ein Schlüsselbund auf dem Tisch liegt, könnte genügend Daten liefern, um Kopien dieser Schlüssel anfertigen zu lassen. Mit 3D-Druckern könnte man auch Teile von Bomben, Folterwerkzeugen oder Waffen herstellen. (Eine Organisation, die den Besitz von Schusswaffen befürwortet, verteilt bereits »Open Source«-Dateien zum Ausdrucken von Schusswaffen.) Selbstfahrende Autos könnten gehackt werden und Fußgänger überfahren, bei gezielten Anschlägen als Autobomben genutzt werden oder jemanden entführen, der eigentlich nur schnell zum Bäcker fahren wollte.

Obwohl diese Geräte echten Schaden anrichten könnten, bleibe ich bei der Meinung, dass sie nur Werkzeuge sind. Ein Algorithmus für maschinelles Sehen ist nicht an sich böse. Es ist aber auch keine Lösung, zu sagen, dass es allein in der Verantwortung des Einzelnen liege, ob er eine Software auf ethisch vertretbare Weise benutzt oder nicht.

Gebote funktionieren genauso wenig wie Verbote. Die einzige effektive Interventionsmöglichkeit im Kampf gegen Datenmissbrauch bietet ein wirtschaftlicher Ansatz. Wenn das wirtschaftliche Modell zufriedenstellende Resultate erbringt, ohne dass man kriminell werden muss, dann wollen nur noch echte Fieslinge wirklich fies sein. Und echte Kriminelle können weiter mit strafrechtlichen Mitteln verfolgt werden. Es wird immer ein paar Soziopathen und mehr als nur ein paar Teenager geben, die gerade eine gewisse Phase durchmachen, aber mit solchen Herausforderungen musste eine Gesellschaft schon immer fertigwerden. Es sind regelkonforme Unternehmen und Einzelpersonen, die nicht zum Datenmissbrauch motiviert werden sollten.

Das langfristige Ziel einer Sicherheitsstrategie kann nicht darin bestehen, Kriminelle zu überlisten, weil man damit nur schlauere Kriminelle hervorbringt. (Kurzfristig betrachtet gibt es natürlich zahlreiche taktische Gelegenheiten, bei denen man sich bemühen muss, die Bösen zu überlisten.)

Das strategische Ziel muss lauten, die Landschaft der Spieltheorie zu verändern und so die Motivation für Datenmissbrauch zu reduzieren. Darum geht es bei unserem Spiel, das sich »Zivilisation« nennt.

Gute Gründe, um von der Cloud beobachtet zu werden

Angesichts der Struktur der heutigen Netzwerke könnte eine Reaktion auf den Datenmissbrauch darin bestehen, dass man Verbindungen zur Cloud-Software meidet. Sie könnten also versucht sein, sich so oft wie möglich vom Netz abzukoppeln, damit man Sie nicht verfolgen kann. Aber das wäre schade, denn das Cloud-Computing hat bereits jetzt echte Vorteile und wird in Zukunft noch viele weitere bieten.

Die meisten Menschen tippen, ohne nachzudenken, auf »Ja«, um Tracking-Optionen bei ihrem Smartphone zuzulassen, und erwarten dann, dass die Cloud nahegelegene Restaurants empfiehlt, ihre Fortschritte beim Joggen aufzeichnet und sie vor Verkehrsstaus warnt. Könnte es noch weitere überzeugende Gründe dafür geben, von fernen Algorithmen in Computer-Clouds beobachtet zu werden? Ja, es wird viele gute Gründe geben. Ich habe bereits einen genannt: Man kann jederzeit den eigenen CO_2-Verbrauch erfahren.

Weitere Gründe werden sich mit der »Augmented« beziehungsweise »Mixed Reality« ergeben – also der computergestützten Erweiterung unserer normalen Wahrnehmung. Bei dieser Technologie wird die virtuelle Realität in die reelle, physische Welt integriert. Ihre Sonnenbrille könnte etwa Informationen zu einer Blume einblenden, wenn Sie im Frühling durch einen Garten gehen. Und in einer Anmerkung fände sich noch das dazugehörige Bestäubungsinsekt. Ich habe so etwas bei der Mixed-Reality-Forschung bereits ausprobieren dürfen, und es ist wirklich wunderbar. Der Gedanke, die Natur zu ergänzen, wirkt am Anfang vielleicht, als ob man das Wesentliche nicht verstanden hätte, aber dieser Ansatz bietet auch die Möglichkeit, die Natur in neuem Licht zu sehen – ohne sie zu stören. Keine Sorge, Sie verlieren nicht den Blick für die Schönheit der realen Welt. Aber durch die Virtualität wirkt die Realität noch einen Tick besser.

Vielleicht sind Sie nicht unbedingt ein großer Freund von Blumen und Bienen, aber irgendetwas wird es schon geben, das Sie begeistert. Und ein weiterer Vorteil der Tracking-Option ist der, dass Ihnen Ihre Lebenserfahrung erhalten bleibt.

Nehmen wir zum Beispiel an, Sie haben einmal ein kompliziertes technisches Prinzip verstanden, als ein Freund es Ihnen erklärte, aber Jahre später kapieren Sie es nicht mehr. Es würde Ihrer Erinnerung doch wunderbar auf die Sprünge helfen, wenn Sie die Erfahrung und die Umstände des Gesprächs mit Ihrem Freund noch einmal abspielen könnten – vielleicht unter Verwendung Ihrer Mixed-Reality-Sonnenbrille.

Zu Ihren Erinnerungen gibt es keinen anderen Zugang: Sie benötigen entweder die direkte Erfahrung oder eine innere Erfahrung im Zusammenhang mit ähnlichen Erinnerungen. Noch kann die Technologie Ihre innere Verfassung nicht aufzeichnen und erneut abspielen, doch sie kann viel von dem aufzeichnen, was sie gespürt und getan haben. Diese Aufzeichnung lässt sich wieder abspielen und kann Ihnen so als Gedächtnisstütze dienen.

Aspekte früherer Erfahrungen noch einmal abzuspielen hilft Ihrem Gedächtnis auf die Sprünge und weckt schlummernde Gedanken, Empfindungen, Gefühle und sogar Talente. Ein allgemeines Tool, um frühere multisensorische Umstände wiederzuerschaffen, würde Erinnerungen, Fähigkeiten und Erkenntnisse erschließen, die ansonsten vielleicht verborgen geblieben wären, obwohl Sie sie ständig in sich tragen.

Wenn Sie sich an etwas zu erinnern versuchen, auf irgendeine Sache einfach nicht kommen, obwohl sie wissen, dass sie sich irgendwo in Ihrem Kopf befindet, könnten Sie in Ihre eigene Vergangenheit eintauchen. Woher hatte ich das Zitat? Hatte ich nicht schon einmal einen ähnlichen Streit mit meinem Freund?*

David Gelernters Software-Konzept »Lifestreams«[2] ist ein früher Versuch, das zu speichern, was sich aus Lebenserinnerungen sammeln lässt.** Mein Kollege Gordon Bell bei Microsoft Research ist ebenfalls ein Pionier auf diesem Gebiet der persönlichen Informationssysteme.[3]

Bei dieser Grundlagenforschung lag der Schwerpunkt auf dem persönlichen Nutzen. Natürlich war uns allen klar, dass es auch ein Missbrauchspotenzial gab. Und leider hat die reale Welt diesen Weg eingeschlagen.

Unternehmen wie Facebook organisieren die digitalen Erinnerungen vieler Menschen zum Vorteil ferner Kunden, die manipulieren wollen, was vor den Nutzern auf dem Bildschirm auftaucht.

---

* Ich bin zwar überzeugt, dass man damit das Leben vieler Menschen bereichern würde, sehe aber auch, dass diese Methode sich nicht für alle Menschen eignet. Ich selbst würde sie wohl nicht nutzen. Ich habe (vermutlich weil meine Mutter starb, als ich klein war) eine Denkweise entwickelt, die viel von dem vergisst, was mir im Einzelnen widerfahren ist. Ich versuche, immer nur das in Erinnerung zu behalten, was mir am wichtigsten ist und was für mich am besten funktioniert. Es gibt absolut keinen Grund zu der Annahme, dass jedes Projekt der Informationstechnologie für jeden Menschen funktioniert. Je mächtiger die Informationstechnologie ist, desto mehr Vielfalt sollten wir erwarten, es sei denn, wir hoffen, das geistige Niveau unserer Spezies herunterzuschrauben, bis wir nur noch über eine begrenzte Bandbreite im Denken verfügen.

** David und ich hatten zusammen sogar eine Zeitlang eine Beraterfirma, bei der wir versuchten, unsere Klienten dazu zu bringen, diesen Ansatz zur Unterstützung des Denkens auszuprobieren.

Zum Glück hat diese kommerzielle Entwicklung eingesetzt, bevor Geräte zum Sammeln wirklich intimer Informationen zur Verfügung stehen. Wir haben noch Zeit, das in Ordnung zu bringen.

Das Gruselige ist nicht die Technik, sondern die Macht, die wir den Sirenenservern einräumen

Die Mixed Reality ist nicht gruseliger als andere Informationstechnologien, das eigentlich Gruselige ist vielmehr, wie Sirenenserver sie nutzen könnten. Richtig unheimlich wird es, wenn Dritte Ihre »externalisierten Erinnerungen« besitzen und verwalten. Früher wäre ich nie auf die Idee gekommen, dass meine Mitmenschen es eines Tages cool und hip finden würden, diese Macht an ferne Unternehmen abzugeben.

Als Ergänzung zu unseren vorigen Überlegungen, wie die Mixed Reality aussehen könnte, stellen wir uns einfach vor, wie ein junger Mann das College abschließt, zum Haus seiner Eltern zurückkommt und sein Zimmer noch einmal so erleben möchte, wie er es verlassen hat, bevor seine Eltern ein Gästezimmer daraus gemacht haben. Er setzt seine Brille auf und hört eine Nachricht: »Um sich an Ihr altes Zimmer zu erinnern, müssen Sie dieses Kästchen ankreuzen und damit Ihr Einverständnis zu den neuesten Änderungen erteilen, die das Unternehmen X hinsichtlich des Datenschutzes vorgenommen hat. Außerdem erklären Sie sich bereit, die persönlichen Navigationsdienste des Unternehmens ein Jahr lang zu nutzen und das Buch, an dem Sie gerade arbeiten, im Shop des Unternehmens zu veröffentlichen. Ansonsten heißt es: Auf Wiedersehen, altes Zimmer.«

Mit jedem Mal, wenn ein Nutzer aufgefordert wird, endlosem Kleingedruckten zuzustimmen, das niemand liest, fühlt sich die Online-Welt etwas unheimlicher und unkontrollierbarer an. Der Grund, warum niemand das Kleingedruckte liest, ist der, dass es, selbst wenn man sich die Zeit nimmt, schon bald wieder eine Änderung geben wird und die Lektüre der lästigen Endbenutzer-Lizenzverträge zur Vollzeitbeschäftigung wird. In den Fällen, in denen dem Nutzer mehr als eine Alles-oder-nichts-Entscheidung angeboten wird, sind die Optionen so komplex und dynamisch, dass es wieder zur Vollzeitbeschäftigung werden würde, sich durch diesen Wust durchzuarbeiten. Dazu fallen mir die Privatsphäre-Einstellungen von Facebook ein. Sie richtig zu handhaben ist mittlerweile eine stolze Leistung, auf die man sich selbst als Technikfreak etwas einbilden kann.

Wenn man auf »Ja« klickt, heißt das nicht, dass man nicht versteht, was gemeint ist, sondern es ist die einzige Option, wenn man das Unternehmen nicht komplett boykottieren will. Und so ein Boykott fällt zunehmend schwer. Hier haben wir ein weiteres Beispiel dafür, dass die digitale Moderne ständig mit sanfter Erpressung arbeitet.

Die Maslow'sche Bedürfnispyramide der Erpressung

Die Informationstechnologie verändert pausenlos unsere Erwartungshaltung. Noch ist es nicht möglich, mit Hilfe der Mixed Reality noch einmal das Zimmer zu erleben, in dem man aufwuchs. Man könnte nun sagen, dass es kein größeres Problem darstellt, wenn einem der Zugang zu dieser Erfahrung verwehrt wird. Aber wenn man sich erst einmal an einen Informationsdienst gewöhnt hat, ändern sich die Denkweisen und kognitiven Fähigkeiten, sie werden von der Verfügbarkeit dieses Dienstes geprägt. Wird einem dann der Zugang zu diesem Dienst verwehrt, ist das eine ernste Sache. Es mag also heute nicht wichtig erscheinen, aber eines Tages könnte es zutiefst verstörend sein, wenn unbekannte Dritte in der Lage sind, virtuelle Umgebungen zu verändern, etwa ein Kinderzimmer zu rekonstruieren, um uns zu manipulieren.

Das ist nicht nur ein persönliches Problem. Was wäre, wenn die Beschilderung eines Ladens oder Hotels in der realen Welt verdeckt werden würde, wenn die Leute durch ihre Daten-Brillen schauen – vielleicht aus Rache dafür, dass die Eigentümer nicht bereit waren, für eine zukünftige Online-Kritik oder einen Online-Buchungsservice zu bezahlen?

Unheimlich und traurig wäre es auch, wenn die virtuellen Dinge, die Sie sehen, nicht von Ihren Freunden oder Familienmitgliedern gesehen werden, weil Sie an einen Vertrag bei einem anderen Anbieter gebunden sind.

Es ist schon lästig genug, dass nicht alle über dieselben Apps verfügen, weil sie ein anderes Telefon oder einen anderen Mobilfunkanbieter haben, aber es wird noch schlimmer, wenn die Leute nicht dieselbe Augmented Reality in einer Welt wahrnehmen, die sie sonst miteinander teilen.

Die seltsame Logik extremer Gruseligkeit

Die Befürchtungen hinsichtlich des Datenmissbrauchs sind seltsam verschlungen und verändern sich, wenn sie ins Extreme gesteigert werden. Wenn uns beispielsweise der Schutz unserer Privatsphäre überhaupt nicht mehr kümmert, ist der Diebstahl der Identität unsinnig. Wenn alle ständig überwacht werden, stellt jede Person eine unantastbare Form der Identität dar – ein Identitätsdiebstahl wäre nicht mehr möglich. Bei jemandem, dessen Identität gestohlen wurde, würde man meinen, es gäbe ihn doppelt oder er könnte sich mit Lichtgeschwindigkeit von einem Ort zum anderen bewegen. Da alle unter ständiger Beobachtung stehen würden, käme man mit einem Identitätsdiebstahl nicht mehr durch.

Ein Aspekt der »Identität« ist die Sicherung eines alleinigen Zugangs zum eigenen Besitz. Aber warum sollte man sich Sorgen machen, dass einem jemand die Gitarre oder das Fahrrad oder die Schuhe gestohlen hat, wenn man sich mit dem 3D-Drucker jederzeit alles erneut herstellen kann?

Was wäre, wenn wirklich jeder in der Lage wäre, den anderen auszuspionieren? Manche glauben, dass sich das derzeitige Internet gerade in diese Richtung entwickelt, aber dem ist nicht so. Die Mitwirkenden fallen aufgrund ihrer technischen Fähigkeiten in ganz unterschiedliche Kategorien, und nur einige wenige befinden sich durch den Besitz zentraler, privilegierter Server mit geschlossenen internen Daten und durch die Kontrolle über die Verbindungen der anderen in einer Schlüsselposition. Aber *wenn* es so wäre, dass wir uns alle gegenseitig auf Augenhöhe ausspionieren könnten, dann wären einige utopische Ideen tatsächlich möglich. Vielleicht gäbe es allein aufgrund der schieren Fülle an Informationen eine Privatsphäre. Irgendwann wäre es wahrscheinlich völlig egal, wenn ein Kongressabgeordneter ein Foto von seinem Penis twittern würde. Gähn. Wenn die Leute das Interesse verlieren und nicht mehr hinschauen, ist die Privatsphäre wiederhergestellt. Diese Hoffnung ist in der »Transparenz«-Bewegung weit verbreitet.

Die goldene Regel der praktischen Ethik wäre dann womöglich nur schwer von einer allgegenwärtigen Erpressung zu unterscheiden – falls Erpressung wirklich allgegenwärtig sein sollte. Es käme zu einem gesamtgesellschaftlichen »Gleichgewicht des Schreckens«-Effekt. An diesem Punkt könnte vielleicht ein Gesellschaftsvertrag des gegenseitigen Respekts entstehen, der die Sicherheit aller verbessern würde. Wenn alle gleich anfällig für Datenmissbrauch wären, würde es weniger davon geben. Wenn die Urheber beim Internet-Mobbing so einfach zu identifizieren wären und sich so leicht unter Druck setzen ließen wie ihre Opfer, würde es sicher weniger Demütigungen im Internet geben. Das ist eine interessante Idee, aber die Voraussetzungen dafür sind weder in der Gegenwart noch in nächster Zukunft gegeben, wenn wir an unserem bisherigen Kurs festhalten.

Das Problem bei all den schönen digitalen Utopien sind die Sirenenserver. Wir bauen derzeit keine auf Ausgeglichenheit basierende Gesellschaft auf, in der jeder ein Bürger erster Klasse in der Informationssphäre ist.

Die Struktur digitaler Netzwerke, deren Gestaltung nicht auf Notwendigkeit, sondern auf Modetrends basiert, schafft extrem wertvolle zentrale Knoten, die eine große Versuchung für jede Art von Missbrauch darstellen.

Diese Versuchung reduziert man am besten, indem man Werte, Macht und Einfluss möglichst dezentral verteilt. Und dies geschieht am besten, indem man den kommerziellen Bereich weiter fasst, als es heute der Fall ist.

KAPITEL 30

Minimierung
des Gruselfaktors

Kommerzielle Rechte greifen online,
wo Bürgerrechte versagen

Um heute an der Online-Welt teilzuhaben, etwa um Facebook zu nutzen, muss man entweder auf seine Privatsphäre verzichten oder sich erhebliche Programmierkenntnisse zulegen. Man muss die Verbindung zu den verschiedenen Sirenenservern so gut wie möglich verändern, um unerwünschte Interaktionen zwischen den Servern zu unterbinden. Die Daten, die über ein soziales Netzwerk zur Verfügung stehen, könnten Stichwörter liefern, Ihr Passwort bei einem Online-Händler zu erraten. Oder Ihre Probleme, einen Kredit zu bekommen, könnten sich negativ auf Ihre Bonitätsbewertung auswirken.

Doch nehmen wir an, dass jeder Betreiber eines Cloud-Computers, sei es nun ein soziales Netzwerk, ein großes Finanzunternehmen oder sogar eine staatliche Behörde, für nützliche Daten bezahlen müsste, die von Ihnen stammen. Jeder Sirenenserver unterhielte dann eine kommerzielle Beziehung zu Ihnen. Dadurch hätten Sie angeborene, unveräußerliche *kommerzielle* Rechte an den Daten, die es ohne Sie gar nicht gäbe.

Das bedeutet zum Beispiel, dass Facebook Ihnen kleine Zahlungen zukommen lassen würde, wenn Daten, die automatisch von Ihnen abgeleitet wurden, dazu genutzt werden, einen Freund von Ihnen dazu zu bringen, etwas bei irgendeinem Unternehmen zu kaufen. Wenn Ihr Gesicht in einer Anzeige auftaucht, bekommen Sie Geld dafür. Wenn Ihre Bewegungen bei einem Spaziergang durch die Stadt nachvollzogen werden und diese Daten einer Behörde helfen, die Sicherheit für Fußgänger durch eine bessere Beschilderung zu erhöhen, geht eine Mikrozahlung an Sie, weil Sie wertvolle Daten dazu geliefert haben.

Kommerzielle Rechte eignen sich besser für die vielen eigentümlichen Situationen, die nun einmal im realen Leben entstehen, als neue Formen der Bürgerrechte im Rahmen einer digitalen Privatsphäre.

Es wird immer knifflige Situationen geben, in denen man nicht weiß, wie man ein digitales Recht interpretieren soll. Sie sind wahrscheinlich auch der Meinung, dass es immer noch in Ordnung ist, in der Öffentlichkeit fotografiert zu werden, wenn das Fotografieren abläuft wie einst im Prä-Internet-Zeitalter, es ist jedoch ein gruseliges Gefühl, wenn eine Vielzahl automatisch erstellter Fotos von einem fernen Server gesammelt wird, um lückenlos alles zu dokumentieren, was Sie in der Öffentlichkeit tun. Wo zieht man zwischen diesen beiden Beispielen die Grenze?

Und selbst wenn man eine klare Grenze ziehen könnte, wie könnte man ein Verbot durchsetzen? Das wäre so unmöglich, wie Musikpiraterie zu verhindern. Sie werden nie wissen, welche unsichtbaren Sirenenserver Dossiers über Sie erstellen. Oder genauer gesagt, Sie werden es nie wissen, solange wir weiterhin Netzwerke in ihrer derzeitigen Struktur verwenden, weil die Informationen über Sie kopiert werden können, ohne Spuren zu hinterlassen.

Wie gesagt wäre eine Welt mit universalen kommerziellen Rechten auch für ein Unternehmen wie Facebook *besser,* weil es in einem expandierenden Gesamtmarkt mehr Einnahmequellen gibt als in einem schrumpfenden und Unternehmen wie Facebook derzeit mehr zu einem Schrumpfen des Marktes als zu seinem Wachstum beitragen.

Dennoch könnte es eine Weile dauern, bis die Online-Imperien begreifen würden, dass kommerzielle Rechte auch ihren eigenen langfristigen Interessen dienen. Würden die Unternehmen uns dann immer noch auffordern, »Ja« bei einem Vertrag anzukreuzen, den niemand richtig liest und bei dem man seine kommerziellen Rechte für immer unentgeltlich aufgeben würde? Natürlich würden sie das, aber weil dabei viel Geld auf dem Spiel stehen würde, gäbe es ein neues System aus Vermittlern und Anwälten, die Ihnen helfen würden, das Ihnen aufgrund Ihrer kommerziellen Rechte zustehende Geld einzutreiben.

Ächz! Wollen wir wirklich eine Welt, in der es ständig zu Prozessen kommt? Ich gebe offen zu, dass die hier vorgestellte Zukunft auch ihre Nachteile hat, will aber ebenso darauf hinweisen, dass man langfristig das kleinere Übel wählen muss. Das Gehabe der Rechtsanwälte und Vermittler wird bei weitem nicht so lächerlich wirken wie die derzeitige Farce, Maßnahmen und Verbote zu erlassen, die in unglaublich komplexen, unvorhersehbaren Szenarien unsere Rechte schützen sollen.

Mein Vorschlag sieht eine Zukunft vor, in der für die Leute etwas auf dem Spiel steht, etwas, worüber sich zu streiten lohnt, deshalb wird es auch Auseinandersetzungen geben. Das ist der Preis, wenn man nicht zum bloßen Objekt für die Sammelwut anderer werden will.

Kommerzielle Rechte sind einklagbar

Wenn die von einer Person gelieferten Daten erst einmal eine Schuld gegenüber dieser Person ergeben, entstehen daraus verschiedene systemische Vorteile. Zum Beispiel wird es zum ersten Mal eine genaue Berechnung geben, wer welche Informationen über wen gesammelt hat. Kein Gesetz zum Schutz der Privatsphäre oder zur Offenlegungspflicht wird erreichen, was diese Berechnung leisten kann. Das hat einen ganz einfachen Grund: Jetzt steht Geld auf dem Spiel.

Vor der digitalen Vernetzung mussten wir uns normalerweise keine Gedanken über geringe Ungleichgewichte bei der Informations- oder Machtverteilung machen, weil die Informationstechnologien noch zu wenig ausgebildet waren, um eine große Rolle zu spielen. So wurde beispielsweise allgemein akzeptiert, dass ein Fotograf in der Öffentlichkeit ein Foto machte, ohne die Zustimmung derjenigen einzuholen, die zufällig darauf zu sehen waren.

Allerdings bestand ein leichtes Machtungleichgewicht, weil derjenige, der fotografiert wurde, nicht unbedingt wusste, dass von ihm ein Bild gemacht worden war. Der Fotograf saß am längeren Hebel, und die Fotografen genossen diesen Zustand natürlich. Allerdings war das nur eine kleine Ungerechtigkeit, die im Zusammenhang mit Paparazzi gelegentlich zu Spannungen führte, aber nicht so ernst war, dass der Gesellschaftsvertrag gefährdet gewesen wäre.

Vernetzte Kameras sind dagegen ein ganz anderes Kaliber. Aus der früheren kleinen Ungerechtigkeit wurde eine große. Wenn ein Unternehmen oder eine Regierung immer wissen kann, was andere tun, diejenigen, die unter Beobachtung stehen, aber keine Ahnung haben, dann besteht ein deutliches Informationsungleichgewicht. Wenn jede menschliche Regung ständig von allgegenwärtigen Kameras aufgezeichnet würde, wäre einer der düstersten Science-Fiction-Albträume Wirklichkeit geworden. Wer in einer derartigen Welt leben müsste, wüsste nicht, was Würde bedeutet.

Seit es vernetzte Kameras gibt, ist das traditionelle Informationsungleichgewicht bei der Fotografie so ausgeprägt, dass es nicht mehr länger akzeptabel ist. Heute müssen wir erfahren, wann und wie wir aufgezeichnet werden.

Aber wie könnte bei der Fotografie ein Kräftegleichgewicht hergestellt werden, wenn es dieses Gleichgewicht nur als abstraktes Recht gilt? Wer hat die Zeit, alle Fotos durchzusehen, die in der Öffentlichkeit aufgenommen wurden? Was machen Sie mit den Fotos, von denen Sie das Gefühl haben, dass sie nicht gespeichert werden sollten, weil sie sich negativ auf Ihre Kreditwürdigkeit oder Ihre Zukunftsaussichten auswirken könnten? Wenden Sie sich an die Polizei oder an eine neue Art Online-Schlichtungsinstanz? Man kann sich einfach nicht vorstellen, dass die Menschheit die Zeit haben wird, Informationsstreitigkeiten mittels Regulierungen und Gesetzen zu schlichten.

Mit kommerziellen Rechten könnte man diesem Problem beikommen. Jedes Foto von Ihnen würde nicht nur in den Abrechnungen der Fotografen auftauchen, sondern auch von Ihnen registriert werden. Es gäbe also doppelte Ausfertigungen, wie das in der Geschäftswelt so üblich ist, und Betrug wäre dann nicht mehr so einfach.

Noch wichtiger wäre, dass Sie automatisch Anteil an der lukrativen Verwendung Ihrer Fotos hätten. Die Regelungen könnten Sie selbst festlegen. Manche Menschen würden sich für mehr Privatsphäre entscheiden und so viel Geld verlangen, dass die Verwendung ihrer Fotos unerschwinglich wäre. Die meisten würden jedoch eine vernünftige, konventionelle Regelung wählen.

Das heißt, dass ausreichend viele Menschen erlauben würden, dass ihr Verhalten aufgezeichnet wird, es gäbe also genügend Daten für gemeinnützige Dinge wie die Verbesserung der Verkehrssicherheit für Fußgänger. Gleichzeitig bliebe ihre Würde unangetastet, weil jeder sein eigenes Maß an Privatsphäre bestimmen könnte.

Ein Krimineller, der für seine Daten einen hohen Preis ansetzt, weil er nicht gefunden werden will, schuldet diese Summe dem Staat, wenn die Polizei einen Haftbefehl erlassen muss, um ihn ausfindig zu machen. Wenn er allerdings nicht verurteilt wird, werden die Kosten für die Daten von einer Behörde übernommen. Dieses Machtgleichgewicht lässt sich verändern, um einen optimalen Ausgleich zwischen einer effektiven Polizeiarbeit und dem Schutz der Bürgerrechte zu finden. Vielleicht würde die Polizei, anders als gewöhnliche Bürger, nur bis zu einer festen Grenze für die Daten bezahlen. Auf jeden Fall gäbe es eine vernünftige, schlichtende Lösung für den Zugang zu digitalen Informationen, ohne dass man die Situation ständig neu interpretieren müsste.

Eine Mäßigung anhand vorab vereinbarter Bedingungen würde sowohl die Polizei als auch die Bürgerrechte stärken. Man hätte Zugang zu guten Daten, da jeder kommerzielle Rechte an seinen eigenen Konten und zivile Klagemöglichkeiten hätte, die sich leichter vorhersehen lassen und leichter zu kalkulieren sind.

Die Polizei wiederum kann die cloud-überwachte Realität zur Verbrechensbekämpfung nutzen. Nun kann man zwar einen Ausweis fälschen, aber nicht Tausende Bilder einer Person, die man zu sein vorgibt. Die Polizei müsste für den Zugriff auf diese Bilder bezahlen, so wie sie heute für Polizeiautos und -sirenen bezahlen muss. In einer Demokratie sollte Überwachung nie »kostenlos« sein. Alles muss im Gleichgewicht sein.

In einer humanistischen Informationsökonomie wird es bei der Privatsphäre nicht mehr länger um »alles oder nichts« gehen. Stattdessen wird der Zugang zu Ihren Informationen Geld kosten. Bei manchen Fotos wird sich diese Ausgabe lohnen, bei anderen nicht. Ihre Daten werden nicht mehr stets kostenlos denjenigen zur Verfügung stehen, die derzeit über den besten Cloud-Computer verfügen.

Wenn man Informationen kommerzialisiert, erhält man eine ausgeglichenere Welt. Doch stattdessen haben wir das Geschäft mit Informationen so behandelt, als ob es die große Ausnahme bildet, als wäre es ausgenommen vom Prinzip des Gleichgewichts, das unsere Demokratie bestimmt.

Der ideale Preis für Informationen entspricht der Minimierung des Gruselfaktors

Manchen libertären Idealisten wäre es lieber, wenn die Märkte von sämtlichen Regulierungen befreit wären. Doch nehmen wir einen Moment lang an, dass die Regulierung auch in der Wirtschaft der Zukunft noch einen Platz haben wird.

In dem Fall könnte eine Regulierung sicherstellen, dass Informationen insgesamt nicht zu billig oder zu teuer sind. Wenn sie zu teuer wären, würden weniger erfolgreiche Bürger in einen Teufelskreis der Entmündigung geraten, doch auch die Wirtschaft könnte stagnieren, weil Innovationen zu kostspielig würden. Wenn Informationen zu billig wären, könnte wieder ein Sirenenserver entstehen, was massive Arbeitslosigkeit und eine Rezession nach sich ziehen würde. Wie immer liegt die Lösung irgendwo in der Mitte.

Ein gutes Maß für die optimale Lösung wäre der Punkt, an dem die Entwicklung nicht mehr »gruselig« erscheint. Der korrekte Preis für Informationen sollte der Preis sein, bei dem ein Sirenenserver kein Geld verdient, ohne der Information, die er gesammelt hat, Wert zu verleihen. Der Preis sollte aber auch nicht so hoch sein, dass durch die Werterhöhung kein Gewinn entstehen kann. (Ein überzogener Preis würde bedeuten, dass die vorgeschalteten Beteiligten einen erpresserischen Einfluss ausüben.) Anders ausgedrückt, der richtige Preis minimiert den Gruselfaktor.

In der zukünftigen Welt, die ich hier schildere, müsste jeder Sirenenserver für die gesammelten Informationen einen Preis bezahlen, der proportional zu ihrem Wert ist. Dieser Wert wird über die Erwartungen an zukünftige Transaktionen bestimmt. Es würde immer noch vorkommen, dass man Sie »ausspioniert«, vor allem wenn Sie Kunde einer Dienstleistung sind, die in direktem Zusammenhang mit Ihnen und Ihren Angaben steht. Doch wenn ein Unternehmen Ihnen über ein Netzwerk etwas anbietet, das zu bezahlen sich lohnt, müsste der Erfolg in erster Linie auf einer Wertschöpfung basieren, die über die Spionage hinausgeht, auf Grundlage der einzigartigen Kompetenz des Verkäufers.

In der hier präsentierten Zukunft ist nichts verboten. Weder Moralisten noch Puristen fallen über die Wirtschaft her und regen sich über den Verlust der Privatsphäre auf. Es gibt keine Boykottaufrufe und keine Vermeidungsstrategien. Und auch keine absurden Kampagnen von Unternehmen, die so viele private Daten wie möglich an sich reißen, wie das heute bei Kreditinstituten oder Unternehmen wie Facebook der Fall ist. Stattdessen zeigt sich ein Weg der Mäßigung auf, wo es früher nur Schwarz-Weiß-Denken gab.

Auch einzelne Beteiligte werden motiviert sein, Preise festzulegen, um den Gruselfaktor zu reduzieren

Es wird natürlich auch einflussreiche Käufer geben, ähnlich wie die sogenannten Werbekunden, um die sich Google und Facebook derzeit streiten, doch diese Werbekunden müssen die Kosten der Informationen berücksichtigen, die sie von Ihnen bezogen haben, um Sie zu beeinflussen, und die Kosten der Informationen werden sich nun einmal proportional an ihrem Wert orientieren. Sie einfach auszuspionieren, um Sie dann zu manipulieren – damit Sie beispielsweise für die gleiche Ware oder Dienstleistung mehr bezahlen als Ihr Nachbar, obwohl der Wert derselbe ist –, wird dann keine wirtschaftliche Option mehr sein.

Dieses Konzept ist subtiler, als es auf den ersten Blick erscheinen mag. Sie legen den Wert der Informationen fest, die nur existieren, weil Sie selbst existieren. Wahrscheinlich werden Sie eine Agentur damit beauftragen und sie dafür bezahlen, weil es lästig wäre, sich ständig über den richtigen Preis Gedanken machen zu müssen. Wie hoch soll der Preis sein? Wenn Sie ihn zu hoch ansetzen, wird niemand die Informationen kaufen. Wenn Sie zu wenig verlangen, verschenken Sie Einkommen.

Bei einem idealen Preis für Daten würde man keinen Gewinn machen, wenn man sich nur Zugang zu Daten um der Daten willen verschaffte. Der Gewinn müsste dadurch entstehen, dass Wert geschöpft wird.

Wenn ein Sirenenserver einen Dollar ausgeben kann, um Einblick in Daten zu erhalten, mit denen er Sie manipulieren kann, damit Sie zwei Dollar ausgeben, macht der Server einen Dollar Gewinn. Allerdings wird automatisch auch eine »Was wäre wenn«-Rechnung durchgeführt, die berechnet und bestimmt, dass Ihnen eine erhebliche Gebühr zusteht, weil Ihre eigenen Informationen gewinnbringend eingesetzt wurden, selbst wenn die Verwendung darin bestand, Sie zu manipulieren.

Also erhalten Sie beispielsweise eine Rückerstattung von 75 Cent. Der Betreiber des Sirenenservers könnte nun versuchen, Politiker zu beeinflussen, die Vorschriften zu ändern, damit die Transaktion weniger zu Ihren Gunsten ausfällt, doch dann gäbe es auch viele Transaktionen, die weniger zu Gunsten des Sirenenservers ausfallen würden, weil der Sirenenserver ja im Grunde dasselbe Spiel wie Sie spielt. Sie und der Sirenenserver sind beide wirtschaftlich gleichberechtigt und haben ein gemeinsames wirtschaftliches Interesse an diesen Regeln.

Ein Online-Händler könnte immer noch über den Preis, den Service, die Schnittstelle zum Kunden und seinen Webauftritt mit den anderen Unternehmern konkurrieren, doch es würde sich nicht mehr lohnen, die Preise bei den Kunden zu erhöhen, die laut Spionagedaten am ehesten auf Marketingtricks hereinfallen würden. Die Spionagedaten würden zu viel kosten. Das ist ein grundlegender Vorteil, wenn es Geld kostet, andere Leute auszuspionieren.

Für einen Verkäufer würde es sich nur lohnen, Daten über Sie oder andere zu nutzen, wenn er die Daten um einen besonderen Wert ergänzen könnte, der so viel Gewinn abwirft, dass sich der Datenkauf rentiert. Für sich allein wären Spionagedaten wertlos, weil die Kosten, die in Form von Nanozahlungen an die ausspionierten Personen anfallen, genauso hoch wie der Nutzen wären, wenn man sie naiv einsetzen würde.

Dennoch wäre es wirtschaftlich durchaus sinnvoll, gelegentlich »Spionagedaten« zu verwenden, und auch die Kontroversen über den angemessenen Einsatz von Daten würden anhalten, egal welche wirtschaftlichen Praktiken angewandt werden. Es wird immer nötig sein, für den Schutz der Bürgerrechte einschließlich des Rechts auf Privatsphäre einzutreten. Innovative Unternehmen werden auch weiterhin eine skeptische Öffentlichkeit von sich überzeugen müssen.

Die Vermeidung extremer Ergebnisse ist wichtig, wenn wir einen Weg in eine hochtechnisierte, aber humane Zukunft einschlagen wollen. Wir können uns nicht in Einsen und Nullen zerlegen. Man kann von uns nicht erwarten, unsere Privatsphäre komplett aufzugeben, wir müssen sie aber auch nicht mit Zähnen und Klauen verteidigen.

Die besten Ideen sind solche, die man mit fanatischer Begeisterung verfolgen kann (Technologie-Freaks arbeiten nun einmal so), die aber von sich aus zu einem gemäßigten Ergebnis führen. Moderne Demokratien und Märkte weisen diese Eigenschaft gelegentlich auf, wenn sie in Hochform sind. Idealerweise wird sich die Architektur digitaler Netzwerke, die in der Lage sind, einen großangelegten sozialen Wandel umzusetzen, so entwickeln, dass sie eine vermittelnde und keine spaltende Funktion ausübt.

Begrenzungen sind etwas für Muggel (2)

Vom sozialen Netzwerk zur Unsterblichkeit

Die Singularity University befindet sich direkt neben Google, im kalifornischen Mountain View, auf dem Gebiet des NASA-Forschungszentrums, das aufgrund allgemeiner Sparzwänge vor einiger Zeit teilprivatisiert wurde. Die Universität ist eine richtige Universität mit angesehenen, klugen Mitarbeitern, sie unterstützt interessante Forschungsprojekte und veranstaltet hervorragende Seminare, aber trotzdem mache ich gern meine Scherze über die Uni. Manchmal fragt jemand nach, was ich denn gegen die Einrichtung hätte, und es ist mir dann immer etwas peinlich, meinen Spott zu erklären, weil es wirklich so etwas wie eine Kluft zwischen unterschiedlichen Wahrnehmungen gibt, die nur schwer zu überbrücken ist.

Der Begriff »Singularität« besagt nicht nur – wir erinnern uns –, dass sich die Technologie ständig verbessert, sondern dass auch die Geschwindigkeit der Verbesserung zunimmt. Nun, wenn Sie dem Campus einen Besuch abstatten, sollten Sie damit rechnen, dass Sie als gewöhnlicher sterblicher Muggel mit der Erklärung eingeschüchtert werden, Sie würden gar nicht über die Vorstellungskraft verfügen, die Auswirkungen dieser Tatsache zu begreifen. Wir gewöhnlichen Menschen sollen ganz offensichtlich unverändert bleiben (ein Gedanke, den ich ablehne), während sich unsere Technologie zur autonomen, sich selbst verändernden Superkreatur entwickelt, deren Fähigkeit zur Selbstverbesserung immer schnel-

407

ler wächst. Das heißt, dass die Technologie eines Tages nur so an uns vorbeizischt. Vom einen Augenblick auf den anderen werden wir dann überflüssig sein. Wir könnten sofort tot sein, weil die neue künstliche Superintelligenz unsere Moleküle für einen höheren Zweck benötigt. Oder vielleicht behält sie uns auch als Haustiere.

Ray Kurzweil, der die Universität mitbegründete, erwartet, dass ein Himmel der virtuellen Realität all unsere Gehirne einsaugen wird, wenn die Singularität eintritt – was »bald« sein wird. »Dort« wird dann das Erleben total sein, und es wird ewige Freude herrschen.

Andere erwarten einfach, dass auch das medizinische Wissen rasch zunimmt und die Menschen körperlich unsterblich werden. Auf die alte Frage, wie denn alle Platz finden sollen, wenn die Menschen ewig leben und trotzdem Kinder haben wollen, gibt es klare Antworten: in Raumschiffen natürlich. Oder man wird die Menschen einfach kleiner konstruieren. Ich weiß noch, wie Marvin Minsky diese Option vor Jahrzehnten vorschlug, und in singularitätsbegeisterten Kreisen taucht sie immer noch regelmäßig auf.

Solche Fantasien treiben viele – ich würde sogar sagen, die meisten – erfolgreichen jungen Unternehmer im Silicon Valley an. Und der ungeheure Auftrieb, den man durch die Gründung eines netzbasierten Unternehmens erhält, das in wenigen Jahren riesig sein wird, ist der Vorbote der eigentlichen umwälzenden Entwicklung, die ebenfalls bald ins Haus steht. Schon bald werden Hacker dank ihrer technologischen Fähigkeiten nicht nur unsterblich sein, sondern unsterbliche Superhelden werden.

Wie bereits erwähnt, gibt Peter Thiel, der Gründe von PayPal und ein früher Investor bei Facebook, in Stanford ein Seminar, in dem er den Studenten rät, sich *nicht* auf marktorientierte Wettbewerbsstrategien auszurichten, sondern eine Position zu finden, die sie »monopolisieren« können. Das ist genau die Idee des Sirenenservers. Völlig klar, dass sich niemand im Silicon Valley dazu herablassen will, den Markt mit seinen Wettbewerbern zu teilen.

Hieraus ergibt sich eine besondere Korrelation. Thiel vertritt tatsächlich die Ansicht, dass das Ende des Todes gekommen ist. In den Genuss der Unsterblichkeit kommen die Alpha-Eigentümer der netzwerkgestützten Monopole. Die Datenflut zur Biologie soll von Cloud-Algorithmen zu einem Mittel verarbeitet werden, mit dem man die Sterblichkeit in den Griff bekommt. Zumindest erwartet er das. Die Kultur der Macht im Netz unterscheidet sich so deutlich von der Alltagswelt gewöhnlicher Menschen, dass ich mich frage, ob man das überhaupt vermitteln kann. David Brooks schrieb beispielsweise in einer Kolumne in der *New York Times*[1] über Thiels Seminar und erwähnte auch die Notizen, die ein Student während des Seminars gemacht und ins Netz gestellt hatte.[2] Was er jedoch nicht erwähnte, war das Motto, unter dem der Student seinen Essay veröffentlichte:

Dein Verstand ist Software. Programmiere ihn. Dein Körper ist eine Hülle. Wechsle sie. Tod ist eine Krankheit. Heile sie. Die Ausrottung droht. Kämpfe dagegen an.

Den meisten Außenstehenden ist entgangen, dass der Aufstieg der netzbasierten Monopole und ihre derzeitige Machtposition mit einer neuen Form der Religion zusammenfällt, die auf dem Streben nach Unsterblichkeit basiert.

Übernatürliche Verlockungen in der Tech-Kultur

Das Silicon Valley ist beileibe nicht der erste Ort auf der Welt, wo sonderbare Heilsverkündigungen ins Kraut schießen. Und die Behauptung von Ingenieuren, sie könnten die Sterblichkeit besiegen, ist durchaus nichts Neues.

Würde es Sie überraschen, wenn ich Ihnen sagen würde, dass Tieropfer einst eine entscheidende Rolle dabei spielten, zum dominierenden Netzwerk aufzusteigen? Der Konkurrenzkampf um die Nutzung der Elektrizität wurde zwischen Nikola Tesla und Thomas Edison ausgetragen. Tesla war ein verrückter Professor, wie er im Buche steht, und er nutzte jede Gelegenheit, um diesen Ruf zu festigen. Bei einer Party beleuchtete er die Luft, bei einer anderen ließ er akustische Frequenzen ertönen, damit seine Gäste unfreiwillig urinierten. Das wäre auch heute noch ziemlich wild, aber damals war es praktisch »übersinnlich«. Edison war nach außen hin eher der normalere Typ, tatsächlich aber spielte er ein ähnliches Spiel. Elektrizität war nicht nur ein physikalisches Phänomen, sondern von Anfang an auch ein Spiel mit Versatzstücken aus Mythos und Gruselkabinett.

So machte etwa der Physiker Giovanni Aldini zu Beginn des 19. Jahrhunderts ein Spektakel daraus, Frischverstorbenen bei öffentlichen Experimenten Stromstöße zu verabreichen, damit sie zuckten. Mit seiner Behauptung, dank seines hochentwickelten technischen Wissens könne er den unerbittlichen Zyklus von Leben und Tod durchbrechen, wurde er ähnlich bekannt wie Ray Kurzweil heute. Vielleicht diente er als Inspiration für Mary Shelleys Figur des Dr. Frankenstein.

Welch eine ungeheuerliche Idee, die Macht über Leben und Tod via Steckdose in jedes Haus bringen zu wollen. Selbst Edison ließ beispielsweise vor Publikum einen Elefanten durch einen Stromschlag töten. Angeblich sollte damit gezeigt werden, welcher Dämon in Teslas Wechselspannung lauerte, aber Edison war sicher klar, dass sein Gleichstrom den Elefanten genauso getötet hätte.

Wenn ich ein Telefon zum Aufladen in die Steckdose stecke, denke ich manchmal an diesen Elefanten. Die Elektrizität basiert auf Naturgesetzen, es gäbe sie aber nicht in ihrer heutigen Form, wenn es keine Technologen mit ihrem Hang zu dunklen Mythen gegeben hätte.

Die Singularity University steht in dieser Tradition. Die meisten Technikfreaks sind keine großen Showtalente, doch wenn die beiden Eigenschaften zusammenkommen, kann man sich auf was gefasst machen.

Nur fürs Protokoll: Warum ich mich über die Uni lustig mache

So alt und ehrwürdig die kulturelle Tradition auch sein mag, ich finde es lächerlich, ein Institut für höhere Bildung »Singularity University« zu nennen. Das will ich gern erläutern: Ich zweifle nicht an, ob diese oder jene Technologie möglich ist. Tatsächlich entwickle ich Komponenten, die meine Freunde an der Universität als Vorläufer der Singularität betrachten. Zum Beispiel arbeite ich daran, Prognosemodelle für bestimmte Teile des menschlichen Gehirns zu erstellen, und ich entwickle direkte Schnittstellen zwischen Computern und dem menschlichen Nervensystem.

Der Unterschied ist der, dass solche Entwicklungen meiner Meinung nach auf der Arbeit von Forschern basieren – und einer von denen bin ich. Ich glaube nicht, dass die Technologie sich selbst erschafft. Sie ist kein autonomer Prozess, sondern etwas, das wir Menschen machen.

Natürlich kann man immer mit der Figur-Grund-Wahrnehmung spielen, wie wir das bereits bei der Rubin'schen Vase festgestellt haben. Ich glaube an die menschliche Handlungsfähigkeit im Gegensatz zum technologischen Determinismus, weil uns die Handlungsfähigkeit eine Wirtschaftsform ermöglicht, bei der die Menschen ihr Einkommen selbst verdienen und ihr Leben selbst gestalten können. Wenn man eine Gesellschaft daran ausrichtet, dass man das individuelle menschliche Tun *ausblendet*, ist das im Grunde, wie wenn man den Mitgliedern politische Mitwirkung, Würde und Selbstbestimmung verweigert.

In einem absoluten Sinn kann man nicht beweisen, dass Singularität der falsche Ansatz ist, bestimmte zukünftige Ereignisse zu interpretieren. Umgekehrt würde der Glaube an Singularität jedoch bedeuten, dass man schlechte Daten und schlechte Politik verherrlicht. Wenn jemand natürlich wirklich glaubt, dass Menschen und Maschinen dasselbe sind, dann sieht er in dem Argument selbstverständlich keinen pragmatischen Nutzen.

Dort, wo ein wahrer Anhänger der Singularität eines Tages die Zukunft sieht, sehe ich ein technologisches Chaos, das so schlecht und unverantwortlich ist, dass es für viele Menschen nur Leid und Tod bedeutet, wie in E. M. Forsters Erzählung »Die Maschine versagt« geschildert. Also schauen wir uns meine Version an und lassen die Leute am Leben, okay?

Wird die Kontrolle über den Tod eine Diskussion oder ein Flächenbrand sein?

Wir erleben derzeit eine neue Form des Umgangs mit dem Tod, bei dem die Sterblichkeit verleugnet wird. Obwohl es Facebook noch nicht lange gibt, kann man schon erkennen, was passiert, wenn ein Facebook-Nutzer stirbt. Vor allem bei jungen Nutzern kommt es vor, dass Freunde die Seite übernehmen und einige Zeit weiterbetreiben, als ob der oder die Verstorbene noch immer da wäre.[3] Das US-Militär finanzierte eine Studie, bei der untersucht wurde, ob man interaktive Videosimulationen gefallener Soldaten für die Familien erstellen sollte, damit die Familien mit ihnen interagieren konnten.[4] Der verstorbene Rap-Musiker Tupac Shakur erschien mit Hilfe optischer Tricks als »Holographie« auf der Bühne.[5]

Das ist ein sehr persönliches Thema, und ich möchte mir kein Urteil darüber erlauben, wie andere Leute mit ihren Toten umgehen, allerdings will ich darauf hinweisen, dass wir, wenn wir die Toten mit Animationen quasi wieder zum Leben erwecken, die Unterscheidung zwischen Lebenden und Toten verlieren. Wir verlieren das Staunen darüber, lebendig zu sein.

Einen der erfolgreichsten netzwerkorientierten Financiers kann ich hier nicht namentlich nennen. Er hat eines der größten Vermögen weltweit zusammengetragen, indem er komplizierte internationale Finanztransaktionen mit Hilfe von Computern aufeinander abstimmte. Dieser Mann ist davon überzeugt, dass er Gutes für die Welt tut, die Menschheit voranbringt und das Kapital für alle wachsen lässt. (Ob das wirklich so ist, wage ich nicht zu beurteilen.)

Außerdem ist er ein begeisterter Gesundheits- und Fitnessfanatiker und konsultiert regelmäßig alle Visionäre und Scharlatane dieser Welt, die man auch mit viel Geld nicht immer voneinander unterscheiden kann.

Auf jeden Fall war ich ziemlich überrascht, als dieser Typ eines Tages zu mir sagte: »Kapitalismus ist nur im Angesicht des Todes möglich.« Er war mit einigen Forschern aus dem Kreis der Cyber-Insider zu Besuch, die glauben, sie könnten das Problem mit dem

Tod schon bald in den Griff bekommen. Gene regulieren das Altern und den Tod, und diese Gene lassen sich vermutlich manipulieren.

Der Tod, erklärte er weiter, sei die Grundlage der Märkte. Diese Überlegung ist vielleicht gar nicht besonders originell, aber trotzdem: Indem Menschen altern und sterben, meinte er, schaffen sie Raum für neue Menschen, die sich ihren Platz im Leben suchen können. Dadurch sind Hoffnungen und Erwartungen möglich. Wenn der Einzelne nicht nur vorübergehend, sondern dauerhaft auf Erden wäre, würde die Menschheit in eine Starre verfallen, die schlimmer als im Mittelalter wäre, und es gäbe nur noch ewige, langweilige Gewinner. Die Plutokratie würde die Kreativität gänzlich ersticken.

Zwei Trends in Sachen Unsterblichkeit

Erinnern wir uns an die sich beschleunigenden Technologietrends, auf denen die Fantasien im Silicon Valley wie auf einer umgekehrten Rutschbahn steil nach oben gleiten. Der Tod ist bedroht.

Kein skurriles Treffen von Wissenschaftlern bei Google oder einem anderen Unternehmen dieses Kalibers ohne effektvolle Präsentation, bei der dann also das Ende des Todes gebührend in Szene gesetzt werden würde. Vielleicht heißt es dann, dass wir ganz kurz davor stehen, den Tod zu besiegen. Auf ein realistisches Maß gebracht, heißt das dann, dass wir wahrscheinlich nur noch Jahrzehnte davon entfernt sind, zumindest theoretisch.

Im Zusammenhang mit der Abschaffung des Todes gibt es zwei technologische Trends – der eine basiert auf Medientechnologie, der andere auf Biologie. Beide müssen noch über Jahrzehnte weiterentwickelt werden.

In einigen Jahren könnte die Simulation einer toten Person so gut sein, dass sie den Turing-Test besteht, das heißt, die Familie eines toten Soldaten könnte die Simulation des Soldaten als real behandeln. In den Technologiekreisen, in denen man sich dem Thema ernsthaft widmet, herrscht die Tendenz vor, künstliche Intelligenz als ein gut gemachtes Ingenieursprojekt zu betrachten – was ich ablehne. Doch wer daran glaubt, für den hat ein »gut gemachter« digitaler Geist, der den Turing-Test bestanden hat, auch den Legitimationstest bestanden.

Es gibt allerdings auch die Faszination, mit Hilfe der Medizin einfach länger (in der realen Welt) zu leben. Das ist eine interessante Parallelentwicklung. Ein Leben als Geist, der den Turing-Test und den Test der künstlichen Intelligenz besteht, ist vielleicht gut genug für gewöhnliche Menschen, doch die Technologie-Elite und die Superreichen hätten gern etwas Besseres. Die Gesellschaftsform, der wir uns in einigen Jahrzehnten vermutlich annähern werden, würde den gewöhnlichen Menschen eine simulierte Unsterblichkeit gewähren, von der nur die Beobachter etwas hätten, nicht aber die Toten, während die Superreichen alt wie Methusalem werden könnten.

Einer der besten Gründe für eine breite Verteilung des Wohlstands auf die Mittelschicht ist der, dass man damit eine Situation vermeidet, bei der eine kleine Gruppe reicher Personen sehr lange lebt, während sich die anderen diese Lebensverlängerung nicht leisten können.

Bei meinen Tischgesprächen mit Marvin Minsky über künstliche Herzen prognostizierte er vor langer Zeit, dass eine Lebensverlängerung so günstig werden würde, dass sie allgemein verbreitet wäre. Doch wir haben etwas anderes erlebt: Wenn etwas sehr günstig wird, wird etwas anderes sehr teuer. Drucker sind unglaublich billig, die Tinte dafür ist jedoch enorm teuer. Handys sind günstig, doch die Gebühren sind wahnsinnig hoch. Wal-Mart ist günstig, doch dafür gehen Arbeitsplätze verloren. Software ist »kostenlos«, doch das Internet schafft weniger Arbeitsplätze, als es zerstört.

Die sprechende Möwe aus dem ersten Kapitel ist wahrscheinlich realistischer als eine allgemeine Lebensverlängerung für alle Menschen in einer Welt, in der Einfluss und Reichtum sich um Sirenenserver konzentrieren.

Es wird zu einem großen Machtkampf kommen, wenn Leben zum ersten Mal auf künstliche Weise deutlich verlängert werden. Ich glaube nicht, dass das zuerst in den USA geschehen wird. Vielleicht machen russische Oligarchen[6] oder Ölscheichs den ersten Schritt.

Dass wir dringend eine monetisierte Informationsökonomie benötigen, dafür spricht in meinen Augen vor allem diese Entwicklung. Wird es eine vermögende und einflussreiche Mittelschicht geben, um ein Gegengewicht zu bilden zu den Sirenenservern, deren Besitzer davon träumen, unsterbliche Plutokraten zu werden, um also das Szenario zu verhindern, das H. G. Wells in seiner *Zeitmaschine* voraussah?

Wenn die Mittelschicht stark ist, wird man einen Kompromiss vereinbaren, einen neuen Gesellschaftsvertrag darüber, wie Medizin angewandt wird, wenn die Vorstellung einer »natürlichen« Lebensspanne so anachronistisch wirkt wie die Idee eines »natürlichen« Klimas.

Wenn die Mittelschicht schwach ist, wird das Chaos ausbrechen. Normalerweise protestieren Bürger geordnet und vernünftig gegen ihnen auferlegte Maßnahmen. Aber wenn sie feststellen, dass ihre Familien früher sterben als die Mitglieder einer seltsamen, abgeschotteten Oberschicht, wird es keine Zurückhaltung mehr geben. So gern wir Revolutionen romantisieren, sie sind praktisch nichts anderes als Terror. Es wäre klug, ein universales System zu institutionalisieren, das die Mittelschicht stärkt, bevor es zu spät ist.

Teil 9

Übergang

KAPITEL 31

Der Übergang

Gibt es eine digitale goldene Regel?

Die Frage, die ich am häufigsten zu hören bekomme, wenn ich über das Konzept einer Nelsonischen Wirtschaftsordnung rede, ist die nach der Machbarkeit, nach der Umsetzung. Warum sollten die Leute aufhören wollen zu kopieren? Warum sollten sie *nicht* betrügen? Warum *nicht* das Risiko auf andere abwälzen?

Der Grund, warum niemand kopieren oder Informationen ohne Bezahlung nutzen würde, ist, dass man damit die Quelle für das eigene Einkommen trockenlegen würde. So sieht die goldene Regel für ein Netzwerk aus.

Damit eine geordnete Wirtschaft möglich wird, muss ein Gesellschaftsvertrag in Kraft sein. Jede funktionierende, authentische Wirtschaft muss definitionsgemäß stärker durch freiwillige Teilnahme als durch Zwang gestützt sein. In der physischen Welt ist es ein Leichtes, in ein Haus einzubrechen, ein Auto zu knacken oder im Laden etwas mitgehen zu lassen – die Polizei ist schließlich nicht allgegenwärtig. Polizeipräsenz ist natürlich entscheidend, aber der Hauptgrund dafür, dass die physische Welt nicht voller Diebe ist, ist der, dass die allermeisten Menschen gern in einer sicheren Welt leben wollen, in der man nicht ständig bestohlen wird.

Einigen Lesern ist eine moralische Formulierung bestimmt lieber als eine ethische. Sie werden sagen, dass Stehlen einfach unrecht ist. In beiden Fällen gilt aber, dass man niemals genug Polizisten auf Streife schicken kann, um eine Verhaltensregel durchzusetzen, die von den meisten Menschen abgelehnt wird.

Es macht mich traurig, dass selbst idealistische digitale Aktivisten oft der Meinung sind, dass eine Verhaltensänderung nur zwangsweise durchgesetzt werden könne. Wir haben uns im Internet an zwei unterschiedliche Standards gewöhnt – einerseits an wilde Anarchie, andererseits an die Unterordnung unter institutionelle Kontrolle. Anarchie herrscht auf Seiten wie 4chan oder in den unzensierten Kommentarspalten zu Videos und Artikeln im Netz. Die meisten Inhalte und Darstellungen fließen allerdings durch institutionelle Kanäle wie App-Stores oder soziale Netzwerke, deren Vorschriften Zensur vorsehen. Keines dieser beiden Verfahren bietet wirkliche Freiheit. (Viele der angeblich offenen und freien Internetplattformen befinden sich in Wirklichkeit fest im Würgegriff einer kontrollierenden Elite.) Wirkliche Freiheit muss darauf gründen, dass die meisten Menschen sich gegenseitig überwiegend in Ruhe lassen.

Die Geschichte bietet viele Beispiele von Gesellschaftsverträgen, die zusammengebrochen sind. Staaten scheitern, und ganze Bevölkerungen werden von mörderischen Krämpfen geschüttelt. Aber in der Geschichte kommt auch das »Wunder« vor – Beispiele für die Einführung vernünftiger Gesellschaftsverträge. Das amerikanische Experiment ist ein solches Beispiel, und das gilt für jede Demokratie mit allgemeiner Gleichberechtigung. Die erste Aufstiegsphase des World Wide Web, bevor es von den Sirenenservern übernommen wurde, war ebenfalls ein solches Wunder.

Das Auftreten eines Gesellschaftsvertrags-»Wunders« ist ein großer Sprung über ein Tal einer Energielandschaft hinweg. Man braucht dazu vielleicht einen begnadeten Politiker oder das glückliche Zusammentreffen der richtigen Ereignisse, aber es ist lächerlich, anzunehmen, dass ein nutzbringender Gesellschaftsvertrag *nicht* möglich sein sollte für die Mehrheit der Menschen, bezogen auf deren Aktivitäten im Netz.

Ja, auch Zwang wird eine Rolle bei seiner Durchsetzung spielen, aber Zwang erfüllt nur dann seinen Zweck, wenn lediglich ein kleiner Bruchteil der Teilnehmer gegen die Regeln verstößt. Die Zivilisation ist definitionsgemäß ein größtenteils freiwilliges Projekt – ein Wunder.

Die Probleme des Wunders

Eine der schwierigsten Fragen eines humanistischen Wirtschaftsszenarios ist, wie wir von unserer gegenwärtigen Position aus dorthin gelangen. Wer wird vortreten und Risiken auf sich nehmen, um herauszufinden, ob diese neue Welt möglich ist? Das ist nicht nur eine politische Herausforderung, sondern auch eine wirtschaftliche, weil eine gegenwärtige Wirtschaftsordnung von bestimmter Größe auf irgendeine Weise trotz eines gigantischen Buchhaltungsvakuums einen Quantensprung finanzieren muss, der zu einer neuen, größeren Wirtschaftsordnung führt. Wie sollte man den anfänglichen Kreditbedarf finanzieren?

Die größeren Höhenlagen der Finanzwirtschaft haben sich an »sichere Sachen« gewöhnt, die bis vor kurzem ziemlich problemlos funktionierten. Es ist schwierig, die Erwartungen nach einer Zeit wie der letzten Wirtschaftskrise wieder herunterzuschrauben. Die Finanzwirtschaft wurde von der Verpflichtung befreit, Risiken zu übernehmen. Dieser Deal war zweifelslos nur eine vorübergehende Illusion. Und gewöhnliche Menschen wurden von der Verpflichtung befreit, für Dienstleistungen im Internet zu bezahlen, und auch das war nur eine Illusion.

Die Versuchung der »Umsonst-Kultur« im World Wide Web erinnert an das Problem der Finanzierung des amerikanischen Gesundheitswesens. Niemand will für etwas bezahlen, wenn er nicht unbedingt muss, und natürlich zahlen gesunde junge Menschen ungern Krankenversicherungsbeiträge. Nicht in eine Versicherung einzahlen zu müssen ist ein Ausdruck von Freiheit, und man spart scheinbar jede Menge Geld. Später aber, wenn die unvermeidlichen Gesundheitsprobleme auftauchen, stellt sich heraus, dass uns diese Illusion teuer zu stehen kommt.

Wenn ein System in Kraft tritt, bei dem alle im Voraus miteinander ihr Risiko teilen, wird das Leben zwar noch immer nicht vollkommen sein, aber es erwarten einen sehr viel niedrigere Kosten und man kann flexibler reagieren, wenn einen ein Unglück trifft.

Um allerdings die Menschen dazu zu bringen, im Voraus ihr

Risiko miteinander zu teilen, braucht es politisches Geschick. Vielleicht hilft es, wenn alle gleich aussehen. Homogenen Gesellschaften scheint ein solches Unternehmen leichterzufallen. Ein gemeinsamer Feind kann auch nicht schaden. Die Netzwelt versagt leider beim Bereitstellen solcher Übergangsanreize kläglich.

Avatare und Kredit

Der kognitiv sanfte Mechanismus ökonomischer Avatare zeigt uns, wie ein solcher Übergang funktionieren könnte. Die fließende Natur digitaler Systeme würde die Koexistenz eines alten Wirtschaftssystems mit einem neuen während einer Übergangsphase ermöglichen, was dann einen Nutzer nach dem anderen allmählich zu einem Wechsel innerhalb dieser Systeme bewegen würde.

Jeder Nutzer könnte in der Welt der vorgeblich kostenlosen Angebote bleiben, solange er möchte. Er kann sich aber auch jederzeit in einen kommerziellen Gesellschaftsvertrag einkaufen, der ihm Geld einbringt.

Das heißt, dass es für all diejenigen, die für Informationen noch nicht zahlen, eine parallele Buchführung geben müsste, sodass sie vom »Umsonst«-Wirtschaftssystem auf das System allgemeiner Mikrohonorare umsteigen könnten, wann immer sie es für richtig halten. Mit einem solchen »verzögerten Wechsel« könnten die Betroffenen aus beiden Systemen das Beste herausholen.

Wenn die grundlegende Hypothese zutrifft – dass die Monetisierung von mehr statt weniger Informationen zu Wirtschaftswachstum führt –, dann werden mit der Zeit eine Menge Leute Geld bekommen, das ihnen zusteht. Irgendwann halten vielleicht auch Sie die Zeit für gekommen, das einzukassieren, was Ihnen zusteht, auch wenn es bedeutet, dass Sie danach im Internet nichts mehr »umsonst« bekommen.

Das Erbe des Prä-Cloud-Zeitalters

Schwieriger ist die Frage, wie man den Anfangszustand der neuen Informationswirtschaft so gestalten soll, dass alles jemals an Informationen Geschaffene enthalten ist, bevor die neue Abrechnungsmethode eingeführt wurde.

Wikipedia hat ein Verfahren entwickelt, Material aus der kürzlich gemeinfrei gewordenen Auflage von 1911 der *Encyclopædia Britannica* in ihre Artikel aufzunehmen. Wenn wir auf diese Weise auf der Vergangenheit aufbauen, wie erkennen wir dann vergangene Leistungen in einer *monetisierten* Informationswirtschaft an?

Wir haben bereits darauf hingewiesen, dass die scheinbare Magie einer »automatischen« Übersetzung in der Cloud in Wirklichkeit auf einem Datenkorpus von Übersetzungen beruht, die echte Menschen angefertigt haben. Hätte es zu der Zeit, als die Urheber dieser Übersetzungsleistungen ihre Arbeiten der Cloud zur Verfügung stellten, bereits eine besser durchdachte Informationswirtschaft gegeben, dann wäre diese Leistung berücksichtigt worden und die Urheber erhielten jetzt Tantiemen.

Für sie ist der Zug allerdings abgefahren, und wir haben jetzt keine Möglichkeit mehr, die Herkunftsangaben, die damals hätten gespeichert werden müssen, zu rekonstruieren. Wir haben wichtige Informationen weggeworfen, weil wir die Konstruktion des Netzes nicht zu Ende gedacht haben. Immer wenn eine entwickelte Informationswirtschaft entsteht, wird dieses Problem ein Streitfall zwischen den Generationen sein. Man wird eine pauschale Lösung finden müssen.

Werden alle Beteiligten der »ersten Generation« – die sich mit Kostenlosigkeit und »Teilen« zum alleinigen Nutzen der Sirenenserver abgefunden haben – vielleicht eine hohe Summe als Anfangskredit bekommen, als Abfindung für all die nicht verbuchten Werte, die sie beigetragen haben? Das klingt intuitiv nach einer schlechten Idee. Hohe Auszahlungen zu Beginn eines finanziellen Abenteuers gehen oft schief. Wer im Lotto gewinnt, hat nach ein paar Jahren oft nicht mehr viel Geld übrig. Man braucht also ein Verfahren, mit dem die Menschen lernen können, dass sie jetzt im Internet ihr Geld verdienen müssen. Irgendwie wird man denjenigen, die zur Sirenenwirtschaft viel beigetragen und wenig zurückerhalten haben, ein pauschal erhöhtes Einkommen verschaffen müssen.

Das wird sich für junge Cyber-Aktivisten von heute völlig durchgeknallt anhören, aber ich wette, in dreißig oder vierzig Jahren werden dieselben Aktivisten heilfroh sein, dass die Zeiten sich geändert haben. Irgendwann wird es einen Übergang dieser Art geben müssen. Er wird wahrscheinlich nach der Katastrophe der massiven Verrentung der Babyboomer stattfinden.

KAPITEL 32

Führerschaft

Bewerbungen um den Chefposten

Nehmen wir also einmal an, wir würden uns von unserer liebge-
wonnenen Vorstellung vom Gratis-Internet verabschieden und
würden akzeptieren, ja fordern, dass echte Menschen konkret Verantwortung übernehmen für Ereignisse, die sie bewusst steuern –
zwei Voraussetzungen, die in der heutigen Cyberwelt zugegeben
nicht leicht zu verkaufen sind –, welche »Player« könnten dann
auftauchen, die bereit sind, Risiken und Verantwortlichkeiten zu
übernehmen, um das Potenzial einer besseren Informationsökonomie auszuloten?

Hier einige der Anwärter, die zum Casting erscheinen könnten:

- Tausend Technologie-Freaks
- Startups
- Traditionelle Regierungen, Zentralbanken usw.
- Unzählige Sirenenserver
- Facebook o. dgl.
- Bündnisse einiger weniger Mega-Sirenenserver

In den folgenden Abschnitten werde ich skizzieren, welche Rollen
diese unterschiedlichen Player übernehmen könnten. Ich erwarte
die üblichen Einwände, dass solche Spekulationen müßig seien,
wir sollten diesen Dingen einfach ihren Lauf lassen ... Nun, ich bin
anderer Meinung.

Klar, die Zukunft trifft immer irgendwann ein. Rom ging unter,
und irgendwann kam es dann zur Renaissance. Um sich mit den

hier gestellten Fragen zu befassen, muss man wenigstens ein gewisses Gefühl der Dringlichkeit verspüren. Wenn man rechtzeitig etwas ändern will, damit die heute Lebenden oder ihre Kinder davon profitieren können, dann muss jetzt etwas getan werden, und dafür braucht es Leute, die es tun.

Tausend Technologie-Freaks

Weil sonst niemand mehr durchblickt, könnten hocheffiziente Techniker die Zukunft in die Hand nehmen (man müsste ihnen vielleicht etwas Feuer unterm Hintern machen). Die Gesellschaft der intelligentesten Informatiker und Softwareentwickler ist außerdem erstaunlich klein. Eintausend Spitzen-Nerds, die zusammenarbeiten, könnten die Zukunft der Weltwirtschaft steuern.

Nicht dass die Zusammenarbeit selbst einer solch kleinen Gruppe sehr wahrscheinlich wäre. Man sollte ja auch annehmen, dass die tausend Spitzenpolitiker der Welt imstande sein müssten, zusammenzuarbeiten, um die Zukunft der Welt zu steuern. Auch das ist theoretisch möglich, aber wie es aussieht, nur theoretisch.

In diesem Buch geht es um Hypothesen und Spekulationen, ich trage Standpunkte vor und möchte Hoffnungen wecken, also warum sollte man sich nicht vorstellen, wie tausend Technologen sich zusammenfinden, um die Mittelschicht und die Demokratie in der Informationswirtschaft zu bewahren?

Vielleicht hätten wir eine unserer typischen verrückten Besprechungen in einer angesagten neutralen Location. Es gäbe Popcorn, und überall würden Roboter herumwuseln.

Wir würden uns etwas ausdenken, das Ähnlichkeit hat mit dem »Space Elevator Pitch«, von dem weiter oben die Rede war. Und wir würden es einfach tun, ohne auf eine Genehmigung zu warten. Die Leitung der betroffenen Unternehmen würde es einfach schlucken müssen.

Wir würden uns gratulieren, wieder einmal die Welt gerettet zu haben, wir würden eine Lkw-Ladung Espresso und Pizza bestellen und dann etwas programmieren – zum Beispiel einen Tätowier-

Roboter, der über Nacht arbeitet. Wir würden erst morgens ins Bett kommen, wahrscheinlich wund von unseren frischen Roboter-Tattoos, aber wir könnten auch gut schlafen, weil wir wüssten, dass wir keine Tätowierer um ihre Arbeit gebracht haben.

Startups

Es passiert fast täglich. Ich werde von jemandem gebeten, mir doch mal die Geschäftsidee für sein Startup-Unternehmen anzusehen, mit dem er eine humanistische Wirtschaftsordnung aus dem Nichts schaffen will. Eine kleine Website ohne Investoren dahinter, die aber mit dem richtigen Design zur richtigen Zeit, wie seinerzeit Facebook, wachsen und so groß werden könnte, dass sie tatsächlich die Welt verändert. Es könnte sich dabei zum Beispiel um ein soziales Netzwerk handeln, in dem die Mitglieder einander von Anfang an Honorare für ihre Beiträge zahlen.

Ich gehe auf solche Anfragen grundsätzlich nicht ein, einfach weil ich inzwischen mit Startups nicht mehr viel zu tun habe.

Es auf diese Weise zu versuchen ist durchaus kein unmöglicher Weg, aber wahrscheinlich der beschwerlichste. Ein Startup-Unternehmen, das eine humanistische Wirtschaftsordnung anstrebt, müsste zunächst selbst ein Sirenenserver werden, um genug Macht zu gewinnen, um die anderen Sirenenserver in ihre Schranken zu weisen. Wenn das jemand schafft, will ich gern sein Lob singen, aber der Plan ist in sich widersprüchlich.

Das soll nicht heißen, dass es keinen Platz für Startup-Unternehmen gäbe, die mit den Idealen einer humanistischen Netzkultur vereinbar sind. Als Beispiel dafür habe ich ja schon Kickstarter genannt. Vielleicht kann ein Startup-Unternehmen ein neues Schema für persönliche Aktivitäten bereitstellen, die einem den Nutzeffekt bezahlter Arbeit bringen, auch wenn man es nicht »Arbeit« nennt. Kickstarter, Etsy, das gute alte eBay und ähnliche Unternehmen sind sinnvolle erste Schritte in diese Richtung. (Das war übrigens auch Second Life, die inzwischen etwas schal gewordene virtuelle Welt, in der die Nutzer virtuelle Dinge schufen, kauften und verkauften.) Solche Versuche sind mit den Prinzipien einer humanistischen Netzwelt vereinbar.

Selbst wenn Kickstarter ein Riesenerfolg wird, selbst wenn die Website groß wie Apple wird, wäre sie damit wahrscheinlich noch nicht groß genug, um so viele Arbeitsplätze zu schaffen, wie automatische Fahrzeuge, automatische Produktion und automatische Rohstoffgewinnung vernichten werden. Es könnte sich um einen der Wege handeln, die gangbar wären – wenn wir nur mehr Zeit hätten. Es muss im *gesamten* Wirtschaftssystem ein Phasenwechsel stattfinden.

Die Idee, dass ein »Wandel von unten« die einzige Art von Veränderung sei, verstärkt tendenziell die Probleme, die eine humanistische Wirtschaftsordnung hoffentlich beheben wird. Denn es ist eine ideologische Idee, gleichermaßen propagiert von regulierungsscheuen Linken wie Konservativen. Tatsächlich existiert sehr wohl auch eine Dynamik »von oben«.

Jeder Versuch, ein reines »Bottom up«-, also von unten nach oben gerichtetes, Netzwerk zu schaffen, um die menschliche Aktivität zu koordinieren, erzeugt ein neues Zentrum, das dann unvermeidlich zum Machtzentrum wird, auch wenn dies nicht beabsichtigt ist. Früher wäre dieses Zentrum vielleicht eine kommunistische Partei gewesen. Heutzutage, wo alles offen, anonym und kopierbar ist, wird eine Such-/Analyse-Firma mit einem Rechner daherkommen, der größer ist als diejenigen, zu denen gewöhnliche Menschen Zugang haben, und wird jedes Ereignis im Netz messen und modellieren, um dann die daraus hervorgehende Fähigkeit, Ereignisse zu beeinflussen, an Dritte zu verkaufen. Das ganze angeblich »offene« System muss sich an diesem Sirenenserver orientieren und schafft so eine Form zentralisierter Macht. Bloße »Offenheit« funktioniert nicht. Aus Linux folgt immer Google.

Wenn man den Einfluss auf ein digitales Netzwerk so verteilen will, dass es nicht zu einer übermäßigen Zentralisierung kommt, dass die Mittelschicht gestärkt und ein wettbewerbsfreundlicher Markt gefördert wird, ist es notwendig, von Anfang an zu akzeptieren, dass es sinnvolle »Top down«-Dynamiken gibt. Wenn man sich als störrisches Kind gebärdet, lädt man nur andere dazu ein, sich als Vormund aufzuspielen.

Andererseits ist ein startup-basiertes Szenario nicht vollkommen unmöglich. Ein neues Startup-Unternehmen könnte durchaus mehr Einfluss als Facebook gewinnen und trotzdem seinem ursprünglichen Ziel treu bleiben, eine kritische Masse anderer, älterer Sirenenserver in eine neue, humanistische Aktivitätsphase zu drängen.

Ein Startup-Unternehmen zu gründen ist eine fantastische Erfahrung. Ich bin froh, dass ich das erleben konnte, und ich kann nur jedem empfehlen, sich einmal in seinem Leben auf dieses Abenteuer einzulassen. Wenn Sie also eine erfolgversprechende Geschäftsidee für ein Startup haben, nur Mut! (Aber schicken Sie mir bitte nicht Ihre Geschäftsidee.)

Wir sollten jedoch zumindest einen kurzen Moment über eine mögliche »Top down«-Dynamik nachdenken und darüber, wie sie sicherstellen könnte, dass die Informationen, die monetisiert werden sollten, auch monetisiert werden. Das wird vielen Leuten nicht besonders gefallen – selbstorganisierende »Bottom up«-Dynamiken sind schließlich so was von im Trend. Aber wer diese Denkweise ablehnt, wird Mühe haben zu erklären, wie er ohne Politik und Großfinanz Ersatz schaffen will für die einbrechenden Sicherungssysteme der Mittelschicht.

Traditionelle Regierungen, Zentralbanken usw.

Zur Zeit, da ich dies schreibe, ist das Vertrauen, das die Menschen in die Zentralbanken setzen – um es milde auszudrücken –, nicht sonderlich groß. Was das Regieren betrifft, so wird es als lästige Bürde betrachtet, ein Geschäft, dem man allenfalls Nachsicht, aber keinen Respekt entgegenbringt. Noch in der Generation meiner Eltern sah das anders aus. Damals schuf die US-Regierung das Sozialversicherungssystem, flog zum Mond und baute Interstate Highways. Es ist äußerst unwahrscheinlich, dass die Einheit diverser Kommunikationssysteme, die wir heute das Internet nennen, ohne die Politik zustande gekommen wäre. Inzwischen wirken Regierungen allerdings nur noch hilflos. Allein der Gedanke, dass der *Gesetzgeber* mit Silicon Valley oder den neuesten Plänen der Finanznetzwerke Schritt halten könnte, klingt wie ein Witz!

Vielleicht sitzen die Regierungen aber eines Tages wieder am längeren Hebel. Falls ja, dann könnten Ideen, wie ich sie hier skizziere, in Petitionen an die Regierung ausgedrückt werden, und diese Petitionen könnten zu wirklichen Veränderungen führen.

Vielleicht kommt die Macht der Regierungen aber nie mehr zurück. Vielleicht ist die Macht der digitalen Netzwerke schon so groß, dass die traditionelle Politik ihren bisherigen Status auf Dauer verliert. Vielleicht werden Technologie- und Finanzunternehmen im Netz allmählich *zu* international, *zu* komplex und zugleich *zu* allgegenwärtig, sodass die Regierungen einfach keinen blassen Schimmer mehr hätten, wie man sie regulieren könnte.

Vielleicht werden die Regierungen also einfach den Anschluss verlieren. Vielleicht schafft von jetzt an das Rennen um die Sirenenserver neue geschichtlich bedeutsame Tatsachen, und politische Rechte für die Bürger werden nur noch errungen, indem man sich mit den Leuten auseinandersetzt, die die Kontrolle über die wichtigsten Server gewinnen.

Diese Zukunftsvision hat etwas Romantisch-Abenteuerliches an sich, besonders für Hacker und andere Angehörige der Technologie-Szene. In Science-Fiction-Storys ist sie längst ein Topos: Der Hacker ist der Held, der die Computersicherungen des Bösewichts knackt. Aber was für eine armselige Welt wäre das, in der man nur noch dann menschlich und frei handelt, wenn man im Internet jemanden hereinlegt? In einer guten Welt dagegen gibt es auch außerhalb von Sabotageaktionen Sinn und Bedeutung. Es ist hoffentlich nicht übermäßig utopisch, dieses bescheidene Maß an Tugend auch für die Zukunft zu fordern.

Andererseits währen die Zeiten der geschlagenen, verachteten Regierungen vielleicht auch nicht ewig. Unsere Epoche ist in mehr als einer Hinsicht abnorm. Überalterung plagt die meisten Industriestaaten. Ein gutes Gesundheitswesen führt zu vielen alten Leuten, die ein bisschen sonderbar werden, viel Geld kontrollieren und eine mächtige Stimme bei Wahlen haben. Ein gutes Gesundheitswesen führt zu einem goldenen Zeitalter der verrücktesten Gurus und Politiker.

Nicht nur das, sondern die neuen Einwanderungswellen haben zusätzlich zu ethnischen Verschiebungen in vielen Ländern geführt, deren Zahl an alten Menschen am schnellsten wächst. Das sind die Bedingungen für eine komplett dämliche Politik. Das Zeitfenster für eine Erneuerung der digitalen Welt öffnet sich vielleicht erst, wenn die Babyboomer und auch ich und meine Freunde von der »Generation X« ausgestorben sind. Politik und Wirtschaft werden also vielleicht Mitte des Jahrhunderts einen Neubeginn erleben, wenn wir, und wahrscheinlich auch die »Generation Facebook«, endlich den Weg frei gemacht haben.

Meine dringende Bitte an die Technokraten der Zukunft wäre: Bitte bleibt experimentierfreudig, geduldig, ideologiefrei und reflektiert genug, um eure Lektionen zu lernen. Sucht euch eure Kicks woanders als in der Manipulation der Wirtschaft. Die Wirtschaft ist eine dieser Sachen, die man sich, wie auch die Gesundheit, zuverlässig, berechenbar – und langweilig wünscht.

Unzählige Sirenenserver

Wie viele Sirenenserver gibt es gegenwärtig? Ich denke, dass es mehrere Dutzend sind, um die wir im Alltag nicht herumkommen, dazu noch ein paar tausend andere, mit denen man nur gelegentlich in Berührung kommt. Es gibt vielleicht zehn, mit denen der Durchschnittsbürger wissentlich direkt und häufig zu tun hat, wie etwa Facebook. Im Finanzwesen, in der Big-Data-Marktforschung und im Gesundheitswesen gibt es etwa doppelt so viele, die direkten Einfluss auf das Leben der meisten Menschen haben. Viele von ihnen sind in der Öffentlichkeit fast unbekannt. Dann sind da noch die großen nationalen Geheimdienste, diverse illegale Gruppen sowie die nicht-gewinnorientierten Internetdienste.

Kann es passieren, dass sich diese Anzahl in Zukunft enorm erhöht? Wenn es viele tausend Sirenenserver gäbe, würde das nicht die

Mittelschicht stärken, oder vielleicht wenigstens eine recht breite Oberschicht, die eine genügend umfangreiche Dienstleistungswirtschaft schüfe, um eine Mittelschicht am Leben zu erhalten, die sich mit dem befasst, was nicht durch Software erledigt wird.

Eine andere Möglichkeit wäre aber, dass es zu zig Millionen Sirenenservern kommt. Werden es genug, dann bildeten sie eine neue Mittelschicht. Gegenwärtig scheint die Entwicklung von Netzwerken aber nicht in diese Richtung zu laufen. Die großen Sirenenserver fördern zwar Nischen für Informationsbörsen im kleinen Maßstab, demonetisieren sie aber gleichzeitig.

Kleine Änderungen in den Grundsätzen könnten diese Entwicklung allerdings umkehren und zig Millionen Mikro-Spionagedienste hervorbringen. Es könnte zum Beispiel verboten werden, Informationen über mehr als hundert Nutzer zu speichern, die nur durch Anklicken und ohne direkte Verhandlungen über finanzielle Entschädigungen zugestimmt haben. Daraufhin würden Vermittler auftreten, die solche Gebührenverhandlungen übernehmen.

Kleine Marktteilnehmer, wie kleine Verlage oder Plattenlabel, in der Zukunft auch esoterische 3D-Produktdesigner, würden dadurch wertvoll werden. Das ist eine mögliche Variante, wie man zu einer humanistischen Informationswirtschaft gelangt. Vielleicht findet ja eines Tages ein Experiment statt, um herauszufinden, ob sie praktikabel ist.

Meines Erachtens ist der aussichtsreichste Weg allerdings die Förderung der kommerziellen Rechte von Einzelnutzern, nicht von Servern. Die Einzelnen können sich jederzeit zusammenschließen, um Risiken und Investitionen zu teilen, aber Entwürfe von Wirtschaftssystemen, die hauptsächlich auf der Förderung anderer Einheiten als der Einheit »Mensch« beruhen, werden zu Lücken führen, durch die man dann als einzelner Mensch eben hindurchfällt. Wenn man aber den individuellen Nutzer zum Träger wirtschaftlicher Rechte macht, hält man sich die meisten Optionen offen und vermeidet die meisten Fallgruben.

Facebook o. dgl.

Was wird Facebook machen, wenn es erwachsen wird? Wie, wenn es sich dann hauptsächlich auf einen Peer-to-Peer-Handel verlegt? Vielleicht könnte Facebook zum Kernstück einer humanistischen Informationswirtschaft werden. Dadurch könnte es sich jedenfalls mehr Einkünfte als aus dem reinen Anzeigengeschäft verschaffen.

Ist es nicht erbärmlich, dass die großen Verbraucher-Cloud-Anbieter alle um ungefähr die gleichen Kunden mit etwa den gleichen Produkten kämpfen? Sämtliche Cloud-Betreiber jagen derselben Gruppe potenzieller sogenannter Anzeigenkunden nach.

Facebook und Google bieten absolut verschiedene Dienste und Kompetenzen an. Warum sollten sie unmittelbar miteinander konkurrieren?

Wenn das Anzeigengeschäft die Hauptverdienstmöglichkeit im Netz ist, dann ist unser Horizont begrenzt. Wenn immer mehr Aktivitäten durch Cloud-Software beherrscht werden, wird es immer weniger außerhalb des Netzes angesiedelte Produkte zu bewerben geben. Heute werben wir beispielsweise für Computer, Smartphones und Tablets als physische Objekte. Eines Tages werden diese Waren aber vielleicht von 3D-Druckern ausgespuckt, die mit offenen Bauanleitungen aus der Cloud gesteuert werden. Dann wäre in der Schleife keine Firma mehr übrig, die für die Werbung bezahlt.

Warum müssen Google, Facebook und all die anderen langfristig einer Zukunft entgegensehen, in der sie um denselben begrenzten – und immer stärker schrumpfenden – Kuchen kämpfen?

Facebook sollte genügend motiviert sein, nach Wegen zu suchen, die das Wirtschaftswachstum fördern. Das Unternehmen wird von einem Einzelnen kontrolliert, also ist es möglich, eventuellen Widerstand von furchtsamen Bedenkenträgern im Vorstand oder unter den Anteilseignern zu überwinden.

Ein genügend großer Sirenenserver könnte immerhin als Samenkorn einer humanistischen Informationswirtschaft dienen. Das soll nicht heißen, dass ein einzelner Großkonzern so groß wird, dass er die Welt verändert, aber er könnte die Vorreiterrolle spielen.

Bündnisse einiger weniger Mega-Sirenenserver

Die digitale Welt hat sich inzwischen bemerkenswert konsolidiert. Die Netzwerkebene wird oft als Dschungel voller geheimnisvoller Wesen dargestellt, aber sie wird in Wirklichkeit von wenigen Unternehmen gesteuert und überwacht. (Selbst die erfolgreichen Startups werden meistens von immer demselben kleinen Club Risiko-Investoren finanziert und hoffen darauf, schließlich von einem dieser wenigen Großunternehmen übernommen zu werden.)

Die betreffenden Unternehmen gehen sich mitunter gegenseitig an die Kehle, allerdings nicht immer. Trotz aller echten Spannungen unterhalten sie vor allem gute Beziehungen zueinander und arbeiten gelegentlich auch zusammen. Fast alle Sirenenserver sind in verschiedener Weise voneinander abhängig.

Wäre dieses Buch vor einigen Jahrzehnten entstanden, als digitale Netzwerke nur in der Theorie existierten, dann hätte das nächste Szenario sicher in einem von Zigarrenrauchschwaden durchzogenen Raum stattgefunden. Heutzutage verlegen wir es in einen Konferenzraum mit sauberer Luft in einem exklusiven Golfclub am Meer. Die CEOs der größten Netzwerkunternehmen sitzen an einem langen Tisch, ihre Anwälte und Gehilfen, im Hintergrund sitzend, schreiben fieberhaft mit. Die Bosse von Silicon Valley sind da, außerdem die Chefs der größten netzwerkorientierten Risikokapitalgeber.

Die CEOs treffen sich also im Golfclub und sprechen über ein zentrales Problem: Langfristig wird die Wirtschaft schrumpfen, wenn sie sie weiterhin nur vom Standpunkt zentraler Server aus immer »effizienter« machen. Am Ende dieses Weges wird es kaum noch Umsätze geben und nicht einmal genug Profit, um sich CEOs leisten zu können. Wie kann man die Wirtschaft also stattdessen zum Wachsen bringen?

Sie würden schließlich vereinbaren, Log-ins interoperabel, also allgemeingültig zu machen. Mit einem Apple-Store-Account ist man dann automatisch auch bei Amazon, Windows usw. registriert. Dasselbe würde auch für soziale Netzwerke und andere Arten von Webseiten gelten. Jedes dieser Unternehmen würde einen

Plan umsetzen, aus bloßen Kunden »Teilnehmer« zu machen, die nicht nur Geld ausgeben, sondern es auch verdienen, und diese Umwandlung den Kunden so einfach wie möglich zu machen.

Die gewöhnlichen Nutzer werden dann mit der Zeit tatsächlich ein bisschen Geld verdienen, wenn sich andere Nutzer für ihre Tweets, Blogs, Aktualisierungen in sozialen Netzwerken, Videos und so weiter interessieren. Das schafft zwar nicht genügend Umsatz, um die Wirtschaft zu beleben, dient aber einer entscheidenden Umerziehung, die zu dem gewünschten Übergang ins Wirtschaftswachstum führt. Man wird sich daran gewöhnen, im Netz nach Gelegenheiten zu suchen, zu Geld zu kommen. Anstatt sich mit ärmlichen Aussichten wie Gelegenheitsarbeiten als »Mechanical Turk« zufriedenzugeben, werden die Nutzer anfangen, sich gegenseitig Konkurrenz mit – beispielsweise – 3D-Drucker-Designanleitungen zu machen. Geld zu verdienen – und zwar gutes Geld – wird ihnen nicht mehr wie ein Verstoß gegen den Geist des »Teilens« vorkommen, sondern vielmehr als eine vervollkommnete Form des Teilens.

Ein solcher Brückenbau zwischen den großen Internet-Dienstleistern und eine Umwandlung des Nutzers in einen Wirtschaftsakteur erster Klasse könnte schließlich dazu führen, dass sich im privatwirtschaftlichen Sektor ohne politische Intervention eine Nelsonische Wirtschaftsordnung herausbildet.

Aus der Perspektive der Finanzwirtschaft gesehen werden dann die zuvor nicht berücksichtigten, aber wertvollen Beiträge einzelner Nutzer in der Cloud endlich anerkannt. Das bedeutet, dass die Finanzwirtschaft sich auf sämtliche im Netz geschaffenen Werte gründen kann. Plötzlich werden Investoren Profite daraus ziehen, dass sie auf ein Bündnis von Bloggern gesetzt haben (allerdings würden die Blogger davon wissen, und die Risiken würden nicht verschwiegen, wie es beim geheimen Spekulieren mit Hypotheken geschah).

Die Wirtschaft wird daraufhin ein spektakuläres Wachstum erleben. Für die nächste Konferenz der CEOs wird ein Golfclub auf dem Mond gebaut.

Ich sehe meine linksliberalen Freunde förmlich vor mir, wie sie die Augen verdrehen. Warum sollten wir uns mit den Bossen von Großkonzernen einlassen? Diese Leute sind aber keine Außerirdischen, sondern Menschen in ziemlich relevanten Positionen. Wenn wir sie in einer Revolution entmachteten, würden andere ihren Platz einnehmen.

Warum sollten die Großkonzerne mitmachen? Um die Wirtschaft auf den nächsten Gipfel in der Energielandschaft zu befördern, muss man im großen Maßstab handeln, in größerem, als eine einzelne Firma oder ein einzelner Investor bewältigen kann. Der Apple-Store und Amazon können einzeln nicht so stark und so schnell wachsen, wie sie es zusammen in einem einheitlichen Markt könnten.

Um den Grund zu verstehen, erinnere ich an die mathematische Faustregel, an das Metcalfe'schen Gesetz, das besagt, dass der Wert eines Netzwerks proportional dem Quadrat der Anzahl seiner Knoten entspricht. Das Quadrat der Anzahl von Apple-Nutzern plus dem Quadrat der Anzahl von Amazon-Nutzern ist viel weniger als das Quadrat beider Nutzermengen zusammen.

Die Magnaten würden also vielleicht erkennen, dass es sinnvoll ist, wenn sie zusammenarbeiten, und zwar auf eine allgemeine Weise, die die Konkurrenz fördern würde, vor allem aber enorme Skalenvorteile und verbesserte Verkaufschancen böte.

Die CEOs würden sich dabei nicht irgendwie »verschwören«. Bitte, ihr Kartellwächter und Monopolzerschlager der Zukunft, wenn eine solche Konferenz stattfindet, denkt ein bisschen nach, bevor ihr den Raum stürmt und die Teilnehmer verhaftet! Wenn man es richtig anfängt, könnte diese grundlegende Zusammenarbeit die Konkurrenz auf dem Markt verstärken, auf eine Weise, die sowohl für die teilnehmenden Großkonzerne wie für den einzelnen Verbraucher gut wäre – *besonders* für den einzelnen Verbraucher. Das wäre eine gute Gelegenheit für die Regierung, nicht den Spielverderber zu geben.

Vielleicht glauben Sie, das sei ein völlig abwegiges Hirngespinst. CEOs aller großen Internet-Unternehmen in einem Raum, und sie reden vernünftig miteinander – während sie gleichzeitig alle möglichen Klagen wegen Patenten oder anderer Sachen gegeneinander laufen haben? Klingt unwahrscheinlich, zugegeben. Aber ich möchte zu bedenken geben, dass es eigentlich nicht verrückter wäre als die Art, wie all diese Firmen einst so mächtig geworden sind, und eigentlich auch nicht verrückter als die Zusammenarbeit, durch die das Internet überhaupt erst entstanden ist.

Bücherschicksale

Die Welt im Fast-forward-Modus

Was mir am Silicon Valley besonders gefällt: Man ist weitgehend verschont von öden *offiziellen Anlässen*, mit festen Sitzplätzen samt Tischkarten, wo man zwischen Rindfleisch, Fisch und Gemüse wählen muss und wo man mit launigen Trinksprüchen und schlechten Witzen traktiert wird, bis man endlich wieder gehen darf. Ein paar seltene Anlässe dieser Art gibt es aber doch.

Einmal saß ich bei einem tischkartenwürdigen Anlass zwischen Jeff Bezos von Amazon und Eric Schmidt, dem damaligen Chef von Google. Das war, bevor der Kindle herauskam. Die beiden Silicon-Valley-Alphamännchen musterten einander, und im nächsten Moment ging es los. Sie warfen mit Zahlen und Anekdoten über das Verlagsgeschäft um sich, dass einem als Zuhörer nur so der Kopf schwirrte.

Auf dem Podium sprach jemand über solarbetriebene Rechner für Afrika, aber ich versuchte gar nicht erst, dem Vortrag zu folgen. Ich saß da, starrte geradeaus und kam mir vor wie in einem Slapstickfilm aus den zwanziger Jahren, wenn die verfeindeten Hauptdarsteller sich gegenüberstehen und sich mit allerlei kuriosen Aktionen zu übertrumpfen versuchen. Und alles lief in doppelter Geschwindigkeit ab!

Ich kenne Eric und Jeff persönlich, deswegen wusste ich, dass sie nicht schneller redeten als sonst – ich »hörte« nur langsamer. Denn: *Ich schrieb gerade an einem Buch.* Ein Buch zu schreiben zwingt den Autor zu einem Lebensmodus in Superzeitlupe.

Wie der Autor ein Buch erlebt

Mein erstes Buch zu schreiben hat rund ein Jahrzehnt gedauert. Der Buchvertrag hing über mir wie ein Damoklesschwert, das von einem ferngesteuerten Modellhubschrauber baumelte, der mich überallhin verfolgte. Man kann versuchen, solch eine Situation von der komischen Seite zu nehmen. Mit ein paar anderen »überfälligen« Autoren lieferte ich mir einen jahrelangen Wettkampf, wer es am längsten so treiben konnte, ohne seinen Vorschuss zurückzahlen zu müssen.

Es lag nicht daran, dass ich faul gewesen wäre. In den Jahren, in denen ich mein Buch nicht ablieferte, beteiligte ich mich an der Gründung mehrerer Startup-Unternehmen, die später von großen Firmen übernommen wurden. Ich wurde Vater, leitete ein Forschungsprogramm, bei dem mehrere Universitäten zusammenarbeiten, brachte eine CD bei einem Major Label heraus, bekam Aufträge für Symphonien, die auch aufgeführt wurden, und trat selbst weltweit als Musiker auf. Und ich schrieb jede Menge Artikel, darunter eine monatliche Zeitschriftenkolumne. Aber ein Buch ist etwas anderes.

Ein Buch ist nicht bloß ein Text, sondern auch ein Gipfelpunkt, die Kodifizierung eines Standpunkts. Mein Problem mit dem besagten »Erstling« bestand darin, dass meine Gedanken noch nicht ausgereift waren, auch wenn ich das vor mir selbst nicht zugeben wollte. Es brauchte eben die Zeit, die es brauchte, bis *Gadget – Warum die Zukunft uns noch braucht* endlich herauskam. Ohne die jahrelangen Versuche hätte ich es vielleicht nie geschafft. Als ich endlich bereit war, schrieb ich es dann auch ziemlich schnell zu Ende. Es herauszubringen, bevor ich innerlich bereit war, hätte bedeutet, die Bedeutung nicht nur meines, sondern die aller Bücher zu mindern.

Unterdessen waren die beiden Silicon-Valley-Titanen links und rechts von mir gerade dabei, sich klarzumachen, dass sie, weil sie zufällig einige der wichtigsten Rechner des Internets betrieben, bald in der Lage sein würden, potenziell die ganze Bücherwelt zu übernehmen.

Es geht nicht um Bücher gegen eBooks

Mich stört nicht, dass ein Buch auf einem elektronischen Tablet statt auf Papier gelesen wird. Was mich stört, sind die damit einhergehenden wirtschaftlichen und politischen Folgen – und das veränderte Zeitgefühl. Was mit den eBooks verlorengehen könnte, ist das Muster dessen, was ein Buch im Strom des menschlichen Lebens und der Gedanken bedeutet.

Ich finde es wirklich erstaunlich, dass die traditionellen Buchverlage den emotionalen Wert des Papiers nicht stärker betonen. Sie versuchen ein möglichst kostengünstiges Standardprodukt an den Endverbraucher zu verkaufen und nutzen so eine offensichtliche Marktlücke nicht, die sich direkt vor ihnen auftut. Solange die Sirenenepoche andauert, wird es einen ausgehöhlten Markt mit einer geschwächten Mittelschicht geben. Um zu überleben, muss der Verlagssektor ein Produkt gezielt für das obere Marktsegment schaffen, für die Reichen.

Im Musikgeschäft wird diese Klientel mit irrsinnig teurem Audio-Equipment und Super-High-Quality-Vinyl-Schallplatten in limitierter Auflage bedient. Im Buchgeschäft sollte es hyperlimitierte Auflagen von Luxus-Ausgaben geben, von Mönchen auf handgeschöpftem Büttenpapier mit fair gehandelter Biotinte handgeschrieben, die nur in VIP-Räumen auf Partys verkauft werden, zu denen man kaum eine Einladung bekommt. Hör zu, Verleger, mit genau diesen Worten hier veröffentlichst du das Rezept, das dich reich machen könnte! Aber du musst ja einen sicheren Weg durch diese harten Zeiten unbedingt ignorieren …

Das Buch, wie Silicon Valley es sich vorstellt

Wie werden Bücher aussehen, wenn Silicon Valley mit ihnen fertig ist? Die Sache ist noch nicht entschieden, und wenn ich glaubte, dass ein bestimmtes Ergebnis unvermeidlich sei, würde ich nicht versuchen, es zu beeinflussen. Was ich tun kann, ist, zu skizzieren, was sich abzuzeichnen scheint, wenn die Dinge sich in dieser Weise fortsetzen. Ein wenig lernen wir auch aus dem Schicksal von Musik, Videos, Nachrichten und Fotografie.

Hier also ein mögliches Szenario:

- Es wird kaum noch ein Hindernis für einen Autor geben, ein Buch zu publizieren – abgesehen davon, es vorher geschrieben haben zu müssen. Man kann sein Werk ganz einfach hochladen, fertig. Das geht heute schon, und es wird noch viel üblicher werden. Zusätzlich wird man viel leichter als heute Ko-Autoren (also Ghostwriter) anheuern können, die dann vielleicht eine anonyme »Crowdsource« oder sogar schon KI-Software sind. Es wird einen Service geben, der automatisch lobende Kritik für den Klappentext sammelt: »Das Buch, auf das wir alle gewartet haben!« Als Autor im Selbstverlag zu publizieren wird womöglich noch müheloser sein als heute schon. Selbsternannte Autoren müssen vielleicht nur eine Gebühr zahlen – oder sich mit *noch* gründlicherer Ausspähung, *noch* personenbezogenerer und *noch* zielgerichteterer Werbung abfinden.
- Die Anzahl von Autoren im Selbstverlag wird sich schnell derjenigen der zahlenden Leser für ein Buch annähern. So ist es auch im Musikgeschäft gekommen.
- Einige gute Bücher von Autoren, die ansonsten unbekannt geblieben wären, werden herauskommen, und zwar vermutlich während der Phase schnellen Wachstums (des »freien Aufstiegs«) eines neuen Kanals oder Geräts für die Vermittlung des Bucherlebnisses. Wenn zum Beispiel eine Firma ein neues Lesegerät einführt, dann erhalten Autoren, die anfänglich ausschließlich über dieses Gerät erhältlich sind, verstärkte Aufmerksamkeit. Auf diese Weise kann ein interessanter Autor, der zur rechten Zeit veröffentlicht, durch eine technische Neuerung einen großen Anschub erhalten.
- Die Gesamteinnahmen von Autoren in diesem System werden auf einen Bruchteil dessen schrumpfen, was sie vor der Einführung digitaler Netzwerke erhielten, und werden sich

aus Anzeigenentgelten und Gebühren von Nutzern zusammensetzen, die vertraglich an firmenspezifische Geräte oder Kanäle gebunden sind.

• Die meisten Autoren werden vor allem mit Lesungen und mit Consulting ihr Geld verdienen und nur noch in zweiter Linie von den eigentlichen Buchverkäufen leben. Das wird das demografische Bild des Autors verändern: Er wird entweder jung und kinderlos, finanziell unabhängig oder Beamter sein oder wie ein Musiker leben. Unabhängige Gelehrte mit Familie werden kaum noch darunter sein.

• Viele Autoren werden kommerziellen Erfolg nur vortäuschen und Geld investieren, um diese Illusion aufrechtzuerhalten. Viele davon werden sich von ihrer Familie durchfüttern lassen oder das elterliche Erbe durchbringen. Mit der Zeit wird sich eine geistige Plutokratie herausbilden.

• Leser werden wirtschaftlich zu Bürgern zweiter Klasse. (Hier noch einmal, warum: Wenn man ein Papierbuch kauft, dann besitzt man etwas, das man weiterverkaufen kann. Der Wert dieses Gegenstands kann steigen oder fallen. Wenn ein Leser ein eBook »kauft«, dann hat er in Wirklichkeit nur eine Zugangsberechtigung erworben. Der Leser hat kein Kapital, nichts zum Weiterverkaufen, nichts, was eine Wertsteigerung erfahren könnte. Das ist ein grundlegender Widerspruch zum Konzept der Marktwirtschaft.* Wenn nur bestimmte privilegierte Marktteilnehmer Kapital besitzen, während alle anderen lediglich Dienstleistungen kaufen können, wird sich der Markt schließlich selbst auffressen und zu einem Nichtmarkt werden.)

---

* Diese Ungerechtigkeit stört mich sehr. Als Technologe habe ich versucht, mir Lösungen auszudenken. Hier eine Idee: Angenommen, man könnte die Autogramme von Autoren dauerhaft auf der Rückseite eines Lesegeräts oder Tablets anbringen, zum Beispiel eingravieren. Dann könnten Leser interessante Kombinationen von Autorensignaturen sammeln, und die Kombinationen hätten zwangsläufig Seltenheitswert. So könnte man zum Beispiel die Unterschriften aller Cyberpunk-Science-Fiction-Autoren auf einem Lesegerät sammeln.

- Bücher werden mit jenem digitalen Format verschmelzen, das die Vorherrschaft erringt, seien es Apps, Videospiele, virtuelle Welten oder irgendetwas anderes in der Art. Diese Formate werden den Autoren zuerst viel Geld einbringen, solange sie noch neu sind und bevor die größten Server sie vereinnahmen.
- Die Unterschiede der Auflagenhöhe werden noch stärker auseinanderklaffen als auf dem traditionellen Buchmarkt. Es wird eine kleine Anzahl Auflagenmillionäre und eine riesige Armee von »Selbstverlegern« geben, aber kaum Auflagen in mittlerer Höhe.
- Viele Leser werden lesen, was Crowdsourcing-Algorithmen ihnen vorsetzen, oft ohne zu wissen, wer der Autor ist oder wo ein Buch aufhört und das nächste beginnt.
- Viele Bücher werden nur auf einem bestimmten Lesegerät erhältlich sein, etwa dem Tablet eines bestimmten Herstellers.
- Es wird zahlreiche von Algorithmen und in Ghostwriter-Fabriken geschriebene Bücher geben, weil man sie in so großen Mengen sehr billig herstellen kann, dass sich auch kleinste Einnahmen daraus mit der Zeit lohnen.
- Es wird viel mehr Information als je zuvor in buchähnlicher Form erhältlich sein, aber insgesamt von geringerer Qualität.
- Ein und dasselbe Buch wird nicht für jeden Leser oder bei jedem Lesevorgang unbedingt dasselbe bleiben. Einerseits heißt das, die Informationen werden aktueller und die Tippfehler weniger, andererseits werden Rhythmus und Poesie des Textes und der Schritt, einen Text für abgeschlossen zu erklären, dadurch entwertet und der »Filterblasen«-Effekt verstärkt.
- Der Kampf um den Kunden wird sich hauptsächlich um die Mittel zum Auffinden von Lesematerial drehen. Dieser Kampf wird oft unschöne Formen annehmen. Die Nutzeroberfläche für den Kunden wird belagert und von Spam und Betrugsversuchen verseucht sein.

443

- Ein Buch zu schreiben wird nicht mehr viel bedeuten. Manchen wird das als demokratisch und egalisierend und damit gut erscheinen, anderen als ein Qualitätsverlust.
- Leser werden viel Zeit damit vergeuden, sich mit vergessenen Passwörtern, abgelaufenen Kreditkarten und unkündbaren Knebelverträgen für Lesegeräte oder Provider herumzuärgern. Sie werden ihre eigenen Bibliotheken, Notizen und sogar die selbstgeschriebenen Texte verlieren, wenn sie den Anbieter wechseln. Die Netzneutralität wird in der hehren Theorie, aber nicht in der Praxis stattfinden.
- Technisch versierte Leser werden sich über die weniger versierten lustig machen, die mit dem neuen System nicht zurechtkommen. Je mehr Hacker-Qualitäten man hat, desto besser fühlt man sich in diesem System.
- Insgesamt wird man weniger fürs Lesen zahlen müssen, was als kundenfreundlich gepriesen wird, aber den Autoren noch geringere Einkünfte als bisher beschert. Wenn diese Entwicklung sich auf Musik, Bücher und andere Medien beschränkte, wäre das eben nur eine Begleiterscheinung im Übergang zu einer immer stärker digitalisierten Welt, in der alles von Software geschluckt wird.* Wenn sie aber ein Präzedenzfall sein sollte, der sich in Verkehr, Industrie, medizinischer Versorgung, Bildung und anderen großen gesellschaftlichen Bereichen wiederholt, wird die Wirtschaft insgesamt schrumpfen, was den Kapitalismus auf lange Sicht schwächt. Zugegeben, das ist eine meiner Kernthesen, die ich bereits zum Ausdruck gebracht habe, aber auf jeden Fall kann man von einem ausgehen:
- Wenn es so weit ist, dass die meisten Bücher digital erscheinen, werden die Eigentümer der wichtigsten Internetserver, die Lesestoff anbieten (wahrscheinlich in Silicon Valley angesiedelt), mächtiger und reicher sein als vorher.

---

* Software als einen unersättlichen Vielfraß darzustellen ist in der IT-Branche eine beliebte Metapher. »Software will eat everything«, heißt es in einem bekannten Essay des Internetpioniers und -magnaten Marc Andreessen.

Einige dieser Aussichten begrüße ich. Mein Lieblingspunkt ist das Experimentierpotenzial bei der Verschmelzung von Büchern mit Apps, Videospielen, Musik, Filmen, virtuellen Welten und allen anderen Formen, die über das Netz verschickt werden können. Das könnte einige interessante Früchte tragen, obwohl man bedenken sollte, dass Kultur immer ihre Zeit braucht, wie schnell sich die Technologie auch wandelt. Mit der Zeit, vielleicht in der kommenden Generation, sollte man damit aber eine Menge Spaß haben können.

Der Wunsch, sich direkter mit seinen Lesern zu vernetzen, ist von Autor zu Autor verschieden. Wenn ich schreibe, will ich mich eigentlich eher abschotten. Nebenbei muss ich auch noch meine Forschung betreiben, Musik komponieren, Vater sein, da ist es mir absolut unmöglich, noch die Zeit zu finden, um allen Lesern, die mir schreiben, ausführlich zu antworten. Das ist sehr bedauerlich, weil ich wirklich wunderbare Zuschriften bekomme, aber was soll man machen? Ich will nicht auf die bequeme Scheinalternative der sozialen Netzwerke ausweichen, um »echten« Kontakt vorzutäuschen, auch wenn es alle so machen. Ich kenne Schriftsteller, besonders in den Genres Unterhaltung, Wirtschaftsratgeber und Selbsthilfe, die es lieben, sich möglichst eng mit ihren Lesern kurzzuschließen, und jeden Tag stundenlang mit ihnen kommunizieren.

Was ist an Büchern erhaltenswert?

Was gibt es an der obigen Liste eigentlich auszusetzen? Sie hat ein paar schlechte, aber auch ein paar gute Punkte, doch insgesamt hat man ein unangenehmes Gefühl dabei, als laufe etwas falsch, als schütte man das Kind mit dem Bade aus.

Ein Buch ist kein bloßes Objekt, sondern vollgültiger Ausdruck eines Individuums im Fluss der Menschheitsgeschichte. Das Wirtschaftsmodell unserer Netzwerke muss optimiert werden, um diese individuelle Ausdrucksmöglichkeit zu bewahren, oder es wird der Menschheit nicht dienlich sein.

Die folgende E-Mail ist absolut typisch für das, womit wir es jeden Tag zu haben:

Ich bin Post-Doktorand an der … und arbeite an einem Aufsatz zur kollektiven Kreativität, und wir wollten fragen, ob Sie uns ein paar relevante Veröffentlichungen nennen können. Wir gehen von der These aus, dass kollektive Werke positiver aufgenommen werden als solche von Einzelautoren. Wir untersuchen dies im Kontext von …, einer Internet-Community, in der Kinder ihre eigenen Zeichentrickfilme, Videospiele und interaktiven Kunstwerke kreieren können.
Wir haben Ihren Artikel »Digitaler Maoismus« gelesen und fragen uns, ob Sie sonst noch jemanden kennen, der der Ansicht ist, dass individuelle Werke qualitativ höherwertig sind als kollektiv erstellte.

Das kam aus einem der führenden Informatiklabore der Welt. Leider kann ich richtig ungeduldig werden, wenn ich versuche, solche Fragen zu beantworten.

In der Informatikszene praktiziert kein Mensch das, was er predigt, wenn es um Fragen der Kreativität geht. Wir behandeln unsere Spitzenunternehmer als unersetzliche Helden. Ich habe noch nie ernsthaft behaupten hören, dass eine kollektive oder künstliche Cloud-Software jemanden wie Steve Jobs überflüssig machen könne.

Ich weiß also gar nicht recht, wo ich anfangen soll, wenn ich solche E-Mails zu beantworten versuche. Schaut euch die Welt doch an, lernt aus der Geschichte! Rockstars, Romane, große Wissenschaftler … Selbst die Einträge in der Wikipedia zu den großen Errungenschaften der Menschheit handeln von Einzelpersönlichkeiten, nicht von Kollektiven. Wie kann denn ein alter Artikel, den ich 2006 geschrieben habe, eure einzige Quelle zu diesem durchgängigen Muster in der Menschheitsgeschichte sein?

Erstens, so könnte ich sagen, wird hier die unbelegte Behauptung aufgestellt, dass es der Part des Menschen sei, einen Output hervorzubringen, wie es ein Algorithmus oder ein Kollektiv zur Aufgabe hat.* Das stimmt nicht. Außerdem wird hier eine marktwirtschaftliche Praxis, die dem »The winner takes it all«-Prinzip folgt, als einziger Maßstab genommen zur Bewertung des Outputs von Menschen und Maschinen.

Ich tue mein Bestes, um das in meiner Antwort freundlich zu erklären, aber am Ende gelingt es mir nicht ganz: »Fänden Sie es in Ordnung, einen von einem Kollektiv programmierten Roboter zu schicken, der für Sie Sex hat, weil er besser ist als Sie, oder hätten Sie den Sex lieber selbst und würden aus der Praxis lernen?«

Das menschliche Leben hat seinen Zweck in sich selbst. Welche andere Formulierung hätte einen Sinn? Aber nein, dieses Argument zieht nicht. Ich habe darauf schon ungefähr folgende Antwort bekommen: »Ich hätte gerne den besten erhältlichen Roboter, der mich sexuell befriedigt. Auch andere Menschen sollten in diesen Genuss kommen. Wenn ich noch auf echtem Sex bestünde, obwohl Roboter zur Verfügung stehen, dann würde ich egoistischerweise die Verbesserung dieser Roboter behindern, indem ich ihnen Daten sexueller Erlebnisse vorenthalte.«

Man kann es mit Logik versuchen: »Man kann robotermäßigen Sex ohne Roboter haben, aber man kann weder Schwierigkeiten überwinden noch Eigenarten kennenlernen, Zärtlichkeit erfahren, Vertrauen aufbauen, Intimität miteinander teilen oder Liebe spüren ohne einen anderen Menschen.« Funktioniert meistens aber auch nicht.

Und wie steht es mit den Erfolgskriterien: »Wenn der Preis am Markt der einzige legitime Qualitätstest ist, warum plagen wir uns dann immer noch damit herum, Theorien zu beweisen? Warum stimmen wir nicht einfach ab, ob eine Theorie wahr ist? Um das Verfahren noch besser zu machen, lassen wir wirklich alle Leute

* Um noch einmal darauf hinzuweisen, was ich bereits gesagt habe: KI-Programme in Netzwerken verpacken normalerweise lediglich riesige Datenmengen neu, die von echten Menschen stammen. Daher wird es immer schwieriger, ein kollektives Ergebnis von einem zu unterscheiden, das ein Algorithmus mit »künstlicher Intelligenz« erzeugt hat.

abstimmen, vor allem die vielen hundert Millionen, die nichts von Mathematik verstehen. Wären Sie damit zufrieden?«

Wenn ich einen halben Tag lang mit Menschen diskutiere, die dieser neuen Denkweise verhaftet sind, dann schaffe ich es gewöhnlich, dass sie den Rest des Tages anders denken. Am nächsten Tag allerdings ist das Gespenst des perfekten Sexroboters wieder in altem Glanz auferstanden.

Sich Menschen als bloße Komponenten eines Netzwerks vorzustellen, ist – in intellektueller wie spiritueller Hinsicht – langsamer Selbstmord, was die Forscher angeht, und langsamer Totschlag, was den Rest der Menschheit betrifft. Wenn die Welt so verstanden und umgebaut werden soll, dass Menschen darin nicht von anderen Komponenten zu unterscheiden sind, dann werden die Menschen keine Rolle mehr spielen.

Es ist schwierig, aus den Vorstellungen auszubrechen, die einem System immanent sind, in dem man überleben und Karriere machen will. Wenn der größte wirtschaftliche Erfolg erzielt wird, indem man sich Menschen als bloße Komponenten einer Netzwerkarchitektur vorstellt, dann wird dieses Denken in jedem Moment verstärkt, in dem man nach Erfolg trachtet.

Unsere avanciertesten Theorien beschreiben gesellschaftliche Systeme als Informationssysteme. Ich habe durchaus nichts dagegen, uns als Information zu begreifen. Im Gegenteil: Ich lebe danach. Ich weise nur darauf hin, dass es mehr als *einen* Weg zum Aufbau einer Informationsgesellschaft gibt – und dass wir den selbstzerstörerischen gewählt haben.

Was soll man sich merken?

All die Mühe nur für eine vage Möglichkeit

Ich habe die Menschen in den letzten Kapiteln ziemlich skeptisch betrachtet. Ich bin eigentlich ein unverbesserlicher Optimist, doch mir stößt natürlich auf, wie leichtgläubig und eitel wir Menschen auch immer wieder sind, wie betrügerisch und herrschsüchtig. Viel zu oft entscheiden wir uns für die einfache Lösung und nehmen Missstände hin, solange sie nur mit Coolness überzuckert sind. Weiter vorne im Buch habe ich allerdings betont, dass dieses Buch zeigen möchte, dass der Mensch etwas Besonderes ist und Gutes verdient. Das ist kein Widerspruch. Die Menschen zu lieben heißt nicht, sie blind zu verherrlichen. Es ist schwierig, ein realistisches Bild vom Menschen zu zeichnen. Man muss einen Vertrauensvorschuss mitbringen. Was bleibt davon übrig, wenn wir nur den Blick auf unsere Fehler richten?

Viele Fragen bleiben unbeantwortet, und das soll auch so sein. Mein »Space Elevator Pitch« definiert weder die angemessenen Grenzen staatlicher Kontrolle in einer fortgeschrittenen Informationswirtschaft, noch entscheidet er die Frage, ob Informationswirtschaften länderspezifische Unterschiede haben können oder global kohärent sein müssen.

Diese und andere große Fragen kann man jetzt noch nicht beantworten. Gegenwärtig kann man nur versuchen zu zeigen, dass noch unentdeckte reale Möglichkeiten existieren. Ich hoffe, dieser Ansatz hat Sie davon überzeugt, dass wir nicht blind der Vorstellung folgen müssen (auch wenn sie die heute allgemein akzeptierte zu sein schein), dass die Evolution der Informationstechnologie gleichsam schicksalhaft vorherbestimmt ist und einfach ihren Gang geht.

Die vorliegende Skizze einer möglichen Zukunft wird hoffentlich tatendurstige junge Informatiker und Wirtschaftswissenschaftler antreiben zu beweisen, dass sie es besser können, dass sie bessere Entwürfe entwickeln können.

Nur zu! Aber halten Sie bitte auch immer wieder einmal inne und prüfen Sie sich selbst: Stehen die Menschen für Sie noch im Mittelpunkt? Vermeiden Sie den so bequemen Denkfehler, Menschen bloß für Komponenten und einen zentralen Server für den einzigen Bezugspunkt für die Definition und Messung von Effizienz zu halten?

Die Wirtschaft der Zukunft ist das Design der Nutzeroberfläche

In dem Maße, wie die Technologie an Effizienz zunimmt, muss die Wirtschaftswissenschaft an Abstraktion abnehmen. In der Wirtschaftswissenschaft ging es bisher immer um die Muster von Ergebnissen, die sich aus Regeln zur Beeinflussung menschlichen Sozialverhaltens ergaben. Sie konzentrierte sich darauf, wie verschiedene Regeln diese Ergebnisse beeinflussten.

Aber mit jedem Jahr, das vergeht, muss sich die Wirtschaftswissenschaft stärker mit dem Design der Maschinen beschäftigen, die menschliches Sozialverhalten vermitteln. Ein vernetztes Informationssystem lenkt das Verhalten der Nutzer auf direkte, unmittelbare, konkrete Weise – das Netz ist kein abstraktes Regelwerk. Man kann es auch so ausdrücken, dass die Ökonomie sich im großen Maßstab in eine systemische Version des Designs der Nutzeroberfläche verwandeln muss.*

---

* Ich bin nun einmal Informatiker und sehe die Welt so. Die Ökonomen dürfen mir gerne entgegenhalten, dass die Informatik der Wirtschaftswissenschaft ähnlicher werden müsse.

Einige Nutzeroberflächen sind absichtlich kompliziert, wie zum Beispiel bei Videospielen, während andere eine komplexe Steuerung einfach aussehen lassen sollen. Letztere Variante findet man bei Anwendungen für Verbraucher, aber auch bei professionellen und im Geschäftsleben. Ich befasse mich seit vielen Jahren mit beiden Varianten, und beide haben ihre Tücken.

Ein Spiel so zu gestalten, dass es Suchtpotenzial entwickelt, ist ein Balanceakt. Man muss genau das richtige Maß der Wechselwirkung zwischen Herausforderung und Belohnung finden.* Ein Spiel sollte so gestaltet sein, dass der Spieler beständig das Gefühl hat, kurz vor dem Durchbruch zu stehen.

Spiele machen Spaß und sind wunderbare Lernhilfen, aber in der Informatik geht es letztlich darum, den Menschen in einer komplexer gewordenen realen Umwelt bei der Bewältigung ihrer Aufgaben zu helfen. Für einen Informatiker gibt es keine größere Befriedigung, als zu sehen, wie jemand etwas schafft, das er vorher nicht konnte, weil ihm eine bessere Datenpräsentation auf einer besseren Oberfläche etwas klargemacht hat. Ich habe erlebt, wie Chirurgen eine Tumoroperation in Angriff nehmen konnten, weil ihnen eine verbesserte Simulation auf einem verbesserten Display zur Verfügung stand. Ich habe lernbehinderte Patienten gesehen, die plötzlich eigenständig lernen konnten. Oder der alltägliche Anblick von Nutzern, die mit ihren Laptops, Tablets und Smartphones ganz einfach zurechtkommen – dafür lebt man als Informatiker.

Das wichtigste Handwerk unserer Zeit ist die Vereinfachung von Komplexität.

---

* Wenn es Sie interessiert, können Sie bestimmt noch irgendwo ein altes psychedelisches Spiel namens *Moondust* auftreiben, das ich mit Anfang zwanzig geschrieben habe. Es läuft auf C64-Emulatoren. Es verkaufte sich damals übrigens ziemlich gut, und die Einnahmen finanzierten die ersten »Virtual Reality«-Systeme, die ich in einer Garage in Palo Alto entwickelt.

451

Die Versuchung der Versuchung

Bislang gleicht die Informationswirtschaft mehr einem Videospieldisplay als einer praktischen Benutzeroberfläche. Das soll nicht heißen, dass wirtschaftliche Aktivität im Netz unnötig schwer gemacht wird, sondern dass sie das menschliche Gehirn mit ständigen Versuchungen reizt.

Der menschliche Verstand ist besonders anfällig für schnelle Feedbacks, die nahe an der Belohnungsschwelle liegen. Semizufälliges Feedback ist dabei ein intensiverer Anreiz für die Aufmerksamkeit als dauerhaftes Feedback.

Bevor es Digitalrechner gab, war die Menschheit besessen von Freizeitaktivitäten, die von diesem Reizmuster geprägt waren. Sport und Glücksspiel sind gute Beispiele dafür.

Am Rechner findet man nur zu leicht genau diese Art Feedback. Schauen Sie einem Kind zu, wie es auf dem Tablet spielt, und anschließend, wie jemand sich in sozialen Medien bewegt oder im Internet-Börsenhandel. Wenn es um Interaktionen mit einem *ungefähr*, aber nicht *genau* voraussagbarem Ergebnis geht, stürzen wir uns wie besessen hinein.

Die entscheidende Herausforderung im Umgang mit dem Netz besteht darin, sich nicht blenden zu lassen von den verführerischen Formen kognitiven Mülls. Das naive Erleben einer Simulation ist das Gegenteil von verzögerter Belohnung. Netzkompetenz beruht auf dem Prinzip der verzögerten Belohnung.

Im vorliegenden Buch habe ich den Entwurf einer Informationsökonomie vorgestellt, die mehr auf dem Handwerk der Benutzbarkeit als auf dem Reiz des Glücksspiels beruht, obwohl er diesen Reiz nicht ganz verwirft.

Erkenne, was dich vergiftet

Um das vermeintliche oder wirkliche Einstein-Wort von oben zu variieren: Eine Nutzeroberfläche sollte so einfach wie möglich gestaltet sein, aber nicht einfacher. Der Umgang mit unseren persönlichen Datenbeiträgen zur Cloud wird in jeder fortgeschrittenen Informationswirtschaft manchmal schwierig oder ärgerlich sein, aber das ist ein Preis, den wir zahlen müssen. Wir werden uns auf Herausforderungen einlassen müssen, wenn wir genug Verantwortung für uns selbst übernehmen wollen, um frei zu sein, wenn die Technologie wirklich loslegt. Alles Gute hat seinen Preis.

Wenn ich mir vorstelle, wie es sein wird, in einer zukünftigen humanistischen Netzwerkökonomie zu leben, stelle ich mir Frustrationen vor. Ständig wird ein kleiner Ticker mitlaufen, und man wird in Versuchung sein, den Wert, den er anzeigt, zu maximieren. Für viele Menschen wird das zu einer Besessenheit werden, die eine authentischere, spontanere Lebensweise verhindert. Es wird Perspektiven verengen und Wissen entwerten. Doch das ist im Grunde nichts Neues – heute nimmt das Geld die Rolle dieses Tickers ein –, aber diese neue Versuchung könnte ungeahnte Dimensionen annehmen.

Information ist immer eine Beschneidung der Realität. Einige unserer Beiträge werden ökonomisch ohne Anerkennung bleiben, wie durchdacht die Technologie der Wirtschaft auch wird. Das wird wehtun. Und dennoch sollten die meisten Menschen einen Weg finden, im Laufe ihres Lebens materielle Würde zu erlangen – wenn die Gelegenheiten dazu so viel zahlreicher, offener und unterschiedlicher sein werden, als sie es in der Sirenen-Ära waren.

Die spirituelle Herausforderung dabei wird sein, nicht den Kontakt zu jenem Kern des Erlebens zu verlieren, der nicht in die digitalisierbaren Aspekte der Realität passt.

Ich will auf keinen Fall behaupten, mein Lösungsvorschlag sei vollkommen. Ein humanistischer Softie wie ich wird sich vermutlich früh genug beklagen, pausenlos Informationssysteme füttern zu müssen, um seinen Lebensunterhalt zu verdienen.

Die einzige Reaktion darauf, an die man sich hoffentlich erinnern wird, wenn die Zukunft wirklich so eintritt, ist, dass diese Beschwerde zwar legitim ist, die Alternative aber schlimmer wäre. Die Alternative wäre die direkte Datenfütterung der Sirenenserver gewesen – direkt mit den Nutzern, gefangen in Rückkopplungsschleifen als vollends berechenbare Algorithmen.

Wir erleben heute bereits Beispiele, die diesem Ticker, den ich so fürchte, ähneln – nur dass die gegenwärtigen Versionen wirklich von Übel sind. Mikrohonorare als Anreiz sind eindeutig human im Vergleich etwa zu den sogenannten »Klout Scores«* – weil »Klout Scores« sich in Echtzeit verändern, anstatt kumulativ zu steigen. Wir müssen als User ständig an der Zitze der sozialen Medien saugen, sonst stürzt unser Wert ab. Klout lockt mit einer klassischen Rückkopplungsschleife, die sogar fast einen Sinn ergibt, aber nur fast.

In einer humanistischen Informationswirtschaft würden Sie Ihr Geld nach Ihrem Ermessen ausgeben. Im gegenwärtigen System stehen Sie jedoch unter dem Einfluss von Phantomgebilden wie dem Klout-Wert, und zwar auf eine Weise, die Sie nie erfahren werden. Das Perverse daran ist, dass ein solches mysteriöses Ambiente ein schlechtes Design verlockender machen kann, anstatt abschreckend zu wirken.

Kann man zuverlässig ermitteln, ob eine Informationswirtschaft human ist?

Es gibt einen guten Test, um festzustellen, ob ein Wirtschaftssystem human ist oder nicht. Ein Wirtschaftssystem ist human, wenn ich mir einen Spielraum erwirtschaften kann, um eine Weile aus dem Wirtschaftssystem auszusteigen, ohne mir selbst oder anderen zu schaden.

Wohlstand und Würde sind etwas anderes als Klout-Werte. Sie sind Seinszustände, keine Sofortsignale. Es ist der Freiraum, den

---

* Klout ist ein aufdringlicher, unsympathischer Rankingdienst, der bewertet, wie »einflussreich« Nutzer sind, und zwar hauptsächlich durch vollautomatische Analyse sozialer Medien wie Twitter. Es gibt schon Fälle, in denen der »Klout Score«, also der »Reputationswert«, die Einstellungschancen bei Bewerbungen beeinflusst hat. Weil ich keine sozialen Medien nutze, beträgt mein Wert wahrscheinlich null, was heutzutage eigentlich das ultimative Statussymbol sein müsste.

die »Hysterese« – also die Beständigkeit – des Wohlstands gewährt, der praktische Freiheit bedeutet.

Man sollte sich diesen Freiraum verschaffen, um sich selbst zu testen und verschiedene Lebensweisen auszuprobieren, besonders als Jugendlicher. Können Sie sich sechs Monate lang aus den sozialen Medien zurückziehen, einfach um die Welt anders zu erleben, um sich selbst zu testen? Können Sie sich eine Weile von einem Sirenenserver trennen und mit den bestrafenden Netzwerkeffekten umgehen? Wenn Sie glauben, dass Sie das nicht können, dann haben Sie Ihr eigenes Potenzial noch nicht ansatzweise ausgeschöpft.

Ich werde immer noch gefragt, ob es ratsam sei, Facebook aufzugeben. Vor einem Jahr war das nur eine Frage der persönlichen Vorliebe, aber heute muss man schon bereit sein, einen Preis dafür zu zahlen. Die Entscheidung, die Angebote der Sirenenserver nicht zu nutzen, wird zu einem Härtetest – etwa so, wie wenn man versucht, eine Weile ohne Strom oder fließend Wasser auszukommen.

Es ist enorm wichtig, dass man wenigstens einmal im Leben spürt, was es heißt, sozialem Druck zu widerstehen. Wenn einem alle zu verstehen geben, dass man ausgestoßen wird, wenn man sich nicht anpasst, dann sollte man irgendwann diese Drohung ignorieren und unbeirrt am eigenen Kurs festhalten. Nur so kann man herausbekommen, wer man wirklich ist.

Das kann doppelt schwierig sein, weil die Menschen die eigene Angepasstheit oft gerade andersherum als eine Form des Widerstands gegen die Anpassung ansehen. Aber spätestens, wenn die anderen Ihnen weismachen wollen, es sei ein Zeichen von Freiheit, Unkonventionalität und Kompromisslosigkeit, sich zu verhalten wie alle anderen, dann sollten Sie nachdenklich werden.

Ich schlage Ihnen vor, dass Sie ein paar Selbstversuche anstellen. Ziehen Sie sich ein halbes Jahr lang aus allen kostenlosen Internetdiensten zurück, die Sie benutzen, und schauen Sie, wie es Ihnen dabei geht. Sie müssen nicht für immer aussteigen, müssen kein endgültiges Urteil fällen. Überhaupt muss man keine große Sache daraus machen. Probieren Sie es einfach mal aus. Sie werden wahrscheinlich Dinge über sich selbst, Ihre Freunde, die Welt und das Internet erfahren, die Ihnen sonst entgangen wären.

Das Experiment hat seinen Preis, aber er wird von den Vorteilen garantiert wettgemacht.

Ein letztes Mal: Zurück an den Strand

Ich vermisse die Zukunft. Heutzutage stellen wir so niedrige Erwartungen an sie. Als ich klein war, rechnete meine Generation verlässlich damit, dass wir inzwischen Kolonien auf dem Mond und Schwebeautos haben würden. Stattdessen kam die Big-Data-Epoche. Der Fortschritt ist schwerfällig und kompliziert geworden. Die Genomik ist eine tolle Sache, aber der medizinische Nutzen hat sich weiß Gott nicht schlagartig eingestellt, wir warten immer noch darauf. Das Zeitalter der futuristischen Patentrezepte scheint etwa zu der Zeit zu Ende gegangen zu sein, als das Internet aufkam und Big Data auf der Bühne erschienen.

Aber ganz verschwunden ist die Zukunft noch nicht. Meine Tochter, die gerade ihren sechsten Geburtstag hatte, als dieses Buch fertig wurde, fragt mich: »Muss ich noch Auto fahren lernen, wenn ich groß bin, oder fahren die Autos dann von selbst?« In zehn Jahren, so glaube ich, werden selbstfahrende Autos eine normale, wenn auch noch nicht allgegenwärtige Sache sein. Es ist aber tatsächlich möglich, dass es dann meiner Tochter und ihren Freunden schon leicht altmodisch vorkommen wird, den Führerschein zu machen. Selbst am Steuer zu sitzen wird ihr vielleicht so vorkommen wie einen handschriftlichen Brief zu verfassen.

Wird sie als Erwachsene jemals dasselbe Kleid zweimal tragen? Wird sie ihre Kleider nach einmaligem Tragen in neue Objekte verwandeln? Oder wird sie sie noch waschen, wie wir es heute tun? Irgendwann in ihrer Lebenszeit wird das Wäschewaschen vermutlich abgeschafft.

Das sind noch die harmloseren Spekulationen. Wird sie sich mit den Folgen extremer und nach ungerechten Kriterien gewährter künstlicher Langlebigkeit herumschlagen müssen? Wird sie entscheiden müssen, ob ihre Kinder mit Hirnscannern spielen dürfen? Wird sie sich vor einer Massenbewegung religiöser Spinner fürchten, die glauben, die Singularität sei eingetreten?

Alles, was man über die Zukunft sagt, klingt für irgendjemanden lächerlich, wahrscheinlich auch für die meisten Menschen, die tatsächlich in der Zukunft leben. Das ist in Ordnung so. Die Zukunft sollte eine Art Theater sein. Sie sollte lustig und unkonventionell sein und uns dazu bringen, unsere heutige Zeit mit anderen Augen zu sehen.

Ich erhoffe mir für die Zukunft, dass sie auf radikalere Art wunderbar sein wird, als wir es uns jetzt vorstellen können, bewohnt von Menschen, die ihr Schicksal selbst in die Hand nehmen.

Unsere Geschichte sollte sich ohne Brüche durch angebliche Singularitäten oder andere Kontinuitätsstörungen entwickeln. Was immer aus den Menschen werden wird, wenn die Technologie immer besser wird, sie werden doch immer Menschen bleiben, wenn diese einfachen Voraussetzungen gegeben sind.

Ein halbes Jahr später

Versicherungen im Puppenhaus

Ein Autor hat nach der Veröffentlichung eines Buches (ich spreche vom »traditionellen« Buch aus Papier) etwa ein halbes Jahr Zeit, um zusätzliches Material für die Übersetzung oder die Taschenbuchausgabe zusammenzutragen. Bei mir war dieses halbe Jahr sehr ereignisreich.

Nachdem ich für unser derzeitiges Dilemma eine Lösungsmöglichkeit (in Form eines »Space Elevator Pitch«) in meinem Buch vorgestellt und skizziert hatte, wie jeder in unserer Gesellschaft mit der Weiterentwicklung der Automatisierung und hypereffizienter Systeme wirtschaftliche und menschliche Würde erlangen kann, war der nächste Schritt naheliegend: Mein Vorschlag musste weiter ausgestaltet werden, um herauszufinden, ob und wie er funktionieren könnte.

Nun wurde auf verschiedenen Ebenen gearbeitet. So machte beispielsweise im Sommer 2013 ein Stanford-Absolvent namens Eric Huang ein Praktikum in meinem Labor und übernahm die Aufgabe, einige allgemein akzeptierte wirtschaftswissenschaftliche Modelle um monetisierte Informationen zu ergänzen. W. Brian Arthur, ein Wirtschaftswissenschaftler, der die Theorie zur Komplexität adaptiver Systeme maßgeblich mitgestaltet hat,* erklärte sich bereit, zusammen mit mir als Mentor für Eric zu fungieren.

---

* Arthur war früher Professor in Stanford und ist heute am Santa Fe Institute und als Gastforscher am Forschungszentrum Xerox PARC tätig.

Die Arbeit wurde noch nicht veröffentlicht, daher muss alles, was ich dazu schreibe, als vorläufig betrachtet werden. Die Ergebnisse sind noch nicht endgültig und wurden auch noch nicht einem Peer-Review unterzogen, aber ein bisschen möchte ich schon darüber verraten:

Eric begann mit einem klassischen Modell der Versicherungsmärkte, das in den siebziger Jahren von Michael Rothschild und Joseph Stiglitz entwickelt wurde. Bei diesem Modell nahm man ursprünglich an, dass die Informationen, die den Marktteilnehmern zur Verfügung stehen, immer begrenzt und kostenlos sind. (Tatsächlich galt das Interesse damals vor allem fehlerhaften Informationen, die den Parteien zur Verfügung standen.) Eric ergänzte das Modell nun um einen Mechanismus, mit dem die Menge, Qualität und Relevanz der verfügbaren Informationen allmählich erhöht werden kann, dank der unaufhaltsamen Verbesserungen bei den Sensoren und der Big-Data-Ressourcen. *Außerdem* konnten die Kunden von den Verkäufern der Versicherungen für diese Informationen bezahlt werden.

Wir sind noch dabei, Erics Modell und die Ergebnisse zu analysieren, doch ein paar Dinge kann man bereits sagen. Zum einen bleibt das Modell weiterhin bestehen, auch wenn man kostenpflichtige Informationen einführt. Die Versicherer gehen nicht pleite. Tatsächlich gibt es auch Modelle mit bezahlten Informationen, bei denen die Versicherer weiterhin ein gutes Auskommen haben.

Im Hinblick auf dieses Buch ist natürlich vor allem die Frage von Interesse, wie es der Bevölkerung ergeht, wenn Informationen monetisiert werden. In den stark stilisierten und vereinfachten klassischen Modellen lässt sich »Wohlbefinden« nicht mit einer einzelnen, standardisierten Methode messen. Die Modelle berechnen das Wirtschaftswachstum, den »Nutzwert« oder vielleicht die Einkommensverteilung (zum Beispiel mit dem Gini-Koeffizienten). Eric wandte verschiedene Kriterien zur Messung der Ergebnisse bei einer Monetisierung der Informationen in einem Versicherungsmarkt an. Allgemein lässt sich sagen, dass es in der imaginären Gesellschaft des Modells mehr Menschen gutgeht, wenn die relevanten Informationen sowohl verbessert als auch monetisiert werden.

Die Hypothese meines Buches, die Eric mit seinen Modellen überprüfte, lautet, dass Versicherer, wenn die massiv wachsende Informationsgrundlage nicht monetisiert wird, einen zunehmenden Anreiz haben, diejenigen nicht zu versichern, von denen bekannt ist, dass mit ihnen höhere Risiken verbunden sind. Dadurch entsteht eine Gruppe der Nichtversicherten, die niemand haben will, was sich hemmend auf die Gesamtwirtschaft auswirkt und am Ende den Versicherern genauso schadet wie allen anderen. Dieser Effekt scheint tatsächlich einzutreten.

Erics Modelle zeigen aber auch, dass Informationen *zu* teuer werden können. Allerdings gibt es anscheinend »Sweet Spots«, also »Zonen« mit optimaler Wirkung. Wenn diese Sweet Spots bei der Forschung an den Modellen weiteren Überprüfungen standhalten, besteht der nächste Schritt in der Überlegung, ob sie auch in der Realität existieren können. Damit monetisierte Informationen funktionieren, muss man Systeme in der realen Welt so gestalten, dass die Sweet Spots in realen Märkten auftreten können.

Eine schwere Aufgabe

Ein weiterer Schritt besteht darin, spezifischere Mechanismen zum Auffinden von Sweet Spots zu entwickeln, als ich sie im »Space Elevator Pitch« präsentiert habe. Wie wird zum Beispiel der Preis festgelegt, wenn Daten entweder erfasst oder freiwillig zur Verfügung gestellt werden? Ich hatte vorgeschlagen, dass man bei der Preisgestaltung verschiedene Faktoren berücksichtigen muss:

- den späteren Gewinn, den ein Dienst durch die Nutzung der Daten macht
- Wahlmöglichkeiten bei der Preisfestsetzung für den Einzelnen, der seine eigenen Daten liefert
- Verpflichtungen gegenüber anderen, die eventuell schon früher Daten an Einzelne lieferten

- Vergleiche mit »Was wäre wenn«-Szenarien: Wie viel weniger hätten die Personen verdient, wenn die Daten nicht genutzt worden wären?
- individuelle Anpassungen, die ich »ökonomische Avatare« nenne.

Das sind viele Faktoren. Und es wird noch schlimmer. Wenn man festlegt, wie eine Cloud-Architektur all diese Faktoren berücksichtigt, die zur Preisbildung beitragen, muss man auch Schutzvorrichtungen gegen bestimmte Fehlfunktionen einbauen, etwa gegen einen Wettlauf zum Nullwert oder einen unendlich steigenden Preis. Eine solche Schutzvorrichtung würde wahrscheinlich darin bestehen, die Preise anhand einer Kurvenverteilung zu normalisieren. Diese Normalisierung würde in der Praxis dem Prozess eines automatisierten, kontinuierlichen kollektiven »Schnäppchens« für diejenigen ähneln, die zum Corpus beitragen.* Stockungen muss man vorhersehen und verhindern, damit es nicht Ewigkeiten dauert, bis ein Preis berechnet ist.

Das klingt kompliziert und ist es auch, doch die Preisbildung ist in jedem ausgereiften Markt kompliziert. Bevor Sie etwas in einem Lebensmittelladen kaufen, haben zahlreiche Anpassungen zu dem Preis beigetragen, den Sie bezahlen, darunter Regulierungen, Subventionen, Steuern, der Händlerzuschlag, Sonderangebote. All diese Faktoren haben sich auf die vielen Beteiligten in der Kette unterschiedlich ausgewirkt. Es ist einfacher, wenn man sich nur die abschließende Kundentransaktion vorstellt, aber wenn wir eine cloud-basierte Informationsökonomie der Zukunft gestalten wollen, müssen wir die gesamte Kette berücksichtigen, weil die Software entsprechend programmiert werden muss. Sobald man einen Vorgang, der mit Menschen zu tun hat, in Software überträgt, wird er formalisiert und kodifiziert. Die Komplexität tritt dann offen zutage. Aber wenn man diese Mühe scheut, zwingt man die Men-

---

* Mein Dank geht an Yoav Shoham von der Stanford University, mit dem ich diese Probleme ausführlich diskutierte.

schen in eine unausgereifte Ökonomie, wie es die Informationsökonomie ja bislang ist.

Um den Prototypen einer Preisgestaltungsmethode für eine humanistische Ökonomie zu entwickeln, muss also noch einiges an Programmierarbeit geleistet werden. Manchmal hat man Glück, und es erschließt sich einem nach der Entwicklung eines komplizierten Prototyps eine einfachere Methode. Aber ich vermute, dass wir uns jetzt einfach an diese komplizierte Aufgabe machen müssen, weil wir daraus auch einiges lernen.

Ein unvorhergesehener Aspekt der humanistischen Informationsökonomie

Der Wert dieser Forschung besteht nicht nur darin, dass wir eine Hypothese testen, die als anfängliche Motivation diente, sondern eventuell auch neue Hypothesen entdecken, die wir zusätzlich testen können. Eric hat etwas gemacht, worauf ich nicht gekommen wäre. Er gestaltete das Modell so, dass Kunden von der Bindung an einen Versicherer völlig befreit waren. Das heißt, dass sie den Versicherer *jederzeit* wechseln können, egal ob gesund oder krank. Noch ist nicht klar, wie diese Flexibilität praktisch umgesetzt werden würde, aber bei einem Modell kann man einfach annehmen, dass jemand eine Lösung findet, und schon einmal die Ergebnisse betrachten. Eine völlige Flexibilität ist natürlich eine Belastung für die Versicherer, aber unsere kleine simulierte Ökonomie fand auch Wege, bei denen Kunden *und* Versicherer von solchen Bedingungen profitierten.

Wir könnten jetzt also einen neuen »Space Elevator Pitch« formulieren, der auf einer anderen Idee basiert, die mindestens so radikal ist wie die von mir vorgestellte Idee, für Informationen zu bezahlen. Mit Erics Idee würde man Informationssysteme dazu nutzen, eine Ära der radikalen Flexibilität für Kunden aller Art zu schaffen. So könnten Kunden in Zukunft ihren Mobilfunkanbieter mehrmals am Tag wechseln, ohne an einen Vertrag gebunden zu sein. Ähnlich könnten Versicherte ihren Versicherer nach Lust und

Laune wechseln. Sämtliche Daten in einem sozialen Netzwerk könnten jederzeit und sofort zu einem anderen sozialen Netzwerk überführt werden, ohne Daten oder Verbindungen zu verlieren. Um sich von Facebook zu lösen, bräuchte man keinen unmöglichen globalen Flashmob mehr. Stattdessen würde man von einem sozialen Netzwerk zum anderen wechseln und sich vielleicht für eins entscheiden, dessen Benutzerschnittstelle einem zusagt und das die Privatsphäre besser schützt.

Alles wäre untereinander austauschbar. Man könnte über soziale Netzwerke hinweg miteinander kommunizieren, und die persönlichen Daten wären immer durch die Regeln des persönlich gewählten Netzwerks geschützt. Das klingt wie ein logischer Widerspruch, was es ja auch ist, aber das Problem ähnelt den Problemen, mit denen sich Informatiker tagtäglich befassen, etwa verschiedene Programme innerhalb komplexer Betriebssysteme so zu koordinieren, dass sie sich nicht gegenseitig widersprechen in der Frage, welche Daten zur Verfügung stehen sollten.

In dieser Welt der radikalen Flexibilität könnte ein Amazon-Kunde *immer* entscheiden, Amazon bei einem Verkauf auszuschließen. Das heißt, ein Anbieter könnte sich immer direkt an den Kunden wenden (vielleicht sogar, wenn ein Verkauf bereits durch einen Klick abgeschlossen wurde) und das Produkt zu denselben Bedingungen, aber zu einem besseren Preis anbieten, ohne zusätzlichen Aufwand und ohne Risiko. Würde Amazon deshalb pleitegehen? Oder wäre Amazon gezwungen, sich neue Vorteile für seine Kunden auszudenken, um sie zu halten? Eine radikale Flexibilität würde die Netzwerkvorteile der Sirenenserver auf eine andere Art aufheben, als ich es bisher vorgeschlagen habe.

Auf den ersten Blick könnte man meinen, dass die Idee der radikalen Flexibilität den Kunden zu viel Macht verleihen würde. Würden die Kunden nicht alle Unternehmen in den Ruin treiben? Man könnte sagen, dass mit dieser Idee die Kunden den Unternehmen das antun, was bislang die Unternehmen den Kunden mit den Sirenenservern antun. Aber eine Ökonomie kann sich in aller Regel anpassen und ein neues Gleichgewicht finden. Noch ist es meiner Meinung nach zu früh, um zu sagen, ob eine radikale Flexibilität zum Scheitern verurteilt ist oder den Weg in eine nachhaltige Zukunft weist. Sie könnte auch zu einer Welt mit einer hohen Anzahl an Unternehmen mit niedriger Gewinnspanne führen, deren Gesamtgewinn aber genügt, dass alle aufgrund der hohen Umsätze zufrieden sind und Innovationen vorangetrieben werden.

Mein Bauchgefühl sagt mir, dass die radikale Flexibilität nicht funktionieren wird, aber man sollte nicht vergessen, dass man sich gerade in der Wirtschaft häufig täuscht, was das Bauchgefühl angeht.

Doch ich nenne gerne die Gründe für meine Skepsis: Eine derart radikale Ausrichtung würde uns vor weitreichende Probleme bei der Technik, der Koordination und in der Politik stellen. Sie erscheinen mir noch gravierender als die Probleme, die wir im Zusammenhang mit meinem Vorschlag der monetisierten Information bewältigen müssen. Wir haben auch noch gar nicht überlegt, wie die Menschen bei einem System der radikalen Flexibilität betrügen oder es missbrauchen könnten. Ich fürchte, dass die radikale Flexibilität Fehlfunktionen erliegen würde, ähnlich denen, die die einst verheißungsvolle Idee der radikalen Öffentlichkeit bei Informationen scheitern ließen.

Aber trotz meiner Skepsis bin ich davon überzeugt, dass diese Alternative untersucht und verstanden werden sollte. Wir sollten uns anstrengen und überlegen, ob ein derartiges Szenario realisierbar wäre, selbst wenn es nie umgesetzt werden wird. Wir müssen über den Status quo hinausblicken, auch wenn uns unser Bauchgefühl davon abrät. Das ist die eigentliche Botschaft meines Buches.

Eine alternative, vermeintlich einfache Idee für eine humanistische Informationsökonomie

Die Reaktionen auf meine Analyse der aktuellen Situation und die Entwicklung, die wir nehmen werden, fielen erstaunlich verhalten aus. Es gab zwar einige aufgeregte Stimmen am Rande, doch die meisten Technologen, Wirtschaftswissenschaftler und Politiker, mit denen ich gesprochen habe – selbst diejenigen, denen mein Vorschlag zur Monetisierung von Informationen überhaupt nicht gefällt –, teilen meine Ansicht, dass unser besonderer Ansatz bei der Vernetzung das Risiko erhöht, dass die fortschreitende technologische Entwicklung noch in diesem Jahrhundert zu einer massiven strukturellen Arbeitslosigkeit führen wird.

Einige meiner Freunde im Silicon Valley wundern sich allerdings über meine Kritik an unserem derzeit üblichen Umgang mit »gewöhnlichen Menschen«. Die Leute geben uns ihre Daten, wir geben ihnen dafür »kostenlose« Dienste. Manche Kollegen sind schlicht verblüfft, dass ich überhaupt auf die Idee komme, dieses Arrangement in Frage zu stellen. Schließlich wird niemand gezwungen, und dennoch gehen Milliarden Nutzer freudig auf dieses Angebot ein.

Doch auf makro-ökonomischer Ebene befindet sich der Verbraucher dadurch in einer schwächeren Position, mit eingeschränkter Flexibilität. Wenn wir uns eine Ökonomie als Feedback-System vorstellen (denn natürlich ist sie nichts anderes), dann verstärkt sich dieser Unterschied bei der Flexibilität der Kunden und Anbieter mit jeder Feedback-Schleife, bis die Signale der realen Ereignisse übertönt werden, auf die eine Ökonomie eigentlich reagieren sollte. Diese ruinöse Resonanz müssen wir vermeiden, zu unserem eigenen und zum Wohl aller anderen. So wirkt sich nun einmal ein Potenzgesetz in der Statistik oder eine »Long Tail«-Verteilung oder eine Zipf-Verteilung aus. Für viele Anwendungen eine schöne Verteilung, doch wenn man sie auf den Einzelnen in einer Gesellschaft anwendet, hat sie katastrophale Folgen.

Zumindest betrachte ich sie als katastrophal. Viele meiner Freunde aus Technologiekreisen würden meiner Analyse zustimmen, sehen darin aber ein einfaches Problem mit einer einfachen Lösung, auf die ich gleich noch zu sprechen komme. Aber zunächst möchte ich zwei andere Reaktionen auf mein Buch beschreiben, die deutlich heftiger und hitziger ausfielen.

Eine kleine Minderheit hyperlibertärer Technologiefreaks im Silicon Valley äußerten mir gegenüber ihre herzlose Sichtweise, dass diejenigen, die mit der fortschreitenden technologischen Entwicklung nicht mehr gebraucht würden, auf der Strecke bleiben *sollten*. Leichen pflastern unseren Weg.

Aber die meisten anderen denken sehr human und machen sich ernsthaft Gedanken. Viele glauben auch, dass die, die man zurücklassen würde, viel zu bieten haben. Da gibt es zum Beispiel die Unternehmer, die bereits in den Startlöchern stehen. Im Silicon Valley glaubt man, man könnte jedes Problem mit einem Startup-Unternehmen beheben, unabhängig davon, wie das Problem aussehen mag. Ich erhalte mindestens eine E-Mail pro Tag, in der mir ein Startup-Unternehmen irgendwo auf der Welt erklärt, wie es konkret eine Informationsökonomie mit kostenpflichtigen Daten umsetzen würde – auch wenn ich immer wieder versichere, dass ich solche Angebote nie lese. Vielleicht entgehen mir Milliarden Dollar an Einnahmen, weil ich auf keinen dieser Vorschläge eingegangen bin, dennoch wäre ich hocherfreut, wenn sich einer davon als praktikabel erweisen würde. Vielleicht lade ich eines Tages alle zu einer Konferenz ein und warte ab, was passiert.

Die häufigste Idee für eine gesellschaftliche Korrektur, die mir derzeit in Technologiekreisen begegnet, ist allerdings kein Startup-Unternehmen. Die bereits erwähnte »einfache« Lösung ist wirklich schockierend einfach. Wir sollen beim ökonomischen und politischen Denken wieder zurück auf Los gehen: Wir zahlen einfach jedem ein Grundeinkommen – dafür, dass er lebt.

Da die Lebenshaltungskosten dank der fortschreitenden technologischen Entwicklung immer niedriger werden, argumentieren die Anhänger dieser Idee, komme man mit einer kleinen Unterhaltszahlung immer weiter. Also müssten wir den Leuten einfach Geld geben. Keinen Kredit, sondern Bargeld. Dann hätte jeder genug Geld, um an meinem Fantasiestrand zu sitzen und seine Herz-OP zu bezahlen. Es würde vielleicht nicht für einen Urlaub auf dem Mars reichen, oder wofür auch immer die Superreichen ihr Geld in Zukunft ausgeben werden, aber man könnte gut davon leben.

Während ich noch an diesem Nachwort arbeitete, nahm ich zusammen mit Peter Norvig (dem ebenso liebenswürdigen wie scharfsinnigen Director of Research bei Google) an einer Podiumsdiskussion auf dem Campus der University of California in Berkeley teil. Dabei sprach sich Norvig für genau diesen Ansatz aus: »Viel mehr Menschen könnten etwas zur Gesellschaft beitragen, wenn sie sich keine Sorgen machen müssten, wie sie überhaupt über die Runden kommen«, erklärte er.*

Ein bedingungsloses Grundeinkommen für alle, also eine Art wohltätiger Kapitalismus (mit unendlicher Geduld gegenüber Unrentabilität), wäre die einzig verbleibende Option, wenn wir auch in Zukunft am Modell der Sirenenserver festhalten wollen. Das ist einer der Gründe, warum man im Silicon Valley plötzlich den investigativen Journalismus finanziert, denn die Journalisten zählten zu den ersten Berufsgruppen, denen durch die Sirenenserver die Existenzgrundlage genommen wurde. eBay-Gründer Pierre Omidyar finanziert eine Medienplattform für Investigativjournalismus, Chris Hughes, einer der Mitbegründer von Facebook, hat das Politmagazin *The New Republic* gekauft, und Amazon-Gründer Jeff Bezos hat die angeschlagene *Washington Post* übernommen (und niemand erwartet, dass er von der Zeitung eine stärkere Gewinnorientierung verlangt, denn selbst Amazon hat noch keinerlei Neigung gezeigt, Gewinn zu machen, dort genießt man lieber die reinere Form der Dominanz, die ein Sirenenserver ermöglicht.) Die *New York Times* wurde ebenfalls vom Betreiber eines Sirenenservers gerettet: von Carlos Slim, dem mexikanischen Mobilfunkmagnaten (der aktuell der reichste Mann der Welt ist).

Der Journalismus ist zusammen mit der Musikindustrie ein frühes Beispiel für den digitalen Raubbau, das uns eine Ahnung davon vermittelt, was Sirenenserver auch in anderen Branchen anrichten werden. Aber kann ein bedingungsloses Grundeinkommen unendlich ausgedehnt werden, bis eines Tages die gesamte

---

* Die Idee eines Grundeinkommens verbreitet sich immer mehr. Siehe dazu zwei Artikel von Matthew Yglesias bei Slate: http://www.slate.com/ articles / business / moneybox / 2013 / 09 / snap_reform_give_the_poor_ money_not_food_stamps.html und http://www.slate.com/articles/ business / moneybox / 2013 / 05 / unconditional_cash_transfers_giving_ money_to_the_poor_may_be_the_best_tool.html.

Bevölkerung vom Wohlwollen derer abhängig ist, die über die besten Rechnerleistungen verfügen?

Ein Grundeinkommen, ohne Überprüfung der Finanzen oder andere Kriterien, wäre eine so radikale Form der Umverteilung, dass es vielleicht weniger anfällig für die traditionellen Fallstricke wie Korruption und Machtanhäufung wäre. Zumindest habe ich solche Argumente im Silicon Valley gehört.

Ich bin da eher skeptisch. Ich befürchte, dass Sirenenserver einfach zu gut darin sind, für betrügerische Kreditangebote oder andere Manipulationsversuche die geeigneten Opfer zu finden. Außerdem wird durch den technologischen Fortschritt zwar einiges günstiger, anderes aber teurer. Mir ist noch nicht klar, wie ein Grundeinkommen Ihr Leben an jenem schicksalhaften Strand retten würde, und darum ging es ja in der Geschichte mit der sprechenden Möwe (wenn Ihnen das jetzt bizarr vorkommt, lesen Sie das Buch bitte noch einmal etwas gründlicher, okay?).

Der verborgene Wert der Daten heute

Die Unfähigkeit, über das aktuelle Modell der kostenlose Dienste hinauszublicken, für deren vermeintliche Gratisleistung man im Gegenzug ausspioniert wird, ist oft gepaart mit der Annahme, dass die meisten Menschen in einer hochtechnisierten, softwarevermittelten Zukunft ohnehin nicht viel anzubieten hätten. Doch die einzige Möglichkeit, diese Annahme zu überprüfen, besteht darin, sie auszuprobieren.

Google hat mit der Wikipedia-Alternative Knol versucht, Autoren für ihre Beiträge zu bezahlen. Einige Beteiligte fuhren ganz gut damit, die meisten hatten aufgrund der geringen Zahlungen jedoch schnell die Nase voll. Knol wurde eingestellt. Doch wir müssen den gesammelten Wert *aller* persönlichen Informationen betrachten. Wäre diese Gesamtmenge belanglos? Das weiß zu diesem Zeitpunkt niemand. Schockierend, dass man es nicht weiß, wenn man bedenkt, wie zentral diese Frage für die Zukunft der persönlichen Würde in einer Hightech-Ökonomie ist.

Der Wert persönlicher Informationen lässt sich nur sehr schwer messen, weil unsere derzeitigen Praktiken daraus entstanden sind, diesen Wert zu unterdrücken. Aber vielleicht gibt es doch einige Methoden.

Man könnte beispielsweise alle Möglichkeiten addieren, wie eine Person Geld »spart«, indem sie sich den Informationssystemen der Konzerne anschließt. Wie groß ist der Unterschied zwischen dem, was jemand mit und was er ohne Kundenkarte in einem Supermarkt ausgibt, bei einer Fluggesellschaft oder einem anderen Unternehmen? Damit hätte man eine Annäherung an den Wert, den die Informationen dieser Person für ein Unternehmen haben.

Natürlich dienen solche Karten auch dazu, Kunden an ein Unternehmen zu binden oder Werbung auf sie zuzuschneiden, daher könnte man auch argumentieren, dass sie nicht exklusiv dazu gedacht sind, persönliche Informationen zu sammeln. Doch der Einwand ist eigentlich keiner. Bei der Informationshoheit geht es immer auch darum, die andere Partei gezielt anzusprechen oder sie an sich zu binden.

Die Bemühungen, den Wert persönlicher Daten in unserer derzeitigen Wirtschaftsform zu ermitteln, stehen noch am Anfang, daher ist es noch zu früh, Ergebnisse zu präsentieren, allerdings habe ich einige erste Eindrücke gesammelt. Zum Beispiel kommt es mir so vor, als ob der Wert persönlicher Informationen von Jahr zu Jahr steigt. (Der Grund, warum persönliche Daten immer wertvoller werden, ist der, dass sie den Rohstoff für die automatisierten oder hypereffizienten Systeme liefern und es immer mehr von diesen Systemen gibt.)

Versuchen Sie doch einmal auszurechnen, wie viel Sie mit *all* Ihren Kundenkarten oder Mitgliedschaften »sparen«. Die Summe wird Sie überraschen. (Nicht vergessen: So etwas wie »sparen« gibt es nicht. Es gibt nur einen effektiven Preis. Die Vorstellung von einem »Schnäppchen« ist ein kognitiver Trick.) Schauen Sie am besten auch gleich nach, ob sich diese Summe Jahr für Jahr erhöht. Die meisten Leute, die diese kleine Rechenaufgabe für mich gemacht haben, haben festgestellt, dass die Summe überraschend hoch ist und weiter steigt, oft sogar ziemlich schnell.

Und es gibt weitere persönliche Daten, die wir bei dieser Methode noch nicht berücksichtigt haben. Was ist mit all den Daten, die zur zielgerichteten Werbung oder für Kreditangebote genutzt werden? Da es anders als bei einer Kundenkarte keinen »Nichtspionage«-Preis gibt, den wir hier zum Vergleich heranziehen können, lässt sich der Wert Ihrer Daten für Facebook oder Google, Finanzinstitute oder Versicherer nur schwer beurteilen. Wir müssen daher fragen, wie viel dritte Parteien für den Zugang zu Ihren persönlichen Daten bezahlen. Wie bewerten Investoren Unternehmen, die keinen Businessplan und abgesehen von Ihren persönlichen Daten keine Vermögenswerte haben?

Zu diesen Fragen wurde schon viel geschrieben, aber selbst wenn man sich durch die Literatur wühlt, hat man am Ende keine Antwort. Tatsächlich kenne ich keinen anderen Wert, über den so viel debattiert wird wie über den Wert persönlicher Daten in dieser Form. Nach manchen Kriterien ist der Zugang zu persönlichen Informationen nur ein Tausendstel oder Zehntausendstel eines Cents wert.[*] Nach anderen Maßstäben können persönliche Daten zehn,[**] Hunderte[***] oder Tausende[****] Dollar im Jahr wert sein. In der Wissenschaft ist es natürlich durchaus üblich, über die korrekten Messwerte zu streiten, aber es gibt nicht viele Fälle mit einer solchen Spannbreite.

Der Grund dafür ist, dass die derzeitige Informationsökonomie darauf ausgelegt ist, die Menschen zu entrechten, die die Informationen liefern. Der Wert kann nur geschätzt werden, indem man Dritte beobachtet, die damit in gewisser Weise zu tun haben, aber

---

[*] http://www.ft.com/intl/cms/s/2/927ca86e-d29b-11e2-88ed-00144feab7de.html.

[**] http://www.telegraph.co.uk/technology/internet-security/9605078/How-much-do-you-value-your-personal-data.html.

[***] http://arstechnica.com/tech-policy/2012/10/how-much-do-google-and-facebook-profit-from-your-data/.

[****] http://www.theatlantic.com/technology/archive/2012/03/how-much-is-your-data-worth-mmm-somewhere-between-half-a-centand-1-200/254730/.

diese dritten Parteien befinden sich in ganz unterschiedlichen Situationen. Die vorhandenen Messmethoden sind daher sinnlos. Der Wert persönlicher Informationen wird erst erkennbar, wenn wir zugeben, dass er überhaupt existiert. Dann können wir direkte Transaktionen isoliert von anderen Faktoren betrachten. Ich weiß nicht, welchen Wert man dann ermitteln wird, aber mich würde es nicht überraschen, wenn er ziemlich hoch ausfiele. Und ich hoffe wirklich, ihn eines Tages zu erfahren.

Eine endgültige Berechnung ließe sich noch um viele weitere Datentypen ergänzen, etwa Daten über Ihre Gesundheit und Biologie. Oder Daten zu Ihrem Bewegungsprofil. Und mit der Zeit kommen noch viele weitere Daten hinzu.

Interessant ist in diesem Zusammenhang, dass gerade die Menschen, deren persönliche Daten besonders wertvoll sind, dazu neigen, das Sammeln dieser Informationen zu verhindern. Die Reichen errichten sowohl physikalische wie virtuelle Zäune um sich herum, und die Cleveren blockieren Werbung und Spionagesoftware auf ihren Geräten.

Damit ist eine neue Konfliktebene entstanden, die ich im Buch als »allgegenwärtige Erpressung« bezeichne.* Andererseits kann ein Dienst wie Adblock Plus, so wird berichtet,** Anzeigen von Google durchlassen und bekommt dafür Geld von Google. Schließlich nutzen gerade wohlhabende Menschen mit wertvollen Daten Adblock Plus und ähnliche Programme. Es ist wirklich höchst amüsant zu lesen, wie Adblock Plus seine Dienstleistung beschreibt. Das erinnert sehr an die frühen Erklärungen von Google vor langer Zeit, man würde nur die gute Werbung durchlassen!

An dieser Entwicklung lässt sich ablesen, wie kompliziert das Spiel werden kann, wenn Informationen nicht vergütet werden. Es

---

* Aus Modellen geht hervor, dass die Einnahmen um dreißig Prozent zurückgehen, wenn nur fünf Prozent der Personen mit den wertvollsten Daten Werbung und Spionagesoftware blockieren. Siehe http://www.research.att.com/bala/papers/imc13.pdf.

** http://techcrunch.com/2013/07/06/google-and-others-reportedly-pay-adblock-plus-to-show-you-ads-anyway/.

könnte sein, dass Daten mittleren Werts oder Informationen über die Mittelschicht einen relativ hohen Wert erlangen, weil es zu teuer sein wird, die richtig wertvollen Daten zu sammeln.

Ich hoffe sehr, dass irgendwann jemand hochrechnen kann, wann der Wert der von Einzelpersonen erzeugten Informationen ein Einkommen schafft, mit dem man oberhalb der Armutsgrenze leben kann. Falls die Mehrheit der Bevölkerung diesen Zustand erreicht, ergibt sich daraus ein neuer Weg in die soziale Absicherung. Damit komme ich noch einmal auf den »dritten Weg« zu sprechen:

Wenn gewöhnliche Menschen genug verdienen würden, um ein angenehmes – und würdevolles, da aus eigener Kraft finanziertes – Leben zu führen, und wir dazu nur eine umfassende Form der Abrechnung einführen müssen, warum setzen wir dann nicht alle Hebel in Bewegung, um dieses System zu installieren? Stattdessen greifen wir lieber auf sozialistische Ideen zurück oder denken an eine Förderung durch reiche Sponsoren. Warum sollen wir den Menschen ein Grundeinkommen zahlen, wenn sie doch Geld verdienen könnten und wir dafür nur ehrlich abrechnen müssten?

Der einzige Grund dafür, Menschen unzureichend zu bewerten, ist der, dass man die Vorstellung bewahren will, dass künstliche Intelligenz eine eigenständige Technologie ist. Wir opfern die gewöhnlichen Menschen auf dem Altar unserer Fortschrittsgläubigkeit.

Meiner Ansicht nach könnte die Mehrheit der Bevölkerung in zehn oder zwanzig Jahren oberhalb der Armutsgrenze leben, weil sie mit ihren persönlichen Daten genügend verdient. Wenn es so weit ist, sollten wir vorbereitet sein, um diese Chance zu nutzen. Natürlich weiß ich nicht, ob meine Prognose eintreten wird. Ich gehe aber davon aus, dass es in zehn oder zwanzig Jahren neue Automatisierungen oder hocheffiziente Systeme geben wird und die Daten, die für diese Systeme benötigt werden, von der Mehrheit der Bevölkerung stammen. Eine Hypothese, die es zu überprüfen gilt.

Dank

Ich bin den Zeitungen und Zeitschriften *Playboy*, *The New Statesman*, *Edge*, *Communications of the ACM*, *The New York Times* und *The Atlantic* überaus dankbar, dass sie mir die Gelegenheit gegeben haben, in Artikeln einen Teil des Materials, das in dieses Buch eingeflossen ist, reifen zu lassen.

Ich danke Microsoft Research für die Geduld mit einem umstrittenen Forscher. Unnötig zu sagen, dass nichts von dem, was ich hier schreibe, vor der Veröffentlichung von Microsoft durchgesehen wurde. Das vorliegende Buch repräsentiert in keiner Weise offizielle Standpunkte des Unternehmens, sondern ganz alleine meine Meinungen und Ansichten.

Ich danke den Zuhörern meiner Vorträge von 2011 und 2012, die miterlebt haben, wie meine Ideen sich langsam entwickelten und reiften.

Danke an Lena und Lilibell, die nie murren, wenn ich mich in Projekten wie dem vorliegenden verliere.

Ich danke meinen ersten Lesern: Brian Arthur, Steven Barclay, Roger Brent, John Brockman, Eric Clemons, George Dyson, Doyne Farmer, Gary Flake, Ed Frenkel, Dina Graser, Daniel Kahneman, Lena Lanier, Dennis Overbye, David Rothenberg, Lee Smolin, Jeffrey Soros, Neal Stephenson, Eric Weinstein und Tim Wu.

Ich danke den Instrumentenbauern und Musikalienhändlern von Berkeley, Seattle, New York und London, dass sie mir die wunderbaren Gelegenheiten gaben, die Arbeit vor mir herzuschieben.

Anmerkungen

ERSTES ZWISCHENSPIEL

1 Aristoteles, *Politik,* I, 4 (1253b), deutsche Übersetzung nach Jacob Bernays.

KAPITEL 3

1 Matthew Yglesias, »Nobody Knows Where Economic Growth Comes From«, *Slate,* gepostet am 6. August 2012.
2 http://www.forbes.com/sites/afontevecchia/2010/11/19/how-many-olympic-sized-swimming-pools-can-we-fill-with-billionaire-gold/.

KAPITEL 4

1 http://www.nytimes.com/2011/07/28/technology/personaltech/spotify-unshackles-online-music-david-pogue.html.

KAPITEL 6

1 http://www.nytimes.com/2012/04/30/business/media/byliner-takes-buzzbissingers-e-book-off-amazon.html.
2 http://www.nytimes.com/2010/08/08/magazine/08FOB-medium-t.html.
3 http://www.informationweek.com/software/business-intelligence/orbitz-controversy-tip-of-big-data-icebe/240002737.
4 http://flightfox.com/about.
5 http://www.nytimes.com/2012/09/30/technology/flightfox-lets-thecrowd-find-the-best-airfares.html.
6 http://www.firstround.com/our_focus/.

KAPITEL 7

1 Siehe Charles Fishman, *The Wal-Mart Effect: How the World's Most Powerful Company Really Works – And How it's Transforming the American Economy,* New York 2006; oder Anthony Bianco, *Wal-Mart: The Bully of Bentonville: How the High Cost of Everyday Low Prices is Hurting America,* New York 2007.

ZWEITES ZWISCHENSPIEL

1 http://nation.foxnews.com/fox-friends/2012/07/24/lemonade-standgirls-obama-we-built-our-business.

2 http://en.wikipedia.org/wiki/High_Performance_Computing_Act_of_1991.

3 http://en.wikipedia.org/wiki/End-user_license_agreement und
http://de.wikipedia.org/wiki/Endbenutzer-Lizenzvertrag.

KAPITEL 9

1 http://online.wsj.com/public/page/what-they-know-digital-privacy.html.

2 https://www.eff.org/issues/privacy.

3 http://purplebox.ghostery.com/?p=1016022352.

4 http://purplebox.ghostery.com/?p=948639073.

5 http://edition.cnn.com/2012/02/29/tech/web/protect-privacy-google/index.html.

6 http://bits.blogs.nytimes.com/2009/06/02/google-is-top-tracker-of-surfers-in-study/.

7 http://www.nytimes.com/2012/02/05/opinion/sunday/facebook-is-using-you.html.

8 http://www.nytimes.com/2012/06/17/technology/acxiom-the-quiet-giantof-consumer-database-marketing.html.

9 http://www.nytimes.com/2012/08/19/business/electronic-scores-rank-consumers-by-potential-value.html.

10 http://www.nytimes.com/2012/05/03/technology/personaltech/how-to-muddy-your-tracks-on-the-internet.html.

11 http://www.makeuseof.com/tag/adblock-noscript-ghostery-trifectaevil-opinion/.

12 http://google.org/flutrends/.

13 http://www.nobelprize.org/nobel_prizes/economic-sciences/laureates/2001/ und http://de.wikipedia.org/wiki/The_Market_for_Lemons.

14 http://www.carfax.com/entry.cfx.

DRITTES ZWISCHENSPIEL

1 *Kanada 2011, Regie: Mathieu Roy und Harold Crooks.*

2 Ronald Wright, *Eine kurze Geschichte des Fortschritts,* Reinbek bei Hamburg 2006.

3 http://blogs.smithsonianmag.com/paleofuture/2011/12/boxing-robots-of-the-1930s/.

4 http://www.slate.com/articles/technology/robot_invasion/2011/09/will_robots_steal_your_job.html.

KAPITEL 12

1 Aleksandar Hemon, »Beyond the Matrix«, New Yorker, September 10, 2012.

KAPITEL 13

1 Daniel Kahneman hat zu diesem Thema sehr Grundlegendes geschrieben. Sein Buch *Thinking, Fast and Slow* New York: Farrar, Straus 6 Giroux, 2011) ist eine hervorragende Quelle. Auch das Buch von Dan Ariely *Predictably Irrational: The Hidden Forces That Shape Our Decisions* (New York: Harper Collins, 2008) ist sehr aufschlussreich.

2 http://blogs.nytimes.com/2010*02/24/yelp-is-sued-after-dispute-over-a-